어떻게
어린이를
사랑해야
하는가

사진 장경선(동화작가)

'평화를 품은 집'에서 제노사이드(집단학살) 공부를 계속해 오다, 2022년 한국문화예술위원회 작가 해외레지던스 공모사업에 참여, 폴란드 바르샤바 대학교에서 한국전쟁 당시 김일성에 의해 폴란드에 위탁된 한국의 고아들과 2차 세계대전 당시 발생한 홀로코스트 사건을 취재하던 중, 코르착 관련 유적들도 답사하여 사진에 담았다. 자료를 흔쾌히 제공해 주신 선생님께 따뜻한 감사의 말씀을 드린다.

어떻게
어린이를
사랑해야
하는가

초판 1쇄 인쇄 2023년 8월 1일
초판 1쇄 발행 2023년 8월 15일

지은이 야누쉬 코르착
옮긴이 송순재·안미현
펴낸이 김승희
펴낸곳 도서출판 살림터

기획 정광일
편집 조현주·송승호
북디자인 꼬리별

인쇄·제본 (주)신화프린팅
종이 (주)명동지류

주소 서울시 양천구 목동동로 293, 2215-1호
전화 02-3141-6553
팩스 02-3141-6555
출판등록 2008년 3월 18일 제313-1990-12호
이메일 gwang80@hanmail.net
블로그 http://blog.naver.com/dkffk1020

ISBN 979-11-5930-261-9 93370

어떻게
어린이를
사랑해야
하는가

야누쉬 코르착 지음
송순재·안미현 옮김

Janusz
Korczak

살림터

폴란드어 인명, 지명, 저작명 등은 현지 발음을 따랐으며 국립국어원의 외래어 표기법을 일부
참조했음을 밝혀둡니다.

야누쉬 코르착Janusz Korczak의 『어떻게 아이들을 사랑해야 하는가*Jak kochać dziecko*』를 2002년 우리말로 출간한 후(2011년 개정판 출간), 이번에 복간본으로 다시 펴내게 되었다.

초판에서 저본으로 삼았던 책은 1929년에 나온 폴란드어 2판(코르착 생전에 나온 마지막 판본)의 독일어 역본*Wie man ein Kind lieben soll*, Hg. von Elisabeth Heimpel·Hans Roos, Göttingen, [8]1983이다. 당시에는 표제어를 "어떻게 아이들을 사랑해야 하는가"로 옮겼는데, 이번에는 '아이들'을 '어린이'로 고쳐 "어떻게 어린이를 사랑해야 하는가"로 수정하였다. 본문에서는 문맥에 따라 혹은 일상 어법을 살려 '어린이'나 '아이' 혹은 '아이들'이라는 표현을 선택적으로 사용하였다(코르착이 사용한 어린이라는 말은 청소년도 포함하는 용어임을 밝혀 둔다).

이 독일어 역 표제어 어법은 원문에 충실한 다른 역본들, 이를테면 프리트헬름 바이너Friedhelm Beiner에 의한 용례*Wie liebt man ein Kind*, Gütersloh: Gütersloher Verlagshaus, 2002나 영어권에서 사용되는 용례*How to Love Child*와는 달리 당위를 나타내는 화법조동사soll를 사용하고 있는데, 이는 아마도 독자들에게 다가가기 위해 코르착의 의도를 색다르게 표현해 본 의역이 아닐까 생각된다.

책 말미에는 책에 관한 해설을 싣고, 이어서 코르착의 생애, 활동, 저술을 연대별로 정리, 소개하여 이해를 돕고자 했다.

번역은 안미현이 먼저 전체를 우리말로 옮겼고, 이것을 송순재가 본문과 대조하며 읽은 후 용어와 문장 및 역주 등에 관해 상호 의견을 교환하여 완성하였으며, 해설과 생애 및 저작 부분은 송순재가 쓰고 안미현이 검토하여 마무리하였다.

코르착에 관해서는 1990년대 말 교육 전문 저널 『처음처럼』에서 처음 다루었으나, 본격적인 작업은 2000년대 들어서 나온 『아이들을 변호하라』2000

와 동화『안톤 카이투스의 모험』2000 및 기도문 모음집인『홀로 하나님과 함께. 기도하지 않는 사람들의 기도』2001를 통해서 시작되었다. 이 번역서는 여기서 한 걸음 더 나아간 것이다. 이후 우리나라에서는 처음으로, 그림을 곁들인 동화책『천사들의 행진』강무홍, 2008이 창작품으로 출간되었다. 이어서 유럽과 북미에서 나온 중요한 코르착 관련 소개서와 동화들이 우리말로 옮겨졌으며, 그중에는 폴란드어판을 저본으로 한 여러 권의 동화와 아마도 이 장르에서 가장 중요하게 여겨지는 작품『마치우시 왕 1세』이지원 역, 2017도 있어 특히 눈길을 끈다.

근자에 들어 우리에게 점차 널리 알려지게 된 코르착이라는 특이한 인물이 지시하는 삶과 교육에 대한 지평은 자못 심대하며 참으로 절실해 보인다. 이야기체로 되어 있는 그의 글이 보여 주듯, 이러한 공부의 기회가 소위 교육전문가에게뿐 아니라 누구에게나 접근 가능한 방식으로 열려 있다는 점을 강조하고 싶다. 이런 식으로 '코르착 읽기'는 계속되고 또 널리 확장되어야 하리라는 것이 역자들의 생각이다.

지면을 빌려 초판 때 폴란드어 음역을 친절하게 도와주신 정선윤 선생님(주한 폴란드 대사관)의 호의에 다시 한번 깊이 감사드리며, 초판 때 교정을 보아 주신 이은경 박사님(감리교신학대학교)께도 다시 한번 많은 고마움을 표하고 싶다. 특별히 초기에 많은 어려움에도 불구하고 여러 역서를 위해 함께 작업해 주셨던 황덕명 사장님(내일을여는책)을 각별히 기억하고 싶다.

이번 복간을 위해 많은 관심과 수고를 기울여 주신 살림터 출판사의 정광일 대표와 편집부 여러 선생님들께 뜨거운 감사의 말씀을 드린다.

2023년 여름
송순재·안미현

■ 차례

1부
가정에서 자라는 어린이

태어난다는 것은 부활이 아니다.
무덤은 우리 모습을 비춰 주지만,
어머니처럼 쳐다보지는 않는다.

_안헬리*

* 폴란드의 낭만주의자 율리우스 슬로바츠키(Juliusz Slowacki)의 리듬에 따라 쓰인 산문 문학. 주인공 안헬리(Anhelli)는 단테의 『신곡』을 암시하며 시베리아의 지옥을 관통한다.

✝

어떻게, 언제, 얼마나 – 왜?

나는 많은 질문이 대답을 기다리고, 많은 의구심이 해명을 바라고 있음을 느낀다.

하지만 나는 이렇게 대답할 것이다. "모르겠다"고 말이다.

당신이 책을 밀쳐 놓고 스스로 생각의 물레를 돌려 천을 짜기 시작한다면, 이 책은 의도했던 목적을 달성한 것이다. 하지만 당신이 지시와 처방에 따라 재빨리 책장을 넘긴다든지, 그리고 이 책이 별것 아니라고 생각하면서 관대하게 미소를 짓거나, 아니면 도움말이나 참고할 만한 사항을 찾는다면, 그것은 작가의 의도에 따른 것은 아니고, 그 의도와는 상반된 결과에 이른 것임을 알아야 할 것이다.

나는 내가 알지 못하는 부모들이, 그것도 그들이 어떤 정황에 있는지 알지 못하는 상황에서, 내가 알지 못하는 아이를 어떻게 키울지 모르겠고, 알 수도 없다. 나는 단지 "키우기를 원하는지"라든가, "키워야 하는지"라고 말하지 않는다는 점을 강조하고 싶을 뿐이다.

"나는 모르겠다"라는 이 대답이 학문에서는 새로운 생각을 떠오르게 하는 원초적 안개와 같은 것이라면, 학문적인 사고에 익숙하지 않은 사람에게는 고통스럽고 공허한 대답이 될 것이다.

나는 아이들과의 관계에 대해 말하고 있는 현대의 학문에 경이롭고, 생명과 매혹적인 놀라움으로 가득 차고 창조적인 "나는 모르겠다"라는 대답을 이해하고 사랑하도록 깨우치고자 한다.

어떤 책이나 어떤 의사도 우리 자신의 깨어 있는 생각과 조심스러운 관찰을 대신할 수 없다는 점을 깨닫는 것이 중요하다.

이따금 우리는 모성애가 한 여인을 고상하게 만든다는, 즉 여자는 어머니*

가 될 때 비로소 정신적으로 성숙해진다는 견해를 대하게 된다. 그렇다. 이 타오르는 모성이라는 말은 외적이고 정신적인 삶의 모든 영역을 포괄하는 질문들이 나타나도록 한다. 그런가 하면 우리는 이 모성을 전혀 고려하지 않은 채 방치하거나, 그 책임을 비굴하게 먼 미래로 연기하거나, 그 책임을 돈으로 해결할 수 없다는 사실에 분개하기도 한다.

어떤 사람에게 이런 식의 생각을 끝까지 밀고 나가, 완성된 해답을 달라고 요구해 보라. 그 생각이란 어떤 낯선 한 여자에게 당신의 아이를 낳아 달라고 요구하는 것과 같다. 우리에게는 스스로 고통스럽게 낳아야 하는 생각들이 있는 법이다. 그리고 그것이 바로 가장 값진 것이다. 그 생각은 어머니인 당신이 아이에게 젖을 줄지 우유를 줄지, 그 아이를 인간으로 키울지, 혹은 여자아이로 키울지, 아이를 이끌어야 할지, 아니면 강요라는 고삐로 매달고는 앞에서 끌고 갈지, 아이가 아직 어릴 동안만 함께 놀아 줄지 어떨지, 아이와 애정을 주고받으면서 당신 배우자의 인색하거나 달갑지 않은 애무에 대한 대체물을 찾을지를 결정하는 역할을 한다. 하지만 이제 아이가 자라게 되면 당신은 그 아이를 혼자 내버려 두거나 적대적으로 대할 것이다.

| 2 |
당신은 "나의 아이"라고 말한다.

임신 기간이 아니라면, 당신은 언제 아이에게 가장 큰 권리를 가지겠는가? 복숭아씨만 한 작은 심장에서 울리는 고동 소리는 당신 맥박의 메아리다. 당신의 호흡은 아이에게 공기 중의 산소를 전달해 준다. 그 아이와 당신 속에 '같은' 피가 흐른다. 어떤 붉은 핏방울이 당신에게 있을지, 아이에게 있을지, 혹은 그 피가 흐르게 될지, 혹은 임신과 출산의 비밀에 의해 죽게 될지 당신은 알지 못한다. 당신이 삼키는 빵 한 조각은 아이가 걷는 두 다리를 만드는 재료가 되고, 아이를 감쌀 피부와 보는 눈과 생각하는 뇌와 당신을 향해 뻗을 손과 "엄마"라고 부르면서 짓는 미소를 만들 재료가 된다.

당신들은 결정적인 순간을 함께 경험해야 한다. 당신들은 함께 고통을 나

---

* 이하 문맥에 따라 '엄마'로도 옮긴다.

누어야 한다. 종이 울리고 기도문은 "준비하라"고 말한다.

그리고 동시에 아이는 "나는 내 삶을 살 거예요"라고 말하고, 당신은 "이제 너 자신의 삶을 살아라"라고 말한다.

경련을 일으킬 것 같은 내면의 두려움과 함께 당신은 아이의 고통을 고려하지 않은 채 그를 세상에 내놓아야 하고, 아이는 당신의 고통은 아랑곳하지 않고 힘차고 단호하게 뛰쳐나갈 것이다.

잔인한 행동이 아닌가.

아니다. 당신이나 아이는 알아챌 수 없을 만큼 미세하고, 기막히도록 익숙하게 수천 번도 더 몸을 떤다. 인생에서 당신들의 몫을 요구하기 위해, 그리고 거기서 태고로부터 적용되는 일반적인 법칙에 따라 당신들에게 속하는 것보다 더 많은 것을 취하지 않기 위해서 말이다.

"내 아이."

아니다. 임신한 몇 달 동안도 내 아이가 아니다. 출산하는 몇 시간 동안에도 그 아이는 당신에게 귀속된 존재가 아니다.

| 3 |

당신이 낳은 아이의 무게는 10파운드 정도다. 그중에 8파운드는 물이고 한 줌 정도의 탄소와 칼크, 질소, 황, 인, 칼륨과 철이 있다. 당신은 8파운드의 물과 2파운드의 재를 낳은 것이다. 그리고 당신 아이 속의 물 한 방울은 때로는 구름 속의 증기이고, 눈의 결정이고, 안개고, 이슬이고, 개울이고, 도시 운하의 하천이다. 탄수화물과 질소의 원자들은 모두 수백만 가지 다른 결합의 부분일 뿐이다.

당신은 단지 이미 있는 것을 한데 합쳤을 뿐이다.

끝없는 공간 속에서 떠도는 흙.

당신의 가까운 반려자인 태양은 5천만 마일이나 떨어져 있다.

우리의 작은 지구는 10마일 정도의 딱딱하게 굳은 얇은 표피를 가진 3천 마일의 불타고 있는 덩어리다. 불덩이로 채워진 이 얇은 껍질, 바다 한가운데 있는 한 줌의 육지인 것이다.

육지에는 나무와 수풀과 곤충들과 새들, 짐승들 사이에 사람들이 우글거린다.

수천만 명의 사람 중에서 당신은 하나의 지푸라기, 하나의 작은 먼지를, 아무것도 아닌 것을 세상에 낳았다.

아이는 너무나 약하다. 수천 배로 확대해야 비로소 하나의 점처럼 보이는 박테리아까지도 그 아이를 죽일 수 있다….

그러나 이 "무"는 바닷속의 파도와 폭풍우와 번개와 태양과 은하수의 형제이다. 이 작은 먼지는 곡식 이삭과 풀과 참나무와 야자수 나무의 형제이다. 그리고 둥지 속의 갈색부리새와 새끼 사자와 망아지와 어린 강아지의 형제이다.

그 속에는 느끼고, 조사하고, 인내하고, 갈망하고, 기뻐하고, 사랑하고, 신뢰하고, 증오하고, 믿고, 의심하고, 좋아하고, 배척하는 그 무엇이 들어 있다.

이 작은 먼지는 자신의 생각으로 모든 것을, 별과 태양과 산과 계곡을 파악한다. 그렇다면 영혼의 내용은 가없는 우주 만물이 아니고 무엇이겠는가.

이것은 인간적인, 사라 없어질 먼지로 이루어진 존재 속에 있는 모순이며, 그 속에 신이 내재한다.

│ 4 │

당신은 "나의 아이"라고 말한다.

아니다. 그것은 공동의 아이, 아버지와 어머니의, 조상과 그 조상의 아이다.

선조들의 고리 속에서 잠자고 있던 어떤 먼 "나", 오래전에 잊힌 부패한, 관 속에서 나온 목소리가 갑자기 당신의 아이에게서 말한다.

삼백 년 전 전쟁과 평화 속에서, 어떤 사람이 이리저리 교차하는 인종과 민족과 계급이라는 만화경 속에서 다른 사람들을 지배하는 권력을 얻었다. 때로는 동의에 의해, 때로는 완력으로, 또 때로는 경악과 사랑으로 도취된 순간에 말이다. 그는 기만하거나 유혹했고, 하지만 아무도 누가 언제 했는지 알지 못했다. 그러나 하느님은 그것을 예정론의 책에 기록하셨고, 인류학자들은 두개골의 형태와 머리카락의 색깔로 그 수수께끼를 풀어내고 싶어 한다.

어떤 예민한 아이는 이따금 자기를 주워 온 아이라고 상상한다. 꼭 맞는 말이다. 그를 만든 사람은 이미 오래전에 죽었다.

아이란 당신이 단지 부분적으로만 해독할 수 있는, 아주 작은 상형 문자가 빽빽이 적힌 양피지 사본이다. 그러나 당신은 많은 것을 지워 버리거나 삭제하고, 자신의 내용으로 채울 수 있다.

잔인한 법칙이라고? 아니다. 훌륭한 인식이다. 그 인식은 모든 아이에게서 끝없이 연결되는 세대들의 최초의 마디를 만들어 낸다. 당신에게 낯선 당신의 아이 속에 잠들어 있는 당신 자신의 작은 부분을 찾아보라. 어쩌면 당신은 그것을 찾아낼 수 있고, 그것을 활짝 피어나게 할 수도 있을 것이다.

아이와 측정할 수 없는 것.
아이와 영원.
아이-무한한 공간 속의 작은 먼지.
아이-시간 속의 한순간.

| 5 |

당신은 "그 아이는… 되어야 해, 또는 그 아이가… 하기를 원한다"고 말한다.

그리고 당신은 그 아이가 닮아야 할 모범을, 당신이 아이에게 바라는 삶의 형태를 찾는다. 주변에 회색의 평범함이 지배한다는 것은 아무것도 의미하지 않는다.

사람들은 스스로를 만들어야 하고, 이러저러한 것들에 도달하려고 한다.

작은 걱정거리와 무의미한 노력, 진부한 목표들 … 채워지지 않은 희망과 고통스러운 분노, 영원한 동경 … 불의가 지배한다.

차가운 무관심은 얼음처럼 굳어지게 하고, 기만이 숨을 막게 한다.

발톱과 이빨을 가진 자는 공격하고, 조용한 품성을 가진 자는 자신 속으로 숨어 들어간다.

그리고 그들은 단지 고통을 받을 뿐 아니라 해를 입기도 한다. 그런 아이에게서 무엇이 이루어질 것인가?

전사戰士, 혹은 노동자, 지휘관, 혹은 일반 사병? 아이는 오로지 행복하기만 할 수 있을까?

행복은 어디에 있고, 그것은 무엇인가? 당신은 그 길을 아는가? 도대체 그것을 아는 사람이 있을까?

'당신'은 행복을 이룰 수 있을 것인가?

우리는 어떻게 미래를 내다보고 어떻게 아이를 보호할 것인가?

물거품 이는 삶이란 급류 위에서 날고 있는 한 마리 나비 같은 아이에게 어떻게 그의 비행이 힘들지 않도록 지속성을 부여하고 강인하게 하고, 그 날개를 지치지 않게 할 것인가?

자신의 본보기를 통해, 도움과 충고와 좋은 말을 통해서 말인가?

아이가 그것을 거부한다면?

15년 후에 아이는 미래를 향해 단호한 시선을 던질 것이며, 당신의 시선은 과거로 향할 것이다. 당신 속에서는 회상과 습관이, 아이 속에서는 동요와 고집스러운 희망이 지배하고. 당신은 의심에 휩싸이고, 아이는 기대를 품고 신뢰하고, 당신은 두려워하지만 아이는 두려움을 모른다.

청소년들은 만일 그들이 조롱당하고 저주받고 경멸당하지 않으면, 항상 부족함으로 가득한 과거를 변화시키려고 한다.

당연히 그래야만 한다. 그럼에도 불구하고….

아이가 잘못된 길을 가지 않는다면 길을 찾을 것이며, 떨어지지만 않는다면 기어 올라갈 것이고, 손이 찢겨 피가 날 정도가 아니라면 자신의 힘으로 파헤칠 것이다. 그러나 조심스럽게, 조심스럽게 말이다. 아이는 말한다.

"내 생각은 달라요. 날 돌보는 일일랑 그만두세요."

그렇다면 넌 신뢰하지 않니?

넌 나를 더는 필요로 하지 않니?

내 사랑은 네게 귀찮기만 하니?

인생에 대해 아무것도 모르는 철부지 아이. 감사할 줄 모르는 불쌍한 아이 같으니라고!

| 6 |

고마워할 줄 모르는 것.

지구는 태양이 빛을 비춰 주는 것을 고마워하는가? 나무는 씨앗에서 나왔기 때문에 씨앗에 감사하는가? 나이팅게일은 어미 새의 깃털이 자기를 따뜻하게 해 주었다고 어미 새에게 노래를 불러 주는가? 당신은 아이에게 당신이 부모로부터 받은 것을 다시 주는가, 아니면 당신이 사업에서 하듯이 모든 것을 기록해 두었다가 이자까지 계산해서 되돌려 받으려고 빌려줄 따름인가?

사랑이란 대가를 요구하는 행동인가.

"어미 까마귀는 미친 듯이 이리저리 날갯짓하며, 새끼의 어깨에 닿을 듯이 앉아 나무 막대기를 세차게 깨물고, 그 바로 위에서 공중을 떠돌며, 머리를 망치처럼 나무줄기에 부딪치기도 하고, 작은 가지들을 부수고, 절망에 차서 지치고 쉰 목소리로 까악까악 운다. 장난꾸러기 소년이 새끼 한 마리를 둥지에서 꺼내 땅바닥에 내던지면 어미 까마귀는 날개를 질질 끌며 땅으로 내려와 계속 울지만, 더 이상 울음소리조차 나지 않고, 미친 듯이 날개를 치며 새끼의 발밑에서 퍼드덕거린다. (…) 사람들이 그 어미 까마귀의 새끼들을 모두 죽이면 어미는 나무 위로 다시 올라가 텅 빈 둥지를 내려다본다. 그리고 그 위를 선회하면서 어미 새는 뭔가 곰곰 생각한다."(체롬스키*)

모성애란 근원적인 것이다. 사람들은 그것을 자기 방식대로 변화시켰다. 모든 문명 세계는 문화를 접촉하지 않은 집단을 예외로 하고는 유아 살해를 행하고 있다. 열두 명의 아이를 가질 수 있음에도 두 명의 아이를 가진 부부는 태어나지 않은 열 명의 아이의 죽음에 대한 책임이 있고, 그중에는 바로 "그들의 아이"일 수도 있었을 한 아이가 있다. 태어나지 않은 아이들 가운데 그들은 어쩌면 가장 값진 아이를 죽였을지도 모른다.

어리석은 교만이다.

오랫동안 나는 사람들이 태어나게 될 아이들을 계산해 보고 노심초사하는 것을 이해하려 하지 않았다. 점령군 치하의 부자유 속에서 나는 시민이 아니라 하인으로서, 학교와 공장과 병원과 생존을 위한 문화적 여건과 시설이 생겨나야 한다는 것에 대해 염려하지도 생각해 보지도 않았다. 나는 오늘날 이루어지고 있는 (인간 문명의) 경솔한 증대와 확장을 부당하고 무책임한 범죄라고 느낀다.—우리는 어쩌면 우생학과 인구 정책의 관점에서 정해진 새로운 입법의 전야에 있는지도 모른다.

---

* 폴란드 시인 스테판 체롬스키(Stefan Zeromski, 1864~1925)의 문장을 의미상으로 재구성했다.

아이는 건강한가?

아이가 이제 자신과 하나가 아니라는 사실은 어머니에게는 여전히 이상할 것이다. 조금 전까지만 해도 자기 속에 있는 또 하나의 생명을 느낄 때 아이에 대한 염려는 자신을 조심스럽게 돌보는 것의 일부였다.

그녀는 모든 것이 지나가고 이 순간이 끝나기를 갈망했다. 그러면 염려와 어려움으로부터 자유로워지리라고 생각했다.

그런데 지금은 어떤가?

오히려 이전에 아이는 더 가깝고, 더 밀접하게 그녀에게 속해 있으며, 아이의 안전도 더 확실했고, 그 안전함이 더 당연하게 보이는 것은 기이한 일이다.

경험 많고, 빌려 온 자신만만한 낯선 손들이 아이를 돌보게 된 순간, 그녀는 혼자가 된 것 같고 옆으로 밀려나 불안해한다.

세상이 벌써 아이를 빼앗아 간 것이다.

아무것도 할 수 없도록 강요된 이 긴 시간 동안 많은 질문이 떠오른다. 나는 그 아이에게 무엇을 주었는가? 필요한 것을 모두 주었는가? 그 아이의 안전을 위해 무엇을 준비했는가? 등.

아이는 정말로 건강한가? 대관절 왜 우는 걸까?

왜 아이는 말랐고, 젖을 잘 빨지 않으며, 잠도 자지 않는가? 혹은 너무 많이 자는 것은 아닌지? 아이의 머리는 왜 저렇게 크고, 굽은 다리와 꽉 쥔 주먹을 하고, 왜 저렇게 붉은 피부와 코 위에는 작은 물집이 있고, 왜 사팔뜨기처럼 쳐다보고 딸꾹질이나 재채기를 하고, 구토를 하고 목이 쉬었는가?

그것은 당연한 것일까? 어쩌면 사람들이 그녀에게 진실을 말하지 않았을지도 모른다. 그녀는 이 작고 속수무책의 아이를, 길거리나 공원에서 마주치던 작고 이도 안 난 아이들과는 전혀 달리 보이는 아이를 관찰한다. 3~4개월 지나면 내 아이도 저렇게 될까….

하지만 이 모든 것이 착각은 아닐까?

어쩌면 그들이 아이를 진지하게 여기지 않을까?

어머니는 불신감을 가지고 의사의 목소리에 귀를 기울이고, 그의 눈과 어깻짓과 눈썹을 치켜올리는 모습과 찌푸린 이마에서 뭔가 진실을 찾으려 한다. 그 의사가 결정을 못 하고 있는지, 충분히 정신 집중을 하고 있는지를 읽어 내려는 눈빛으로 그를 좇는다.

| 8 |

"아이는 과연 예쁠까? 그건 내겐 중요하지 않아." 교육문제에 관한 한 진지하다고 자부하는 어머니들이 그렇게 말하는 것은 솔직하지 않다. 아름다움, 우아함, 몸매, 듣기 좋은 목소리, 그것들은 당신이 아이에게 부여한 재산이다. 건강이나 판단력과 마찬가지로 그것은 살아가는 여정에서 도움이 된다. 하지만 우리는 아름다움을 과대평가해서는 안 되고, 더욱이 그것이 다른 재능과 연결되어 있지 않다면 오히려 해가 될 수도 있음을 알아야 한다. 그럴수록 깨어 있는 주의력으로 바라보는 것이 더 필요하다.

예쁜 아이를 키우는 것은 못생긴 아이를 키우는 것과 다르다. 그러나 아이가 관여되지 않는 교육이란 없기 때문에, 우리는 미모와 우아함의 문제를 아이들 앞에서 숨겨서는 안 된다. 그렇게 한다면 아이를 해칠 것이기 때문이다. 미모에 대한 이 같은 꾸민 무관심은 중세의 유물이다. 꽃과 나비와 풍경화의 아름다움에 대해 그렇게 예민한 사람이 인간의 아름다움에 대해서 무관심하게 대할 수 있단 말인가?

당신은 아이가 예쁘다는 사실을 아이에게 숨기려 하는가? 집에서 아이 주변에 있는 사람 중 아무도 아이에게 그 사실을 말하지 않는다 해도, 길거리나 가게나 공원이나 도처에서 낯선 사람들은, 어른이건 또래 아이건, 경탄이나 미소나 눈빛으로 그 사실을 말할 것이다. 못생겼거나 무례한 아이들이 자기를 따라오면 아이는 자신이 예쁘다는 사실을 알게 될 것이다. 아이는 자기 손이 자기가 사용할 수 있는 것임을 아는 것처럼 훌륭한 외모가 특권을 준다는 사실을 알게 된다.

나약한 아이가 훌륭하게 자랄 수 있고 건강한 아이가 불행한 사건에 희생될 수 있는 것처럼 예쁜 아이도 불행할 수 있지만, 추한 외모로 탱크처럼 무장되어 있어 두드러지거나 눈에 띄지 않는 아이들도 행복하게 살 수 있음을 당신은 알아야 한다. 왜냐하면 인생이란 아이가 가치 있다고 인식한 모든 장점을 빼앗거나 가로채려 하기 때문이다. 수천 가지로 흔들리다가 간신히 찾은 균형 상태에서 아이는 때로 부모에게 "왜?"라는 고통스러운 질문을 던진다.

"내게 미모는 중요하지 않아!"

당신은 잘못되고 진실되지 못한 상태로 시작할 위기에 처해 있는 셈이다.

| 9 |

아이는 영리한가?

어머니는 처음에는 불안하게 이 같은 질문을 제기하다가 곧 아이가 영리하기를 바라게 된다.

배가 부르고 구역질이 나더라도 먹어. 그리고 가서 자. 이런 식으로 명령을 받게 되면, 아이는 눈물을 흘리고, 한 시간이나 걸려서야 잠이 들게 된다. 네가 건강하도록 이렇게 하는 것이란다. 난 말이지 네가 튼튼하게 자라기를 원해.

모래에서 놀지 마. 단정한 바지를 입고, 머리가 엉클어지게 하지 마. 나는 네가 예쁘게 보였으면 해.

"이 아이가 아직 말을 안 해요…. 누구누구보다 나이가 많은데도 말이죠…. 아이가 공부를 못해요…."

인식하고 알기 위해서 관찰하는 대신, 우리는 "성공한" 아이의 가장 좋은 보기를 들어 우리 아이에게 이 모범과 닮을 것을 요구한다.

부유한 부모의 자식이 수공업자가 되어서는 안 된다. 어쩌면 그 아이는 불행하고 부도덕한 인간이 될 수도 있다. 아이에 대한 사랑이 아니라 부모의 이기심이, 개인의 안녕이 아니라 큰 무리들의 야심이, 갈 수 있는 길을 찾도록 하는 것이 아니라 틀에 묶어 놓는 것이 중요하기 때문이다.

활발한 아이와 수동적인 아이들, 생기 넘치는 아이와 무감각한 아이들, 지구력이 있는 아이와 변덕스러운 아이들, 잘 따르는 아이와 반항적인 아이, 창의적인 아이와 모방하기 좋아하는 아이, 잘 현혹되는 아이와 군건한 아이, 사실적인 아이와 문학적인 재능이 있는 아이가 있다. 또는 탁월한 기억력을 가진 아이와 적당히 평균적인 기억력을 가진 아이, 습득한 지식을 활용하는 기지와 성실한 사고, 타고난 독재성과 사려 깊음, 비판적인 안목이 있는가 하면, 일찍 발달하는 아이와 늦게 발달하는 아이, 편협한 관심과 다양한 관심을 가진 아이 등이 있다.

그러나 이것은 누구에게 문제가 되는가?

"우리 아이는 대학에 가야 해"라고 부모들은 좌절감을 느끼며 말한다.

육체노동의 화려한 르네상스를 미리 예감하면서 나는 사회의 모든 계층에서 육체노동의 후보자들을 본다. 그동안 부모와 학교는 특이한, 비전형적인, 균형 잡히지 않은 낮은 지능을 가진 아이들을 가지고 이리저리 부딪쳐 본다.

하지만 중요한 것은 아이가 얼마나 똑똑하고 영리한가 하는 것이 아니라, 얼마나 현명하고 지혜로운가 하는 물음이다.

어려운 일이지만 부모들에게 자발적으로 포기하라고 순진하게 호소한다. 지능검사와 심리기술적인 실험들은 이기주의적인 야심을 효과적으로 제한시켜 줄 것이다. 하지만 이는 당연히 먼 미래에 대한 희망이다.

| 10 |

착한 아이.

우리는 착한 것과 편한 것을 혼동하지 않도록 조심해야 한다. 아이는 거의 울지 않고, 밤에도 깨지 않으며 친밀하고 밝다. 그렇다면 착한 것이다.

변덕스럽고 눈에 띄는, 이유 없이 울고 어머니에게 사랑스러운 느낌보다는 괴로운 느낌을 더 많이 불러일으키는 것은 나쁜 것이다.

신생아들은 자신의 상태와는 무관하게 유전된 성격에 따라 더 잘 참기도 하고 덜 참기도 한다. 후자는 한 가지 느낌을 열 번 우는 것으로 반응하고, 전자는 열 번의 마음에 들지 않는 요소를 한 번의 울음으로 반응하는 것이다.

한 아이는 잠을 많이 자고 느릿느릿 움직이며, 천천히 젖을 빨고, 생생한 긴장감이나 격렬함 없이 운다.

다른 아이는 자극적이고 활발히 움직이며, 잠도 가볍게 자고 힘차게 젖을 빨고 한번 울면 숨이 넘어갈 정도가 된다.

아이는 숨이 끊어질 듯 기침을 하여 거의 질식할 정도이다. 아이가 다시 정신을 차리도록 하기 위해서는 온갖 힘을 다 쏟아야 한다. 그제야 아이는 아주 힘들게 되살아난다. 나는 이것이 간유와 인과 유액이 없는 다이어트로 치료해야 하는 병이라는 걸 안다. 그러나 이 병은 젖먹이를 강한 의지력과 근본적인 생명력, 창의적인 정신력을 갖춘 어른으로 자라게 할 수 있다. 나폴레옹도 갓난아기 때 자지러질 듯이 울곤 했다.

모든 현대 교육학은 편안한 아이를 키우기 위해 노력한다. 끊임없이 그리고 단계적으로 아이의 의지와 자유를 만들어 내는 모든 것을, 즉 아이의 강인한 영혼과 갈망하는 힘과 의지력을 무디게 하고 억압하고 근절하려고 애를 쓴다.

아이를 생각 없이, 얌전하고, 순종적이고, 착하고, 편안한 아이로 키우려는 것은 그 아이가 내적으로 자유롭지 못하고 삶에 성실하지 않게 된다는 것을 의미한다.

| 11 |

아이가 우는 것은 젊은 어머니에게는 고통스럽고 놀라운 일이다.

어머니는 아이들이 운다는 것은 알고 있었지만, 자기 아이가 그러리라고는 생각지 않았고, 오로지 매혹적인 미소만을 기대했던 것이다.

어머니는 아이의 욕구를 정확히 주시하고, 아이를 이성적으로, 현대적이고 경험 있는 의사의 지침에 따라 키울 것이다. 아이는 울어서는 안 되는 것이다.

그렇지만 그녀가 영원히 계속될 것 같던 힘든 시간의 생생한 여음을 여전히 느끼면서 마취된 듯 누워 있는 동안 밤이 찾아온다. 그녀는 걱정 없이 달콤한 피로감이나, 일을 끝낸 후 절망적일 정도로 힘들었던 시간 후의 달콤한 휴식도 채 맛보지 못했다. 이제 아이가 혼자서 숨쉬기 때문에 이 모든 것이 지나갔다는 착각에 빠지기도 전이다. 그녀는 자신 속에 가라앉아 아무런 대답도 기대하지 않은 채 자연에게 비밀스러운 질문을 속삭일 것이다.

그때 갑자기….

뭔가를 요구하고 불만을 토하고 도움을 청하는 독재자 같은 아이의 울음소리가 들린다. 하지만 그녀는 아이를 이해하지 못한다. 조심해!

"난 할 수 없고, 하고 싶지도 않고, 무엇을 해야 할지 알지도 못해!"라고 외치듯, 스탠드 불빛 밑에서 소리치는 이 최초의 울음소리는 이제 둘로 나누어진 생명 사이에서 벌어지는 투쟁의 신호음이다.

관대함과 체념과 희생을 강요당하는 성숙한 생명은 자신을 방어한다. 또 다른 어린 새 생명은 자신의 권리를 요구한다. 당신은 오늘은 이 아이를 비난하지 않는다. 아이는 이해하지 못하고 고통받는다. 그러나 시계의 숫자판은 언젠가 당신도 "내게도 감정이 있다고. 나도 괴롭단 말야"라고 말하게 될 시간을 가리킬 것이다.

| 12 |

거의 울지 않는 신생아와 유아들이 있다. 그렇다면 다행이다. 하지만 울면 이마의 핏줄이 솟아오르고, 정수리가 튀어나오고, 얼굴과 머리가 새빨갛게 변하고, 뺨이 새파래지며, 이빨도 없는 턱이 떨리고, 배가 부풀어 오르며, 작은 주먹을 꼭 움켜쥐고, 다리를 허공에 대고 버둥거리는 아이들도 있다. 갑자기 힘이 빠지면 아이는 울기를 중단하고 완전히 항복하는 표정으로 "비난하듯" 엄마를 쳐다보고, 눈을 감고 잘 듯하다가 다급히 몇 번 숨을 쉬고는 다시 아까처럼, 심지어는 더 발작적으로 운다.

그 섬세한 허파와 작은 심장과 여린 뇌가 어떻게 그것을 이겨 낼까?

도와주세요! 의사를 불러 주세요!

영원처럼 긴 시간이 지난 후 나타난 의사에게, 이 낯설고 다가갈 수 없는 직업적인 의사에게 이 아이는 수천 명의 아이 중 하나에 불과하다. 그는 관대한 미소를 지으며 그녀의 두려운 하소연을 듣는다. 조금 전에 만났던 다른 엄마의 고통과 하소연에서 몸을 돌려 이제 그는 또 다른 고통과 하소연을 듣는 것이다. 그는 모든 것이 훨씬 좋아진 낮에 온 것이다. 하늘에는 햇빛이 비치고, 길거리에는 사람들이 오가며, 아이가 잠자지 못한 밤이 지난 후에 힘이 빠져 버려 막 자고 있을 때, 창백한 밤에 대한 흔적이라고는 조금도 찾아볼 수 없을 때 의사는 온 것이다.

어머니는 때로는 별로 주의를 기울이지 않고 그의 말을 듣는다. 힘든 길의 친구이자 안내인인 의사에 대한 그녀의 꿈은 복구할 수 없을 정도로 사라진다.

그녀는 그에게 대가를 지불하고 의사란 무관심하고 낯선 사람이며, 뭔가 문제인지도 알지 못하는 사람이라는 쓰디쓴 경험과 함께 혼자 남겨진다. 그 역시 불확실하고, 어떤 분명한 것도 말해 주지 않는 것이다.

| 13 |

만일 이 젊은 어머니가 이 처음의 며칠과 몇 주가 오늘의 아이 건강을 위해서라기보다는 오히려 그들 두 사람의 미래를 위해서 얼마나 중요한지 알기나 한다면….

그런데 우리는 얼마나 쉽게 이 시간을 허비하는지!

자기 아이가 의사에게 단지 약간의 수입을 가져다주거나 그의 야심을 만족시키기 위해서만 관심의 대상이 된다는 생각과, 그녀 자신에게만 소중할 뿐 세상에는 전혀 중요하지 않다는 생각과 타협하는 대신 말이다.

인식을 위해 노력하고 연구하고 앞으로 나아가는 학문의 현대적인 입장에 친숙해지는 대신 말이다. 지식을 주지만 확실한 것은 없고, 도움을 주지만 보장해 주지 않는 오늘날의 학문 말이다….

아이를 키우는 것이 장난이 아니고, 잠자지 못하는 밤들의 수고와 힘든 체험들의 총체이며 많은 것을 생각해야 하는 과제라는 인식과 용감하게 만나는 대신 말이다….

자신을 기만하고 유치하게 토라지거나 이기적인 신랄함 없이, 엄청난 감정의 불꽃 속에서 모든 것을 성숙한 의식으로 용해시키는 대신, 그녀는 아이를 유모와 함께 멀리 떨어진 방으로 보내려고 한다. 그녀는 아이가 얼마나 괴로워하는지 함께 쳐다볼 수 없기 때문에, 아이가 고통에 차서 도움을 청하는 것을 더는 들을 수 없기 때문에 거듭해서 이 의사 저 의사를 부른다. 그에게서 아무런 깨달음도 얻지 못하면서 말이다. 그녀는 단지 고통으로 마비되고, 저주를 받은 느낌이 될 것이다.

아이가 처음으로 하는 분명치 않은 말, 변형되고 토막 난 표현에 대한 엄마의 기쁨이란 얼마나 순진한 것인가.

이제 처음으로? 단지 그것밖에? 더 이상은 못 하나?

울음과 웃음의 말, 눈과 입 모양의 말, 동작과 젖을 빨면서 하는 것은 말이 아닌가?

이 밤들을 포기하지 말라. 이 밤들은 어떤 책이나 누구의 충고도 줄 수 없는 것을 당신에게 줄 것이다. 그 밤들의 가치는 단지 지식 속에 있는 것이 아니라, 더 이상 아무런 결실도 없는 고민으로 되돌아가지 않게 하는 정신적인 도약 속에 있기 때문이다. "이럴 때는 무엇일까, 무엇이라고 하나, 무엇이 좋을까"라는 아무 소용없는 고민이 아니라, 주어진 상황에서 행동하도록 가르치는 것이다.

이런 밤에는 경이롭고 수호신과 같은 동맹자가 아이를 도와줄 수 있다. 그것은 어머니 마음속에 있는 직감, 연구하려는 의지와 점점 커 가는 이성과 밝은 감정으로 이루어진 투시력이다.

| 14 |

한번은 어떤 어머니가 내게 왕진을 청했다.

"제 아이는 원래 건강합니다. 큰 문제는 없어요. 단지 선생님께서 아이를 한번 봐주셨으면 해서요."

나는 아이를 살펴보고, 몇 가지 지시를 해 주고, 몇 가지 질문에 대답해 준다. 아이는 건강하고, 사랑스럽고, 밝았다.

"안녕히 계세요."

같은 날 저녁이었거나 혹은 다른 날이었을 것이다.

"의사 선생님, 아이에게 열이 있어요."

그 어머니는 내가 의사로서 짧은 왕진 시간 동안 표면적인 진찰을 통해 알아내지 못했던 것을 알아차렸다.

그녀는 몇 시간 동안 아이에게 엎드려, 관찰 방법에 대한 아무런 지식도 없이 자기가 무엇을 알아냈는지도 알지 못하고, 스스로를 의심하면서 자신이 한 세밀한 관찰을 감히 고백하려 하지 않는다.

그런 다음 그녀는 아이가 목이 쉬지는 않았지만, 목소리에 약간 힘이 없다는 데 대해 주목했다. 아이는 덜 옹알거리고, 목소리도 조금 작아졌다. 아이는 한번은 자면서 평소보다 격렬하게 움찔거렸다. 아이는 깨어난 후 미소를 지었지만 힘이 없었다. 이전보다 천천히 젖을 빨고, 정신이 딴 데 팔린 듯 이따금 쉬어 가며 빨았다. 아이의 웃음에 고통스러운 표정이 섞여 있는지 아니면 단지 그렇게 보일 뿐이지? 아이는 가장 좋아하는 장난감마저 화난 듯이 던져 버렸다. 왜 그럴까?

그녀의 눈과 귀와 젖꼭지가 인식했던 아이의 수백 가지 움직임과 수백 가지 작디작은 탄식 소리는 아이가 이렇게 말하고 있음을 나타낸다.

"나는 컨디션이 좋지 않아. 오늘 나는 몸이 좋지 않아."

어머니는 자기가 본 것을 믿지 않았다. 책에서 비슷한 현상을 보지 못했기 때문이다.

| 15 |

어느 일당 노동을 하는 어머니가 몇 주 된 아이를 응급실에 데리고 왔다.

"아이가 젖을 빨려고 하지 않아요. 좀처럼 젖을 물지 않고, 물었다가도 다시 놓아 버려요. 숟가락으로는 잘 받아먹어요. 잠을 자다가 혹은 깨어 있을 때 갑자기 울어 대요."

나는 입과 목젖을 진찰해 보았지만, 아무것도 알 수 없었다.

"젖을 물려 보시지요."

아이는 입술로만 젖꼭지를 건드릴 뿐 빨려고 하지 않았다.

"아이가 전혀 빨 엄두를 내지 못하는군요."

마침내 아이는 젖가슴을 물고는 황급히, 체념한 것처럼 몇 번 빨아 보다가 소리를 지르며 놓아 버렸다.

"한번 보세요. 입천장에 뭔가 있어요."

나는 다시 한번 살펴보았다. 불그스름한 것이 기이하게도 입천장에만 있었다.

"아, 여기 뭔가 검은 것이 있군요. 이일까요? 그렇지 않으면 다른 무엇일까요?"

나는 뭔가 딱딱하고 누렇고, 가장자리에 어두운 테를 두른 타원형 모양의 흔적을 보았다. 그것을 건드리자, 그것은 움직였고, 떼어 내니까 그 아래 부위의 가장자리는 피가 묻은 채 작고 붉게 패여 있었다.

마침내 나는 그것을 잡아냈다. 그것은 씨앗 껍질이었다.

아이의 요람 위에는 카나리아 새가 든 새장이 걸려 있었다. 새가 먹이를 먹다가 껍질을 떨어뜨렸고, 그것이 아이의 뺨에 떨어지자, 그다음에는 입안으로 들어가 입천장에 박힌 것이었다.

그런데 내 생각은 구강염, 아구창, 치은염, 후두염 등등에서 맴돌고 있었다.

어머니는 말했다. 아이가 통증을 느끼는 것 같아요. 입안이 뭔가 정상이 아니에요.

나는 아이를 두 번 철저히 조사했을 뿐이다···. 하지만 그녀는 얼마나 셀 수도 없이 살펴보았겠는가?

| 16 |

이따금 어떤 어머니들은 정확하고 세밀한 관찰로 의사를 놀라게 하는 반면, 다른 어머니들은 지극히 간단한 징후조차 이해하지 못하고, 깨닫지도 못한다는 사실이 마찬가지로 나를 놀라게 하였다.

"저는 아이란 태어난 다음부터 운다는 사실 외에는 전혀 알지 못해요. 아이란 항상 우는 게 아니에요!"

아이가 갑자기 소리를 지르고 그 울음은 금방 절정에 이르는가, 혹은 고통스러운 탄식이 점차로 울음으로 변하는가? 아이가 대변을 보거나 오줌을 누거나 혹은 토하고 난 후 금세 진정하는가, 아니면 목욕을 시킬 때나 옷을 입힐 때, 사람들이 들어 올릴 때 갑자기 세차게 우는가? 그때 아이는 어떻게 움직이는가? 아이가 그 작은 머리를 베개에 비비거나 젖을 빨듯이 입술을 움직이는가? 아이는 안아 주거나 기저귀를 갈거나 엎드려 놓고 자세를 바꿔 주면 다시 진정하는가? 아이는 젖을 먹기 전이나 먹은 후에 언제 더 많이 우는가? 아침에 아니면 저녁에 혹은 밤에 더 많이 우는가?

아이는 젖을 먹으면 진정하는가? 얼마나 오랫동안? 또는 아이는 먹으려 하지 않을 때는 어떤 표현을 하는가? 젖을 물기도 전에 놓아 버리는가? 젖을 빨다가 갑자기 혹은 얼마 후에 놓아 버리는가? 아이는 단호히 젖을 거부하는가?

젖을 빨도록 설득시킬 수 있는가? 아이는 어떻게 빠는가? 왜 빨지 않는가?

아이가 감기 걸리면 어떻게 젖을 먹는가? 배가 고프면 탐욕스럽고 강렬하게, 그런 다음에는 빨리, 그리고 시들하고 불규칙적으로, 숨을 쉬지 못하기 때문에 쉬어 가며 빠는가? 그리고 계속해서 빨면서는 삼킬 때 통증을 느끼는지, 그렇다면 실제로 어디에 문제가 있는지?

아이는 단순히 배가 고프고 "배가 아파서" 우는 것이 아니라 입술이나 입천장, 혀, 목젖이나 코가 아파도 운다. 손가락이나 귀 혹은 뼈가 아파도, 엉덩이가 자극을 받아도, 오줌을 눌 때나 구토를 할 때, 목이 마르거나 지나치게 더울 때, 피부가 가려워도 운다. 피부가 가려운 것은 종기의 증세를 알려 주는 것이다. 아이는 옷에 있는 거친 고무줄 때문에, 기저귀의 주름 때문에, 목에 꼭 끼인 솜털 때문에도 운다. 그리고 카나리아 새장에서 떨어진 씨앗의 껍데기 때문에도 우는 것이다.

10분을 위해 의사를 불러라. 하지만 20시간 동안 직접 아이를 관찰해 보라.

| 17 |

완성된 공식을 가진 책은 시선을 무디게 하고 생각을 나태하게 만든다. 다른 사람의 경험과 관찰과 견해에 따라 살다 보면, 우리 자신에 대한 신뢰감은 사라져 버려서 우리는 더는 우리 자신의 관점에서 보려 하지 않는다. 인쇄된 말이 어떤 사람의 연구 결과가 아니라 마치 신의 계시라도 되는 것처럼 말이다. 나 자신이 아니라 다른 사람에게 방향을 맞추고, '오늘'이라는 이 시점에 내 아이에게 방향을 맞추지 않는다. 그리고 이론적인 학파는 이 같은 비겁함을 부추기고, 우리 자신의 무지가 드러나지 않게끔 두려움을 장려한다.

어머니가 기록해 두었던 질문들을 감히 의사에게 던지지 못하는 일이 얼마나 많은지. 그리고 그녀가 의사에게 질문을 적은 쪽지를 건네주는 일은 얼마나 드문지. 단지 "어리석은 일"들만 기록했기 때문에 말이다. 그녀는 자신이 알지 못한다는 사실을 침묵함으로써 종종 의사들이 중요한 진단을 내릴 때, 의사들 자신에게 드는 의구심이나 망설임을 숨기도록 만든다. 그녀는 얼마나 마지못해 분명치 않은 대답을 듣게 되는지, 그리고 의사가 아이의 침대 머리맡에서 아무 말도 하지 않고 생각만 하고 있으면, 그녀는 그를 얼마나 과소평가하는지, 의사는 또 얼마나 자주 사기꾼이 되도록, 혹은 예언자가 되도록 강요받는지….

종종 부모들은 자신이 아는 것을 알려고 하지 않고, 보는 것을 보려 하지 않는다.

이렇게 지나칠 정도로 편안한 영역에 머무는 것은, 어머니가 원래부터 엄청나게 충분한 보상을 기대하는 데서 비롯된 것으로, 아주 독특하고도 흔치 않은 일이다. 그녀가 이미 임신의 체념과 불편함과 부담을, 출산의 고통을 받아들였다면 적어도 아이를 좋아할 수 있어야 한다.

더욱이 나쁜 것은 모든 것을 돈으로 사는 데 습관이 된 것이다. 그녀는 지극히 가난한 사람이라도 얻을 수 있는 것이 있지만, 아무리 권력이 있는 사람이라도 얻을 수 없는 것이 있다는 사실을 받아들이려 하지 않는다.

부모들은 시장에서 물건을 고를 때 "건강"이란 상표가 붙은 불필요하고 심지어는 가짜 물건에 빠져드는 일이 얼마나 많은지.

| 18 |

젖먹이에게 어머니의 젖가슴이 주는 의미는 같다. 그 아이가 하느님이 은총을 베푸신 결혼에서 태어났건, 혹은 한 소녀가 순결을 잃어서 태어났건, 그 어머니가 "나의 천사"라고 속삭이든, 아니면 "맙소사, 이제 어떻게 해야 하지." 하고 한숨을 쉬든, 사람들이 최고 교육을 받은 여성에게 온갖 존경심을 가지고 축하를 하든, 시골 처녀에게 "에이, 더러운 계집애"라고 욕을 하든 말이다.

남자들의 습관에 봉사하는 매춘은 여성의 편리를 위해 존재하는 유모 제도에서 완성된다.

우리는 불쌍한 아이에게 가해진 허가된 범죄의 심각성을 충분히 인식해야 한다. 그것은 부유한 자에게도 충분히 일어날 수 있다. 유모는 두 아이를, 자신의 아이와 남의 아이를 먹일 수 있기 때문이다. 유선乳腺은 요구되는 만큼 많은 양을 내준다. 그리고 아이가 유모의 젖가슴이 줄 수 있는 것보다 적게 먹을 때는 양이 줄어든다.

─공식: 젖은 넘치도록 흘러나오는데 아이는 약하다. 그러면 양이 준다.

우리는 훨씬 덜 중요한 경우에도 많은 의사의 충고를 따르면서, 어머니가 젖을 먹일 수 있을까 하는 지극히 중요한 물음에는 정직하지 못하고 누군가가 내뱉은 충고를 따르는 것은 기이하다.

모든 어머니는 젖을 먹일 수 있고, 모든 사람은 충분한 양을 지니고 있다. 단지 수유 기술에 대한 무지가 그녀에게서 선천적인 능력을 빼앗아 간다.

젖이 느끼는 통증과 헐어 버릴 정도로 빤 젖꼭지는 분명 하나의 장애물이다.

하지만 이때 그 같은 통증은 어머니가 임신 기간 내내 여러 가지 부담을 돈 주고 산 노예에게 떠맡기지 않고 견뎌 냈다고 생각하면 잊을 수 있을 것이다. 수유는 말하자면 임신의 연속이다. "단지 아이가 안에서 밖으로 나왔을 뿐이다. 태반에서 떨어져서 젖가슴을 요구하고, 이제 붉은 피가 아닌 흰 피를 빠는 것이다."

피를 마신다고? 그렇다. 어머니의 피를. 그것은 자연의 법칙이기 때문이다.

아이는 인간의 법칙에 따르면 가능할지도 모를 살해된 형제의 피를 먹는 것이 아니다.

아이들이 모유를 먹을 권리에 대한 활발한 논쟁이 반향을 불러일으키고 있다. 오늘날 주택 문제는 전면에 등장했다. 내일은 무슨 문제가 대두될까? 이렇게 작가의 관심사는 현재의 순간에 의존한다.

| 19 |

어쩌면 나도 어머니들이 사용하도록 위생에 관한 이집트의 해몽서를 쓸지도 모르겠다.

"출생 시 3.5킬로그램의 몸무게는 건강과 무사함을 의미한다."

"푸르고 끈적끈적한 대변은 불안을 의미하고, 유쾌하지 못한 징후다."

어쩌면 나도 충고와 지시로 가득 찬 보물 상자를 만들어 낼지도 모르겠다.

하지만 나는 무비판적인 극단주의를 부당하지 않다고 할 규정은 어디에도 없다고 확신한다.

옛날 시스템은 다음과 같다.

아주까리기름과 번갈아 가며 하루에 30번 젖을 물린다. 젖먹이는 이 팔에서 저 팔로 옮겨지고, 무게가 측정되고, 코감기에 걸린 아줌마들이 그 아이를 흔들어 준다. 사람들은 아이를 창가로 데려가고, 거울 앞에 놓기도 하며 그 앞에서 재잘거리며 노래를 불러 준다. 놀이동산이다.

그런가 하면 새로운 시스템은 다음과 같다.

세 시간마다 젖을 물린다. 아이는 젖 줄 준비를 하는 것을 보면 초조하고 애가 타서 운다. 어머니는 시계를 쳐다본다. 아직 4분 남았군. 이제 아이가 잠이 들면 어머니는 깨운다. 아이는 아직 배가 덜 찼는데도 시간이 지났기 때문에 젖가슴에서 떨어뜨려지고 만다. 아이가 누워 있어도 만지지 않는다. 안아 주는 습관을 들여서는 안 되기 때문이다. 목욕시키고 기저귀 갈아서 배가 부르면 아이는 자야 한다. 아이는 자지 않는다. 사람들은 발끝으로 걷고 창문에 커튼을 내려야 한다. 병실과 다름없다.

'이건 아니야'라는 생각이 세차게 들지만, 규정이 그렇게 명하고 있는 것이다.

| 20 |

"몇 시에 젖을 먹여야 하나"가 아니라 "낮 동안 몇 번 먹여야 하나"가 중요하다. 이렇게 하면 이 질문은 어머니의 자유를 제한하지 않는다. 그녀 스스로 자신과 아이에게 가장 좋은 시간을 정하기만 하면 되기 때문이다.

하루 동안 아이는 몇 번이나 젖을 먹어야 하나? 열네 번에서 열다섯 번. 아이는 얼마나 오래 젖을 물고 있어야 하나?

4분에서 45분 또는 더 오래.

젖이 쉽게 나오는 가슴이 있는가 하면 힘들게 나오는 가슴이 있다. 젖의 양이 적은 가슴과 충분한 가슴, 아이가 빨기 좋게 생긴 젖꼭지와 나쁘게 되어 있는 젖꼭지, 굳은 젖꼭지와 예민한 젖꼭지. 어떤 아이들은 힘차게 빨지만, 다른 아이들은 기분에 따라 불규칙적으로 나태하게 빤다.

그렇다면 일반적으로 적용되는 규정은 있을 수 없다.

모양이 이상적이진 않지만 잘 견디는 젖꼭지, 게다가 활발한 신생아를 위한 젖꼭지가 제대로 "형성되기" 위해서는 자주, 오랫동안 빨게 해야 한다.

충분한 양의 젖에 아이가 익숙하지 않으면, 먹기 전에 젖의 일부를 짜내는 것이 바람직하다. 아이가 빠는 힘을 기르도록 하기 위해서다. 아이가 그것을 해내지 못한다면?

그렇다면 먼저 젖을 먹이고 나머지는 짜내라.

젖이 잘 나오지 않고 아이는 게으르다. 10분 후에야 비로소 아이는 빨기 시작한다.

삼키는 동작은 어쩌면 한 번, 두 번, 다섯 번 빠는 동작 뒤에 온다. 한 번 삼키는 젖의 양은 더 많을 수도 있고, 적을 수도 있다.

아이가 젖꼭지를 물고 빨지만, 삼키지 않거나 이따금 삼키기도 하고 자주 삼키기도 한다.

"젖이 턱 위로 흐른다." 어쩌면 젖의 양이 너무 많아서거나 너무 적어서다. 아이가 배가 고파서 세차게 빨아서 그렇거나, 처음 빨 때 잘못 삼켜서다.

어머니와 아이를 자기 앞에 두지 않은 채 어떻게 규정을 만들 수 있을까?

"하루에 다섯 번, 매번 10분간." 그것은 도식일 뿐이다.

| 21 |

저울이 없이는 젖먹이는 기술도 없다. 저울이 없이 시도하는 모든 것은 술래잡기 장난에 불과하다.

저울 없이는 아이가 젖을 얼마나 먹었는지 확인할 수 없다.

하지만 그것은 아이가 얼마나 자주, 얼마나 오래, 양쪽 젖을 다 빨았는지 한쪽만 빨았는지에 달려 있다.

저울은 실제 상황을 보여 줄 때 정확한 충고자가 될 수 있다. 하지만 만일 그것으로부터 아이의 "정상적인" 성장에 대한 도식을 만들려 한다면 우리는 독재자가 될 수 있다. "푸른 대변"에 대한 선입견에서 "이상적인 곡선"에 대한 미신으로 빠져서는 안 된다.

어떻게 몸무게를 재야 하나?

수백 시간을 테니스를 치고, 피아노곡을 연습하며 보내지만, 저울과 친숙해지는 것은 너무나도 수고스럽게 여기는 어머니들이 있다. 젖 먹이기 전과 먹인 후에 몸무게를 잰다? 얼마나 귀찮은 일인지! 반면 존경받는 주치의와도 같이 저울을 조심스럽고 부드럽게 다루는 어머니들이 있다.

갓난아기용의 싼 저울을 모든 가정에 보급하는 것, 그것은 사회적인 과제이다. 하지만 누가 그것을 받아들일까?

한 세대는 우유, 계란, 육류라는 구호 밑에서 자라고, 다른 세대는 곡물, 야채와 과일이라는 구호 밑에서 자라는 것은 어떤 이유 때문인가?

화학의 발전과 신진대사에 관한 연구 결과라고 말할 수 있을 것이다.

아니다. 이 같은 변화의 본질은 훨씬 더 깊은 곳에 있다.

새로운 식이요법은 살아 있는 유기물에 대한 학문적인 신뢰의 표현이며, 유기물의 의지에 대한 관용의 표시다.

사람들이 단백질과 지방을 주었다면, 그것은 특별히 조합한 식이요법을 통해 유기체의 성장을 강요하려고 한 것이다. 오늘날 우리는 모든 것을 다 준다.

살아 있는 유기체는 자신에게 필요한 것, 유용한 것을 스스로 고를 수 있고, 힘과 주어진 건강의 활동과 잠재적인 성장 에너지의 테두리 속에서 스스로 질서를 찾을 수 있다.

우리가 아이에게 주는 것보다 더 중요한 것은 아이가 자기 것으로 만드는 것이다. 모든 강제와 과도함은 하나의 부담이고, 모든 일면적인 것은 실책일 가능성이 있다. 우리는 진리에 아주 가까이 있으면서도 사소한 실수를 하는 것이다. 그리고 그 같은 실수를 여러 달 반복하는 동안 해를 끼치거나 일을 어렵게 만든다.

언제, 무엇을, 어떻게 먹일 것인가?

아이가 섭취한 1리터의 젖이 충분하지 않으면, 점차 유기체의 반응을 고려하면서 아이가 소화할 수 있는 모든 것을 주어야 할 것이다.

아이는 발육 촉진 식품들을 어떻게 받아들이나?

우리는 건강에 대한 학문과 건강에 대한 장삿속을 분리해야 한다.

머리카락이 자라게 하는 약, 치아 강화제, 피부를 부드럽게 하는 파우더, 이가 쉽게 나게 하는 강화제는 학문을 수치스럽게 할 뿐, 결코 학문의 자랑거리가 아니고 열광적인 노력을 반영하는 것도 아니다.

발육 촉진 식품을 통해 정상적인 대변과 놀라울 정도의 체중 증가를 보장한다는 생산업자는 어머니를 즐겁게 하고 아이에게는 맛있는 것을 제공한다.

그러나 그 생산업자는 조직의 흡수 능력을 키워 줄 수 없으며 오히려 그것을 지연시킨다. 그 사람은 어떤 생명력도 부여할 수 없고, 어쩌면 과잉 섭취를 하게끔 해서 생명력을 감소시킬지 모른다. 그는 질병에 대한 저항력을 갖게 하지도 못한다.

그러나 그는 많은 사람들에게서 의심을 불러일으키고, 그들의 약한 부분을 찾아내어 자극함으로써 어머니 젖의 힘을 점점 약화시키고, 궁극적으로는 그 힘을 빼앗는다.

누군가는 다음과 같이 말할 것이다. 세상의 유명한 사람들이 모두 인정했다고 말이다. 그러나 학자들도 인간일 뿐이다. 그들 사이에는 더 예리하고 조심스럽고 성실한 사람이 있는가 하면, 경박한 사람이나 위선자도 있다. 독창적인 재능 때문이 아니라 교활함이나 재산과 출생 신분의 특권 때문에 지도적인 위치에 앉아 있는 학자가 얼마나 많은가! 학문은 비용이 많이 드는 작업실이 필요하다. 하지만 그것은 실제적인 업적을 통해서뿐만 아니라 아부나 순종, 혹은 술책을 통해서도 얻어진다.

나는 어떤 대담하고 무례한 사람이 다른 사람이 12년 동안 양심적으로 행한 연구 결과를 자기 것으로 만들어 버린 회의에 참석한 적이 있다. 나는 그 중요성을 논의하기 위해 국제회의까지 열렸던 한 발명품을 알고 있다. 또 한 번은 약효가 족히 열두 가지가 넘는다고 입증됐던 활력제가 가짜로 밝혀졌다. 소송이 걸리고, 스캔들은 황급히 덮어졌다.

활력제를 칭찬하는 사람이 아니라, 중개인과 생산업자의 어떠한 노력에도 불구하고 그것에 좌우되지 않는 사람이 중요하다. 수백만 개의 생산업체들은 상당한 영향력이 있는데, 이것에 보통 사람들이 저항하기는 어렵다.

이 단락에 나오는 여러 가지 생각들은 내가 의학에서 떨어져 나오던 과정을 반영한 것이다. 나는 지원 활동에서 보살핌이 부족하고, 그 활동이 졸속으로 이루어지는 것을 경험했다. (흔히 과소평가받던 카민스키 외에 브루드친스키*가 가장 먼저 소아학의 동등한 권리를 요구하고 강요했다.) 외국의 특수 산업체들은 우리의 비참함과 소홀함

---

* Jozef Brudzinski, 의사이자 학자, 1915~1918년에 재건된 바르샤바대학교의 책임자이자 초대 학장.

을 충분히 이용하기 시작했다. 오늘날은 우리나라도 공장 안에 육아실과 탁아소, 여름학교캠프와 휴양지, 학교에서의 건강 체크, 의료 보험이 있다. 언제나 제대로 실시되고 있는 것은 아니고, 아직 많이 부족하긴 하지만 우리는 일단 그것을 시작해 보았다. 오늘날은 발육 촉진제와 의약품의 효과를 믿어도 좋다. 그렇지만 그 역할은 아이들을 위한 위생과 공적인 보살핌을 도와주는 것이지, 이 일을 결코 대신하는 것은 아니다.

| 24 |

아이가 열 감기에 걸렸다.

아이가 심각한 위기 상태인가? 언제 다시 건강해질까? 그 대답은 우리가 알고 있고 인식할 수 있는 여러 가지 판단에 의존한다.

건강한 아이는 하루 이틀이 지나면 그렇게 심하지 않은 감기를 극복한다. 증세가 더 심하고 아이가 허약하면 컨디션이 좋지 않은 상태는 일주일가량 계속된다. 우리는 그 정도는 안다.

혹은 증상은 심하지 않지만, 아직 어려서 그 정도도 견디기 힘든 아이가 있다.

갓난아이의 감기는 종종 코가 막힌 데서 인두咽頭로, 기도와 기관지로 넘어간다. 우리는 그것을 확인해야 한다.

결국 백 가지 유사한 사례에서 아흔 가지는 아이가 빨리 회복하면서 끝난다. 일곱 가지 사례에서는 병이 오래 계속되고, 세 가지 경우에는 진짜 질병으로 발전한다. 심지어는 아이가 죽을 수도 있다. 한 가지 유의할 사항은 가벼운 감기 뒤에 다른 질병이 숨어 있지는 않은가이다.

하지만 어머니는 확실한 것을 원하지, 추측에 의지하려고 하지 않는다.

우리는 코의 분비물을 검사하고, 소변 검사와 피 검사, 내분비물 검사를 통해 진단을 보완한다. 우리는 그것을 밝혀내고, 전문가들을 찾을 수 있다. 진단과 치료에서 가능성의 요소는 더 커지게 된다. 그러나 이 플러스 요인이 너무 잦은 진찰의 해악으로 상쇄되지나 않을지, 의사들의 머리나 옷이나 호흡으로 더 위험한 질병에 노출되어 상쇄되지는 않을지 염려스럽다.

아이는 어디서 감기에 걸렸을까?

그것은 아마도 막을 수 있었을 것이다.

그런데 이 사소한 해악 때문에 아이가 일주일 혹은 한 달 뒤에 엄습할 수도 있는 더욱 심한 감염에 대해 저항력을 가지게 되지는 않는가? 그것은 저항 체계를 완성시키지 않는가? 두뇌의 열 중심, 내분비선, 피의 구성 성분에서 말이다. 우리는 아이가 호흡하는 수천 가지 박테리아가 든 1세제곱센티미터 속의 공기로부터 아이를 분리시킬 수 있는가?

우리의 노력과 어쩔 수 없이 내버려 두는 것 사이의 이 같은 불일치는 어머니가 충분히 무장되어 있는지에 대한 새로운 검토가 아닌가? 그녀가 받은 교육을 통해서가 아니라 오히려 아이를 키우는 데 없어서는 안 될 느낌에 대한 검토 말이다.

| 25 |

출산 직후에 사망하는 산모가 많았던 시절에는 사람들은 신생아에 대해 그다지 많은 생각을 하지 않았다. 아이의 존재는 무균법과 조산助産 기술이 산모의 생명을 보장하게 되었을 때야 비로소 발견되었다. 갓난아이 사망률이 끔찍이 높던 시절에 학문은 오로지 우유병과 기저귀에 집중되어 있었다. 이제 얼마 지나지 않아 우리는 자율신경계 외에도 출생 첫해 아이의 용모와 생활, 심리적인 발전에 대해 더 분명하게 인식하게 될 것이다. 지금까지 이 분야에서 행해졌던 것은 시작에 불과하다.

젖먹이의 신체와 정신의 경계에 있는 심리학적 문제와 그 결과는 무수히 많다.

나폴레옹은 아기 때 경련에 시달렸다. 비스마르크는 곱사병 증세가 있었고, 모든 예언자와 범죄자들, 영웅과 배반자들, 위인과 소인배, 육상 선수와 발육부진아도 의심할 바 없이 성인이 되기 전에는 한때 젖먹이였다. 그 사람들의 생각과 감정과 노력이 발전하고 구별되고 정의되기 전의 원형을 알기를 원한다면 우리는 젖먹이에게로 향해야 한다. 단지 무지와 주의 깊지 못한 태도는 젖먹이가 특정하고 분명한 윤곽을 가진 한 개인이라는 사실을 간과하게 만든다. 타고난 기질과 힘과 지능과 감정과 인생 체험으로 이루어진 개인이라는 사실을 말이다.

여기 100명의 어린아이가 있다. 나는 침대 위로 몸을 굽히고 그들을 살펴본다. 그중에는 몇 주나 몇 달 된 아이들, 서로 다른 체중과 서로 다른 "성장 곡선"을 가진 아이들, 아픈 아이, 나은 아이, 건강한 아이와 생명의 흔적이라고는 아직 아무것도 없는 아이도 있다. 다양한 시선들, 반쯤 꺼져 가고 너울을 쓴 듯 표정 없는 시선, 또 고집스럽고 힘들게 모여진 시선, 생기 있는 시선, 선량한 시선, 공격적인 시선 등이 있다. 그들이 반응하는 미소는 자발적이거나 친밀하기도 하고, 잠시 후에야 비로소 주의 깊게 쳐다보기도 한다. 내가 그들에게 보내는 미소와 부드럽고 용기를 주는 말에 대한 응답으로 말이다.

처음에는 우연인 것처럼 보이던 게 여러 날이 지나면서 반복된다. 나는 신뢰감을 가진 아이, 불신에 찬 아이, 변덕스러운 아이, 감정이 고른 아이, 명랑한 아이, 어두운 아이, 불안한 아이, 두려워하거나 거부하는 아이를 기록하고 구분한다.

항상 밝은 아이는 젖을 먹기 전후에 미소를 짓는다. 사람들이 깨우든, 깊은 잠에 빠져 있든, 아이는 눈을 뜨고, 미소를 짓고는 다시 잠이 든다. 항상 화난 아이는 불안하고, 거의 울 것 같은 표정으로 나를 대하고, 3주 동안 단 한 번 그것도 잠시 웃을 뿐이다.

나는 아이의 목구멍을 조사한다. 아이는 활기 있고 격렬하며 열정적인 머리 동작을 하고 때로는 저항하거나 때로는 싫증 난 듯 움찔거리기도 하며, 초조하게 머리를 움직이다가 다시금 호의적인 미소를 보인다. 어떤 아이들은 낯선 손의 모든 움직임을 악의에 차서 쳐다보고, 자기에게 무슨 일이 일어나기 전에 화를 내기도 한다.

한 시간에 50명의 아이에게 천연두 예방 주사를 놓는다. 그것은 하나의 실험이기도 하다. 많은 아이가 자발적으로 당연하다는 듯이 반응한다. 다른 아이들은 점차적이고 불확실한 반응, 세 번째 아이들은 수동적이다. 어떤 아이들은 조금 놀랄 뿐이고, 두 번째 아이들은 서서히 불안해지고, 세 번째는 즉각 경종을 울린다. 한 아이는 재빨리 다시 균형을 찾고, 다른 아이는 한참 동안 감정에 사로잡혀 용서하지 않는다.

우리는 젖먹이 나이에는 흔히 그렇다고 말할 수도 있다. 하지만 그 말은 전적으로 옳지 않다. 재빠른 방향 감각, 이전의 경험에 대한 기억. 우리는 외과의사로 인해 아픈 경험을 했던 아이들을 알고, 그들이 흰 물약을 주었기 때문에 우유까지 거부하는 아이들이 있다는 것을 안다.

하지만 다 큰 사람들이 보이는 정신적인 표현에는 어떤 다른 원인이 있는가?

| 27 |

한 아이가 세상에 태어났고, 그는 이미 차가운 공기와 거친 기저귀, 서로 다른 소리가 주는 불안감과 젖 빠는 활동을 익혔다. 아이는 규칙적이고 거칠게 열심히 젖을 빤다. 아이는 미소 짓고, 혼자 옹알이하고 손을 움직일 줄 안다. 아이는 자라고, 주변을 살펴보고, 기고, 걷고, 이상한 소리를 내다가 말을 한다. 이것은 언제, 어떻게 일어나는가?

이것은 밝고 방해받지 않은 성장이다.

다른 아이의 경우는 다음과 같다.

아이가 젖 빠는 법을 배우기까지 일주일이 걸렸다. 며칠 동안 불안한 밤을 보내고 그다음에는 걱정 없는 일주일이 지났다. 그러고는 하루 종일 폭풍이 몰아치는 듯한 날이 온다. 발육은 약간 더디고, 이가 나려면 오래 걸린다. 일정하진 않지만 모든 것은 정상이다. 아이는 평화롭고, 사랑스럽고 유쾌하다.

선천적으로 무기력한 아이도 있다. 세심하게 돌보아지지 않고, 젖도 충분치 않지만 다행히 발육은 정상이다.

세 번째 아이.

이 아이는 거칠다. 아이는 즐겁고, 쉽게 흥분하고, 내적으로나 외적으로 좋지 않은 인상에 처할 때면 절망적으로 싸우고 비축된 에너지를 아끼지 않는다. 활발한 동작과 갑작스러운 변화, 오늘은 어제와는 완전히 다르다. 아이는 배우고는, 다시 잊어버린다. 급격한 상승과 하강의 단절된 발육 곡선. 지극히 사랑스럽게 시작되었다가 위협적일 정도로까지 변한다. 사람들은 뭐라고 해야 할지 모르다가 마침내 말한다. 쉽게 흥분하는 아이, 고집쟁이, 변덕스러운 아이라고. 아마도 미래에는 가치 있는 아이가 될지 모르는데도 말이다.

네 번째 아이.

맑은 날과 비 오는 날을 계산하면, 맑은 날이 별로 없다. 성격의 근본적인 특성은 불만족이다. 큰 고통은 없지만, 사랑스럽지 않은 놀라움이 있다. 시끄럽진 않지만 불안하다. "… 하면 좋을 텐데"라는 아쉬움의 말을 하지 않은 적은 한 번도 없었다.

이 아이는 결핍상태에서, 이성적으로 키워지지 않은 아이다. 방 안 공기가 좋지 않거나 젖이 100그램 정도 많거나 물이 100그램 정도 적다. 이것은 위생적인 요소일 뿐 아니라 교육적인 요소다. 엄청나게 많은 것을 연구하고, 예감하고, 배우고, 적응하고, 사랑받고, 거부당하고, 이성적으로 거부당하거나 요구해야 하는 아이는 훌륭한 자아 감정을 소유하고 있음이 틀림없다. 타고난 기질이나 잠자고 있는 지혜와 무관하게 말이다.

나는 독일어의 'Säugling'(젖먹이)에서 생긴 성급한 신조어인 '젖먹이osesek'라는 단어 대신 '아직도 말을 할 줄 모르는 아이niemowle'라는 단어를 사용한다. 그리스인들은 nepios, 로마인들은 infans라고 말했다. 아이가 폴란드 말을 배우기를 원한다면, 왜 끔찍한 독일어인 Säugling에서 나온 말을 쓰는 것인가. 우리는 오래되고 중요한 어휘 사전을 세심하게 숙고하지 않은 채 제멋대로 써서는 안 된다.

| 28 |

시력. 빛과 어둠, 밤과 낮. 잠을 자는 동안에는 뭔가 인지할 수 있는 것은 거의 일어나지 않는다. 깨어나면 더 힘차게 움직인다. 뭔가 좋은 것(엄마의 젖가슴), 나쁜 것(고통). 신생아는 불빛을 바라본다. 아니다. 아이는 아직 보는 것이 아니라, 눈동자가 여러 방향으로 흩어졌다 다시 모이는 것뿐이다. 나중에는 천천히 움직이는 대상을 좇다가 그 대상에 시선을 고정시킨다. 그러나 다음 순간 눈은 다시 대상을 잃어버린다.

그림자의 윤곽, 최초의 선들의 윤곽, 그러나 모든 것은 여전히 원근遠近이 없다. 일 미터 떨어진 엄마는 벌써 가까운 것과는 다른 그림자로 작은 침대에 몸을 굽힌다. 아이가 밑에서부터 엄마를 쳐다볼 때면 초승달 같은 얼굴의 옆모습, 턱과 입, 그러나 엄마 무릎에 누울 때는 다시 달라지고, 엄마가 더 많이 몸을 숙이면 머리카락도 보인다. 하지만 청각과 후각을 통해 아이는 그 얼굴이 같은 것임을 안다.

엄마는 가슴, 밝은 구름, 맛, 향기로움, 온기와 선함을 준다. 아기는 엄마 젖가슴을 넘어 바라보고, 눈빛으로 항상 젖가슴 위에서 보이는 뭔가 특이한 것을 검토한다. 소리는 어디서 오며, 호흡의 따뜻한 흐름은 어디서 불어오는지.

아기는 가슴과 얼굴과 손이 하나의 통일체를, 즉 엄마를 이룬다는 것을 알지 못한다.

어떤 낯선 사람이 손을 내민다. 신뢰를 주는 몸짓에, 그 모습에 속아서 아이는 기꺼이 자기를 안아 달라고 한다. 그러고 나서야 비로소 아이는 자신의 잘못을 알아차린다. 그 손은 잘 알고 있는 엄마의 그림자로부터 아이를 멀어지게 하고, 뭔가 낯설고 두려움을 일으키는 곳으로 데려간다. 아이는 자동적으로 엄마 쪽을 향하고, 다시 안심하고는 그 위험에서 빠져나오기 위해 엄마의 어깨 뒤에 숨거나 놀라서 그 형상을 쳐다본다.

마침내 엄마의 얼굴은 이제 작은 손으로 더듬는 그림자만은 아니다. 아이는 종종 자기 코를 잡고, 반짝거렸다가 다시 눈꺼풀 밑에서 희미하게 비치는 기이한 눈을 만지고, 머리카락을 잡아 본다. 그리고 아이는 정신을 집중하고, 진지하게 이마에 깊은 주름을 지은 채 입술을 내밀거나, 엄마의 이를 관찰하고 입안을 들여다본다. 그때 아이는 우리의 어리석은 말이나 입맞춤, 여러 가지 장난들로 방해를 받는다. 우리는 아이의 "시간 보내기"에 대해 이야기한다. 그러나 노는 사람은 우리이고, 아이는 연구하는 중이다. 아이는 연구하는 동안 이미 공식들과 가설들과 문제들을 알고 있다.

| 29 |

청각에 대하여. 유리창 뒤에서 들려오는 길거리의 소음, 멀리 떨어져서 나는 소리들의 울림, 시계가 똑딱거리는 소리, 직접 아이에게로 향하는 속삭이는 말, 대화와 쿵쾅거리는 소리에서부터 모든 것은 아이에게 혼돈된 자극으로 다가온다. 그는 이것을 구별하고 이해하는 법을 배워야 한다.

여기서는 아이 자신이 내는 소리들, 우는 소리, 옹알이나 부르릉거리는 소리에 대해서도 언급해야 한다. 보이지 않는 다른 존재가 아니라 바로 자기가 혼자서 옹알거리고 운다는 것을 깨닫기까지는 많은 시간이 걸린다. 아이가 누워서 "아바, 아브, 아다"라는 소리를 내면 아이는 그 소리를 듣고, 입술과 혀와 아직 머리카락이 나지 않은 머리가 움직이는 느낌을 검토한다. 자기 자신에 대해 확실히 알지 못한 채 아이는 단지 이 같은 소리들의 임의적인 표출을 듣는다.

내가 이 아이에게 "아바, 아브, 아다"와 같은 그 자신의 말로 말을 건네면 아이는 놀란 듯이 나를 살펴본다. 자기가 잘 알고 있는 소리를 내는 내가 마치 비밀스러운 존재라도 되는 것처럼 말이다.

유아의 의식 형태로 더 깊이 들어가 보면, 그 속에서 우리는 우리가 가정하는 것보다 훨씬 더 많은 것을 찾아내게 될 것이다. 또 그것이 전부가 아니고, 우리가 추측하는 것과 같은 방식도 아니다. 불쌍한 녀석, 배가 고프구나. 딱한 것이 죽을 원하는군. 젖을 원하는군. 아이는 젖먹이는 사람이 그것을 알아차리고 옷섶을 열고 자신의 턱 밑에 수건을 대 주기를 기다린다. 아이는 자신의 기대가 빨리 채워지지 않을 것 같으면 불안해한다. 그리고 엄마는 이 길고 장황한 과정을 아이가 아니라 자신에게 맞춘다. 아이는 우리가 "꼬꼬 꼬." 하며 닭을 불러 모을 때와 같은 소리를 낸다.

아이는 기분 좋은 느낌에 대한 기대와 마음에 들지 않은 느낌에 대한 두려움의 범주 속에서 생각한다. 아이는 단지 형상을 보고 생각하는 것이 아니라 소리를 통해서도 생각한다는 사실을, 우리는 경고하는 듯이 우는 모습에서 읽어 낼 수 있다. 아이는 불행을 알리거나 불만을 표시하는 도구로서 울음을 자동적으로 작동시킨다. 다른 사람이 우는 소리를 듣는 아이의 모습을 한번 주의 깊게 살펴보라.

| 30 |

아이는 주변 세계를 익히기 위해 온갖 수고를 다한다. 아이는 자기 주변의 나쁘고 적대적인 세력들은 제압하고, 돌봐 주는 선한 사람들에게는 자신의 쾌적함을 위해 기여하도록 강요한다. 아이는 자기가 이용하는 두 개의 주문 공식, 다시 말해 우는 것과 젖을 빼는 것을 안다. 자기 의지를 표현하는 세 번째의 놀라운 도구인 손을 정복하기 전에 말이다.

아이가 처음에 울 때는 뭔가가 자기를 아프게 하기 '때문'이다. 아이는 아무것도 자기를 아프게 하지 '않도록' 우는 것을 곧 배운다. 아이는 침착하게 운다. 하지만 엄마의 발걸음 소리가 들리면 곧 진정한다. 아이는 젖을 먹고 싶으면 울지만, 엄마가 젖줄 채비를 하는 것을 보면 울기를 그친다.

아이는 얼마 안 되는 자신의 지식과 (처음에는 미약하게 발전하는) 사용 도구를 배치한다. 아이는 개별적인 현상들을 일반화시키고 뒤따르는 과정들을 원인과 결과로 서로 연결시키면서 잘못을 범한다(post hoc, propter hoc).* 신발에 대한 관심과 호감으로 걷는 능력이 신발에 있다고 생각하지는 않는지? 마찬가지로 산책을 위해 입는 외투는 아이를 기적의 세계로 이끌어 주는 저 동화 속의 마술 양탄자이다.

나는 뭔가를 추측해 볼 권리가 있다. 문학가가 셰익스피어가 햄릿을 썼을 때 무엇을 의도했는지 추측할 수 있는 권리를 가진다면, 교육학자 또한 틀릴 수도 있지만, 실질적인 결과를 전달할 수도 있는 추측을 감히 해 볼 수 있는 것이다.

이를테면 다음과 같은 경우를 설정해 볼 수 있겠다.

방 안은 무덥다. 아이는 입술이 마르고, 입안에 끈끈한 침밖에 없어 기분이 좋지 않다. 아이가 목이 마르면 물을 줘야 한다. 하지만 "아이는 마시려 하지 않는다". 아이는 머리를 돌리고, 숟가락을 손에서 떨쳐 버린다. 아이는 마시고 싶지만, 아직도 그것을 할 줄 모른다. 아이는 입술 위에서 자기가 원했던 액체를 느끼면, 머리를 가로젓고 젖꼭지를 찾는다. 나는 그 머리를 왼손으로 붙들고 그의 입술에 숟가락을 갖다 댄다.

아이는 물을 마시는 것이 아니라 빤다. 아이는 물을 다섯 숟갈이나 허겁지겁 마신 다음 잠이 든다. 하지만 내가 서투르게 물을 한두 번 숟가락으로 떠 넣으면 아이는 잘못 삼키고 금방 싫증을 낸다. 그런 다음 아이는 더는 숟갈로 먹으려 하지 않는다.

다른 예가 있다.

끊임없이 기분이 좋지 않고 불만족스러워하는 젖먹이는 젖을 먹이거나 기

---

* Post hoc (ergo) propter hoc: 인식한 두 가지 사건에서 첫 번째 것이 어쩔 수 없이 두 번째 것의 원인이 되는 잘못된 결론을 가리키는 철학적 용어.

저귀를 갈고, 목욕을 시키고, 자세를 자주 바꿔 주면 진정한다. 이 갓난아이는 종기가 나 가려운 것이다. 사람들은 그런 기미는 전혀 찾아볼 수 없다고 내게 말한다. 하지만 그것은 분명 나타날 것이다. 그리고 실제로 두 달 뒤에 종기가 났다.

세 번째 예.

유쾌하지 않은 기분, 또한 초조한 기대감이나 불안감 등이 아이를 괴롭히면 손가락을 빤다. 아이는 자기가 좋아하고 익숙한 빠는 동작으로 충족하고 싶어 한다. 아이는 배가 고프거나 목이 마르면 손을 빤다. 지나치게 많이 먹었을 때, 입안에서 좋지 않은 맛을 느낄 때, 통증이 있을 때, 너무 덥거나 피부나 잇몸이 가려우면 주먹을 빤다. 이가 나려고 한다. 이가 나려면 수 주일이 걸리기 때문에 아이는 벌써 턱과 입천장에 유쾌하지 않은 압력을 느낀다고 의사는 말한다. 그런 압력은 어디서 올까? 나오는 이 하나가 이미 작은 신경의 가지를 자극하지 않는가? 송아지도 뿔이 자라기 전에 비슷한 통증을 겪는다는 것을 알 수 있다고 한다. 여기서는 말하자면 통증을 완화시키기 위해 충동적으로 빨거나 만족과 습관으로 빠는 경우가 있다.

| 31 |

나는 아이들의 심리적인 기본 톤과 내용은 선과 악으로 이루어진 주변 세계의 미지의 요소와 그 비밀을 지배하려는 노력이라는 점을 강조하고 싶다.

이 같은 의지의 활동은 강한 지식욕과 결부되어 있다.

나는 균형 잡히고 쾌적한 상태는 객관적인 인식을 쉽게 하는 반면, 자기 내면에서 나온 모든 유쾌하지 않은 느낌들, 말하자면 무엇보다 고통은 아직도 형성되지 않은 의식을 혼란스럽게 만든다는 점을 강조하고 싶다. 그 같은 사실을 확신하기 위해 우리는 건강한 아이와 고통을 겪는 아이, 그리고 병든 시기의 아이를 관찰해 보아야 한다.

고통을 느끼면 아이는 운다. 그뿐 아니라 그 울음소리를 듣고, 그것을 목 젖에서 느끼고, 반쯤 감은 눈꺼풀 사이로 흐릿한 상을 본다. 이 모든 것은 힘세고 적대적이고, 위협적이며 파악할 수 없다. 아이는 이 순간들을 기억하고 그것을 두려워한다. 그리고 아이는 아직도 자기 스스로를 알지 못하기 때문에 그것을 우연한 다른 상들과 결부시킨다. 아이들의 이해할 수 없는 여러 가지 반응에서 나타나는 호감과 반감, 두려움과 놀라움은 분명 여기에 있다.

아이의 지적 발달을 연구하는 것은 지극히 어려운 작업이다. 아이는 항상 새로운 것을 배우고, 또 배운 것을 잊어버리기 때문이다. 그것은 정지와 후퇴를 포함하는 많은 단계로 이루어진 발달이다. 거기서는 완성되지 않은 자의식이 중요한 역할을 한다. 어쩌면 가장 중요한 역할이기도 할 것이다.

아이는 자기 손을 관찰한다. 아이는 그것을 뻗고 오른쪽, 왼쪽으로 움직여 보고, 자기에게서 멀어지게 했다가 다시 가까이 오게 하고, 손가락을 뻗었다가, 주먹을 쥐고, 손가락에게 말을 하고 대답을 기다리고, 오른손으로 왼손을 잡고, 당기고, 딸랑이를 잡고, 기이하게 변한 손을 관찰하고, 장난감을 한 손에서 다른 손으로 옮기고, 그것을 검토하듯 입안에 집어넣었다가 금방 다시 꺼내서는 기분 좋은 듯이, 주의 깊게 살펴본다. 아이는 딸랑이를 던지고, 베개 단추를 당겨 보고는 그때 경험한 저항하는 힘의 원인을 조사한다. 아이는 장난치는 것이 아니다. 진지하게 살피고 뭔가를 인식하고 싶어 하는 의지에 주목하라. 아이는 자신의 실험실에서 아주 중요한 질문에 빠져 있는, 하지만 자기 힘으로는 이해할 수 없는 과제에 부딪혀 있는 학자이다. 이 아이는 처음에는 울음을 통해 자기의 의지를 나타내고, 나중에는 얼굴 표정을 통해, 그리고 손동작, 마침내는 말을 통해 그것을 표현한다.

| 32 |

이른 아침, 다섯 시라고 해 두자.

아이는 기분 좋게 일어났고, 옹알거리고, 손으로 여기저기를 만지고, 몸을 일으키기도 눕기도 한다. 어머니는 좀 더 잠을 잤으면 한다.

두 가지 바람과 두 가지 욕구, 두 가지 모순되는 이기주의의 갈등이다. 이 같은 과정의 세 번째 단계는 어머니는 고통을 받고, 아이는 태어난다는 것이다. 어머니는 출산 후에 쉬고 싶어 하지만, 아이는 먹을 것을 원한다. 어머니는 자고 싶어 하지만, 아이는 깨어 있기를 원한다. 이것은 그렇게 계속될 것이다. 이것은 사소한 일이 아니라 심각한 문제다. 당신은 돈을 지불하는 유모에게 아이를 넘겨주면서 자신의 감정을 분명하게 말하라. "나는 원치 않는다"

라고. 비록 의사가 당신의 건강 상태로는 아이를 키울 수 없다고 입증한다 할지라도 말이다. 그는 이층집에서나 그런 말을 하지, 초라한 다락방에서 하는 적은 한 번도 없다.

또 이런 일도 있다. 어머니는 아이 때문에 잠을 희생하지만, 그 대가를 요구한다. 어머니는 따뜻하고, 장밋빛 나는 부드러운 작은 아이에게 입을 맞추고 애무하고, 꼭 껴안는다. 조심하라. 그것은 모성애 속에 숨겨지고 잠복해 있는 흥분된 감각의 의심스러운 행동이고, 가슴의 모성애가 아닌 육체의 모성애다.

아이는 기꺼이 당신에게 매달리고, 좋아서 반짝이는 눈을 하고 수백 번도 넘는 입맞춤으로 피부가 붉어진다. 그것은 당신의 성욕이 그 아이에게서 반응을 찾는다는 것을 의미한다.

그렇다면 이를 포기해야 하는가? 나는 그렇게 주장하려는 것은 아니다. 이성적인 애무는 교육적 요소를 가진다고 믿기 때문이다. 한 번의 입맞춤은 고통을 완화시키고, 야단치는 말에서 날카로움을 줄이기도 하며, 후회를 불러일으키고, 수고에 대한 대가로 작용하기도 한다. 십자가가 믿음의 상징인 것처럼 그것은 사랑의 상징과도 같은 것이다. 그리고 그것은 그 자체로도 영향을 미친다. 입맞춤은 사랑의 상징이기도 하고 아니기도 하지만, 사랑의 상징이어야만 할 것이다. 그 밖에도 아이를 껴안고, 쓰다듬고, 그의 호흡을 느끼고, 자기 속에 완전히 받아들이고 싶은 기이한 욕망이 당신에게서 아무런 이의도 불러내지 않는다면 그것을 허용해도 무방하다. 나는 그것을 금지하진 않지만 뭔가 규칙을 정하고 싶다.

| 33 |

나는 한 아이가 상자를 어떻게 열고 닫으며, 작은 돌멩이를 그 안에 넣고, 다시 꺼내고, 상자를 흔들고, 그 소리에 귀를 기울이는지 바라본다. 그런가 하면 한 살 난 아이가 작은 테이블을 질질 끌고 가거나, 무게 때문에 다리를 휘청거리고 있다. 또한 암소를 "무muu"라고 부르는 두 살짜리 아이가 그것에다 "아다 무ada-muu"를 덧붙이는 것을 본다. 그런데 "아다"가 집에서 키우는 개의 이름이라면, 아이는 우리가 인지해야 할 최고의 논리적이고 언어적인

오류를 범하고 있는 것이다.

나는 수백 가지 계획을 행하는 데 쓰이는 아이의 물건들 가운데서 손톱이나 노끈들, 걸레, 유리 조각들을 본다. 그리고 여럿이 같이 하는 게임에서 누가 더 넓게 뛰고, 일하고 이리저리 뛰어다니는지 검토한다. 아이는 "내가 나무를 생각하면 머릿속에는 아주 작은 나무가 있나요?"라고 묻는다. 아이는 한 노인에게 칭찬을 받기 위해 3그로셴을 주지 않고, 자기의 전 재산인 26그로셴을 준다("왜냐하면 노인은 이미 아주 나이가 많고 가난하고, 곧 죽을 것이기 때문에").

반쯤 자란 사내아이는 여동생 친구가 오기 때문에 침을 묻혀 자기 더벅머리를 매만진다.

어떤 여자아이는 세상은 아무런 가치가 없고, 인간은 짐승과 같다는 편지를 내게 쓰고는 그 이유에 대해 침묵한다. 어떤 남자아이는 도전하듯 반동적이고, 샅샅이 뒤져 찾아낸 낡아빠진 생각을 자랑스럽게 말한다.

오, 나는 이 아이들을 나의 눈빛과 나의 생각과 질문으로 애무한다. 경이로운 기적인 너희들은 누구인가? 너희 속에는 무엇이 숨어 있는가? 어떻게 너희들을 도울까 하고 노력하는 동안 나는 그들에게 선한 존재가 되어 있다. 나는 마치 한 천문학자가 이전에 존재했고, 존재하고, 존재하게 될 하나의 별에게 입을 맞추듯 그들에게 키스한다. 이 같은 입맞춤은 학자의 열광과 겸손한 기도 사이의 중간을 유지해야 한다. 자유를 찾으려는 소용돌이 속에서 하느님을 잊어버린 사람은 그의 기적을 결코 경험하지 못할 것이다.

| 34 |

아이는 아직 말을 하지 않는다. 언제 말을 시작할까?

말하기는 아이의 성장을 위한 척도이지만, 유일한 것도 아니고 가장 중요한 것도 아니다. 어서 말하기를 초조하게 기다리는 것은 잘못이다. 부모가 교육적으로 덜 성숙했다는 증거이다.

아이가 목욕탕 물속에서 버둥대다가 균형을 잃고 손을 허우적거리는 것은 "무서워"라는 말이다. 아직 위험에 대해 아무것도 알지 못하는 아이가 표현하는 공포에 대한 반사 작용에 대해서 우리는 많은 의미를 부여할 필요가 있다.

당신은 아이에게 젖가슴을 내민다. 하지만 아이가 그것을 물지 않는다면 "싫어"라고 말하는 것이다. 아이는 원하는 대상을 향해 손을 뻗친다. "저거 주세요." 울듯이 찡그린 입은 낯선 사람에게 말한다. "나는 당신을 믿지 않아." 그리고 아이는 이따금 엄마에게 "저 사람을 믿을 수 있어요?" 하고 묻는다.

아이의 조사하는 듯한 눈빛은 "저게 뭐야?" 하는 질문 외에 무엇을 말하겠는가? 아이는 하나의 대상을 요구하고, 아주 애를 써서 그것을 잡으려 하면서, 깊이 한숨을 내쉬고, 이 한숨과 더불어 마음이 가벼워진 듯, 아이는 "드디어 잡았다"라고 말한다. 아이에게서 이것을 뺏으려고 해 보라. 아이는 여러 방법으로 당신에게 말할 것이다. "난 이걸 내놓지 않을 거야." 아이는 작은 머리를 들고, 일어나 안고, 일어선다. "나는 할 일이 있어." 그 아이의 웃는 듯한 눈과 입은 "아, 난 행복해"라는 것 외에 무엇을 의미하겠는가.

아이는 표정의 유희라는 언어로, 그림과 감정의 기억이라는 언어를 가지고 말한다.

엄마가 아이에게 작은 외투를 입혀 주면, 아이는 기뻐하며 문 쪽으로 다가가서, 초조하고 성급하게 재촉한다. 아이는 산책하는 모습 속에서 생각하고, 이전에 체험한 감정들에 대한 기억에서 생각한다. 아이는 의사가 친절하다고 생각한다. 그러나 아이는 그의 손에서 숟가락을 보자마자 그가 자신의 적이라는 것을 알아차린다.

아이는 말의 뜻을 이해하지는 못하지만 표정과 음색의 언어는 알아듣는다.
"네 코는 어디 있니?"

이 같은 네 단어 가운데 어느 하나도 이해하지 못한 채, 목소리가 주는 느낌과 입술 움직임과 얼굴 표정에서 사람들이 자기에게 어떤 대답을 기대하고 있음을 알아차린다.

아이는 말할 줄 모르지만 아주 복잡한 대화를 이어 갈 줄 안다.
"그만둬"라고 엄마는 말한다.

그럼에도 불구하고 아이는 금지된 대상을 원하고, 귀엽게 머리를 기울이고, 미소를 띠고-세련된 교태로, 엄마가 더 엄한 말로 반복하는지, 아니면 긴장을 풀고 허용하는지를 기다려 본다.

한마디 말도 할 줄 모르지만 아이는 부끄러워하지 않고 거짓말을 할 수 있다. 원치 않는 사람을 떨쳐 버리기 위해 아이는 약속된 표시나 경고의 표시를 하고, 자기가 알고 있는 변기 위에 앉아서는 기고만장해서, 그리고 조롱하듯 주변을 둘러본다.

당신이 아이에게 그가 가지기를 원하는 물건을 주었다가 다시 뺏으면서 아이를 놀린다면, 아이는 항상 화를 내지는 않지만, 상처를 입는 경우가 많다.

아이는 말은 못 해도 누군가를 다급하게 몰아붙이기도 하고, 자기 주위를 지배하는 독재자가 될 수도 있다.

| 35 |

아이가 언제 말하기 시작했고 걷기 시작했느냐고 의사가 물으면 당황한 엄마들은 수줍어하면서 부정확한 대답을 하기 일쑤다.

약간 빨리, 혹은 늦게, 혹은 정상적으로 걸었어요.

그녀는 그처럼 중요한 사실의 날짜는 정확해야 한다고 생각하고, 모든 미심쩍은 대답은 의사의 눈에 나쁜 인상을 남길 것이라고 생각한다. 이것은 엄격한 학문적인 관찰조차도 아이의 발달 과정을 정확하게 파악해 내기가 그리 쉽지 않으며 몹시 힘을 들여서만이 어느 정도 가능하다는 사실을 아는 사람이 그리 많지 않다는 것과, 이 같은 무지를 숨기고자 하는 어리석은 바람이 대중 속에 얼마나 확산되어 있는지를 나타내는 증거이기도 하다.

아이가 언제 "암, 안 아마"라고 하는 대신 처음으로 "엄마"라고, "아마", "바바" 대신 "할머니"라고 말했는지를 어떻게 알 수 있나. 언제 "엄마"라는 명칭이 이 아이의 상상력 속에서 다른 것이 아닌 엄마의 형상과 언제, 어떻게 연결되고, 또 결정되는가?

아이는 사람들이 잡아 주거나 스스로 침대 모서리에 기대면서 일어서고, 다른 사람의 도움이 없이 몸을 똑바로 가누고, 바닥 위에서 몇 걸음 걷고, 바깥에서도 여러 발자국을 옮기고, 몸을 앞으로 밀었다가는 기고, 마구 기어가다가, 균형을 잃지 않은 채 의자를 앞으로 밀고, 제대로 걸을 수 있을 때까지 점점 더 자신감을 보인다. 그리고 너무나도 갑자기, 어제는 할 수 있었고 일주일 내내 걸었지만, 지금은 더 걸을 수 없다. 약간 싫증이 나고, 의욕을 잃었기 때문이다. 아이는 넘어지고, 놀라고, 이제는 두려워한다. 그리고 이어서 2주 동안 휴식한다.

엄마 팔 위에 힘없이 머리를 떨군다면 그것은 힘든 고통의 표시가 아니라 몸이 좋지 않다는 표시이다.

새로운 단계의 여러 가지 동작을 익히는 아이는 어려운 곡목을 연주하기 위해 훌륭한 자의식을 가지고 완전히 균형감각을 잡아내야 하는 피아니스트와 비슷하다. "아이는 기분이 좋지 않지만 포기하지 않고 더 많이 돌아다니고, 놀기도 하고, 말도 했어요." 이제 여기에 자기 비난이 뒤따른다. "아이가 몸이 좋지 않다고 생각했어요. 그래서 그 앨 데리고 산책을 갔어요." 자기 정당화로서 "날씨가 너무 좋았어요"라고 말하고, "그것이 아이에게 해를 미쳤을까요?" 하고 묻는다.

| 36 |

아이는 언제 걷고 말해야 하나? 그때란 아이가 걷고 말할 때이다. 이는 언제 나오나? 이가 보일 그때이다. 정수리가 저절로 닫힐 때면 이도 나온다.

아이는 충분히 잠을 자야 한다. 우리는 그것이 일반적으로 언제 나타나는지 안다. 모든 대중을 위한 책자에는 두꺼운 참고 서적에서 따온, 일반적으로 아이에게 적용되는 작은 진리를 담고 있다. 그러나 어떤 아이에게 그것은 잘못된 것일 수도 있다.

예를 들면 잠이 많은 아이와 적은 아이가 있다. 빨리 나지만 날 때부터 이미 나쁜 치아가 있는가 하면, 늦게 났지만 건강하고 힘 있고 흠 없는 이가 있다. 정수리는 건강한 아이에게서 생후 9개월이나 혹은 14개월에 비로소 형성된다. 둔한 아이가 종종 더 빨리 옹알이를 시작하고, 영리한 아이들이라 할지라도 아주 늦게 시작하는 경우가 있다.

공동 마차 번호, 극장의 좌석 번호, 집세 내는 날짜 등, 사람들은 이 모든 것을 질서를 유지하기 위해 생각해 냈고, 그것은 존중되고 지켜질 수 있다. 경찰의 규정에 맞추어진 이성을 가진 사람이 자연의 살아 있는 책을 붙들려면 엄청난 불안과 실망과 놀라움을 겪게 된다. 나는 이미 제기한 질문들에 대해서, '조그만 진리'라고 일컬어지는 판에 박힌 대답을 하지 않은 것을 업적으로 본다. 왜냐하면 윗니, 아랫니, 송곳니, 어금니 중 어떤 이가 먼저 나는지는 중요하지 않기 때문이다. 달력과 눈을 가진 사람이라면 그것을 관찰할수 있다.

그러나 살아 있는 유기체란 무엇이며, 그것이 무엇을 필요로 하는지는, 많은 시간을 보내며 관찰한 결과로 얻은 '커다란 진리'인 것이다.

나무랄 데 없는 의사들조차도 태도를 바꾸어야 한다. 그들은 분별력 있는부모에게는 자연과학자처럼 자신들의 의혹과 추측과 어려운 문제들과 흥미로운 질문들을 보여 준다. 그러나 비이성적인 부모들 앞에서는 그들은 말수가 적은 상관처럼 다가간다. 바로 이렇게, 그리고 여기 적힌 대로 정확히 해야 한다고 말이다.

"두 시간마다 한 티스푼씩. 계란 하나, 우유 반 컵, 그리고 비스켓 두 쪽."

| 37 |

조심하라! 우리는 지금 사안에 대해서 우리 스스로를 올바르게 이해하거나 혹은 이해하지 못할 수도 있는 기로에 서 있다. 몰래 빠져나가고 숨겨지기를 원하는 생각들은 그 어느 것에 대해서나, 그리고 자기 자신에게 맡겨지고 구속받지 않는 감정에 대해서는 질서를 부여해야 하고, 명령하는 의지에 따라 구속받도록 해야 한다. 나는 어린이를 위한 기본법으로 "자유대헌장(Magna Charta Libertatum)"*을 주장한다. 다른 것도 있을 수도 있겠지만, 나는 세 가지 기본권을 찾아냈다.

1) 자기 죽음에 대한 어린이의 권리
2) 오늘 하루에 대한 어린이의 권리
3) 자기 모습대로 있을 수 있는 어린이의 권리

이 같은 권리들을 유지하면서 가능하면 잘못을 적게 범하기 위해, 우리는아이들을 알아야만 한다. 분명 오류가 있겠지만 겁을 내서는 안 된다. 우리가아이의 측정할 수 없는 능력과 강한 저항력을 약화시키지 않는다면, 그 아이

---

* 자유대헌장(Magna Charta Libertatum). 1215년에 영국의 귀족들과 성직자들이 존 왕에게서 얻어낸 특권. 영국 의회주의의 바탕.

는 놀라울 정도의 주의력을 가지고 스스로 수정한다.

우리는 아이에게 너무 많거나 적당하지 않은 음식을 먹으라고 준다. 우유를 너무 많이 주거나, 신선하지 않은 계란 같은 따위를 말이다. 그러면 아이는 토해 낸다. 우리는 아이들이 소화할 수 없는 지식을 전달하려고 애를 쓴다. 그러면 아이는 이해하지 못한다. 쓸데없는 충고를 하면 아이들은 그것을 이해하지 못하고 그 충고를 따르지 않는다. 우리가 아이들을 건강한 이성과 의지를 위한 교육적인 영향이나 교수법적인 계획에 따르도록 강요할 수 없는 것은 인류를 위해서는 참으로 다행스러운 일로, 그것은 공허한 말장난이 아니다.

자신의 생각을 말하고 자신의 됨됨이에 대한 어른들의 생각과 판단에 적극 관여하는 것이 부인할 수 없는 아이들의 첫 번째 권리라는 인식은 내게 아직 형성되지 않았고 입증되지도 않았다. 우리가 아이에게 존경과 신뢰를 보낸다면, 그리고 아이 스스로 신뢰를 지니고, 스스로를 표현하는 권리를 갖도록 한다면 우리들의 의심이나 실수는 더 적어질 것이다.

| 38 |

아이에 대한 뜨겁고, 사려 깊고 균형 잡힌 어머니의 사랑은 이 아이의 때 이른 죽음에 관한 권리를 고백하게 한다. 지구가 태양을 60번 돌고 난 후가 아니라 한 번 혹은 세 번의 봄이 지난 후 자신의 생애를 끝낼 권리 말이다. 산욕産褥에 필요한 수고와 비용을 한 번이나 두 번 이상 부담하기를 원치 않는 사람에게는 지나친 요구이다.

"주시는 이도 하느님이시고, 거두시는 이도 하느님이시다." 자연스럽게 느끼는 단순한 사람들은 그렇게 말한다. 그들은 모든 씨앗이 다 싹을 내지 않고, 모든 병아리가 살아갈 능력을 지니고 태어나지 않으며, 모든 묘목이 나무로 자라지 않는다는 것을 안다.

노동자 계층에서는 유아 사망률이 높을수록 더 힘 있는 세대가 살아남고 성장한다는 견해가 지배적이다. 하지만 그것은 사실이 아니다. 약한 아이들을 죽음으로 몰아가는 열악한 생활환경은 힘 있고 건강한 아이들도 약화시킨다. 그에 반해 부유한 어머니가 가능할지도 모를 아이의 죽음을 두려워하면 할수록, 아이는 육체적, 정신적 발달을 위해 훨씬 더 부적절한 조건에 처하게 된다는 것은 사실인 것 같다. 흰 페인트를 칠한 방의 한가운데 흰옷을 입고, 흰 래커 칠을 한 기구들과 흰 장난감으로 둘러싸인 창백한 아이를 나는 얼마나 자주 보는가. 그러면 나는 어린아이에게 어울리지 않는 수술실 같은 이 방에서 피가 모자라는 육체 속에 텅 빈 영혼이 자라나는 것을 고통스럽게 느낀다.

"구석마다 전기 램프를 켜 놓은 이 흰 살롱에 있는 사람들은 틀림없이 간질(뇌전증)에 걸릴 것이다"라고 클라우디나는 말한다.* 좀 더 정확한 조사에 따르면 너무 많은 밝은 빛은 빛이 부족한 어두운 지하실과 마찬가지로 신경과 조직에 해롭다고 한다.

우리는 "자유"라는 개념을 위해 "swoboda(불구속성)"과 "wolność(자율성)"이라는 두 가지 단어를 사용한다. "swoboda"라는 말은 소유 관계를 나타낸다고 생각한다. 다시 말해서 나는 나의 인격을 이용하는 것이다. 하지만 wolność라는 말 속에는 "Wola(의지)", 즉 의지의 욕구에서 생긴 행위가 들어 있다. 가구가 대칭적으로 배치된 아이들 방, 반짝거리게 쓸어 놓은 시립 공원들은 불구속성swoboda이 나타날 수 있는 장소가 아니고, 아이들의 활발한 의지wolność가 실현될 수단을 가진 작업장도 아니다.**

아이를 위한 방은 원래 분만실에서 발전되었고, 이 분만실은 무균 상태라는 규정에 따른다. 디프테리아 박테리아로부터 아이를 보호하려는 노력에서 그들을 지루함과 의지박약이라는 곰팡내 나는 분위기 속으로 옮겨 놓는 일이 없도록 주의해야 한다. 여러 번 사용해서 악취가 나는 기저귀는 오늘날에는 거의 접할 수 없지만, 반면 요오드포름 냄새는 자주 맡을 수 있다.

이 부분에서도 많은 것이 변했다. 흰 래커 칠을 한 가구뿐만 아니라 해안의 모래사장, 소풍, 스포츠, 소년단 활동 등이 있다. 하지만 아직 시작도 안 된 상태다. 구속은 약간 줄었지만, 아이들의 삶은 여전히 짓눌리고 억압받는다.

---

* 클라우디나: 프랑스 여류 소설가 시도니 가브리엘 콜레트(Sidonie-Gabrielle Colette)의 이야기에 나오는 주인공.
** 이 단락에서는 독자들에게 일반적으로는 "자유"라는 단어 하나뿐인 데 비해, 두 개의 폴란드어 swoboda와 wolność를 설명하는 것이 중요하다. (괄호) 속의 단어는 독일어 역본의 역자가 첨가한 것이다.

아이, 요 귀염둥이, 아픈 데가 어디지? 아이는 오래된 생채기의 아주 작은 흔적을 겨우 찾아내고, 좀 더 세게 부딪쳤더라면 멍든 자국이 났을지도 모르는 부분을 가리켜 보인다. 아이는 종기나 피부 반점, 그리고 상처 난 흔적을 찾는 데는 대가이다.

"아프다"란 말에 어쩔 줄 모르는 당혹함과 절망적인 체념의 어조와 몸짓과 표정이 뒤따른다면, "아이고, 미워"란 말은 혐오나 구역질의 표현과 연결된다.

아이가 초콜릿이 잔뜩 묻은 손을 내밀고는 엄마가 흰 손수건으로 깨끗이 닦아 줄 때까지 아주 싫은 듯이 바라보는 것을 한번 보아야 한다.

"아이가 의자에 부딪치면 의자를 한 대 때려 주는 것이 더 낫겠는지, 세수를 하다가 눈에 비누가 들어가면, 침을 뱉고 유모를 발로 찬다? …."

문—아이는 엄지손가락을 찌었다. 창문—아이는 밖으로 몸을 기대다가 떨어진다. 과일 씨—아이의 기도가 막힌다. 의자—아이가 그것을 밀쳐서 그 밑에 깔린다. 칼—아이가 칼에 베인다. 막대기—아이의 눈이 찔린다. 아이는 상자 하나를 열어 감염된다. 성냥불—아이는 불에 댄다.

"네 손목이 부러질 거야. 사람들이 너를 차에 치게 할 거야. 개가 너를 물 거야. 자두 먹지 마. 찬물 마시지 마. 맨발로 다니지 마. 햇볕이 뜨거울 때 돌아다니지 마. 목도리 둘러. 왜 넌 쫓아가지 않니. 이제 넌 절름발이가 될 거야. 이제 네 눈이 아플 거야. 맙소사! 너 피를 흘리는구나! 누가 너한테 칼을 줬지?"

엄마는 한 대 맞는 것이 혹이 나게 할 뿐 아니라 뇌종양이 될까 봐 두려워한다. 구토는 소화 불량으로 생기는 것이 아니라 다가온 성홍열을 증명하는 것이기도 하다. 도처에 추락과 위험이 도사리고 있고, 모든 것은 위협적이고 불행을 알린다.

이렇게 해서, 만일 그 아이가 이 말을 다 믿고 덜 익은 자두 한 파운드를 몰래 먹지 않거나, 어른들의 주의력이 느슨해졌을 때 한쪽 구석에서 두근거리는 가슴으로 성냥을 가지고 장난을 하지 않게 된다면, 아이가 수동적으로 순종하며, 신뢰하면서 요구에 굴복하고, 모든 경험을 피하고, 모든 모험을 거부하고, 모든 의지의 흥분을 피한다면, 아이는 무엇을 하게 될까? 아이가 자신의 내면에서 뭔가를 느끼고, 놀라고, 가슴이 불타오르고, 마음이 찌를 때 말이다.

당신은 생후 첫해부터 여러 중간 단계를 거쳐 성숙기까지 어떻게 이끌어야 할지에 대해 확고한 생각을 하고 있는가? 소녀가 눈 깜짝 새 최초의 월경을 경험하고, 남자아이들이 발기와 사정射精을 하는 상황을 맞닥뜨리게 될 때까지 말이다.

그렇다. 아이는 아직 엄마 품에 누워 있다. 그러나 나는 벌써 그 아이가 어떻게 생식하고 출산을 할지 묻고 있다. 그것에 대해 생각해 보니 20년도 길지 않은 시간이다.

| 40 |

죽음이 아이를 빼앗아 갈지도 모른다는 두려움 때문에 우리는 아이를 삶에서 멀리 떼어 놓는다. 죽음을 피하기 위해 우리는 아이가 제대로 살아가지 못하게끔 한다. 썩어 가는 환경 속에서조차 무엇이 나타날지 초조하게 기다리며 자란 우리는 항상 기적으로 가득 찬 미래를 향해 서둘러 나아간다. 가치 있는 내일을 맞을 준비를 하기 위해 오늘, 여기서 아름다움을 찾으려 하지 않는 우리는 얼마나 나태한지. 내일은 우리에게 새로운 비상을 가져다주어야 한다. "아이가 벌써 걷고 말도 할 수 있다면"이란 말은 히스테리와 같은 기다림 외에 또 무엇이겠는가?

아이는 걸을 것이고, 참나무 의자의 딱딱한 모서리에 부딪칠 것이다. 아이는 말을 할 것이고, 어둠침침한 일상의 말을 지껄일 것이다. 왜 아이들의 "오늘"이 그들의 "내일"보다 더 못하고 가치가 덜 하단 말인가? 수고가 문제가 된다면 내일은 더 많이 수고하게 될 것이다.

마침내 그 내일이 되면 우리는 또다시 기다릴 것이다. 아이는 아직 아무것도 아니지만, 뭔가가 될 것이고, 아이는 아직 아무것도 모르지만 뭔가를 알게 될 것이며, 아이는 아직 아무것도 할 수 없지만 뭔가를 할 수 있게 될 것이라는 근본적인 생각은 우리에게 끊임없는 기다림을 강요한다.

전체적인 의미에서 보자면 인류의 절반은 존재하지 않는 것이다. 그들의 삶은 허튼소리에 불과하고, 그들의 노력은 순진하고, 그들의 감정은 지나갈 것이며, 그들의 생각은 우스꽝스럽다. 아이들은 어른들과 구분된다. 그들의 삶에는 뭔가가 빠져 있다. 그러나 그들의 존재에는 우리의 삶보다 분명치 않은 "더 많은 것"이 있다. 우리의 삶과 다른 그들의 삶은 현실이지 예견이 아니다.

우리는 그것을 인식하고 아이들이 존재하고 성숙할 수 있는 조건을 만들기 위해 우리는 무엇을 했는가?

아이의 삶에 대한 불안은 아이가 다칠 수도 있다는 두려움과 결부되어 있다. 그리고 그 두려움은 다시금 건강 유지에 필요한 청결에 대한 염려와 연결된다. 여기서 금지 조항들은 새로운 각도로 바뀐다. 옷과 양말과 넥타이와 손수건과 신발을 청결하게 하고 온전히 간수하는 것, 이제 이마에 난 구멍이 아니라 바지에 난 구멍이 문제가 되는 것이다. 아이의 건강과 안녕이 아니라 우리의 명예욕과 지갑이 주역을 담당한다. 금지와 계명의 새로운 항목들은 우리 자신의 편리함이라는 바퀴를 굴러가게 만든다.

"그렇지, 뛰지 마. 넌 마차 밑에 깔릴 거야. 땀이 나니까 뛰지 마. 더러워질 테니까 뛰지 마. 내 머리가 아프니까 뛰지 마!"

(그러나 우리는 근본적으로 아이들에게 뛰는 것을 허용한다. 그것은 우리가 허용하는 유일한 삶의 표현이다.)

이 유령 같은 기계는 아이의 의지를 파괴하고, 에너지를 분쇄하고, 그의 생명력을 연기 속에 날려 버리기 위해 해마다 작용한다.

내일을 위한다는 명목으로 오늘 아이를 기쁘게 하거나 슬프게 만들고, 놀라게 하고, 화나게 하거나 흥미를 주는 것을 우리는 사소하게 여긴다. 아이가 이해하지도 이해할 필요도 없는 내일을 위해 사람들은 인생은 길다며 아이들을 속인다.

"아이와 물고기는 목소리가 없어. 넌 아직 시간이 있어. 네가 클 때까지 기다려.─오호라, 넌 긴 바지를 입었군. 넌 벌써 시계를 찼군. 보자, 벌써 수염이 났네."

그리고 아이는 생각한다.

"난 아무것도 아냐. 하지만 어른들은 뭐야! 난 이미 나이가 들었는데도 여전히 아무것도 아냐. 몇 해나 더 기다려야 하지? 내가 어른이 되기만 한다면….”

아이는 기다리고, 또 그렇게 살아간다. 아이는 기다리고 자유롭게 숨을 쉴 수가 없다. 아이는 기다리고 기다리며, 침을 꿀꺽 삼킨다. 아름다운 유년기라고? 아니다. 그것은 단지 지루할 뿐이다. 아이가 몇 번의 아름다운 순간을 갖는다면, 그 순간들은 억지로 빼앗은 것이거나 속여서 얻은 것이다.

일반적인 수업, 마을의 학교, 공원이 있는 도시들, 오솔길에 대해서는 한마디도 없다. 이 모든 것은 여전히 너무나도 비현실적이고 절망적일 정도로 멀리 있다. 한 권의 책은 글쓴이의 경험과 체험의 범주 속에서 움직이고, 그의 정신적인 영역과 작업실의 생김생김에 따라, 그의 정신적 토양이 이루어진 방식에 따라 생겨난다. 그래서 우리는 낯선 권위에 대한 순진한 견해들을 그렇게 자주 마주치게 된다.

| 41 |

그렇다면 우리는 모든 것을 허락해야 하는가? 전혀 그렇지 않다. 그것은 지루해하는 노예를 거만한 폭군으로 만들 뿐이다. 우리는 금지를 통해서 스스로를 지배하고, 체념 속에서라도 의지를 강화시키고, 좁은 공간에서 활동하기 위한 상상력을 발달시키고, 통제에서 벗어나는 능력을 키워 줘야 한다. 그리고 우리는 아이의 비판력을 일깨워야 한다. 아이들도 물론 일면적이지만 인생을 위해 준비해야 한다. 아이에게 모든 것을 허락하는 과정에서, 점점 더 많이 아이의 욕망에 굴복해서 점점 더 심하게 아이의 의지력이 발달하는 것을 제한하지 않도록 주의하자. 여기저기서 우리는 아이의 의지력을 약화시키고 해를 끼친다.

“네가 원하는 것을 해라.” 그리고 “네가 좋아하는 건 뭐든지 하고, 다 사 주고, 네가 좋아하는 건 뭐든지 주겠다. 그러니 단지 내가 네게 무엇을 사 주어야 할지, 너를 위해 무엇을 할 수 있을지 요구만 해라. 네 스스로 아무것도 하지 않아도 되도록, 그리고 네가 내 말을 듣도록 내가 계산할게”라는 말로는 되지 않는다.

“네가 커틀릿을 먹으면 엄마가 책 사 줄게. 밖에 나가지 마. 그러면 초콜릿 줄게.”

반대로 어린아이다운 “주세요”란 말이나 아무 말 없이 내민 손은 우리의

"안 돼"란 말에 부딪친다. 그리고 대부분의 교육은 "넌 그걸 가질 수 없어", "그건 안 돼" 혹은 "그건 금지되었어"와 같은 말과 연결되어 있다.

어머니는 이 같은 질문을 밀쳐 두려고 한다. 그녀는 이 모든 것을 편리하게 소파 위에 밀쳐 두거나 차라리 비겁하게 나중으로 미루고 싶어 한다. 그녀는 정당하지 못하고, 실현될 수 없거나 성숙하지 못한 아이의 소망이 경험에 근거한 어른들의 금지와 불가피하게 충돌할 수밖에 없다는 사실을 인지하고 싶어 하지 않는다. 그리고 서로 다른 두 가지 희망 사항이나 권리가 공동의 영역에서 더 비극적으로 충돌하는 것을 피할 수 없다는 사실을 인지하고 싶어 하지 않는다. 아이는 타는 촛불을 입속에 넣으려 한다. 아이는 칼을 가지려 하고, 나는 그것을 허락하지 않는다. 나는 아이가 다칠까 봐 두려워한다. 아이가 꽃병을 향해 손을 뻗으면, 나는 그 꽃병 때문에 안타까워한다. 아이는 나와 공놀이를 하고 싶어 하지만, 나는 책 읽기를 원한다. 우리는 아이의 권리와 나의 권리 사이에 경계를 정해야 한다.

아이는 유리를 잡으려 하고, 엄마는 내민 손에 입을 맞춘다. 그래도 소용이 없으면 엄마는 아이를 한 대 때린다. 그것조차도 도움이 안 되면 그녀는 이 유혹적인 대상을 감춰 버린다. 아이가 엄마 손을 밀치고 딸랑이를 던지고, 눈으로 숨겨진 대상을 찾으며 화난 듯이 엄마를 쳐다보면 나는 과연 누가 옳은지를 묻는다. 아이를 기만하는 엄마가 옳은지, 아니면 그녀에게 고집을 피우는 아이가 옳은지?

금지와 명령의 수가 얼마 되지 않을 때 그 문제를 철저하게 생각해 보지 않은 사람은 그 숫자가 많아지면 결국 지게 된다.

| 42 |

시골에 사는 아이 예드렉은 벌써 걸을 수 있다. 아이는 문틀을 잡고 조심스럽게 문지방을 넘어 방에서 복도로 나온다. 아이는 거기서부터는 네 발로 두 개의 돌계단을 내려와 밖으로 기어간다. 집 앞에서 아이는 고양이를 만난다. 그들은 한참 동안 서로 쳐다보다가 머리를 돌린다. 예드렉은 바닥이 조금만 울퉁불퉁해도 넘어지고 주변을 둘러본다. 저기 감자 껍질이 놓여 있는 것을 보고 아이는 그것을 입에 집어넣고, 우물거리고, 침을 흘리고, 그 흙 묻은

감자 껍질을 내던진다. 다시 일어나서 걷다가 아이는 자기에게 사정없이 달려오는 개와 마주친다. 아이는 소리 내어 울려다가 그만둔다. 아이는 무슨 생각이 났는지 훌쩍거리다가 만다. 엄마가 물을 길으러 간다. 아이는 그녀의 옷자락을 붙들고 훨씬 안전하게 걷는다. 조금 더 나이 많은 아이들이 유모차를 밀면서 간다. 아이는 쳐다본다. 그들은 아이를 내쫓지만 아이는 옆에 서서 다시 쳐다본다. 닭 두 마리가 서로 싸운다. 아이는 쳐다본다. 아이들은 아이를 유모차에 앉히고 서로 끌어당기다가 유모차를 넘어뜨린다. 엄마가 소리친다. 이것은 낮의 16시간 중 처음 30분 동안 일어난 일이다.

아무도 그에게 아이라고 말하지 않는다. 아이 스스로 자기 힘에 부친다는 것을 느낀다. 아무도 고양이는 할퀸다는 말을, 아이는 아직 계단을 똑바로 내려갈 수 없다는 말을 하지 않는다. 아무도 그에게 나이 많은 아이들과의 관계를 설명하지 않는다. "예드렉이 커 갈수록 그는 집으로부터 점점 더 멀리 떨어진 곳까지 산책을 나갈 것이다."(비트키에비치*)

아이는 길을 잃고 종종 실수를 한다. 그 결과 작은 혹이나 더 큰 혹이 생기거나 상처를 입는다.

이런 이유로 우리가 아이에 대한 지나친 염려를 버리고 전혀 감시하지 말아야 한다고 주장하려는 것은 아니다. 나는 도시에서는 소년이 상당히 자란 후에야 비로소 나름대로 '살기' 시작하는 반면, 시골에서는 한 살짜리가 이미 '살고' 있다는 것을 지적할 뿐이다. 도시의 아이는 언제나 그 정도가 될까?

| 43 |

브로넥은 문을 열고 싶어 한다. 의자를 끌고 온다. 잠시 멈추고 쉬지만 도움을 청하지는 않는다. 의자는 상당히 무거워서 아이는 무척 힘들어한다. 이제 아이는 의자의 한쪽 다리와 다른 쪽 다리를 교대로 당긴다. 일은 더디지만 훨씬 쉽다. 의자는 벌써 문에 상당히 가까워졌고, 브로넥은 이제 손잡이를 잡을 수 있을 거라고 생각한다. 아이는 기어 올라가서 의자 위에 올라서 본다.

---

*스타니스와프 비트키에비치(Stanisław Witkiewicz, 1851~1915)의 중편집 『타트라』에서 인용.

나는 아이 옷자락을 잡는다. 아이는 불안하게 흔들리다가 놀라 내려와서 의자를 문 앞에 바짝 붙이고, 손잡이에 비스듬하게 밀어붙인다. 두 번째 시도도 실패. 초조한 흔적이라곤 찾을 수 없다. 아이는 계속 헛수고를 하고, 휴식 시간은 더 길어진다. 브로넥은 세 번째로 기어 올라간다. 한 발을 높이 들고, 손을 한 번 잡아 보고, 무릎받이를 한 무릎을 꿇고 다시 균형을 잡으려 한다.

다시 시도해 본다. 손이 모서리에 낀다. 아이는 배를 깔고 눕는다. 다시 한 번 쉬었다가 아이는 몸을 앞으로 굽히고, 무릎을 꿇고, 치마 속의 무릎으로 짚고 다시 일어선다. 거인들의 나라에 무엇이 있는지를 보기 위해 애쓰는 이 꼬마는 얼마나 불쌍한가? 창문은 어딘가 저 위에 있고, 이 속은 감옥 같다. 의자 위에 앉기 위해 아이는 곡예사가 되어야 한다. 마침내 문의 손잡이를 잡으려면 모든 근육의 힘과 모든 지혜를 다 짜내야 한다.

이제 문이 열린다. 아이는 깊이 숨을 내쉰다. 우리는 아주 힘을 들이고 오랫동안 집중한 끝에 아이들이 깊은 한숨을 쉬는 것을 관찰한다. 당신이 흥미진진한 동화를 들려주면, 이야기가 끝날 때 아이들은 한숨을 내쉰다. 이것을 제대로 이해하는 것이 중요하다.

그 같은 깊고 일회적인 심호흡은 이전의 호흡이 느리고 충분치 않았다는 것을 의미한다. 아이는 숨을 멈추고 쳐다보고는 기다리고 관찰하고, 산소가 떨어져서 근육 속에 중독 현상이 나타날 때까지 애를 써본다. 유기체는 즉시로 허파에 경고를 보낸다. 다시 균형을 잡기 위한 긴 숨이 뒤따른다.

여러분이 아이의 즐거움과 아이의 열심을 이해한다면 아이에게 부가된 어려움 가운데서, 아이가 이것을 해냈다는 만족감이 승리의 기쁨과 독립의 쾌감을 안겨 준다는 사실을 잘 알 것이다. 주변 세계를 지배하고 사물과 접촉하는 데서 오는 행복감이 가장 큰 즐거움을 주기 때문이다.

"엄마는 어디 있지? 엄마가 여기 없네. 그러면 엄마를 찾아보자!"

아이는 드디어 엄마를 찾았다. 아이는 왜 그렇게 기뻐할까?

아, 아이는 얼마나 기뻐하는지! 왜 그럴까?

왜 아이는 별안간 네 발로 기거나 혼자서 달아나려고 하는가? 우리가 매일 관찰할 수 있는 장면이다. 아이는 비틀거리며 유모에게서 벗어나려 한다.

자기 뒤에서 유모가 따라오는 것을 알면 아이는 달아나고, 위험에 대한 감각을 잃고, 넘치는 자유에 맹목적으로 도취되어 달아난다. 혹은 아이는 땅 위에 있는 것처럼 아주 오래 누워 있기도 하고, 마침내는 붙잡히면 다시 빠져나가려고 발버둥치며 소리를 지른다.

당신들은 에너지가 넘친다고 말할 것이다. 그것은 생리학적인 측면이지만, 나는 심리생리학적 요소를 찾는다.

나는 아이가 무엇을 마실 때 왜 엄마에게 컵을 만지지 못하게 하고 자기 손으로 잡으려 하는지, 더 먹으려 하지 않다가 사람들이 숟가락을 직접 들도록 허락하면 왜 금방 먹는지 질문해 본다. 아이는 왜 성냥불을 불어서 끄는 걸 좋아하고, 아빠의 실내화를 끌고 오고, 할머니에게 발 놓는 의자를 가져다주는지 말이다. 이것은 단순한 모방 욕구일까? 아니다. 그것은 훨씬 그보다 많은 것을 뜻하며, 뭔가 값진 것을 의미한다.

"나 혼자서!" 아이는 수천 번도 더 몸짓으로, 시선으로, 웃음과 탄원으로, 화를 내거나 눈물을 흘리며 소리친다.

| 44 |

"너 혼자서 문 열 수 있니?" 나는 어머니가 조금 전에 이 아이는 의사를 무서워한다고 말했던 어린 환자에게 물었다.

"화장실에서도 문을 열 수 있어요." 아이는 재빨리 대답했다.

나는 웃지 않을 수 없었다. 소년은 부끄러워했지만, 나는 더 많이 부끄러워했다. 나는 그에 대한 비밀스러운 고백을 얻어내고 그다음에는 그를 비웃었던 것이다. 아이는 자기가 모든 문을 열 수 있는, 또한 그의 힘에 저항하고 그래서 그의 자존심의 목표가 되는 화장실 문까지 열 수 있는 시간이 온다는 것을 어렵지 않게 예감하게 된다. 그럴 때면 아이는 힘든 수술의 집도를 꿈꾸는 젊은 외과 의사와 비슷하다.

그는 어떤 사람에게도 자신을 맡길 수 없다. 주변 세계로부터는 그의 내면 세계에 있는 사물들에 대한 이해를 기대할 수 없다는 것을 알기 때문이다.

사람들은 종종 아이에게 심하게 대하거나, 신뢰가 결여된 질문을 하며 거부했을지도 모른다.

"넌 왜 거기 죽치고 있니? 넌 항상 거기서 무슨 할 일이 있니? 그것 놔둬. 넌 그저 방해가 될 뿐이야. 당장 방으로 가!"

그래서 아이는 마침내 문이 열릴 때까지 몰래 숨어서 이런저런 실험을 해본다.

현관에서 초인종이 울리면 아이가 애원하듯 "내가 열게요!"라고 소리치는 것을 주의해 본 적이 있는가?

한편으로 출입문의 자물쇠는 그렇게 쉽게 열리지는 않으며, 다른 한편으로는 문 앞에 어떻게 할 줄 모르는 어른이 서서, 이 작은 아이가 도와주기를 기다리고 있는 것처럼 생각되기 때문이다. 이미 먼 여행을 꿈꾸고, 무인도에 있는 로빈슨의 역할에 빠진 아이는 이처럼 작은 승리를 즐긴다. 그리고 실제로 사람들이 그에게 창문 밖을 내다보는 것만 허락해도 아이는 기뻐한다.

"너 벌써 혼자서 의자 위에 올라갈 수 있니?-너 한 발로 뛸 수 있니? 너 왼손으로 공을 잡을 수 있니?"

그리고 아이는 나를 모른다는 것과 내가 자기 목 안을 들여다보고 있고, 그 아이에게 약을 처방한다는 사실을 잊어버린다. 내가 당황함이나 불안, 불쾌감의 감정보다 더 힘 있는 것들에 대해 말하면 아이는 신이 나서 대답한다. "저 그것도 할 수 있어요"라고.

당신은 아이가 오랫동안 침착하게, 얼굴을 움직이지 않고 반쯤 입을 벌린 채 시선을 집중하거나, 자기 양말이나 실내화를 신었다가 다시 벗는 것을 본 적이 있는가? 그것은 생각 없는 장난이나 단순한 모방이 아니라 작업이다.

아이가 세 살, 다섯 살, 열 살이 되면 당신은 그의 의지에 어떤 영양분을 제공해야 하는가?

| 45 |

나!

아이가 손톱으로 자기 얼굴을 할퀼 때, 아이가 앉아서 작은 발을 입으로 가져가다가 넘어져서는 화가 나서 사방을 둘러보며 누가 그렇게 했는지를 찾을 때, 아이가 머리카락을 잡아당기고, 아파서 얼굴을 찡그리면서도 그것을 반복할 때, 아이가 숟가락으로 머리를 때리고는 자기가 느낄 수는 있지만 깨닫지 못한 무엇이 있는지 위를 쳐다볼 때, 그럴 때 아이는 아직 자신을 알지 못한다.

아이가 자기 손동작을 살펴볼 때, 아이가 자기의 주먹 쥔 손을 빨고 관찰할 때, 별안간 젖 빠는 행동을 중단하고 자기 발과 엄마의 가슴을 비교할 때, 혼자서 발걸음을 떼고 아래를 내려다보고는 엄마의 손과는 완전히 다른 무엇이 자기를 들어서 옮기는 것을 쳐다볼 때, 아이가 오른쪽 양말 신은 다리를 왼쪽과 비교할 때, 그럴 때 아이는 알아차리고 그 대답을 알게 된다. 아이가 목욕할 때 물을 살펴보고, 의식되지 않은 많은 물방울 속에서 자신을, 스스로 의식한 물방울을 다시 발견한다면 그때 비로소 '나'라는 말이 담은 커다란 진리를 예감하게 된다. 오로지 미래주의자*의 그림만이 아이의 자기이해를 위해 무엇이 중요한지 분명히 제시할 수 있다. 마치 극지방에 관한 지도처럼 희미한 윤곽을 드러내는 손가락, 작은 주먹, 불분명하지만 다리, 어쩌면 배와 심지어는 머리도 있다. 아직도 작업은 끝나지 않았고, 아이는 아직도 자기 뒤에 무엇이 숨어 있는지를 보기 위해 몸을 돌리고 방향을 돌린다. 아이는 거울과 사진에서 자신을 관찰하고 배꼽의 우묵한 곳과 가슴의 도드라진 부분을 발견한다. 하지만 이미 새로운 작업도 있다. 그것은 주변 세계에서 다시 자신을 발견하는 것이다. 엄마, 아빠, 남자, 여자, 어떤 사람은 자주 나타나고, 또 다른 사람은 가끔씩 나타난다. 모든 것은 비밀스러운 형상으로 가득 차고, 그것을 규명하는 것은 어둡고 그들의 행동은 의심스럽다.

아이는 자신의 희망을 채워 주거나 거부하기 위해 엄마가 있다는 것을, 그리고 아빠는 돈을 집으로 가져오고, 아주머니는 초콜릿을 바른 비스켓을 가져온다는 것을 알지 못해도, 이미 생각 속에서, 내면 어딘가에서 새롭고 더 경이로운, 보이지 않는 세계를 발견한다. 나아가서 아이가 사회 속에서, 사람들 사이에서, 그리고 우주 속에서 자신을 다시 발견하는 것은 중요하다. 아, 이 일은 머리가 하얗게 세도록 탐구할 끝없는 작업이다.

---

*미래주의(futurism). 20세기 초 이탈리아에서 일어난 일종의 전위예술 운동. 동적인 감각의 새로운 형식으로 미래적 꿈의 아름다움을 나타내려 함. 큐비즘의 영향을 받은 표현법을 구사(네이버 지식백과 참조)-역자.

내 것.

이 같은 생각과 느낌의 기본적인 특징은 어디 있는가? 그것은 어쩌면 '나'라는 개념과 더불어 자라는 것은 아닐까? 아이가 그것에 저항할 때, 사람들이 아이가 손을 사용하는 것을 막을 때, 아이가 자신의 '나'를 위해서가 아니고 '자신의' 손을 위해 싸울 때가 아닐까. 식탁을 두드리고 있는 아이에게서 숟가락을 뺏으면 아이가 가지고 있는 것을 뺏은 것이 아니라, 그 아이의 손이 다른 방식으로 에너지를 옮기는 능력, 다시 말해 소리를 통해 자신을 표현하는 능력을 빼앗는 것이다.

완전한 의미에서의 손이 아니고 오히려 알라딘의 봉사 정신으로 가득 찬 손이 비스킷을 잡고, 거기서 아이는 자기가 지키고 있다고 믿는 새롭고 가치 있는 특성을 얻는다.

내 것이라는 개념은 자라나는 힘의 표상과 어느 정도로 연결되어 있는가?

화살은 원시인에게는 재산일 뿐 아니라 멀리 떨어진 목표물을 맞힐 수 있는 개선된 손이다. 아이는 찢어진 신문을 내놓으려 하지 않는다. 아이는 그것을 조사하고 그것을 가지고 연습하기 때문이다. 신문이 재료라면 손은 아무런 소리도 내지 않고 아무런 취향도 갖지 않지만, 종을 갖고 자신의 언어를 말하는, 그리고 빵을 먹으면서 함께 빨면 기분 좋은 느낌을 가져다주는 하나의 도구이다.

나중에야 비로소 모방과 경쟁과 자신을 표현하고자 하는 소망이 여기에 덧붙여진다. 소유는 주의력을 일깨우고, 자신의 가치를 높이며 힘을 부여하기 때문이다. 공을 갖지 못한 아이는 주목을 받지 못한 채 그늘에 서 있지만, 공을 가진 아이는 얼마나 잘하느냐와는 무관하게 특별한 위치를 차지할 수 있다. 아이가 칼을 가졌다면 장교가 될 수 있고, 고삐를 가졌다면 마부가 된다. 하지만 아무것도 갖지 않은 아이는 일반 사병이나 마차를 끄는 말이 된다.

"좀 줘, 한 번만 시켜 줘"란 말은 명예욕을 자극하는 부탁이다.

상대방은 완전히 기분에 따라 "여기 있어" 혹은 "너에게는 안 줘"라고 말한다. 왜냐하면 그것은 "내 것"이기 때문이다.

"난 갖고 싶어, 난 가졌어, 난 알고 싶어, 난 알아, 난 할 수 있기를 원해, 난 할 수 있어." 이 말들은 의지라는 공통된 줄기에서 나온 세 개의 가지들이다. 그 뿌리는 만족과 불만족이라는 두 가지 느낌이다.

아이는 자기 자신과 살아 있거나 죽은 주변 세계를 인식하기 위해 모든 수고를 아끼지 않는다. 그것은 자신의 평안과 밀접하게 연결되어 있기 때문이다. 아이가 말이나 시선으로 "이게 뭐야?"라고 물을 때면 아이는 그 이름을 알려고 하는 것이 아니라 그 의미에 대해 알고 싶은 것이다.

"이게 뭐야?"

"아이고, 저리 갖다 버려! 더러워. 그걸 손에 쥐면 안 돼."

"이게 뭐야?"

"꽃이지."

미소와 친절한 얼굴과 그것을 꺾어도 좋다는 허락이다.

아이가 임의의 대상에 관해 물었을 때, 엄마가 감정이나 가치 평가 없이 단지 그 대상의 이름만 말한다면 아이는 놀란 듯이, 또 실망한 듯이 엄마를 쳐다보고, 이 대답을 어떻게 받아들여야 좋을지 몰라서 그 말을 길게 늘여서 반복할 것이다. 아이는 원할 가치가 있거나 가치가 없는 세계 외에 아직도 가치 중립적인 세계가 있다는 것을 경험해야 한다.

"이게 뭐야?"

"솜이지."

"소— 옴이라고?"

아이는 긴장한 채 엄마를 쳐다보고 그것을 어떻게 받아들여야 할지 참고 사항을 기대한다.

내가 어떤 원주민과 함께 적도의 숲을 여행한다고 했을 때, 내가 모르는 열매가 달린 식물을 본다면 나도 마찬가지로 그게 무엇인지 물을 것이다. 그러면 그 원주민은 이 질문의 대답을 알고 있다는 듯이 큰 소리로, 혹은 혐오의 몸짓이나 미소로, 그것이 독인지, 맛있는 음식물인지 혹은 가져가도 소용없는 무가치한 물건인지 대답해 줄 것이다.

어린아이 같은 "이건 뭐야?"라는 질문은 "이건 어떤 성격을 가졌는지, 무엇에 소용이 있는지, 내게 소용이 있는지?" 하는 물음을 의미한다.

아직도 완전히 자기 발로 서지 못하는 두 명의 아이가 있다. 한 아이는 공이나 과자를 가졌고, 다른 아이는 그것을 뺏으려고 한다. 이 모습은 자주 볼 수 있는 흥미로운 장면이다.

자기 아이가 다른 아이에게 뭔가를 빼앗기거나, 주거나, 나누려 하지 않거나, 빌려주지 않으려는 것은 엄마에게는 민망한 일이다. 자기 아이가 전통적인 친절함에 따라 행동하지 않으면 그녀의 마음은 편치 않다.

위에서 묘사한 장면은 다음 세 가지 방향으로 진행될 가능성이 있다.

한 아이가 다른 아이에게서 뭔가를 빼앗는다. 아이는 처음에는 놀라서 쳐다보다가, 그런 다음에는 엄마를 쳐다보고, 엄마에게서 이 이해할 수 없는 사건에 대한 설명을 기대한다.

다른 장면은 한 아이가 다른 아이에게서 뭔가를 빼앗으려고 애쓴다. 하지만 갑자기 심한 저항에 부딪친다. 당황한 아이는 상대방이 노리는 물건을 자기 등 뒤에 숨기고, 공격자를 뒤로 밀치고 그를 내팽개친다. 엄마가 사태를 수습하러 달려온다.

또 하나의 장면은 두 아이가 한참 동안 서로 쳐다보다가, 그런 다음에는 한 아이가 다른 아이에게 다가가서 불안하게 붙잡고는 잡아당기고, 다른 아이는 큰 확신 없이 저항할 태세를 취한다. 복잡한 사전 이야기가 끝난 후에야 비로소 싸움이 일어난다.

여기서는 두 아이의 나이와 경험의 정도가 중요한 역할을 한다. 나이 많은 형제들 사이에서 자란 아이는 일찍부터 자기 권리와 재산을 지킬 수 있으며, 종종 스스로 공격자가 되기도 한다. 그러나 모든 우연한 것을 치워버리면 우리는 두 가지 서로 다른 기질과 두 가지 서로 다른 인간 유형, 즉 활발한 형과 소극적인 형을 알게 될 것이다. "저 아이는 너무 착해서, 모든 것을 준다." 혹은 "멍청이 같으니. 전부 다 뺏기다니." 이 모든 것은 선함이나 어리석음과는 아무런 관련이 없다.

온순함이란 모든 행동에서 생동감이 약하거나 의지가 부족하거나 불안한 것을 의미한다. 이런 아이는 급작스러운 동작과 활발한 경험과 힘든 계획을 피한다.

아이는 사소한 행동에서도 사실을 확고히 자기 것으로 만들지 못하고, 주변 세계를 더 많이 믿거나 좇도록 강요당한다.

지능이 낮아서일까? 결코 아니다. 그것은 단지 다른 방식이다. 수동적으로 행동하는 아이는 시퍼렇게 멍드는 일이 적고, 화날 정도로 어리석은 짓을 그다지 많이 하지 않는다. 그래서 그 아이에게는 그런 일로 얻어진 고통스러운 경험이 없다. 하지만 아이는 이 적은 경험을 더 잘 기억할 것이다. 활발한 아이는 더 많이 혹이 나고 더 자주 실망한다. 하지만 아이는 그것을 더 빨리 잊어버린다. 첫 번째 아이는 이 모든 것을 다양하고 빨리 체험하진 않지만, 훨씬 더 철저하게 체험한다. 수동적인 아이는 더욱 편하다. 혼자 내버려 두어도 아이는 유모차에서 떨어지지도 않고, 사소한 일로 온 집안을 떠들썩하게 하지도 않는다. 그 아이들은 흥분하고 울다가도 빨리 진정하고, 지나칠 정도로 고집스럽게 요구하거나 망가뜨리거나 찢거나 심하게 파괴하지 않는다.

"이리 줘!" 아이는 저항하지 않는다. "이리 누워, 받아, 먹어!" 아이는 순종한다.

두 가지 장면이 있다.

아이는 이제 배가 고프지 않지만, 아직 오트밀이 한 숟갈 남아 있다. 그렇다면 아이는 그것을 마저 먹어야 한다. 의사가 그만큼 양을 정해 주었기 때문이다. 아이는 억지로 입을 벌리고 오랫동안 게으르게 씹고는 힘들여서 그것을 집어삼킨다. 다른 아이도 마찬가지로 배가 부르다. 하지만 이 아이는 이빨을 꼭 깨물고 머리를 힘껏 뒤로 젖히고는 숟가락을 밀치고, 뱉어내고 거부한다.

그러면 양육법은?

우리가 정반대의 두 가지 아이들 유형에서 아이들 자체에 대한 견해를 가지려 한다면, 끓는 물과 얼음의 성격에서 물의 본질에 대해 추론하는 것과 같다. 그 차이는 100도에 해당한다. 그러나 우리는 아이를 어디에 맞출 것인가?

하지만 엄마는 어떤 것은 타고난 것이고, 어떤 것은 힘들여 얻은 것인지를 알 수 있다. 엄마는 억압이나 강제나 폭력을 통해 얻은 것은 모두 지나가는 것이고, 불확실하며 기만적이라는 것을 생각해야 한다. 그리고 이 관대하고 "착한" 아이가 갑자기 어렵고 반항적이 되더라도 아이가 원래 자기 모습대로 인 것에 대해 화를 내서는 안 된다.

| 50 |

하늘과 땅과 열매들과 지상의 피조물을 자세히 관찰하는 농부는 인간적인 힘의 한계를 안다. 어떤 말은 가벼운 발걸음으로 걷고, 또 다른 말은 두려워하며 고집스럽게 무거운 걸음을 걷는다. 암탉은 알을 잘 품고, 암소는 우유를 충분히 내고, 농토는 기름지거나 메마르고, 여름에는 비가 많고 겨울에는 눈이 내리지 않았다는 것 등에 대해서 말이다. 그가 돌보고 수고하고 채찍질하여 약간 변화시키고 개선시킨 것이 도처에서 나타난다. 그러나 그는 아무 것도 얻지 못할 수 있다.

도시인들은 인간의 힘을 과장해서 높이 평가한다. 감자는 작황이 좋지 않았지만, 감자를 구할 수는 있다. 단지 좀 더 비싼 값을 치러야 할 뿐이다. 겨울이 되면 모피 옷을 입는다. 비가 오면 옷장에서 비옷을 꺼낸다. 계속되는 가뭄에는 먼지가 너무 많이 나지 않도록 길에 물을 뿌릴 것이다. 사람들은 무엇이든 돈으로 살 수 있고, 모든 사건에 대해서 도움을 찾을 수 있다. 아이가 아프면 의사를 불러올 것이다. 아이가 공부를 못하면 가정교사가 도와줄 것이다. 어떻게 해야 하는지를 기록해 놓은 지침서는 모든 어려움을 제거한다는 환상을 준다.

사람들은 이 같은 상황에서 한 아이가 아이의 모습 그대로이어야 한다는 것을, 프랑스인들이 말하는 것처럼 피부병 환자에게 인공적으로 건강한 피부색을 칠할 수는 있지만, 그를 낫게 할 수는 없다는 것을 어떻게 필연적이라고 여기겠는가.

나는 마른 아이를 잘 먹여서 회복시키고 싶다. 나는 천천히 조심스럽게 시도해서 그 일을 성공시킨다. 아이의 체중이 2파운드 늘어난 것이다. 그러나 약간 컨디션이 좋지 않거나, 감기나 설익은 과일 때문에 애써 얻은 2파운드를 다시 잃어버릴 수 있다.

가난한 아이들을 위한 여름학교캠프, 태양과 숲과 물. 그들은 즐거움과 평정과 선함을 호흡한다. 어제는 아직까지 작고 거친 아이였지만, 오늘은 놀이 친구가 된다. 수줍고 겁이 많고 무디지만, 일주일 후에는 대담하고 활기에 넘치고 완전히 주도권을 잡고, 노래 부를 기분이 된다. 이곳에서는 매시간 변화가 일어나고, 저기서는 한 주일이 그냥 지나고, 세 번째 경우에는 아무런 변화도 일어나지 않는다. 그것은 기적도 아니고 기적이 없는 것도 아니다. 그것은 단지 존재했던 것과 발전되기를 기다렸던 것이 지금 나타난 것뿐이다. 다른 경우에는 아무것도 보여 줄 수 없다. 이전에 아무것도 존재하지 않았기 때문이다.

나는 지적 능력이 뒤떨어진 아이를 가르친 적이 있다. 손가락 두 개, 단추 두 개, 성냥개비 두 개, 동전 두 닢. 둘이다. 아이는 이미 다섯까지 셀 수 있다. 다른 아이들은 질문의 순서와 억양과 몸짓을 바꾸어도 대답을 알지만, 이 아이는 더 이상 아무것도 알지 못한다.

심장에 결함이 있는 아이는 행동하고 말할 때, 자신의 기쁨을 표현할 때 부드럽고 느리다. 그의 호흡은 짧고, 조금만 활발한 동작을 해도 발작적인 기침이 나고, 고통과 통증을 불러일으킨다. 이 아이는 그럴 수밖에 없다.

모성은 한 여자가 희생할 때, 자신을 체념하고 많은 것을 포기할 때, 그 여자를 고상하게 만들 수 있다. 아이의 평안이 어머니의 야심과 기호와 습관에 맡겨지게 된다면 모성은 부도덕하게 작용할 수도 있다.

내 아이는 내 소유이고, 내 노예이고, 내 애완용 개다. 나는 아이의 귓바퀴를 깨물고 아이의 목덜미를 쓰다듬어 주고, 리본으로 장식한 채 산책할 때 데리고 가며, 아이가 깨어나고 예의 바르게 되도록 훈련시킨다. 그러다가 귀찮아지면 말한다.

"놀러 가. 교과서 예습 좀 해. 제발 좀 자러 가!"

그렇게 하면 소위 말하는 히스테리가 낫게 될 것이다.

"당신은 자신이 수탉이라고 생각합니다. 수탉인 것은 좋지만 '꼬끼오' 하고 울지는 마시오!"

"너, 화가 잔뜩 났구나."

나는 한 소년에게 말한다.

"그러면 문을 쾅 닫아. 하지만 너무 심하게는 말고. 화를 내. 하지만 낮에 딱 한 번만이야."

당신이 원한다면 나는 나의 모든 양육법을 이 한 문장으로 요약하겠다.

| 51 |

저 작은 녀석이 어떻게 달리고, 소리 지르고, 모래 속에서 뒹구는지 보라. 아이는 언젠가 유명한 화학자가 될 것이고, 그에게 명성과 중요한 지위와 상당한 재산을 가져다줄 것을 발명해 낼 것이다. 그렇다. 어떤 사람은 술잔치와 가면무도회 사이에서 갑자기 생각이 떠올라 실험실에 틀어박혀 학자가 되어 다시 나올 것이다. 누가 상상이나 했을 법한 일인가?

저기 저 아이가 졸리는 눈으로 또래 아이들이 노는 것을 그저 무관심하게 쳐다보는 모습을 보는가? 그는 하품을 하고 일어난다. 어쩌면 그 아이가 놀고 있는 아이들에게로 다가갈까? 아니다. 그 애는 다시 앉아 버린다. 그 아이도 언젠가는 많은 발명에 성공하는 유명한 화학자가 될 것이다.

하나의 기적이다. 그러리라고 누가 생각해 본 적이 있던가?

아니다. 이 작은 허풍선이에게서도, 같은 나이의 잠꾸러기에게서도 과학자나 학자는 나오지 않을 것이다. 한 아이는 체육 선생님이 되고 다른 아이는 우체국 직원이 될 것이다.

뛰어나지 않은 모든 것을 결함이 있거나 가치 없는 것으로 보는 것은 지나가는 유행이고, 실수고, 비합리적인 생각이다. 우리는 불멸의 업적에 집착하는 병이 있다. 기념비를 세울 만한 가치를 낳지 못한 사람은 적어도 어느 거리가 자기 이름으로 불리기를 원하고, 영원히 기억되고 싶어 한다. 신문에 4단짜리 추도사가 나지 않으면 적어도 어떤 글 속에 다음과 같이 짧게 언급되어야 한다.

"그는 활발히 ……에 참여했다. 그가 세상을 떠난 것에 많은 사람이 애도를 표한다."

이전에는 길거리나 병원이나 양로원은 수호성인의 이름에 따라 불렸고, 그것은 나름대로 의미가 있었다. 다음에는 그 대신 지배자들의 이름이 등장했고, 그것은 시대의 표시였다. 오늘날에는 학자와 예술가의 이름에 따라 불리는데, 이것은 무의미하다. 기념비들은 이념을 위해서도, 이름 없는 영웅들을 위해서도, 아무런 기념비도 갖지 않은 모든 사람을 위해서도 세워져야 한다.

아이는 장관 회의실에 걸린 초상화나 극장의 입구에 세워진 대리석 흉상을 얻는 복권이 아니다. 모든 사람 속에는 행복과 진리에 불을 붙이는 불꽃이 들어 있고, 열 번째 대에서는 자기 가문을 소진시키고 인류에 새로운 태양빛을 선사하는 천재가 나올지도 모른다.

아이는 인생의 씨앗을 덮을 흙으로 준비된 농토이다. 우리는 최초의 호흡을 하기 전부터 강한 힘으로 자라기 시작한 것이 제대로 커 가도록 도와줄 수 있을 뿐이다.

새로운 상호를 단 담배와 신선한 포도주는 그 질을 알리기 위해 선전이 필요하겠지만, 사람은 그렇지 않다.

| 52 |

그렇다면 유전이라는 운명, 다시 말해서 무조건적인 사전 결정은 의학과 교육학의 파산을 선고하는 것인가? 이 같은 표현은 마치 천둥소리처럼 들린다. 나는 아이를 "빽빽이 쓰인 양피지"라고, "이미 준비된 농토"라고 불렀다. 하지만 자칫 혼동하기 쉬운 비유는 그만두자.

우리가 보유한 현재 상태의 지식을 가지고 대답하지 않으면 안 되는 질문들이 있다. 그것은 이전처럼 그렇게 많지는 않지만, 여전히 존재한다. 오늘날의 삶의 조건 속에서는 무기력하게 쳐다만 보고 있는 문제들이 있다. 그러한 문제들도 약간 줄어들었다.

우리가 최선의 의지와 엄청난 수고로도 도울 수 없는 아이가 있는가 하면, 이 같은 방법으로 충분히 도울 수 있는 아이도 있다. 하지만 그것을 위한 조건이 적절하지 못하다. 어떤 아이에게는 시골이나 산골, 바닷가에 머무르는 것이 거의 도움이 되지 않고, 다른 아이에게는 그런 방법이 도움이 되지만 상황이 여의치 않다.

우리는 보살핌과 신선한 공기와 옷이 부족해서 위축된 아이를 보게 되더라도 부모에게 그 책임을 돌리지 않는다. 그러나 성실한 노력이 지나쳐서 타락하고, 지나치게 많이 먹고, 너무 덥게 옷을 입고, 끊임없는 가상의 위험으로부터 보호받는 아이를 보면 어머니를 비난하는 경향이 있다. 우리는 이성에 대한 의지가 있을 때만 악을 제거하는 게 쉬우리라고 생각한다.

아니다. 우리는 아주 용기가 있어야 하며, 결실 없는 비판이 아니라 행동으로 우리가 속해 있는 계급이나 사회 계층의 의무적인 규범에 반대하려고 한다. 자기 아이를 깨끗이 하지 않거나 아이의 코를 닦아 줄 수 없는 어머니들이 있는가 하면, 아이가 낡은 신과 더러운 얼굴로 돌아다니는 것을 상상조차 하지 못하는 어머니들이 있다. 눈물을 흘리며 아이를 학교에서 빼내어 직업을 가르치려 하는 이들이 있다면, 아이를 학교에 보내는 의무를 마찬가지로 고통스럽게 여기는 이들도 있다.

"저 녀석은 학교에 다니지 않으니 타락한다"라고 한 어머니는 말한다. 그러면서 그녀는 아이에게서 책을 빼앗아 버린다.

"아이는 학교에 가면 완전히 타락할 것이다"라고 말하는 어머니도 있다. 하지만 그녀는 반 푸트pud(옛 러시아의 중량 단위)를 치르고 새 교과서를 산다.

| 53 |

많은 이들에게 유전이란 모든 예외의 경우를 덮어 버리는 것을 의미한다. 그것은 하나의 학문적인 문제이며, 연구 조사의 대상이기도 하다. 단 한 가지 문제 해결을 위해 많은 분량의 문헌이 있다. 결핵을 앓는 부모의 아이가 이미 병든 채 세상에 태어난다면, 그것은 미리 예정된 것인가 혹은 출생 후에 감염된 것인가? 질병의 유전 외에도 건강한 유전도 있다는 지극히 간단한 사실과, 한 가족은 물려받은 '플러스' 요인과 '마이너스' 요인, 즉 장점과 결함, 당위와 현실에 의해 결정되지 않는다는 사실에 대해 생각해 본 적이 있는가? 건강한 부모가 첫아이를 낳는다. 부모가 그사이에 매독에 걸렸다면 둘째 아이는 이 병에 걸린 아이일 것이다. 또 그사이에 부모가 결핵에도 걸렸다면 셋째 아이는 결핵성 매독 환자를 부모로 갖는다. 이 세 아이는 서로 완전히 다르다. 결함이 없거나 결함을 가졌거나 이중의 결함을 가진다. 역으로 병든 아버지는 그사이 완치가 되었고, 두 형제 중 첫 번째 아이는 병든 아버지의 아

이고, 둘째는 건강한 아버지의 아이다.

신경질적인 아이는 신경질적인 부모로부터 태어났기 때문에 신경에 손상을 입은 것일까? 혹은 그들에 의해서 키워졌기 때문인가? 신경쇠약과 신경 구조의 지나친 섬세함, 즉 타고난 신경의 경계는 어딘가? 방탕한 아버지는 처음부터 낭비꾼 아들을 낳는가? 아니면 그는 아들을 자신의 본보기로 그렇게 전염시키는가?

"네 부모가 누구인지 말해 봐. 그러면 네가 어떤 사람인지 말해 주지"란 말이 항상 맞지는 않는다.

"누가 너를 키웠는지 말해 봐. 그러면 네가 어떤 사람인지 말해 줄 수 있어."

이 말도 맞지 않는다.

왜 종종 건강한 부모가 약한 아이를 낳는가? 왜 성실한 가정에서 건달이 나오는가? 왜 평균적인 가정에서 종종 지극히 탁월하게 재능 있는 아이가 나오는가?

우리는 유전 연구 외에 동시에 '성장 환경'도 연구해야 한다. 그러면 어쩌면 많은 수수께끼가 풀릴지도 모른다.

나는 한 가정을 지배하는 정신을 성장 환경이라고 부른다. 가정의 개개 구성원은 그 정신에 대해 어떤 임의적인 입장도 취할 수 없다. 이 주도적인 정신은 강제적이고, 그것은 어떤 저항도 용인하지 않는다.

| 54 |

엄격하게 교조적인 분위기.

전통, 권위, 확고한 습관들, 절대적 법칙으로서의 명령, 삶의 정언 명령으로서의 강제성. 원칙, 질서 그리고 성실함. 자로 잰 듯한 태도, 영적인 균형, 영혼의 힘과 지속적인 감정과 저항력, 자신감이나 혹은 부과된 과제가 옳다는 의식에서 기인하는 명랑함. 자기 제한, 자아 극복, 권리로서의 노동, 습관이 된 도덕성. 수동적인 사려 깊음과 전통을 전수하지 않고 권위를 인정하지 않으며, 기계화된 활동의 테두리와 정하지 않은 법과 진리를 일방적으로 무시할 정도의 사려 깊음.

이 자신감이 제멋대로 되지 않고, 이 같은 단순함이 고루함에 빠지지 않는다면, 이처럼 비옥한 성장 환경은 정신적으로 이와 맞지 않는 아이를 망쳐 버리거나, 그렇지 않으면 진짜 잘 자란 인간을 키워 낼 것이다. 그는 엄격한 교사를 존경심을 가지고 대할 것이다. 그가 아이를 장난감처럼 여긴 것이 아니라, 분명한 윤곽을 가진 목표를 향해 힘들게 이끌어 왔기 때문이다.

부적절한 조건들과 신체적 욕구의 억압은 이런 분위기의 정신적인 현실을 변화시키지 않는다. 부지런한 작업은 힘든 일로, 휴식은 체념으로 넘어갈 수 있고, 고집불통으로까지 이어지는 자기 부정은 인내를 위한 의지로 나아간다. 종종 수줍음이나 겸손이 나타나지만, 여전히 공정함과 신뢰에 대한 감정은 남아 있다. 무감각과 에너지는 약점이 아니라 외부의 악한 의지가 들어올 틈이 없는 이 분위기의 강점이다.

대지, 교회, 조국, 덕성, 그리고 죄악은 도그마가 될 수 있다. 이것은 학문과 사회적, 정치적 작업, 재산, 모든 종류의 논쟁, 신과 영웅심과 우상 숭배와 어리석음에도 적용된다. 무엇을 믿느냐가 중요한 것이 아니라 어떻게 믿느냐가 중요하다.

| 55 |

이상주의적인 분위기.

이 같은 분위기의 장점은 단련을 통해 얻은 정신적인 견고함에 있는 것이 아니라, 움직임, 참여, 날아오름에 있다. 여기서는 단순히 행해지는 것이 아니라 뭔가가 즐겁게 행해진다. 사람들은 창의적으로 활동하고 기다리는 자세로 머무르지 않는다. 어떤 강제성도 없고 단지 자발적으로 참여할 뿐이다. 어떤 경직된 도그마도 없고 여러 문제가 있을 뿐이다. 오랫동안 생각하는 대신 열광과 감격이 지배한다. 이것은 다시금 더러운 것들에 대한 혐오와 도덕적인 유미주의를 통해 제한된다. 잠시 거부감이 작용할 수 있지만 결코 경멸감을 나타내지 않는다. 관용이란 여기서는 자기 확신에 대해 내키지 않음이 아니다. 그것은 다른 사람과의 만남에서 정신이 상이한 높이와 방향으로 내려갔다가 다시 날아오르는 것을 의미하고, 공간을 채우면서 자유롭게 펼쳐지는 것에 대한 즐거움이자 인간적인 사고에 대한 존중을 의미한다. 행위를 할 때는 용감하게, 낯선 망치질의 메아리는 열렬히 받아들여지고, 인식과 오류, 투쟁과 회의, 주장과 부인하는 행위를 동반하며 긴장감에 차서 새롭게 경탄할 아침을 기대한다.

교조적이고 엄격한 분위기가 수동적인 기질을 지닌 아이의 성장에 유리하다면, 이상주의적인 분위기는 적극적인 성향을 지닌 아이들에게 적합하다. 내가 보기에 여기에는 고통스러울 정도로 많은 놀라움의 근원이 있다. 돌에 새겨진 십계명은 한 아이에게 가슴에 불꽃을 일으키는 가르침을 준다. 그런가 하면 어떤 아이는 이 십계명에 의해 완성된 진리를 받아들이도록 강요당한다. "너는 과연 무엇이 될 수 있을까?"라는 살피는 듯한 물음이 아니라, "내가 너에게서 한 인간을 만들겠다"라는 요구를 간직하고 한 아이에게 접근한다면 우리는 그것을 인식할 수 없다.

| 56 |

삶을 밝게 향유하는 분위기.

나는 필요한 것은 모두 다 가졌다. 수공업자나 공무원이라면 내가 가진 것은 별로 많지 않을 것이고, 넓은 토지를 소유한 지주라면 많이 가졌을 것이다. 나는 나 자신의 현재 모습을, 다시 말해 마이스터, 한 분야의 책임자, 변호사, 소설가이기를 원한다. 노동은 업무가 아니고, 채워야 하는 직위도 아니고, 목적이 아니라 원하는 조건에서 편안한 삶을 살아가기 위한 수단이다.

명랑함, 걱정 없음, 감정의 부드러운 움직임, 호의, 선함, 필요한 만큼의 침착함, 힘들이지 않고 얻을 수 있는 만큼의 자기 인식, 지구력과 끈기는 물려받은 것을 유지하거나 끝없는 모색과 추구를 통해 형성되지 않는다.

아이는 내면의 균형 속에서, 지나간 것을 간직하는 느슨한 습관과 호의와 관용을 보여 주는 현대적인 흐름을 마주하여 산다. 그리고 아이는 그를 둘러싸고 있는 단순한 것들의 자극 속에서 살아간다. 여기서는 아이가 모든 것일 수 있다. 책과 대화와 만남과 인생 경험의 도움으로, 아이는 자신의 세계관에 스스로 영향을 미치고 독립적으로 자기 길을 선택한다.

나는 부모가 서로 주고받는 쌍방의 사랑에 대해 언급하려 한다. 그 사랑이 결핍되면 아이는 좀처럼 느끼지 못하지만, 그 사랑이 있으면 아이는 철저히 그것을 맛본다.

"아빠는 엄마에게 화를 내요. 엄마는 더 이상 아빠와 말을 하지 않아요. 엄마는 울고 아빠는 문을 쾅 닫았어요."

그것은 푸른 하늘을 덮는 구름처럼 아이들 방의 명랑한 재잘거림을 차가운 침묵으로 얼어붙게 한다.

처음에 나는 이렇게 말했다.

"자신에 대해 완성된 생각을 주도록 누구에게 명한다는 것은 낯선 여자에게 당신의 아이를 낳으라고 명령하는 것이다"라고.

어쩌면 많은 사람이 이렇게 생각했을 것이다.

"그러면 한 남자는? 낯선 여자는 그의 아이를 낳지 않는가?"

아니다. 낯선 여자가 아니라 사랑하는 여자가 그의 아이를 낳는 것이다.

| 57 |

외양과 경력 쌓기를 추구하는 분위기.

이것은 다시금 지구력과 끈기와 관련되는 문제이다. 그러나 여기서는 내적인 필연성의 결과가 아니라 차가운 계산이 지배한다. 이곳은 내적인 가치를 채울 수 있는 자리는 아니다. 계산적인 형태와 남의 가치를 교묘하게 이용하는 것과 실제 공허한 것을 억지로 꾸며 대는 것이 있을 뿐이다. 돈을 벌 수 있는 문구들, 사람들이 굴복하는 인습들. 가치가 아니라 확실한 선전이 좌우한다. 이런 인생은 노동과 휴식이 교대로 작용하는 것이 아니라 예감에 찬 분주한 움직임일 뿐이다. 채워지지 않은 자만심, 탈취욕, 부패, 거만함과 비굴한 성격, 질투, 분노 그리고 사악함이 있다.

여기서 아이들은 사랑받지도 교육받지도 않으며, 여기서 사람들은 단지 평가하고, 이익과 손해를 계산하며 팔고 산다. 굽실거림과 미소, 악수는 모두 계산된 것이다. 이것은 거의 자명한 것이고, 명예와 결실도 마찬가지다. 사람들은 돈과 승진과 포상과 "높은 사람"들과의 관계로 장사를 한다.

그 같은 분위기에서 뭔가 긍정적인 것이 나온다면, 그것은 종종 단지 아름다운 외양, 익숙한 게임, 더욱 잘 어울리는 마스크일 것이다. 또한 분열과 부패의 분위기 속에서 고통받고 정신적으로 찢긴 채, 어떤 속담처럼 "쓰레기더미 위에서 장미"가 피어나는 것이다.

이런 사례들은 교육적인 영향으로 인정받은 법칙 외에 아직도 반명제의 법칙이 존재한다는 것을 입증한다. 이것은 다음과 같은 사례들에서 생생하게 알 수 있는데, 즉 구두쇠가 낭비꾼을, 불경한 자가 신을 경외하는 자를, 비겁한 자가 영웅을 키워 내는 따위의 일 말이다. "유전"만으로는 설명할 수 없는 사례들이다.

| 58 |

반명제의 법칙은 영향력에 저항하는 세력에서 지지를 얻는다. 이 같은 영향력은 여러 가지 근원을 가질 수 있고, 여러 가지 수단들을 이용한다. 이것은 깨어 있고 자동적으로 기능하는 저항과 반작용, 혹은 자기방어라는 메커니즘인 동시에 정신적인 유기체의 자기 보존 욕구이기도 하다.

교육에서 도덕적인 설교의 가치는 이미 절하되었다 하더라도, 모범이나 주변 세계에 의한 직접적인 영향력은 무조건적인 신뢰를 누린다. 그런데 이 같은 영향이 왜 그렇게 자주 좌절되는가?

저주하는 말을 들은 아이는 왜 모든 금지 조치에도 불구하고 그 저주의 말을 따라 하려고 하는지, 그리고 이 아이가 위협 때문에 그 말을 그만두었다 하더라도 왜 그것을 기억 속에 담아 두고 있는지 나는 묻고 싶다.

어른들의 말을 쉽게 따를 수도 있는 곳에서도 아이가 고집을 피운다면 겉으로 보기에 이 사악한 의지의 근원은 어디에 있는가?

"외투 입어."

싫다. 아이는 외투를 입지 않은 채 나가려고 한다.

"장밋빛 원피스 입어."

그러나 아이는 푸른색을 입고 싶어 한다.

만일 당신이 이렇게 하지 않는다면 아이는 어쩌면 순종할지 모르겠다. 그래도 당신이 요청하거나 위협하면서 무슨 일이 있어도 그렇게 해야겠다고 고집을 부린다면, 아이는 더 이상 아무 말도 하지 않거나 억지로 따를 것이다.

그런 까닭에 사춘기 때 우리의 진부한 "그래"라는 대답이 "안 돼"라는 말에 부딪치는 일은 종종 있다. 이것은 유혹에 대한 저 깊이 뿌리박힌 반항의 표시는 아닌가? 그 유혹이 성장하는 아이의 내면에서 나오거나 외부로부터 다가가든가 말이다.

"덕德 있는 자가 죄를 원하도록 명하고, 범죄자에게 때 묻지 않은 꿈을 꾸도록 명하는 비극적인 아이러니."(미르보*)

쫓긴다는 생각은 남의 말을 훨씬 더 잘 들리게 한다. 민족의 자의식을 가르치려는 의지는 아이들을 훨씬 더 지속적으로 일깨운다. 이렇게 해서 나는 여러 영역에서 나온 문제들을 수집하여 비교·평가해 보았다. 이런 맥락에서 반명제의 법칙이라는 가설이 교육적인 작용에서 여러 모순적인 반응을 설명하고, 그렇게 바랐던 방향에서조차도 지극히 많고 자주 행해지는 강한 교육적 조처들을 가로막는 현상을 설명해 주는 것이라면, 그것으로 충분하다.

가족 정신이라고? 동의한다. 하지만 시대 정신은 어디 있는가? 그것은 바닥에 내팽개쳐진 자유의 한계에서 멈추었다. 우리는 비겁하게도 그 사실을 아이들 앞에서 숨겼다. 브로조브스키(Brzozowski)의『어린 폴란드인의 전설』**은 편협한 세계관에서 나를 지켜 주지 못했다.

| 59 |

아이란 무엇인가? 단지 물리적으로만 관찰한다면 그는 성장해 가는 유기체이다. 그 말은 옳다. 하지만 몸무게와 키가 늘어나는 것은 많은 다른 현상들 가운데 하나일 뿐이다. 학문은 이 같은 성장의 여러 단계를 밝혀내고 있다. 그러나 성장 과정은 시기별로 균등하지 않다. 빠르게 성장하는 시기와 느리게 성장하는 시기가 있다. 그 밖에도 아이는 자라날 뿐 아니라 자신의 비율을 변화시킨다.

일반인은 대부분 그 사실을 알지 못한다. 어떤 어머니는 얼마나 자주 의사를 불러 아이가 불쌍하게도 놀랄 정도로 체중이 줄고, 신체는 힘이 없고, 얼굴과 머리는 눈에 띌 정도로 작아졌다고 탄식하는지. 그녀는 유아기의 아이들은 불필요한 지방이 없어져서 흉곽이 자람에 따라 머리는 더 넓어진 어깨

---

*옥타브 미르보(Octave Mirbeau, 1848~1917), 프랑스의 소설가이자 예술 비평가.

**스타니스와프 레오폴드 브로조브스키(Stanisław Leopold Brzozowski, 1878~1911), 비평가, 출판인, 문인, 사회학자, "노동 철학"의 창시자. 오늘날에도 거의 알려지지 않은 책『어린 폴란드인의 전설』은 동시대인들에게 중요한 영향력을 끼쳤다.

사이에 숨어 버리고, 사지와 기관들은 각기 다르게 자라서, 두뇌와 심장, 위장과 두개골, 눈과 손발, 뼈의 성장이 차이가 난다는 것을, 만약 그렇지 않다면 다 자란 성인은 땅딸막하고 지방질의 몸뚱이 위에 거대한 머리를 가진 괴물과 비슷하고, 두 개의 살찐 다리로 움직일 수도 없게 된다는 것을, 비율의 변화는 성장과 나란히 진행된다는 것을 모르는 것이다.

우리는 수만 가지 측정 결과, 다시 말해 평균적인 성장과 완전히 일치하지 않는 성장 곡선들에 대해 알게 되었다. 그러나 우리는 가속화와 느림, 정상적인 성장으로부터의 이탈이 어느 정도의 수치로 표시될 수 있는지에 대해서 아무것도 모른다. 성장 해부학의 10분의 5 정도의 지식으로는 아이의 생리학에 대해 아무것도 말할 수 없다. 우리는 병든 아이를 양심적으로 연구해 왔지만, 얼마 전부터서야 비로소 건강한 아이들도 관찰하기 시작했다. 수백 년 동안 우리의 연구 영역은 병원이었고, 교육기관은 이 과제를 받아들이는 데서 멀리 떨어져 있었다.

| 60 |

아이는 변했다. 아이에게서 뭔가가 일어났다. 어머니는 변화가 어디에 근거하고 있는지를 항상 말할 수는 없다. 하지만 그녀는 이 같은 변화가 어떤 상황에 기인하는지에 대해 완성된 답변을 지니고 있다.

아이는 이가 난 후, 수두 예방 접종을 한 후, 젖을 뗀 후, 침대에서 떨어진 후에 변한다.

아이는 벌써 뛰어다니다가, 갑자기 뛰기를 멈춘다. 아이는 오줌이 마려우면 엄마를 부른다. 그러다가 다시 옷에다 오줌을 싼다. 아이는 아무것도 먹지 않고, 불안하게 잠을 자거나 거의 자지 못하거나 혹은 너무 많이 자고, 변덕스럽고, 지나치게 활발하거나 나태하다. 아이는 살이 빠졌다.

다른 단계에서는 다음과 같다.

아이는 학교에 들어가고 난 후, 시골에서 돌아온 후, 수두를 앓고 난 후, 처방에 따라 목욕한 후, 불에 데어 놀란 후에 변한다. 잠을 자거나 식사를 할 때 습관이 달라지고 성격에 변화가 일어난다. 이전에는 순종적이었지만 지금은 고집스럽고, 이전에는 부지런했지만, 지금은 산만하고 게으르다. 아이는 창백하고, 자세가 나쁘고, 보기 흉한 습관들을 보인다. 잘못된 친구들의 영향이거나 수업의 영향인지도 모른다. 혹시 아이가 아프지는 않은지?

고아원에서 2년간 체류한 적이 있다. 그 기간 동안 나는 아이들을 연구하기보다는 집중적으로 관찰하였다. 여기서 얻은 결과는 다음과 같다. 즉, 아이는 거의 '사춘기 시절에 나타내는 부족한 균형감'이라고 알려진 모든 것을 비록 심한 형태로는 아니라 할지라도 여러 차례의 작은 변화로 체험한다는 것이다. 다시 말해서 아이는 거의 눈에 띄지 않아서 아직 학문에 의해 인지되지 않은 '까다로운 시기'를 체험한다는 말이다.

하나의 개인이기도 한 아이에게 중요한 것은 아이를 '지극히 높은 요구를 가진 유기체'로 보는 것이다. 잠에 대한 욕구는 커지고, 질병에 대한 저항력은 약해지며, 신체 기관들은 예민해지고, 정신적인 지구력은 줄어든다. 이것은 정확한 표현이긴 하지만 모든 발달 단계에 들어맞는 말은 아니다. 아이는 생기가 넘치고 밝아졌다가 다음 순간에는 다시 약해지고, 힘이 빠지고, 욕구를 잃어버린다. 아이가 까다로운 단계에서 병이 나게 되면 우리는 이 질병이 이전에 이미 아이 속에 숨어 있었다고 생각하는 경향이 있다. 나는 이 질병이 약해진 신체에서 과도기적으로 발달했다고 생각한다. 그것이 갑자기 나타날 조건이 언제 가장 적절한지, 잠복 상태에서 기다렸든지, 우연히 외부에서 묻어와서 저항력이 없으니까 확대되었든지 간에 말이다. 앞으로 인생의 사이클을 유아기, 유년기, 청소년기, 장년기, 노년기처럼 인위적으로 나누지 않는다면, 성장과 외적인 발달이 더 이상 이 같은 분류의 원칙이 되지는 않을 것이다. 이것은 샤르코Charcot*가 관절염의 진전에 대한 강의("두 세대에 걸친 요람에서 무덤까지")에서 표현했던 '전체로서의 유기체'가 경험해 가는 철저하고 근본적인 변화의 과정들을 나타낼 수 없다.

| 61 |

아이가 한두 살 사이에 주치의는 자주 바뀐다. 그러면 나는 새 환자들을 대하게 되고, 그 어머니들은 나의 전임자가 아이를 제대로 돌보지 않았다고

---

* 장 마르탱 샤르코(Jean Martin Charcot, 1825~1893): 프랑스 신경학자. 그는 무엇보다 신경질환과 그 특징들을 기술했다.

불평한다. 다른 어머니들은 이러저러한 원치 않는 징후들이 나의 나태함에서 기인했다고 나를 비난한다. 의사는 아이가 건강하다고 여겼고, 아이는 아무렇지도 않다가 갑자기 이전에는 알지 못했던 결함을 나타냈다는 점에서는 이 사람 하는 말이 옳다. 그렇지만 이 까다로운 시기에는 침착하게 기다리는 것으로 충분하다. 사소한 문제를 가진 아이는 잠시 깨어졌던 균형을 곧 되찾게 되기 때문이다. 아이가 더 심한 고통을 받긴 하겠지만 분명히 나아질 것이고, 어린 생명의 발달은 다시 정상적으로 지속될 것이다.

두 번째 단계인 취학 단계에서 기능 장애가 나타나는 것과 마찬가지로, 이 첫 번째 단계에서 특정한 조치를 했다면 사람들은 아이의 상태가 나아진 것이 이 조치의 덕택이라고 여길 것이다. 그리고 오늘날 이미 알려진 대로 일정한 주기가 끝나면 결핵이나 티푸스는 낫는 것을 알고 있다면, 반면 여기서는 아이의 발달 단계에서 일정한 순서를 발견하고 아이들의 서로 다른 발달의 프로필을 마련할 때까지 오랫동안 불분명한 상태가 지속된다.

아이의 성장 곡선은 상이한 계절과 내면의 완성을 위해 집중적인 노동과 휴식의 단계, 성급하게 수행된 계획이 끝나는 단계와 지속적인 발달을 위한 준비 단계를 갖는다. 7개월 된 태아는 이미 생명력이 있지만, 아직 2개월 동안(임신의 네 번째 단계) 어머니의 뱃속에서 계속 성장해야 한다.

일 년 동안 처음 체중의 3배로 불어난 유아는 휴식을 취할 권리를 가진다. 마찬가지로 번개처럼 빨리 진행된 정신적 발달은 아이가 이미 배웠고, 우리가 성급하게 지속적인 성과라고 보았던 것의 일부를 잊어버리게 할 권리를 가진다.

| 62 |

아이가 먹으려 하지 않는다.

간단히 산술적으로 따져 보면, 아이는 출산 시 8파운드가 넘는 체중으로 태어났고, 1년이 지나는 동안 25파운드가 되었다면 그의 몸무게는 3배가 된 셈이다. 아이가 이 같은 속도로 계속해서 성장한다면 아이는 세 살쯤 될 무렵에는 25파운드의 3배인 75파운드가 될 것이다.

세 살이 끝날 무렵에는 75×3=225파운드.

네 살이 끝날 무렵에는 225×3=675파운드.

다섯 살이 끝날 무렵에는 675×3=2,025파운드가 된다.

매일 몸무게의 1/6에서 1/7을 소비하는 몸무게가 2,000파운드인 이 다섯 살 난 괴물에게는 매일 300파운드의 영양분이 필요하다.

아이는 자신의 성장 메커니즘에 맞추어 거의 먹지 않거나 아주 적게 먹거나 많이, 아주 많이 먹는다. 몸무게의 곡선은 더디거나 갑작스레 증가하게 되고, 종종 몇 달 동안 변하지 않는다. 그에 따르면 몸무게는 무자비하다. 잠시 상태가 좋지 않은 며칠 만에 아이는 체중이 줄고, 다음 며칠 동안 정확히 그만큼 다시 늘어난다. "이 정도로, 그리고 더 이상은 안 돼"라는 내부 지시에 맞추어서 말이다. 건강하지만 영양이 부족한 아이가 정상적으로 영양분을 취한다면 아이는 일주일 안에 부족한 체중을 보완할 것이고 정상 몸무게에 이르게 된다. 우리가 매주 한 번씩 아이의 몸무게를 잰다면 몸무게가 늘었는지 줄었는지를 알아내기 시작한다.

"지난주에는 300그램이 줄었어. 오늘은 분명 다시 500그램이 늘었을 거야. -오늘은 저녁 식사를 하지 않았으니 몸무게가 줄 거야. 다시 500그램 더 많이…."

아이는 부모를 만족시키려 한다. 하지만 때로는 딱하지만 엄마 마음을 아프게 하는가 하면, 때로는 부모의 뜻을 좇는 편이 아주 좋을 수 있다. 그래서 아이가 커틀릿을 먹지 않고 우유를 마시지 않는다면 더 이상 그렇게 할 수 없기 때문이다. 우리가 아이에게 강요하면 때때로 위장 장애가 생겨나고, 이 문제를 해결하기 위해 식이요법을 하면 정상적인 체중으로 조절이 된다.

그렇다면 근본적으로 아이는 원하는 만큼, 덜도 아니고 더도 아니게 먹는다. 병든 아이가 잘 먹어야 할 필요가 있다 하더라도, 메뉴판을 결정할 때 아이에게 물어보고 그와 더불어 치료를 해야 할 것이다.

| 63 |

아이가 자려고 하지 않는데 자도록 강요하는 것은 잘못이다. 아이가 몇 시간 자야 하는지에 대해 규칙을 정하는 것 자체가 부조리하다. 충분히 자고 일어날 때까지 몇 시간이나 깨지 않고 자는가에 대해 특정 아이에게 필요한

시간을 정하는 것은 시계를 참고로 하면 쉽다. 나는 숙면의 상태를 말하지, 깨어 있는 것을 말하는 게 아니다. 아이에게 더 많은 잠이 필요한 시기가 있고, 졸린 게 아니라 피곤하기 때문에 잠을 자지는 않더라도 오랫동안 침대에 누워 있고 싶어 하는 시기가 있다.

내적인 균형을 위한 시간이다. 아이는 빨리 잠들지만, 에너지로 가득 차 움직임에 대한 즐거움으로 아침 해가 뜨기 전에 자발적으로 잠에서 깨어난다. 구름 낀 하늘도 차가운 방도 아이를 두렵게 할 수 없다. 맨발로, 잠옷을 입은 채 아이는 책상과 의자 위를 뛰어다니며 몸을 따뜻하게 한다. 우리는 어떻게 해야 하나? 늦게 재우기, 심지어는 열한 시에 재운다. 그리고 그에게 침대에서 놀도록 허락한다. 나는 왜 잠들기 전의 대화가 "잠을 빼앗는지", 그리고 사람들이 말을 듣지 않는다고 흥분하는 것이 오히려 "잠을 빼앗는" 것은 아닌지 질문한다.

부모들은 편리함을 위해 일찍 잠드는 것과 일찍 일어나야 한다는 의심스러운 명제를 다르게 변조시켰다. 잠을 많이 잘수록 건강에 좋다는 것이다. 그들은 아이에게 황량하고 지루한 낮 시간이 지난 뒤에 억지로 잠들기를 강요당하는 저녁의 고통스러운 단조로움을 덧붙인다. "어서 자!"라는 말보다 더 독재적이고 더 고문과 같은 명령은 찾기 어렵다.

늦게 자는 사람들은 술을 마시거나 무절제하게 밤을 보내고, 그런 다음 직업상의 일 때문에 일찍 일어나야 하므로 잠을 적게 자서 병이 나곤 한다.

신경이 쇠약한 사람이 아침에 한 번 일찍 일어났다면 스스로 컨디션이 좋다고 확신하고 그렇게 생각한다. 제때 잠자리에 들고 지나치게 오랫동안 인공적인 불빛에 노출되지 않은 아이에게는 새벽에 들판에 일하러 가지 않고, 커튼을 내려친 채 느릿느릿하고 아무 의욕 없이 누워 있는 도시가 그다지 유익하지 않다. 또다시 시작되는 하루에 대한 나쁜 조짐일 뿐이다….

이 책에서 지적하는 모든 질문에 대해서처럼, 여기서 소개한 몇 줄만으로 이 주제를 충분히 다룰 수는 없을 것이다. 나의 과제는 단지 생각해 보도록 자극하는 것이다.

아이들의 정신적인 유기체는 무엇으로 어른들의 그것과 구분되는가? 그것은 어떤 종류이고, 무엇을 필요로 하며, 어떤 인지할 수 없는 가능성을 자체 속에 숨기고 있는가? 우리와 함께, 우리 옆에서 비극적인 갈등 속에 사는 인류의 절반에게는 무엇이 중요한가? 우리는 그들에게 오늘의 권리를 고백하지 않은 채 내일의 의무로 짐을 지운다.

인간을 어른과 아이로 나누고, 인생을 유년기와 성숙기로 나눈다면, 전자나 후자에 포함되지 않는 아이들이 있다. 우리는 자신의 논쟁과 염려에 빠져 그들을 인지하지 못한다. 이전에 우리가 여성 문제나 농부의 중요성, 혹은 억압받는 계층이나 민족의 문제를 전혀 보지 못했던 것처럼 말이다. 우리는 아이들이 가급적 우리를 방해하지 않도록, 그들이 우리가 실제로 어떤 사람이며, 실제로 무엇을 하는지 알지 못하도록 스스로 조정한다.

파리에 있는 한 어린이집에서 나는 두 가지 다른 계단 난간을 보았다. 정상적인 높이의 난간은 어른들을 위한 것이고, 낮은 것은 아이들을 위한 것이었다. 나아가서 이 발명 정신은 유일하게 교실 의자를 생각해 냈다. 이런 것은 그 수가 아주 적다. 유럽의 대도시에 있는 공원의 우물가에서 아이들을 위한 구걸 장소와 함께, 녹슬고 사슬에 달린 찌그러진 에나멜 깡통을 한번 보시라.

내일의 인간인 아이들을 위한 집과 정원, 작업장과 실습장, 도구들과 실험 기구들은 어디에 있는가? 교실을 단지 화장실과 분리시키는 창문과 복도, 그런 건축물은 너무나도 많이 남아 있다. 방수포로 만든 말馬과 납으로 된 칼, 공장들은 이런 것들을 너무나 많이 만들어 낸다. 벽에 걸 수 있는 그림들이나 수공예품 같은 것들은 그다지 많지 않다. 아이들의 동화의 세계, 우리는 그런 것에 대해서는 전혀 생각하지 않았다.

우리는 한 처녀가 인간의 가치를 지닌 여자가 되는 것을 본다. 수백 년 동안 그녀는 자기에게 부과된 역할을 행하고, 남자들의 자의성과 이기주의로 인해 만들어진 유형에 따라 살아왔다. 직업을 가진 여성을 보려고 하지 않는 남자들 말이다. 남자들은 오늘날에는 마찬가지로 "호모 파베르homo faber"를 준비하는 아이들을 제대로 평가하고 인지하지 않는다.

아이는 아무 말도 하지 않고, 항상 듣기만 한다.

아이들이란 수백 가지의 표정과 수백 가지의 역할을 맡은 재능 있는 배우이다. 엄마에게는 아빠나 할아버지가 계실 때와는 다르고, 온유한 교사 앞에서는 엄격한 교사 앞에서와 다르며, 부엌에 있을 때나 또래들 가운데 있을 때는 또 다르다. 가난한 사람들에게는 부자인 사람들과 다르게 행동하고, 평상복을 입었을 때는 외출복을 입었을 때와 또 다르다. 아이는 순진하고 약삭빠르며, 비굴하고도 고상하며, 부드럽고 복수심에 차 있고, 기분이 좋다가도 잠시 고집스럽게 자신을 숨기고, 스스로를 닫고는 우리를 기만하고 이용하는 것이다.

충동의 영역에서는 그에게 빠진 것이 오직 한 가지 있다. 이것은 그 자체로는 이미 나타나 있지만, 아직도 각인되지 않은 '성'에 대한 안개 같은 예감이다.

아이들의 감정 세계는 우리의 그것보다 강하다. 그것은 어떤 방해물을 통해서도 제한받지 않기 때문이다. 아이들은 지적 능력에서는 우리와 비슷하지만, 단지 아직 경험이 부족할 뿐이다.

그래서 어른은 그렇게 자주 아이가 되고, 아이는 다시 성숙한 인간이 되는 것이다.

그 밖에도 양자를 갈라놓는 차이점은 전체적으로 보아 우리가 아이의 생계를 돌보기 때문에 아이는 어떤 임무도 좇지 않고, 오직 따라 하도록 강요받는다는 데 있다.

병영이나 수도원과 너무나 놀라울 정도로 비슷하지 않은 어린이집은 없다. 그것은 거의 병원과 비슷하다. 위생이라고 크게 쓰였지만, 웃음소리나 놀라운 일은 좀처럼 없고, 침착함만 느낄 수 있다. 그렇게 엄격하게 진행되지 않는다면 의젓한 진지함은 여기서는 다른 방식으로만 느낄 수 있다. 건축술은 아직도 이 분야에 관심을 기울이지 못했다. 아직도 "어린이 양식"이라는 것은 존재하지 않는다. 어른들의 집과 같은 정면, 같은 비율, 세부적인 부분에서는 노인과 같은 차가움이 존재할 뿐이다. 한 프랑스 사람은 과거 나폴레옹은 교육기관인 수도원의 종을 북과 바꾸었다고 말했다. 그 말은 옳다. 나는 현대 교육의 정신은 공장의 사이렌 소리로 덮여 버렸다고 덧붙이고 싶다.

경험 없는 아이.

그런 아이에 대한 한 가지 사례와 그 사례에 대한 해석을 시도해 본다.

"엄마, 귀에 대고 할 말이 있어."

아이는 엄마의 목에 매달려 비밀스럽게 말한다.

"엄마, 의사 선생님한테 내가 빵(초콜릿이나 통조림)을 먹어도 되는지 물어봐."

아이는 의사 선생님을 쳐다보며 그의 동의를 얻어내기 위해 미소로 유혹하려 한다.

조금 더 큰 아이는 귀에 대고 속삭이지만, 어린아이들은 보통 목소리로 말한다….

교훈을 가르치기에 아이가 충분히 성숙했다고 여겨지는 순간이 온다. 그러면 어른들은 말한다.

"네가 드러내서는 안 되는 소원들이 있어. 그것은 두 가진데, 한 가지 소원은 전혀 가져서는 안 돼. 만일 벌써 그걸 가지고 있다면 부끄러워해야 해. 다른 소원은 단지 같은 또래 사이에서만 허락되는 거야."

"두 번째 사탕을 얻기 위해 첫 번째 사탕을 먹어 치우는 것은 추하고 성급하다. 때로는 뭔가 단것을 달라고 부탁하는 것 자체가 보기 좋지 않아. 사람들이 그것을 줄 때까지 기다려야 한단다."

"바지에 오줌을 싸는 것은 미운 짓이야. 하지만 '난 그렇게밖에 할 수 없었어'라고 말해서는 안 돼. 다른 사람들이 그 말을 듣고 웃기 때문이지. 비웃음을 사지 않기 위해서는 누군가의 귀에 대고 말해야 한단다."

"종종 큰 소리로 묻는 것도 미운 짓이란다."

"왜 저 아저씨는 머리카락이 없어?"

그 신사가 웃고, 모두가 웃는다. 물을 수 있지만, 귀에 대고 조용히 물어야 한다.

아이는 단지 자기가 믿을 수 있는 사람만이 들을 수 있도록 귀에다 대고 말해야 한다는 것을 금방 이해하지 못한다. 그래서 아이는 귀에 대고 큰 소리로 말하는 것이다.

"나 비스켓 먹고 싶어."

아이가 작은 소리로 말한다 해도 왜 그래야 하는지 이해하지 못한다. 거기 있는 사람들도 엄마에게서 곧 들을 것이 분명한데 왜 아이는 비밀에 부쳐야 하는가? 뭔가 부탁하는 것은 좋지 않다. 그럼에도 의사 선생님에게 큰 목소리로 부탁하는 것은 왜 괜찮은가?

"왜 저 강아지는 저렇게 귀가 커요?"

아이는 아주 나지막이 속삭이며 묻는다.

다시 웃음소리. 그런 건 큰 소리로 물어도 상관없다. 강아지는 그걸 나쁘게 여기지 않으니까. 하지만 왜 저 소녀가 저렇게 흉한 옷을 입었는지를 묻는 것은 금지되어 있다. 옷도 역시 그걸 나쁘게 여기지 않을 텐데 말이다.

우리는 이것을 어떻게 아이에게 설명해야 할까? 이 모든 것 속에 얼마나 천박한 어른의 거짓이 숨어 있는지?

다른 사람의 귀에 대고 말하는 것이 왜 좋지 않은지, 나중에 어떻게 설명할 수 있을까?

| 66 |

경험 없는 아이.

아이는 호기심에 차서 세상을 들여다보고, 열심히 듣고 사람들이 하는 말을 믿는다.

"사과, 아주머니, 꽃, 암소"-아이는 이 모든 것을 꼭 맞는 것이라고 여긴다.

"그건 나쁜 짓이야. 만지지 마. 그건 해서는 안 되고, 허락할 수 없어." 아이는 이 같은 말을 정말로 믿는다.

"뽀뽀해 주렴. 인사해 봐. 감사해야지." 아이는 망설이지 않고 그렇게 한다.

"아이고, 부딪쳤구나. 이리 내밀어 봐. 엄마가 거기다 뽀뽀해 줄게. 이제 더는 안 아프지." 아이는 눈물을 흘리면서도 웃는다. 엄마가 뽀뽀해 주었기 때문이고, 통증은 벌써 사라진다. 그래서 아이는 부딪치면 벌써 약을 가지러 달려간다. 그것은 바로 엄마의 입맞춤이다.

아이는 그것을 믿는다.

"너 엄마 좋아해?"

"많이…."

"엄마 좀 잘게. 머리가 아프거든. 엄마를 깨워서는 안 돼." 그러면 아이는 아주 조용히 발끝으로 엄마에게 다가가 조심스럽게 소매를 당기며 속삭이듯 뭔가를 묻는다. 아이는 엄마를 깨운 것이 아니다. 깨운 것이 아니라 단지 물었을 뿐이다. 그런 다음 "엄마, 자. 머리가 아프니까"라고 한다.

"저 위에 사랑하는 하느님이 계셔. 하느님은 버릇없는 아이들한테는 화를 내시지만, 착한 아이한테는 빵과 케이크를 주시지. 사랑하는 하느님은 어디 계시지?"

"저 위에, 아주 높이."

온통 흰옷을 입은 이상한 남자가 길을 올라온다.

"저 사람은 누구야?"

"저 사람은 빵 굽는 아저씨야. 빵과 케이크를 굽지."

"그래? 그럼 저 아저씨가 하느님이야?"

할아버지는 돌아가셨고, 땅에 묻히셨다.

"땅속에 묻히셨다고?" 나는 놀라서 되묻는다. "그러면 식사는 어떻게 갖다 드리지?"

"사람들이 그를 파내는 거예요." 아이는 말한다. "삽을 가지고 말이에요."

젖소는 우유를 준다.

"젖소라고?" 나는 의심스럽다는 듯이 묻는다. "하지만 젖소는 어디서 우유를 얻지?"

"우물에서." 아이는 대답한다.

아이는 주저하지 않고 생각한다. 아이 스스로 뭔가 생각해 내려면 실패한다. 아이는 믿는 것에 의존한다.

| 67 |

경험 없는 아이.

아이가 유리컵을 바닥에 떨어뜨렸다. 뭔가 놀랄 일이 일어난 것이다. 컵은 사라지고, 그 대신 완전히 다른 것들이 흩어져 있다. 아이는 몸을 굽히고, 유리 조각을 주우려다가 손을 벤다. 그러자 손가락에서 피가 나고 아프다. 모든 것은 비밀과 놀라움으로 가득 차게 된다.

아이는 의자를 앞으로 민다. 갑자기 눈앞에 불꽃이 일고, 꽈당 소리가 난다. 아이는 놀란다. 의자의 모양이 변했고, 아이 자신은 바닥에 앉아 있다. 이번에도 아프고, 놀라움은 커진다. 세상은 기이한 물건들과 위험들로 가득 차 있는 것이다.

아이는 침대 밑에 기어 들어가기 위해 침대보를 당긴다. 그러다가 균형을 잃고는 엄마 옷자락에 매달린다. 아이는 일어서기 위해 침대 가장자리를 붙든다. 이런 색다른 경험을 모으기 위해 아이는 침대 커버를 아래로 당긴다. 다시 큰일이 벌어진다.

아이는 도움을 찾는다. 스스로는 어떻게 할 수 없기 때문이다. 당연한 것을 시도하는 가운데 아이는 실패를 경험한다. 아이는 자신이 의존할 수밖에 없음을 느끼고 초조해한다.

아이는 벌써 여러 차례 속았기 때문에, 믿지 못하거나 단지 조건적으로만 믿을 때만 부득이 어른의 지시를 따른다. 경험이 부족한 고용주가 그 사람 없이는 아무것도 할 수 없기 때문에 불성실한 노동자를 참아내야 하는 것과 같은 이치다. 또는 몸이 마비된 자가 무뚝뚝한 간병인의 도움을 받아들이고 그의 기분을 참아내야 하는 것처럼 말이다.

당황함, 놀라울 정도의 무지, 경험을 잘못 사용하는 것, 모방하려는 노력의 실패, 그래서 모든 의존적인 태도는 그 사람의 나이에 상관없이 아이들의 태도를 상기시킨다. 우리는 환자나 노인, 군인 혹은 죄수들에게서 힘들지 않게 아이 같은 특징을 찾아볼 수 있다. 도시에 있는 농부와 시골에 사는 도시인은 아이들처럼 놀란다. 문외한은 아이 같은 질문을 던지고, 벼락부자는 아이처럼 무례한 행동을 한다.

| 68 |

아이는 어른을 모방한다.

아이는 오로지 모방을 통해서만 말하기와 사교 형태를 배우고, 단지 모방을 통해서만 낯설고 이해할 수도 없는 어른들의 세계에 익숙해진다는 인상을 준다.

그래서 아이에 대한 가장 잘못된 판단은, 아이의 진짜 생각과 감정은 그렇게 물려받은 개념으로 옷 입지만, 이 판단들의 형태는 전혀 다른 내용으로 채워져 생겨난다.

미래, 사랑, 조국, 하느님, 경외심, 의무 – 이 같은 단어들 속에서 굳어진 개념들은 아직 살아 있고, 새로워지며, 의미를 얻고, 변화하고 확고한 형태를 가졌다가 비중을 잃고, 인생의 매 단계에서 뭔가 다른 것을 의미한다. 아이가 산이라고 부르는 모래더미를 알프스의 눈 덮인 산과 혼동하지 않도록 하려면 많은 수고가 필요하다. 개념의 세계 속으로 들어온 사람에게는 아이와 청소년, 어른 사이의 차이, 단순한 기분과 사상가의 차이가 사라진다. 그 사람에게는 지혜로운 사람은 나이와 사회적 계층과 교육 수준과 무관하게, 그리고 크고 작은 경험의 테두리 속에서 이성적으로 판단하는 존재라는 문화적 덧칠과 무관하게 나타나기 마련이다. 서로 다른 확신을 가진 사람들은 (나는 때때로 정직하지 않고 억지로 강요당한 정치적 구호를 말하는 것이 아니다) 서로 다른 기본 경험을 전제로 하고 있다.

아이는 아직 미래를 이해하지 못하고, 부모를 사랑하지 않으며, 아직 조국에 대해 아무런 느낌도 갖지 않고, 신을 파악할 수 없으며, 어떤 사람을 "존경하지도" 않는다. 아이는 어떤 의무도 알지 못한다. 아이는 "내가 크면"이라고 말하지만, 그것을 믿지 않는다. 아이는 엄마를 "가장 좋아한다"라고 부르지만, 그렇게 느끼지 않는다. 그의 조국은 정원이거나 마당이고, 하느님은 그에게는 우직하지만 때로는 귀찮은 아저씨일 뿐이다. 아이는 존경심을 가장하고, 명령하고, 감독하는 사람의 모습으로 구체화된 의무에 굴복한다. 우리는 회초리뿐만 아니라 부탁과 친절한 눈빛으로도 명령할 수 있다는 것을 생각해야 한다. 아이는 종종 예감하지만, 그런 투명한 순간은 드물다. 아이들이 따라 한다고? 중국의 한 고위 관리로부터 종교적인 예식에 참여하도록 초대받은 여행객은 어떻게 하나? 그는 잘 살펴보고, 눈에 띄거나 혼란을 야기하지 않으려고 애쓰며, 개별적인 행동의 본질과 연결성을 파악하려 하고, 자신이 그 역할을 훌륭히 해낸 것을 자랑스럽게 여긴다. 우연히 고위 인물들의 만찬에 들어오도록 허락받은 세련되지 못한 사람은 어떻게 하는가? 그는 따라 한다. 그리고 직장인, 공무원, 장교들은 언어와 동작과 옷차림과 머리 모양에서 자신의 상관을 모방하지 않는가?

아직도 한 가지 모방의 형태가 있다. 어린 여자아이가 지저분해진 짧은 치마를 높이 쳐들면, 그것은 그녀가 바로 지금 어른이라는 것을 의미한다. 남자아이가 선생님의 서명을 모방하면, 그는 곧 높은 직책을 위한 자신의 능력을 검토하는 것이다. 이 같은 모방의 형태는 어른들에게서도 찾을 수 있다.

| 69 |

아이들의 세계관에 있는 자기중심주의는 마찬가지로 경험 부족에서 나온다.

아이의 의식은 모든 사물과 현상들의 중심이 되는 개인적인 자기중심주의에서 가족적인 자기중심주의로 넘어간다. 그것은 그가 성장한 배경과 관련하여 오래 혹은 짧게 지속할 수 있다. 우리는 스스로 부모의 가치를 지나치게 높이 평가하고, 우리의 도움과 보살핌의 영역 바깥에 있는 허구적이거나 실제적인 위험을 힘주어 드러내는 동안 아이들의 이 같은 오류를 심화시킨다.

"우리 집에서 나랑 같이 살자"라고 아주머니는 말한다.

아이는 눈물을 글썽이며 엄마에게 매달리고, 무슨 일이 있어도 거기 있지 않으려 한다.

"애는 내게 이렇게 매달려요." 엄마는 자랑스럽게 말한다.

아이는 놀라고 두려워서 잘 알지 못하는 낯선 엄마들을 관찰한다.

그러나 곧 아이가 다른 집에서 본 것을 자기가 가진 것과 비교하기 시작하는 순간이 온다. 처음에는 자기 집에 인형이나 정원, 카나리아 새를 가지고 싶어 한다.

나중에 아이는 다른 아빠와 엄마들도 있다는 것을, 어쩌면 더 좋은 아빠 엄마들이 있다는 것을 알아차린다.

"저 사람이 우리 엄마라면…."

시골 아이는 이런 경험을 일찍 하고, 그 누구와도 함께 나눌 수 없는 슬픔과 가장 가까운 사람들만이 관여하는 기쁨을 안다. 아이는 영명 축일이 자신에게만 축제일이라는 것을 깨닫는다.

"우리 아빠, 우리 집, 우리 엄마."

이처럼 자기 부모를 들먹이는 것은 오히려 논쟁적인 어투이다. 그것은 종종 이미 의심하기 시작하지만, 믿고 싶어 하는 환상에 대한 비극적인 방어이기도 하다.

"두고 보자. 우리 아빠한테 이를 테니까…."

"난 네 아빠 하나도 안 무섭다!"

그 말은 맞는 말이다. 우리 아빠는 나에게만 그렇게 무섭다. 나는 아이가 경험이 부족하기 때문에 한순간을 사는 것을 직접적인 현재에 대한 아이의 자기중심적인 시각이라고 부르고 싶다. 다음 주로 연기된 즐거운 일은 현실성을 상실한다. 겨울은 여름에는 전설이 되어 버린다. "내일을 위해" 케이크 한 조각을 남겨 놓는 아이는 억지로 그렇게 한다. 물건들이 훼손되면 당장 쓸모가 없어지는 것은 아니지만, 덜 오래 쓰고 더 빨리 닳는다는 것을 이해하기 어렵다. 엄마가 한때 소녀였다는 이야기는 흥미진진한 동화와 같다. 어린 시절 같이 놀던 친구였기 때문에 아빠를 성 대신 이름으로 부르는 낯선 사람을 아이는 놀라서, 거의 두려움을 가지고 바라본다.

"난 그때 아직 태어나지 않았어…."

아이들의 자기중심주의는 "세상은 그들 자신과 더불어 시작한다"고 말하지 않는가?

그렇다면 이런 것과 정당이나 계급, 민족의 자기중심주의는 다른가? 인류와 우주 안에 있는 개개인들의 위치는 누구에게 의식되는가? 사람들은 지구가 움직이고, 또 단지 하나의 혹성일 뿐이라는 생각을 얼마나 힘들게 받아들였는지? 20세기에 전쟁이란 불가능하다는 대중들의 깊은 확신은 현실과는 정반대가 되지 않았는가?

아이들에 대한 우리의 태도 ―그것은 어른들의 자기중심주의의 표현이 아닌가?

나는 아이가 얼마나 잘 기억할 수 있으며, 얼마나 인내심 있게 기다릴 수 있는지 잘 알지 못했다. 우리는 강제와 부자유 상태에 있는 아이들, 강제노동에서 돌아온 아이들, 타락하고 슬픈 감정에 싸여 있거나 반항적인 아이들을 만나기 때문에 많은 실수를 저지른다. 그들의 본질이 어떠하며, 그들이 무엇인지를 알아내기는 쉽지 않다.

아이의 관찰 능력.

영화관의 영사막에 섬뜩한 한 장면이 진행된다. 갑자기 찢어질 듯한 아이들의 목소리.

"어머나, 저 강아지…."

아무도 그것을 깨닫지 못했지만, 그 아이만 그것을 보았다. 우리는 비슷한 외침을 극장이나, 교회, 많은 축제 행사에서 듣게 된다. 가까운 가족들은 민망해하고 놀라워하고, 다른 사람들은 웃음을 터뜨린다.

전체를 파악하지 못한 채, 그리고 이해할 수 없는 내용에 의해 완전히 정신을 빼앗기지 않은 채, 아이는 자기가 알고 있는 익숙한 부분을 즐겁게 받아들인다. 그러나 우리도 마찬가지로 우리에게 별 차이 없이 존재하고 우리를 억누르는 사람들의 무리에서 우연히 만난 아는 얼굴을 기쁘게 맞이하지 않는가….

활발한 아이들은 구석구석에 기어 들어가서, 틈새마다 들여다보고 뒤지며, 수천 가지 물음을 던진다. 움직이는 개미떼, 반짝거리는 유리알, 아이가 주워들은 표현 하나, 문장 하나도 그의 관심을 일깨운다. 우리는 낯선 도시, 익숙지 않은 환경에 있을 때면 아이와 얼마나 비슷한가….

아이는 주변 사람들의 기분과 습관과 약점을 알고 있다. 아이는 그것을 알고 교묘하게 이용할 줄 안다. 아이는 사람들이 자신에게 보이는 호감을 느끼고, 거짓된 태도를 알아차리고, 우스꽝스러운 상황들을 재빨리 파악한다. 농부가 하늘을 보고 날씨를 읽어 내는 것처럼 아이는 얼굴 표정에서 그것을 읽어 낸다. 아이들 역시 수년 동안 학교와 기숙사에서 관찰하고 연구하기 때문이다. 우리를 꿰뚫어 보는 이 같은 힘든 작업은 모아진 힘과 공동의 수고 속에서 일어난다. 우리는 단지 그것을 보려고 하지 않을 뿐이다. 아이가 우리의 평화를 방해하지 않는 한, 우리는 그들이 순진하고 무지하며, 이해심이 없다고, 그들은 겉모습에 쉽게 속는다고 상상하곤 한다. 우리가 이른바 '완벽함'이라는 특권을 솔직하게 포기하거나 아니면 그들의 눈에 우리를 천박하게 하고 우스꽝스럽고 불쌍하게 만드는 것을 근절시켜야 한다는 생각은 우리를 딜레마에 빠뜨린다.

모든 현상을 잘 살펴보면, 항상 새로운 체험과 인상을 찾는 과정에서 아이는 오랫동안 한 가지 사물에 몰두할 수 없으며, 심지어 노는 데서도 곧바로 흥미를 잃는다. 한 시간 전에는 자기 친구였던 사람이 이제는 적이 되고, 잠시 후에는 다시 그의 진정한 놀이 친구가 된다.

일반적으로 해당하는 한 가지 관찰이 있다. 기차에 탄 아이는 종종 변덕을 부린다. 정원의 벤취 위에 앉혀 놓으면 아이는 초조해한다. 누구를 방문할 때 아이를 데려가면 그 애는 그곳에 있던 사람 중 어느 하나는 화나게 만든다. 가장 좋아하는 장난감도 곧 구석으로 날아가고, 수업 시간에는 불안해하고, 극장에서도 조용히 앉아 있지를 못한다.

하지만 우리는 아이가 여행에서 흥분하고 피곤해질 수 있으며, 아이는 벤치에 앉아 있기를 원치 않으며, 남의 집을 방문하면 답답하게 느끼고, 장난감과 친구를 스스로 선택하지 않으며, 수업을 받도록 강요받고, 극장에 가면 기분 좋게 시간을 보낼 수 있을 거라고 믿었기 때문에 무슨 일이 있어도 따라가려 했다는 것을 생각해야 한다.

고양이에게 리본을 매주고, 배梨를 주고, 그림을 보라고 내미는 우리는 아이들과 얼마나 비슷한지. 그런 다음 우리는 고양이가 아무 쓸모 없는 물건을 교묘하게 피하거나 절망감에서 할퀴려 하는 것을 보고 놀라워한다.

아이는 다른 집을 방문하면 선반 위의 깡통이 열릴지, 저기 구석에서 자는 것이 무엇인지 시험해 보고 싶어 한다. 아이는 두꺼운 책 속에 그림이 있는지 찾아보려 하고, 어항 속의 금붕어를 꺼내 보고 싶어 하며, 초콜릿을 많이 먹고 싶어 한다. 그러나 그는 자신의 바람을 정당하게 표현하려 들지 않는다. 사람들이 그렇게 하지 않기 때문이다.

"그만 집에 가자." 아이는 버릇없이 말한다.

우리는 그에게 좋은 오후를 약속했다. 깃발들과 뱅갈의 불꽃, 공연―아이는 그것을 기다렸지만 지금은 실망해 버렸다.

"자, 네 맘에 드니?"

"아주 맘에 들어요." 아이는 하품을 하거나, 다른 사람의 기분을 상하지 않게 하려고 하품을 억누르며 대답한다….

나는 휴가지의 숲속 잔디에서 동화를 들려주었다. 이야기하는 동안 한 소년이 달아났다. 그다음에는 두 번째, 세 번째 소년이 빠져나갔다. 이 일로 나는 놀랐고, 그래서 다음 날 그 이유를 물었다. 한 아이는 동화를 듣는 순간 수풀 밑에 막대기를 숨겨 놓은 게 생각났었다. 그 아이는 누가 그걸 가져가지 않았는지 살펴보러 갔다. 다른 아이는 다친 손가락이 아팠고, 세 번째 아이는 꾸민 이야기를 좋아하지 않기 때문이었다. 어른은 공연이 재미가 없거나 어디가 아프거나 주머니 속에서 지갑을 잃어버리면 공연 도중에 나가지 않는가?

아이가 여러 주 혹은 여러 달을 한 가지 대상에 몰두할 수 있고, 다른 변화는 전혀 바라지 않는다는 숱한 사례가 있다. 예컨대 그가 가장 좋아하는 장난감은 매력을 잃지 않는다. 아이는 똑같은 동화를 항상 같은 관심을 가지고 듣곤 한다. 그리고 역으로 나는 아이의 관심이 너무 단조롭다고 초조해하는 어머니들을 알고 있다. 그들은 "수프와 과일 조림이 아이들에게 싫증이 났으니까 다른 음식을 처방해 달라"고 얼마나 자주 의사를 찾아가는지.

나는 그런 경우에는 "당신은 싫증이 나겠지만 아이는 그렇지 않아요"라고 설명한다.

| 72 |

지루함은 철저히 연구해 볼 만한 주제이다.

지루함-그것은 고독이고, 인상의 결핍이다. 지루함이 지나치면 소음과 과격한 소란으로 옮아간다. 지루함은 '그것을 해서는 안 된다, 기다려라, 조심해, 그것은 좋지 않아'라는 것을 의미한다. 그것은 새 옷이 가져올 수 있는 반감이고, 장애물이고, 당혹감이고, 지시이고, 금지이고, 의무이다.

그것은 발코니에서 노는 것이나 창밖을 바라보는 것, 산책이나 방문하는 것에 싫증이 났음을 의미하고, 우연히 만났고 스스로 택하지 않은 친구와 노는 것에 싫증 났음을 의미한다.

지루함이란 열나고, 오래 계속되고, 곪고, 악화하는 질병처럼 위험한 것이다.

지루함이란 아이들의 의욕 부진이다. 그래서 따뜻함과 차가움이나 배고픔과 목마름에 대해 지나치게 예민한 반응이 나타날 수 있고, 지나치게 많이 먹거나 나아가서는 지나친 수면욕으로 너무 많이 잠을 자든가, 고통에 대해 예민해지고 빨리 지치게 된다.

무관심한 지루함. 이것은 자극에 대한 무반응이고, 활동이 줄고, 말이 적고, 모든 삶의 충동이 약화되는 것을 말한다. 아이는 게으르게 일어나고, 구부정하고, 기어들 듯한 걸음걸이로 걷고, 기지개를 켜고, 단지 몸짓이나 짧은 말이나 작은 목소리로 아무런 의욕 없이, 그리고 싫증 난 듯이 대답한다. 아이는 아무런 소망도 표현하지 않지만, 사람들이 무엇을 요구하면 거부하거나 적대적으로 행동한다. 아이는 이해할 수 없고 설명할 수 없는 산발적이고 갑작스러운 감정 폭발을 보인다.

지루함―이것은 상승된 활동성이다. 아이는 한순간도 조용히 앉아 있지 않고, 항상 한 가지 일에 몰두하는 것은 잠시뿐이고, 변덕스럽고 훈련되어 있지 않으며, 사악하고 공격적이고, 다급하고, 자주 기분이 나빠지고, 울먹이고, 쉽게 화를 낸다. 아이는 자기가 바라는 강한 인상을 경험하기 위해 종종 예상되는 처벌에도 불구하고 의도적으로 싸움을 건다.

우리는 종종 아이들의 의지가 막다른 골목에 내몰린 곳에서 의도적이고 고집스러운 사악함을 만날 수 있다. 그리고 우리는 자신의 실패에 대한 절망감이 지배하는 곳에서 과도한 에너지를 만나게 된다.

지루함은 이따금 집단적 심리 상태가 되기도 한다. 아이들이 저지당하거나, 나이나 동기가 서로 맞지 않거나, 혹은 특이한 상황에 있어 공동으로 하는 놀이를 만들어 낼 수 없게 되면, 그들은 생각 없이 미친 듯이 행패를 부릴 수 있다.

그들은 소리치고, 이리저리 부딪치고, 서로 다리를 걸고, 덮치고, 정신을 차리지 못할 때까지 맴돌고, 마침내는 땅바닥에 넘어진다. 그들은 서로 치고받다가 마침내는 발작적인 웃음을 터뜨린다. 대부분은 이처럼 극에 달하기 전에 하나의 파국이 이 같은 '놀이'를 끝나게 만든다. 두들겨 패고 찢어진 물건과 부서진 의자, 너무 심하게 때리기 등. 그렇게 해서 놀이는 온통 혼돈과 서로 간의 책임 전가로 이어진다. "미친 짓 그만둬" 혹은 "너희가 무슨 짓을 하는지 부끄러워해"와 같은 외침이 소란을 끝나게 한다. 그러면 주도권은 힘 있는 자의 손으로 넘어간다. 그리고 사람들은 이야기를 들려주고, 합창으로 노래를 부르거나 대화를 나눈다.

많은 교사가 이 집단적인 지루함, 이 흔치 않은 병적인 상태를 "자신들에게 맡겨진" 아이들의 정상적인 놀이로 간주하는 경향이 있지는 않은지 걱정된다.

| 73 |

이미 문학적으로는 잘 알려진 아이들의 놀이마저 지금까지 철저한 임상 연구에서 한 번도 다루어지지 않았다. 우리는 아이들만이 노는 것이 아니고 어른들도 논다는 것, 아이들이라고 항상 즐겁게 노는 것은 아니라는 것, 우리가 놀이라고 부르는 모든 게 실제로는 결코 놀이가 아니며, 많은 아이들의 놀이는 어른들의 진지한 행위의 모방이라는 것, 자유로운 공간에서의 놀이는 도시의 담장 안이나 벽으로 둘러싸인 방 안에서 노는 것과 완전히 다르다는 것, 아이들의 놀이는 그 아이들이 현재 우리 사회에서 차지하는 위치에서 연구되어야만 한다는 점을 생각해야 한다.

공이 하나 있다.

원하는 방향으로 공이 굴러가게 하려고, 아주 힘들게 그것을 바닥에서 들어 올리려 애쓰는 어린 소년을 보라.

공이 반복해서 바닥이나 벽으로부터 튀어 오르도록 오른손, 왼손으로 번갈아 가며 잡으려는 좀 더 큰 아이들의 지칠 줄 모르는 훈련을 보라.

누가 가장 멀리, 가장 높이, 가장 목표물에 가깝게, 가장 자주 해내는가? 거기에는 내기와 비교를 통한 자기 능력에 대한 인식이 있고, 거기에는 승리와 패배와 완벽에 가까워지려는 노력이 있다.

그때 종종 아주 우습고 놀라운 장면들이 벌어진다. 누군가가 이미 공을 잡았지만, 공은 그에게서 빠져나간다. 그 공은 한 아이에게서 빠져나와 곧바로 다른 아이의 손으로 들어간다. 공을 잡다가 두 아이는 서로 머리를 부딪친다. 공은 장롱 밑으로 굴러 들어갔지만, 다행히도 저절로 다시 굴러 나온다.

엄청난 흥분! 공은 잔디밭에 떨어졌고, 그것을 꺼내는 것은 하나의 모험이다. 공이 어디론가 사라지면 아이들은 오랫동안 그것을 찾아야 한다. 공은 하마터면 유리창을 깰 뻔했다. 공이 장롱 위로 날아갔다. 자, 어떻게 그것을 내려올 수 있을까? 아이들은 오랫동안 의논한다. 저기 저 아이가 공을 던졌는가 아닌가? 누가 잘못 했는가? 공을 비스듬히 던진 사람이 잘못인가? 아니면 그것을 잡지 못한 사람 잘못인가? 활발한 논쟁이 벌어진다.

다양한 변형들을 생각할 수 있다. 한 아이는 다른 아이를 속이고 던지는 척한다. 그 아이는 어떤 아이를 겨냥하지만 실제로는 다른 아이를 맞춘다. 그 아이는 공을 가지고 있지 않은 것처럼 교묘하게 숨긴다. 그는 날아가는 공을 뒤에서 불어서 공이 더 빨리 목표점에 이르게 한다. 그는 잡을 때 의도적으로 공을 덮친다. 아이는 입으로 공을 잡으려고 해 본다. 공이 자기에게 던져지면 무서워하는 척하거나 심하게 맞은 척한다. 그는 공을 치면서 "내가 네게 이 공 줄게" 혹은 "공 속에서 뭔가 떨거덕거려"라고 말한다. 그들은 공을 이리저리 흔들어 보고 귀에 갖다 대 본다.

어른들이 당구나 체스 놀이를 할 때처럼, 자신은 하지 않고 보는 것을 좋아하는 아이들도 있다. 이처럼 노는 데도 흥미 있는 특징들, 잘못되거나 독창적인 특징을 찾아볼 수 있다.

목적에 맞는 운동은 아이들이 스포츠를 좋아하게 만드는 많은 특징 중 하나이다.

| 74 |

놀이는 원래 아이들의 생활 요소는 아니지만, 우리가 다소라도 그들의 주도권을 허락하는 유일한 활동 영역이다. 놀이할 때면 아이들은 어느 정도까지는 독립적으로 느낀다. 다른 모든 것은 순간적인 호의를 증명하는 것이고, 그 순간의 고백이다. 그러나 아이는 놀이에 대해서는 권리를 가진다.

말, 군인, 도둑, 그리고 헌병대나 불자동차 놀이를 할 때면, 아이는 겉보기에 목적에 맞추어진 동작으로 에너지를 발산한다. 아이는 때로는 꾸민 것 속에 몰두하거나 잿빛의 일상생활에서 의식적으로 달아난다. 그래서 아이들은 활발한 상상력과 다방면의 주도권과 책에서 나오는 수많은 동기를 가지고 같은 또래와 노는 것을 그렇게 좋아한다. 그리고 아이들은 종종 같은 또래의 독재적인 힘 밑에서 신하처럼 굴복한다. 그들의 몽롱한 상상력은 너무나 쉽게 현실의 모습으로 변하기 때문이다. 어른들이나 낯선 사람들의 존재는 아이들에게 장애 요인이 된다. 그들은 자신의 놀이를 부끄러워하고 그 무의미함을 의식하게 된다.

실제적인 삶이 결핍되어 있다는 쓰디쓴 지식과 그것에 대한 고통스러운 동경은 아이들의 놀이에 얼마나 큰 영향을 미치는지!

목마는 아이들에게는 말이 아니지만, 단지 진짜 말이 없기에 나무로 된 말로 만족해야 한다. 아이가 거꾸로 세운 의자 속에 들어가서 방 안을 휘젓는다고 해서 실제로 연못 위의 나룻배를 탄 것이 아니다.

아이가 원하는 동안만큼 목욕을 해도 될 때나, 혹은 매일 같이 딸기와 낚시와 높은 나무 위의 새 둥지와 비둘기장, 닭과 토끼, 남의 집 과수원에 있는 자두, 집 앞의 꽃들을 가지고 놀아도 될 때면, 다른 놀이는 지루해지고 아이는 그 성격을 근본적으로 바꾸어 버린다.

누가 살아 있는 개를 속을 채운 바퀴 달린 개와 바꾸겠는가? 누가 조랑말을 흔들 목마와 바꾸려 하겠는가?

아이들은 단지 궁여지책으로 놀이를 하는 것이다. 여기서 아이는 지루함에서 도피처를 찾고, 끔찍한 황량함으로부터 자신을 지키며, 경직된 의무를 행하는 것으로부터 도피한다. 아이는 문법 공식이나 구구단을 머릿속에 집어넣는 것보다 차라리 놀이를 하는 것이다.

아이는 아직도 갖지 못했기 때문에 인형이나 도요새, 화분 같은 것에 매달린다. 죄수나 노인도 비슷한 물건에 마찬가지로 집착한다. 그들은 이제 아무것도 갖지 않았기 때문이다. 아이는 시간을 보내기 위해 아무 물건이나 자기 마음대로 가지고 논다. 어떤 것도 할 수 없고, 다른 것은 전혀 갖지 않았기 때문이다. 우리는 어린 소녀가 인형에게 좋은 소리를 내는 기본 규칙을 가르쳐 주거나 뭔가를 훈계하고 나무라는 것을 듣는다. 하지만 우리는 그 소녀가 인형에게 자신의 주변에 대해 하소연하고, 자기의 걱정이나 실패, 그리고 꿈을 속삭이는 것은 대부분 듣지 못한다.

"인형아, 너한테만 말해 줄게. 다른 사람에게는 말하지 마."

"넌 착한 강아지야. 난 네게 나쁘게 굴지 않아. 넌 내게 아무 나쁜 짓도 안했으니까."

아이의 고독은 인형에게 영혼을 부여한다.

그것은 아이들의 천국이 아니라 연극인 것이다.

| 75 |

양치기 소년은 공놀이보다 카드를 좋아한다. 그 소년은 낮 동안 소 뒤를 충분히 따라다녔기 때문이다. 어린 신문팔이 소년이나 심부름꾼은 처음에는 달리는 것을 몹시 힘들어한다. 그들은 곧 자신의 힘을 제어하는 법을 배우고, 그 힘을 하루 동안 균등하게 나누어 쓰는 법을 배운다. 자신보다 더 어린 동생을 돌보아야 하는 아이는 인형을 가지고 놀지 않는다. 반대로 그 아이는 유쾌하지 못한 의무에서 빠져나가려고 애쓴다.

그러면 아이는 일하는 것을 좋아하는가? 가난한 집 아이가 하는 일은 필요에 의한 것이지 교육적인 의도에서 행해지는 것은 아니다. 사람들은 그의 개인적인 힘이나 개인적인 특성을 고려하지 않는다. 가난한 아이의 삶을 모범으로 제시하는 것은 우스운 일일 것이다. 여기에도 지루함은 있다. 겨울에는 좁은 방 안의 단조로움이, 여름에는 헐벗은 뒷마당이나 길 구덩이의 황량함이 있다. 다른 아이들도 우리와 마찬가지로 한 아이의 하루를 의미심장하게 채워 줄 수는 없다. 그래서 그날그날의 순간들은 결과적으로 서로 연결되어 어제에서 오늘을 거쳐 내일로 이어지는 다채로운 삶의 내용을 펼친다.

아이들의 수많은 놀이는 노동이다.

아이 넷이서 나뭇가지로 오두막을 만든다면, 양철 조각과 유리 조각 혹은 못으로 구멍을 파거나 쟁기를 끌고, 말뚝을 박고, 그것을 서로 연결하고, 나뭇가지로 지붕을 얹고, 지붕을 이끼로 덮고, 층층이 애를 써서 쌓아 올리고, 말없이 일한다. 그러면 유희적이긴 하지만 개선책을 찾아내고, 다른 계획들을 발전시키고, 이미 얻은 경험의 결과를 이용하는, 이 같은 행동은 놀이가 아니다. 오히려 그것은 불충분한 장비와 만족스럽지 못한 재료를 가지고 서투르게 행해진 노동이며, 그래서 성과도 거의 없다. 하지만 노동은 그 같은 방향으로 나아가서 모든 아이가 나이와 힘과 능력에 맞게 자신이 할 수 있는 만큼의 수고를 하는 것이다.

우리가 여러 차례 금지했음에도 불구하고 아이들의 방이 그렇게 자주 작업장이자 잡동사니 창고, 다시 말해 노동하는 장소가 된다면, 그것을 그대로 두어야 할 것인가? 어쩌면 아이의 방에 리놀륨을 까는 것이 적당하지 않을까? 차라리 그 속에다 건강하고 누런 모래 한 수레를 뿌려 놓고 여러 종류의 나무 막대기와 손수레 가득 돌멩이를 실어다 주어야 할 것인가? 어쩌면 나무판자, 지붕을 덮을 마분지, 못 한 파운드와 톱, 망치와 작업용 의자는 "장난감"보다 환영받는 선물일 것이고, 공예 선생님이 체육이나 피아노의 대가보다 더 유용할 것이다. 그렇다면 우리는 병원의 살균된 청결함과 찰과상을 입은 손가락에 대한 두려움을 아이 방에서 내몰 수 있을 것이다.

이성적인 부모들도 종종 자기 아이에게 아주 싫은 듯이 명한다.

"놀러 가!" 그리고 그들은 고통스러워하는 대답을 듣는다.

"항상 놀고 또 놀고."

아이들은 다른 어떤 것도 갖지 않은 곳에서 무엇을 해야 하는가?

그 사이에 이 부분에서는 많은 것이 변했다. 오늘날 놀이와 장난감들은 더 이상 사소하게 다루어지지 않는다. 그것은 이미 학습 과정에서 받아들여졌고, 놀이터에 대한 주장은 점점 더 커진다. 시간이 흐름에 따라 개념은 변하고, 평균적인 가장과 교사의 사고는 거의 따라오지 못한다.

| 76 |

이 모든 경험에 반해 혼자 있는 것을 심각하게 여기지도, 적극적으로 활동하려는 욕구도 느끼지 못하는 아이들이 있다. 남의 어머니들로부터는 종종 모범적이라고 불리는 이 조용한 아이들의 소리는 "전혀 들리지 않는다". 그들은 지루해하지 않고, 명령에 따라 시작해서 명령에 따라 중단할 수 있는 놀이를 스스로 생각해 낸다. 이들은 의지가 거의 없거나 약한 수동적인 아이들이고 그래서 쉽게 따른다. 그들에게는 상상력이 현실을 대신하고, 그것은 어른들이 원하는 것보다 훨씬 더 심하다.

그들은 아이들의 무리 속에서 자신을 잃고, 다른 아이들의 거친 무관심으로 고통받으며, 자신들의 행로에 머무르지 못한다. 그것을 인식하는 대신 엄마들은 여기서 뭔가를 바꾸고 싶어 하고, 오랜 기간의 수고와 많은 실패와 성공하지 못한 시도들과 고통스러운 체념으로 점철된 길에서 천천히, 그리고 조심스럽게 도달하도록 억지로 강요하려고 한다. 모든 사려 깊지 못한 명령은 일을 악화시킬 뿐이다. "가서 다른 아이들과 놀아라"라는 말은 "이제 충분히 놀았니?"라는 말과 마찬가지로 부당하다.

우리는 많은 무리 속에서 그들을 얼마나 쉽게 찾아내는가. 한 예로, 정원에서 원을 만들어서 하는 놀이가 있다. 많은 아이가 서로 손을 잡고 노래한다. 중간에 있는 두 아이가 주도적인 역할을 한다.

"빨리 가. 그 애들과 같이 놀아!"

어린 여자아이는 원치 않는다. 어린 여자아이는 이 놀이를 모르고, 이 아이들도 어린 여자아이를 알지 못하기 때문이다. 그 여자아이가 함께 놀려고 하면 아이들은 말한다. "우린 네가 필요 없어. 이미 충분해." 혹은 "이 바보야"라고 말한다. 어쩌면 그 아이는 내일이나 혹은 일주일 후에 다시 시도할 것이다. 하지만 엄마는 기다리려 하지 않는다. 엄마는 그 아이의 자리를 마련하고 아이를 원 속으로 밀어 넣는다. 어린아이는 수줍어하고 망설이며 옆 아이의 손을 잡는다. 그녀는 주목을 받고 싶지 않고 그 안으로 섞이며, 어쩌면 서서히 거기서 즐거움을 찾고 새로운 단체 생활에 익숙해지기 위해 첫걸음을 내디딜 것이다. 하지만 엄마는 또다시 서투르게 행동한다. 엄마는 어린아이에게 더 활발히 참여하도록 용기를 주고 싶은 것이다.

"얘들아! 원 속에는 왜 항상 저 애들만 들어가니? 여기 이 아이는 아직 한 번도 들어가지 못했어. 그 여자애를 좀 넣어 줘!"

주동하는 아이는 거절하지만 다른 두 아이는 마지못해 따른다.

그러면 이 불쌍한 초보자는 자기가 원치 않는 자리에 서 있게 되는 것이다. 이 장면은 우는 아이와 화가 난 엄마와 당황한 아이들로 끝난다.

| 77 |

정원에서 아이들의 무리를 관찰함으로써 교사는 실습할 기회를 얻는다. 인지된 순간들의 횟수가 중요하다. 여기서는 전반적인 관찰과(모든 아이가 놀이에 참여하기 때문에 어렵다) (임의로 선택한 아이에 대한) 개별적인 관찰이 이루어진다.

이 원에는 주도권을 쥔 아이와 각각의 세포가 있다. 원이 생겨나는가 하면 없어진다. 누가 제안을 하고, 누가 조직하고 이끌고, 누가 떨어져 나가면 원이 무너지는가? 어떤 아이들은 자기 옆 사람을 선택하고, 다른 아이들은 우연히 가까이 서 있는 두 사람에게 손을 내미는가? 누구는 새로운 참가자에게 자리를 만들어 주려고 기꺼이 옆 사람과 떨어지고, 누구는 그것에 반대하는가? 누구는 자주 자리를 바꾸고, 누구는 줄곧 같은 자리를 지키는가? 누구는 놀이가 잠시 멈추면 침착하게 기다리고, 누구는 "야, 빨리 해! 빨리 시작하자!" 며 초조해하는가? 어떤 아이는 움직이지 않고 한 자리에 서 있으며, 어떤 아이는 한쪽 발로 다른 발을 밟고, 손을 흔들며 큰 소리로 웃는가? 어떤 아이는 하품을 하지만 빠져나가지는 않고, 어떤 아이는 더 이상 흥미가 없어서인지 아니면 기분이 상해서인지 놀이를 떠나는가? 어떤 아이는 자기가 주역을 맡게 될 때까지 다른 아이들 틈에 앉아 있는가? 한 엄마가 어린아이를 원 안으로 넣어 보려고 한다. 한 아이가 "안 돼요. 얘는 너무 어려요"라고 말하면, 다른 아이는 "괜찮아. 그 아이는 거기 있어도 돼"라고 대답한다.

어른이 놀이를 주도하면 그는 순서와 겉보기에 정당한 역할을 분담할 것이다. 그리고 그는 도움을 주었고 강제력을 행사했다고 생각할 것이다. 거의 늘 같은 두 아이가 원 주변을 돌고(고양이와 쥐), 풍뎅이 놀이나 바구니 택하기에서 중심인물이 된다. 그러면 다른 아이들은 지루해하는가? 한 아이는 쳐다보고, 다른 아이는 긴장해서 귀를 기울이고, 세 번째 아이는 처음에는 나지막이, 나중에는 중간 목소리로, 결국에는 목이 터져라 노래하고, 네 번째 아이는 같이 놀고 싶은 생각은 있지만 망설이고 있는 동안 심장이 목까지 두근거린다. 그러나 열 살짜리 주동자는 이 모든 심리를 제대로 파악하고, 올바르게 꿰뚫어 보고 상황을 지배한다.

이렇게 놀이에서, 공동으로 하는 모든 행위에서, 아이들은 똑같이 하면서 적어도 세부적인 것에서는 서로 구분된다.

우리는 아이가 생활하는 가운데, 사람들 사이에서, 그리고 자신의 행동에서 무엇을 표현하는지, 그의 숨겨지지 않은, 완전히 드러난 가치는 무엇인지, 아이는 무엇을 열렬히 받아들이고, 무엇을 내놓을 수 있으며, 무리를 어떻게 판단하고, 공동의 영향에 대해 독립성과 저항력을 가지고 어떻게 서 있는지를 인식할 수 있다. 우리는 은밀한 대화에서 아이가 무엇을 갖고 싶어 하는지를 알고, 아이들의 무리 속에서 그 아이가 무엇을 실현할 수 있는지 관찰을 통해 알게 된다. 후자에서 사람들에 대한 그 아이의 태도는 어떤 성격을 띠는지가 분명해지고, 전자에서는 이 관계들의 숨겨진 동기가 드러난다. 아이를 항상 혼자 있을 때만 본다면 그 아이의 한쪽 면만을 알게 될 뿐이다.

다른 아이들이 그를 따른다면 그는 어떻게 해서 그런 위치에 이르렀고, 어떤 방식으로 그것을 이용하는가? 그 아이는 다른 아이들이 자기에게 복종하기를 원하는 것인지, 아이는 괴로워하는지, 화를 내는지, 불만족하고 수동적이고 질투하는지, 자기가 바라는 것을 고집하는지 혹은 따라가는지, 아이가 자주 혹은 드물게 반대하는지, 아이는 권리를 갖는지 아닌지, 그의 명예욕이나 기분에 좌우되는지, 작전에 따라 혹은 잔인하게 자신의 의지를 관철하는지, 아이는 주동자를 피하는지 혹은 그 아이에게 매달리는지?

"얘들아, 우리 이렇게 만들자! 기다려 봐, 이렇게 하면 더 잘될 거야. 이제 난 같이 안 놀래. 그럼 좋아. 넌 어떻게 했으면 좋을지 말해 봐!"

| 78 |

평화로운 아이들의 놀이는 대화나 생각의 교환, 권력에 대한 꿈 때문에 극적으로 이어지는 어떤 주제를 상상하는 것과 같다. 작가가 소설이나 연극 작품의 줄거리에서 자신의 기본적인 생각을 펼치는 것과 마찬가지로 아이들은 놀이할 때 자신의 견해를 나타낸다. 그래서 우리는 종종 그들이 학교 놀이를 하거나, 방문하고 손님을 맞이하는 놀이를 할 때, 인형 놀이를 하거나 장사 놀이를 할 때, 자신을 고용하고 임무를 수행할 때, 어른들에 대한 무의식적인 풍자를 알아챌 수 있다. 수동적인 아이들은 학교 놀이를 진지하게 받아들이는데 칭찬을 받고 싶어 하기 때문이다. 적극적인 아이들은 못된 장난이 자신들에게 반대하는 전체적인 항의로 이어지는 장난꾸러기 흉내를 낸다. 그렇게 함으로써 학교에 대한 그들의 진짜 태도를 자연스럽게 드러내는 것이다.

무슨 일이 있어도 정원에 갈 수 없다면 아이는 오히려 대양을 넘어 무인도로 가는 긴 여행을 한다. 자기 말을 잘 듣는 개를 가지고 있지 않다면 아이는 즐겨 연대장이 되는 생각을 해낼 것이다. 아이가 아무 말이 없는 것은 오히려 모든 것을 의미하고 싶어서이다. 그러나 이것은 단지 아이에게만 그런 것일까? 정당들도 공공의 관심사에 미치는 영향력에 따라 허황한 생각을 하는 사람들을 위해 실질적인 성취의 빵을 주는 것은 아닐까?

우리는 아이들의 많은 놀이나 연구 혹은 시도를 전혀 달갑게 여기지 않는다. 아이는 짐승이 어떻게 행동하는지를 보기 위해 네 발로 걷고 짖기도 한다. 아이는 손발이 마비된 것처럼 행동하기도 하고. 허리가 굽은 노인 흉내를 내기도 하며, 사팔뜨기 눈을 하고, 말을 더듬고, 술 취한 사람처럼 비틀거리고, 귀머거리처럼 귀를 막고, 납작하게 드러눕고, 죽은 사람처럼 꼼짝도 하지 않은 채 숨을 멈추기도 한다. 안경 너머로 쳐다보기도 하고, 담배를 한 모금 빨기도 하며, 몰래 시계를 돌려보기도 한다. 아이는 파리의 날개를 뜯어내고, 이제 그것이 어떻게 나는지를 본다. 아이는 자석을 펜에 갖다 대어 보기도 하고, 귀청이 어디에 있는지 귀를 살펴보기도 하고, 목구멍 안을 들여다보기도 한다. (편도에는 무엇이 있는가?) 사내아이는 여자아이에게 의사 놀이를 하자고 제안한다. 그것을 통해 여자아이들이 어떻게 생겼는지 알고 싶기 때문이다. 아이는 돋보기를 가지고 햇빛 속으로 나가 보고, 조개 속에서 무슨 소리가 나는지 귀를 기울여 보고, 두 개의 돌멩이를 서로 부딪쳐 본다.

그들은 사람들이 확인할 수 있는 모든 것을 보고, 조사하고, 세상에는 단순히 믿어야만 하는 것도 많이 있다는 것을 알게 된다.

모든 사람은 달이 하나뿐이라고 말한다. 하지만 그것은 어디서나 볼 수 있지 않은가.

"야, 난 여기 울타리 뒤에 있을 테니, 넌 정원 안으로 들어가."

그 애들은 정원 문을 닫는다.

"어때 정원 안에 달이 있어?"

"응."

"여기도 있어."

그들은 장소를 바꾸어 전체를 다시 한번 검토한다. 이제 그들은 달이 두 개라고 확신한다.

| 79 |

자신의 힘과 가치를 확인하는 데 기여하는 놀이들은 특별한 위치를 차지

한다. 하지만 그것은 단지 다른 아이들과 비교하는 데서만 작동할 수 있다.

누가 더 큰 걸음을 뗄 수 있는지, 눈을 감고 몇 걸음이나 갈 수 있는지, 누가 한 발로 더 오래 서 있는지, 다른 사람의 눈 속을 들여다보며 누가 눈을 깜박거리지도, 웃지도 않을 수 있는지? 누가 더 큰 소리를 지르고, 누가 더 멀리 침을 뱉으며, 누가 오줌을 누면서 가장 큰 곡선을 그릴 수 있는지, 누가 돌맹이를 더 높이, 더 멀리 던질 수 있는지? 누가 더 많은 계단을 뛰어내릴 수 있고, 더 높이 그리고 더 멀리 뛰며, 손가락을 깨물면 누가 더 오래 참을 수 있는지? 누가 목표점에 더 빨리 이를 수 있고, 저쪽으로 끌어당기고 내동댕이치기 위해 누가 누구를 높이 들 수 있는지?

"난 할 수 있어. 난 알아. 난 그걸 가지고 있어."

"난 더 잘할 수 있어. 난 더 많이 알아. 내 것이 더 좋아."

그런 다음에는,

"우리 엄마, 우리 아빠는 ……를 할 수 있어, ……를 가지고 있어."

그렇게 해서 아이들은 존경받고, 주변 세계에서 상응하는 위치를 지니게 된다. 우리는 아이가 잘 지내는 것이 그 아이가 어른들로부터 어떻게 평가받는지에 달린 것이 아니라, 그와 마찬가지로, 혹은 그보다 더 많이 자기 또래들의 의견에 좌우된다는 걸 생각해야 한다. 이들은 가치 평가에서나 자기들 공동체의 일원에 권리를 부여하는 데서 어른들과는 다르지만, 마찬가지로 지속적인 원칙을 가진다.

다섯 살짜리 아이가 여덟 살짜리 아이들의 사회에 받아들여질 수 있고, 혼자서 시내를 배회하고 잠금장치가 있는 필통과 수첩을 가진 열 살짜리 아이들로부터 용인될 수 있다. 그래서 두 학년 정도 나이가 많은 아이들은 분명치 않은 많은 것들을 제거할 수 있다. 그는 반쪽짜리 케이크를 받고서나, 아니면 완전히 공짜로 어떤 아이에게 비밀을 가르쳐 줄 수 있고, 자기가 배운 다음과 같은 정보를 전달한다.

자석은 자력이 있어서 쇠붙이를 끌어당긴다든가, 아랍산 말들이 가장 좋다든가. 그 말들은 다리가 가늘기 때문이다. 왕들은 붉은 피가 아니라 푸른 피를 갖고 있다. 사자와 독수리도 분명 푸른 피를 가지고 있다(그 점에 대해서는 누구에게든 물어봐야 할 것이다). 시체에게 손을 잡힌 사람은 잡힌 손을 떨쳐 버릴 수 없다. 숲에는 머리 위에 머리카락 대신 뱀을 가진 여자들이 있다. 그는 그것을 어떤 그림에서 직접 보았다고 한다. 심지어 그 아이는 숲에서 그 여자를 보았지만, 멀리서 보았을 따름이다. 그녀를 가까이서 보면 그녀는 돌로 변하기 때문이다(어쩌면 이 대목에서 아이는 거짓말을 할지도 모르겠다). 그는 이전에 물에 빠져 죽은 사람을 보았고, 아이가 어떻게 태어나는지 알고 있으며, 종이로 기막힌 장난감을 만들 수 있다.

그리고 그는 그것을 주장할 뿐 아니라 실제로 종이로 장난감을 만들었다. 그런 건 엄마도 할 줄 모른다.

| 80 |

우리가 아이를, 그의 감정과 노력과 나아가서는 그의 놀이까지도 사소하게 여기지 않는다면, 아이가 어떤 아이와는 즐겨 어울리면서 다른 아이는 피하며 마지못해 어울리고, 그 집에는 가려고 하지 않을 때, 아이가 옳다는 것을 알 수 있을 것이다. 사람들은 가장 좋은 친구와도 싸움을 할 수 있지만, 금방 다시 잘 지낸다. 싫어하는 아이와는 심하게 싸우지도 않지만 잘 어울리지도 않는다.

어떤 아이와는 잘 놀 수가 없다. 그 아이가 작은 일에도 잘 울기 때문이다. 아이는 금방 기분이 나빠지고, 일러바치거나, 소리를 지르거나, 불평한다. 다른 아이는 잘난 척하고, 무조건 때리고, 명령하려 하거나, 고자질하고, 사람들을 속인다. 또 다른 아이는 거짓말을 하고, 칠칠맞지 못하고, 초라하고, 마르고, 지저분하고, 못생겼다.

그렇게 해서 큰 소리를 지르는 성급한 한 아이가 전체 놀이를 망쳐 버린다. 아이들이 이 훼방꾼을 피하려고 얼마나 애쓰는지 한번 보라! 나이가 몇 살 많은 아이는 자기보다 더 어린 아이를 기꺼이 같이 놀게 해 준다. 그 아이도 자리 하나를 채울 수 있기 때문이다. 그러나 이 아이는 부차적인 역할로 만족하고 방해해서는 안 된다.

"그 애에게 줘, 봐줘. 같이 하게 해 줘. 개는 아직 어리잖아."

그러나 그 말은 맞지 않다. 어른들은 아이들에게 관대하게 대해 주지 않는다.

우리가 누구 집을 방문하면 아이는 왜 같이 가고 싶어 하지 않는가?

그 애가 같이 놀고 싶은 아이들은 여기에 있기 때문이다.

아이는 그 아이들과 놀고 싶다. 게다가 자기 집에서나 정원에서 말이다. 하지만 다른 집에 가면 호들갑을 떠는 주인에게 다급히 키스를 받고, 거기 가면 하녀가 그의 기분을 상하게 하거나 나이 많은 누나들이 놀리고, 아이가 무서워하는 개가 있기 때문이다. 그는 자존심 때문에 진짜 이유를 대지 않지만, 엄마는 단지 기분 때문이라고 생각한다.

아이는 정원에 가려고 하지 않는다. 왜 그럴까? 나이 많은 소년이 그를 위협하고 때릴지도 모르기 때문이다. 한 여자아이의 유모가 그를 일러바치겠다고 말했기 때문이다. 그 아이가 공을 주우려고 잔디를 밟으면 정원사가 막대기로 위협하기 때문이며, 다른 아이에게 주기로 약속한 우표가 어디론가 사라졌기 때문이다.

변덕스러운 아이들이 있다. 나는 면담 시간을 통해 그중 몇 명을 알게 되었다. 이 아이들은 자신이 무엇을 원하는지 알지만, 그것을 얻지 못한다. 그들은 지나친 보호 속에서 숨이 막힐 것 같이 느낀다. 병적으로 변덕스러운 아이들은 보통 어른들로부터 냉담하게 취급당하고 나면 자신의 주변을 경멸하고 증오한다. 우리는 비논리적인 사랑으로 아이들을 고문할지도 모른다. 법은 그들을 보호해야 할 것이다.

| 81 |

우리는 아이를 '어린이다움'이란 유니폼 속에 숨겨 둔다. 그리고 아이들이 우리를 사랑하고 존경하며, 신뢰한다고 생각한다. 아이들은 인내심이 없고, 쉽게 믿고 고마워한다고 생각하는 것이다. 우리는 이기적이지 않은 보호자의 역할을 실수 없이 행한다. 우리는 우리 자신이 하는 희생을 생각하며 감동하기도 하고, 때로는 나쁘지 않은 기분을 느낄 수 있다. 아이들은 처음에는 우리를 믿지만 곧 의심하기 시작하고, 교묘하게 숨겨진 의심스러운 점들을 들추어내려고 애쓰며, 때로는 그것에 대항해서 싸운다. 그러나 자신의 계획이 아무 결실이 없다는 것을 인식하면 아이들은 우리를 속이고, 매수하고 이용하기 시작한다.

그들은 부탁이나 예쁜 미소, 입맞춤이나 농담으로 혹은 순종하는 모습으로 자기들이 갖고 싶은 것을 얻어내려 한다. 그들은 관대함으로 우리 어른들을 이기고, 자기들이 어떤 권리를 지니고 있는지를, 드물긴 하지만 아주 교묘하게 이해시킨다. 때로 그들은 다급하게 뭔가를 요구하고, 때로는 아주 솔직하게 "그 대신 난 뭘 얻을 수 있어요?"라고 묻기도 한다.

순종하는 노예와 반항적인 노예 사이에는 수백 가지 변형된 모습들이 있다.

"그건 흉하고 건강에도 좋지 않아요. 그건 죄악이에요. 학교 선생님도 ⋯⋯라고 말했어요. 엄마가 그걸 아셨더라면⋯"

"원치 않으면 넌 가도 돼. 너의 선생님도 너만큼 멍청하구나. 내가 많은 것을 모른다고 해서 그게 내게 무슨 상관이야?"

우리는 아이가 비난하는 것을 좋아하지 않는다. 화가 나면 우리가 듣고 싶지 않은 솔직한 말이 입 밖으로 쏟아져 나오기 때문이다.

아이는 양심을 가지고 있다. 하지만 그 양심의 소리는 일상적인 사소한 논쟁에서는 침묵한다. 그에 반해 이 양심은 권력을 행사하지만 아무 책임도 지지 않는 독재적인 힘에 남모르는 반감을 표시하기도 한다.

아이가 명랑한 아저씨를 좋아한다면 그것은 아이가 그 아저씨에게서 비록 잠깐이긴 하지만 구속받지 않은 시간을 얻을 수 있기 때문이며, 생명력이 집안으로 들어오기 때문이고, 그가 선물을 주기 때문이다. 그리고 그 선물이 아이가 오랫동안 품고 있던 소원을 이루어 주는 것이라면 더욱 값진 것이다. 그렇지 않을 경우 아이는 우리가 생각하는 것보다 선물의 가치를 훨씬 과소평가한다. 아이는 좋아하지 않는 사람으로부터는 즐겨 받지 않기 때문이다. "그 사람은 내게 자비를 베풀었다고 생각할걸." 아이는 화가 나서 이렇게 생각하고 굴욕감을 느끼는 것이다.

| 82 |

어른들은 영리하지 않다. 그들은 자신들이 누리는 자유를 이용할 줄 모른다. 행복한 사람들은 원하는 것을 살 수 있고 모든 것을 할 수 있지만, 항상 화를 내고 아주 사소한 일 때문에 소리를 지른다.

어른들이 모든 것을 다 아는 것은 전혀 아니다. 이따금 그들은 다른 사람을 떨쳐 버리기 위해서나 건성으로 대답하고, 또는 어떻게 답해야 할지 모르기도 한다. 한 사람은 이렇게 말하고, 두 번째 사람은 다르게 말해서, 도대체 누구 말이 맞는지 알 수 없다. 별은 몇 개나 되나? 무어인들은 "공책"을 무엇이라 부르나? 그리고 섭씨 0도에서 물이 액체인 동시에 얼음이 되는 것을 어떻게 알까? 지옥은 어디에 있나? 이 남자는 모자 속에서 손목시계로 계란 프라이를 만들었는데도 시계는 온전하고 모자도 망가지지 않았다. 이것을 기적이라고 부를 수 있는지?

어른들은 선량하지 않다. 부모들은 아이들에게 먹을 것을 준다지만 그들은 그렇게 해야 한다. 그렇지 않으면 아이들이 죽을 것이기 때문이다. 그들은 아이들에게 아무것도 허락하지 않는다. 그들은 뭔가 설명해 주는 대신 말하다 말고 웃는다. 그들은 의도적으로 어떤 사람에게 농담을 하고 사람을 놀리기도 한다. 그들은 부당하고 누군가가 그들을 속이면 그들은 그 사람을 믿는다. 어른들은 사람들이 자기에게 아부하는 것을 좋아한다. 그들은 기분이 좋으면 모든 것을 허락하지만 화가 나면 모든 것을 금한다.

어른들은 거짓말을 한다. 사탕에서 벌레가 나온다거나 밥을 먹지 않으면 접시 꿈을 꾼다고 하거나, 불장난하면 이불에 오줌을 싼다거나, 다리를 계속 떨면 악마를 흔들어 깨운다든가 하는 것은 모두 거짓말이다. 그들은 또 약속을 지키지 않는다. 그들은 처음에는 뭔가를 약속해 놓고도 나중에는 잊어버리거나 변명하고, 그렇지 않으면 벌을 주겠다며 금지시킨다. 마치 애초부터 그것을 허락하지 않은 것처럼 말이다.

그들은 누군가에게 진실을 말하라고 명한다. 그러나 그렇게 하면 그들은 기분 나빠 한다. 그들은 가식적이다. 그들은 다른 사람의 뒤에서는 얼굴을 맞대고 있을 때와 다르게 말한다. 그들은 누군가를 좋아하지 않을 때도 좋아하는 것처럼 꾸민다. 항상 "부탁입니다, 고맙습니다, 죄송합니다, 영광입니다"라고 말하지만, 그들이 진심으로 그렇게 말한다고는 생각하기 어렵다.

저쪽에서 즐거운 듯 달려오거나, 흥분해서 맞지 않는 말을 하거나 그런 행동을 하는 아이의 얼굴 표정을, 그리고 갑자기 잔인하게 변하는 아이들의 표정을 진지하게 받아들이고, 또 정확히 그 얼굴 표정을 살펴보라.

아버지가 뭔가를 쓰고 있는데, 아이가 호기심에 차서 달려와 그의 소매를 붙든다. 아이는 중요한 서류에 잉크 자국이 생겼다는 걸 알지 못한다. 심한 꾸지람을 듣고는 아이는 놀라서 그것을 들여다본다. 도대체 어떻게 해서 이것이 생겼을까?

아이는 어울리지 않는 몇 가지 질문이나 실패한 농담, 비밀 누설의 경험을 통해 어른들이란 잘 길들여졌지만, 원래는 결코 안전하지 않은 거친 짐승들과 같다는 것을 깨닫게 된다.

| 83 |

아이들은 어른들을 과소평가하고, 그들에게 거부감 외에도 일종의 반감을 지니고 있음을 종종 느낄 수 있다.

찌르는 수염, 거친 얼굴과 담배 냄새는 아이들의 혐오감을 불러일으킨다. 입맞춤하고 난 후 아이는 어른들이 금지하지 않으면 철저히 얼굴을 닦는다. 어른들이 손을 잡으면 아이들은 그 손을 천천히, 눈치채지 않게 놓아 버린다. 톨스토이는 시골 아이들에게서 이 같은 태도를 관찰했다. 이것은 맹목적인 복종으로 위축되지 않은 모든 아이에게서 볼 수 있다.

땀 냄새나 강한 향수 냄새에 대해 아이들은 "냄새난다"라고 대답한다. 어른들은 아이에게 "그 말은 듣기 좋은 말이 아니며, 향수는 좋은 냄새이고, 너는 그것을 잘 모른다"라고 말한다.

딸꾹질하거나 관절염을 앓는 사람, 혹은 설사를 하는 사람, 심한 입 냄새가 나는 사람, 통풍이나 습기를 겁내는 사람들은 저녁이면 더 이상 아무것도 먹어서는 안 되고, 천식에 시달리거나 이빨이 없는 사람, 계단을 오르지 못하는 사람과 붉게 흥분하고, 뚱뚱하고 숨을 헐떡이는 사람들은 모두 뭔가 혐오스러운 존재들이다.

달콤한 말투, 어루만지듯 미화시키는 수다, 이런 신뢰와 무의미한 질문, 원인을 알 수 없는 이 웃음들….

"저 아이는 누구를 닮았지? 호호호, 얼마나 키가 큰지. 저 아이는 얼마나 큰지…."

아이는 당황한 채 이 모든 것이 언제 끝날지를 기다린다.

"이것 봐, 너, 바지 어디 두었니?" 혹은 "오늘 밤에 누런 바다에서 물고기를 잡을걸"이라고 모든 사람 앞에서 말하는 것은 어른들에게는 아무렇지도 않다. 그들은 예절 바르지 않으니까. 아이들은 자신들을 더 깨끗하고 더 훌륭하게 키워지고 더 존경받을 가치가 있다고 느낀다….

"그들은 너무 많이 먹을까 봐 걱정하고, 콧물이 날까 봐 두려워해. 그 사람들은 겁쟁이야. 난 아무것도 겁나지 않아. 그렇게 겁나면 난로 뒤에나 앉아 있으라지. 그런데 왜 우리에게 모든 것을 금지하지?"

비가 온다. 아이들은 밖으로 달려나가 빗줄기 속에 서서 웃고 이리저리 내달린다. 머리카락은 머리에 달라붙는다. 몹시 추운 날, 아이는 장례 행렬이나 싸움질을 구경하기 위해 손을 소매 속으로 집어넣고 어깨를 치켜올린 채 숨을 죽인다. 근육은 긴장되고 손가락이 뻣뻣해지며 입술은 새파래진다. 그런 다음 몸을 녹이기 위해 다시 집으로 온다.

"으악, 온몸이 얼었어. 하지만 재미있어."

모든 것을 해가 된다고 여기는 어른들은 불쌍하다.

그리고 어쩌면 아이들이 어른에게 갖는 유일한 긍정적인 감정은 동정심일지도 모른다.

어른들은 좀처럼 행복하지 않고, 항상 무엇 때문에 방해를 받는다.

불쌍한 아빠는 일을 해야 하고 엄마는 너무 힘이 없다. 이 불쌍한 사람들은 분명 곧 돌아가실 것이며, 그러니까 그들을 괴롭혀서는 안 된다.

| 84 |

유보.

의심할 바 없이 아이들이 느끼는 이 같은 느낌과 몰려오는 생각들과 더불어 아이는 의무를 행하는 것이 무엇을 의미하는지를 이해하게 된다. 아이는 강요된 생각들과 감정적인 영향으로부터 완전히 자유로울 수 없다. 적극적인 아이들은 분열된 자아에 의한 갈등을 더 심하게 더 빨리 경험하고, 수동적인 아이들에게서는 이런 과정은 더 늦게, 그리고 그다지 분명치 않게 일어난다. 적극적인 아이들은 스스로의 상상력을 자유롭게 펼치며, 소극적인 아이들에게서는 운명의 동반자가 '눈'을 뜬다. 그러나 그 누구에게도 내가 한 것처럼 체계적으로 일어나지는 않는다. 아이들의 영혼은 모순으로 가득 찬 우리의 영혼과 마찬가지로 복잡하고, 아이들 역시 내면의 오래된 모순과 싸운다. 이를테면 그것은 "나는 하고 싶지만 할 수 없다, 혹은 나는 그것이 무엇인지는 알지만 이룰 수 없다"와 같은 것이다.

주입하는 게 아니라 뭔가를 발굴해 주고, 짓밟는 게 아니라 형태를 찾아 주고, 명령하는 것이 아니라 가르치며, 요구하지 않고 물어보는 교사는 아이들과 더불어 감동적인 순간을 경험한다. 종종 천사가 승리할 때까지 그는 눈에 눈물을 글썽이며 천사와 사탄의 싸움을 함께 경험하게 된다.

소년은 거짓말을 하고 케이크에서 설탕에 절인 과일을 몰래 빼먹었다. 그는 어린 여자아이의 치마를 치켜들고 개구리에게 돌멩이를 던졌다. 그는 곱사등이를 비웃었다. 도자기로 만들어진 물건을 깨뜨리고는 그것을 다시 붙여 아무도 알아보지 못하도록 했다. 그는 담배를 피웠다. 그는 화를 내고 아버지를 저주했다.

그는 나쁜 행동을 했다. 이제 그는 그것이 끝이 아니며, 선한 의도를 가진 뭔가가 그를 되돌려 놓을 것이고, 다시 자신을 설득하게 하리라는 것을 느낀다.

아이가 갑자기 조용해지고 순해지고 감정이 섬세해지는 일이 있다. 어른들은 "아마도 양심에 가책이 되는 일이 있다"는 것을 안다. 이따금 이런 놀라운 변화 이전에 감정의 회오리를 경험하고 눈물로 베개를 적셨거나 새로운 각오나 야심 찬 맹세를 했을 수도 있다. 우리는 다시는 어리석은 짓을 하지 않겠다는 다짐을 받으면, 그것이 결코 보장된 것이 아니라 하나의 환상일 따름이지만, 용서할 준비가 되어 있지 않은가.

"저는 다른 사람이 될 수는 없어요. 그래서 저는 그것을 약속할 수 없어요"라는 말은 고집이 아니라 정직함을 의미한다. "무슨 말을 하시는지 알아요. 하지만 전 그렇게 생각하지 않아요"라고 열두 살짜리 소년은 말했다.

"저는 물건을 훔쳐서는 안 되고, 그것은 수치고 죄라는 것을 잘 알아요. 저도 훔치고 싶지 않아요. 하지만 제가 다시는 물건을 훔치지 않을지는 모르겠어요. 저는 그 일에 책임이 없어요!"

속수무책인 아이에게서 교사가 함께 느끼는 무력감은 고통스러운 경험이다.

아이가 모든 것이 단순하고 선한 이성으로 이루어진 천사 같은 세계관에 대해 오랫동안 만족스러워하며, 우리의 무지와 약함과 대립과 실패와 손상된 체면을 그 아이 앞에서 숨길 수 있다고 생각한다면, 그것은 착각이다. 그리고 행복을 위해서는 아무런 공식도 없다는 사실을 숨길 수 있다고 여기는 것도 말이다. 아이들을 일관성 있게 키우는 것으로 충분하고, 아빠는 엄마의 행동을 비판해서는 안 되고, 어른들은 아이들 앞에서 이야기를 나누어서는 안 되며, 하녀는 달갑지 않은 손님이 초인종을 누르면 "주인님은 집에 안 계신다"라는 거짓말을 해도 된다는 식의 혼자 익히는 교육 방법은 순진하다.

그러나 수백 마리의 파리가 파리 잡는 끈끈이에 붙어 고통스럽게 죽어가고 있는데도, 왜 우리는 어떤 동물도 괴롭혀서는 안 되는지? 왜 엄마는 옷이 예쁘다고 말해서는 안 되는데도 예쁜 옷을 사 주는지? 암고양이는 정말로 나쁜가? 번개가 칠 때 나이 든 유모는 성호를 그으면서 "하느님"이라고 하고, 여주인은 "전기"라고 말하는지?

왜 우리는 어른들을 존경해야 하는지? 그렇다면 도둑도 존경해야 하는지?

아저씨가 "그때 내 창자가 터질 것 같았다"라고 말하는 것은 추한 것인지? 왜 "개새끼"라는 말이 저주인지? 요리사는 꿈을 믿지만 엄마는 왜 믿지 않는지.

물고기도 병들 수 있는데 왜 사람들은 "물고기처럼 싱싱하다"라고 말하는지? 개는 우물에 오줌을 싸지 않는지? 선물값이 얼마인지 묻는 것은 왜 미운 짓인지?

이해할 수 없다는 느낌을 심화시키지 않으려면 어떻게 비밀에 부치고 설명할 것인가?

오, 우리의 대답들이란….

나는 사람들이 아이에게 서점의 쇼윈도 앞에서 지구의地球儀를 어떻게 설명하는지 두어 번 본 적이 있다.

"이건 무슨 공이에요?" 아이가 묻는다.

"그냥 공이야." 유모가 대답한다.

다른 경우에는

"엄마 이건 무슨 공이야?"

"이건 공이 아니라 지구의야. 이 위에 집도 있고 말도 있고 엄마도 있단다."

"엄마도…?" 아이는 동정하듯, 혹은 걱정스럽게 엄마를 쳐다본다. 아이는 자신의 질문을 반복하지 않는다.

| 86 |

우리는 아이들의 폭풍우처럼 강한 기쁨이나 슬픔이 우리의 감정 상태와 다를 때에야 비로소 그것을 인지한다. 하지만 우리는 그들의 명랑한 기분과 조용히 가라앉은 모습, 그들의 깊은 감동과 고통스럽게 상처받은 모습, 그들의 곪아 가는 불신과 심한 굴욕감이 우리의 감정과 비슷할 때면 알아차리지 못한다. 한 발로 뜀박질을 하는 아이만이 "진짜"가 아니라 인생이라는 동화의 기이한 비밀을 곰곰이 생각하는 다른 모습 또한 "진짜"인 것이다. 그때 우리는 어른들에게서 우연히 들은 말을 아무 생각 없이 외어서 반복하는, 실제로 "자연스럽지 못한" 아이들을 제외시키기만 하면 된다. 지식이 부족하고 경험이 모자란 탓에 다르게 생각하게 된다.

나는 동화를 들려준다. 마술사, 용, 예언자, 마법에 걸린 공주 등. 겉보기에는 순진한 질문이 갑자기 튀어나온다.

"그게 정말이에요?"

그리고 나는 아이가 신중히 생각해 본 목소리로 말하는 것을 듣는다.

"아까 이건 동화라고 했죠."

인물들도 줄거리도 그럴듯하다. 모든 것은 가능하지만 그것은 사실이 아니다. 동화란 사실이 아니라고 우리가 설명했기 때문이다.

주변 세계의 두려움과 기적을 밝혀내야 하는 언어는 반대로 무지를 심화, 확대시켰다. 이전에는 작은 규모의 일상생활이 몇 가지 확고한 대답만을 요구했다. 급격하게 많아진 새 언어는 아이를 갑자기 어제와 오늘의, 멀고도 아주 먼 미래의 문제로 빠뜨린다. 우리는 이 모든 것을 우리의 생각 속에 받아들여야 하므로 그것을 연구할 시간이 부족할 정도다. 이론적인 지식은 일상의 삶에서 분리되고 그것은 우리가 검토할 수 있는 한계를 벗어난다.

여기서 정신적인 유형으로서의 적극적인 기질과 수동적인 기질은 현실을 규정하는 유형과 사변적인 유형으로 변한다.

현실을 규정하는 아이의 유형은 권위를 가진 사람의 뜻에 따라 믿거나 믿지 않거나 한다. 믿는 것이 더 편리하고 유용하다. 사변적인 유형은 집중적으로 연구하고 추론하고 부정하고, 생각과 행동으로 반항한다. 우리는 첫 번째 유형의 무의식적인 오류를 두 번째 아이들의 인식에 대한 의지와 대립시킨다. 그러나 그것은 진단을 어렵게 하고 교육적인 조치를 불충분하게 만든다. 정신 병원의 속기사는 환자의 독백과 대화를 다 같이 기록한다. 미래의 교육학적 병원에서도 이렇게 해야 한다. 오늘날 우리는 단지 아이들이 가진 문제의 자료만 다룰 뿐이다.

|87|

생명에 관한 전설. 동물 세계의 동화.

바다에는 사람을 집어삼키는 물고기들이 있다. 이 물고기들이 증기선보다 더 클까? 사람을 집어삼키면 물고기는 숨이 막힐까? 그리고 그 물고기가 성인聖人을 집어삼키면 어떻게 될까? 그놈들은 배가 한 척도 가라앉지 않으면 무얼 먹을까? 사람들은 그 같은 물고기를 잡을 수 있는지? 보통 물고기도 바다에서 살 수 있는지? 그렇다면 어떻게? 왜 사람들은 이 고기들을 모두 잡아 버리지 않는지? 그런 것들은 많이 있는지? 한 백만 마리쯤 말이다. 그런 물고기로 조각배를 만들 수 있을지? 이것은 노아의 홍수 이전의 물고기인지?

꿀벌들에겐 여왕벌이 있다. 왜 대왕벌은 없는지? 그건 죽었을까? 새들이 아프리카로 가려면 어디로 날아가야 하는지 아는 것을 보면 그들은 사람들보다 더 똑똑하지 않을까? 그들은 그것을 배우지 않았는데도 해내는 것을 보면 말이다. '천 개의 발'을 가진 곤충이란 뜻을 가진 지네는 천 개의 발을 가지지도 않았는데 왜 사람들은 그렇게 부르는가? 그렇다면 그것은 실제로는 몇 개의 발을 가졌을까? 비록 여우들은 교활하지만 언젠가 마음을 고칠 수는 없을까? 그리고 그들은 왜 그럴까? 누군가가 개를 괴롭히고 때려도 그 개는 나중에 그 사람에게 충실하게 대할까? 어떤 개가 다른 개에게 뛰어들면 왜 그것을 쳐다보면 안 되는가? 박제된 동물들도 이전에는 살았는지, 그리고 사람을 박제할 수도 있는지? 달팽이는 아주 불편하고 비좁지 않은지? 달팽이를 달팽이집에서 꺼내면 죽는가? 왜 달팽이는 물고기처럼 축축한지? "달팽이야, 달팽이야, 더듬이를 내어라"라고 노래하면 그 말을 알아듣는지? 물고기의 피는 왜 차가운지? 뱀은 껍질을 벗겨도 아프지 않은지? 개미들은 서로 무엇에 대해 말하는지? 왜 우리는 사람에게 "입"이라고 하고, 짐승은 "주둥이"라고 말하는지? 거미줄을 망가뜨리면 거미는 죽는가? 그리고 두 번째 거미줄을 치기 위한 실은 어디서 얻는지? 계란에서 암탉이 생겨나듯 사람도 알을 품을 수 있는지? 타조는 돌멩이와 쇠를 먹어서 "아-아-" 하고 소리를 내는지? 낙타는 며칠 분의 물을 저장해야 하는지를 어떻게 알까? 앵무새가 자기가 한 말을 이해하지 못한다면 개보다 영리하다고 할 수 있는가? 왜 사람들은 개가 말을 하도록 혀끝을 잘라 줄 수 없는가? 로빈슨이 앵무새에게 말을 가르친 최초의 사람인가? 앵무새에게 말을 가르치는 방법을 배우는 것은 어려울까?

식물들에 관한 여러 동화들.

나무는 살아 있고 호흡하고 죽는다. 작은 도토리에서 도토리나무가 생겨난다. 꽃 한 송이에서 배가 자라는 것을 볼 수 있을까? 학교 선생님이 셔츠들은 나무에서 나온다고 말씀하셨는데 (아이는 그렇게 맹세한다.) 그건 사실일까? 아빠는 "말도 안 돼"라고 하셨고, 엄마는 셔츠가 나무에서 자라는 것이 아니라 셔츠를 만드는 아마亞麻가 들판에서 자란다고 말했다. 하지만 학교에서 선생님은 산수 시간에는 그것에 대해서는 말할 수 없고 다음번에 설명해 주겠다고 하셨다. 그렇다면 그건 거짓말은 아니다. 그런 식물을 한번 볼 수만 있다면…. 이런 기적에 비하면 용은 무엇인가? 용은 없지만 있을 수도 있다. 용이 없다면 크라쿠스krakus*는 어떻게 용을 무찔러 죽일 수 있었을까? 바다의 요정 사이렌이 없다면 어떻게 그것을 그릴 수 있을까?

| 88 |

민족에 관한 동화.

무어족은 피부색이 검다는 사실로 우리는 그들이 어떻게 자라는지 알지

---

*크라쿠스: 용을 죽였다는 폴란드 민담의 영웅. 크라카우 시의 전설적인 창시자.

는 못한다. 그의 혀는 검지 않고 이빨도 검지 않다. 그는 악마가 아니다. 뿔도 없고 꼬리도 없기 때문이다. 그들의 아이도 역시 검다. 그들은 끔찍할 정도로 거칠다. 그들은 사람을 잡아먹는다. 그들은 하느님을 믿지 않고 개구리를 믿는다. 이전에 그들은 모두 나무를 섬겼는데 그것은 그들이 어리석기 때문이었다. 그리스인들은 어리석은 것들을 믿었지만 그들은 영리했다. 그렇다면 왜 그들은 그같이 말도 안 되는 것을 믿었을까? 무어족들은 옷도 입지 않은 채 길거리를 돌아다니고 전혀 부끄러워하지도 않는다. 그들은 코에 조개껍데기를 달고 그것이 아름답다고 생각한다. 왜 아무도 그렇게 하지 말라고 말하지 않을까? 그들은 행복하다. 그들은 무화과나무 열매와 대추와 바나나를 먹고, 원숭이들을 키우고, 공부할 필요가 전혀 없다. 무어족 소년들은 어린 나이에도 벌써 사냥을 나간다. 중국인들은 머리를 땋는데, 아주 우습다. 프랑스인들은 아주 똑똑하지만 개구리를 먹고 "맛있다"라고 말한다. 그들은 짐짓 똑똑하지만 "봉-퐁퐁-브송bon-pon-fon-bson." 하며 알아듣지 못할 우스꽝스러운 말을 한다. 그에 반해 독일인들은 "데어-디-다스der-die-das"라고 말한다. 유태인은 모든 지저분한 것을 겁내고 "아이-와이aj-waj"라고 소리 지르고 거짓말을 한다. 그들은 아주 쉽게 거짓말을 한다. 그들은 예수님을 죽였기 때문이다. 아메리카에도 폴란드인들이 있는데 그들은 거기서 무얼 하고 싶을까? 왜 사람들은 그들의 다리를 부러뜨려 구걸하게 하거나 서커스단에 보내는가? 서커스에 등장하면 멋질 것이다. 사람이 한번 팔을 빼어도 여전히 요술을 부릴 수 있을까? 그 서커스단에는 난쟁이도 있고, 없다면 왜 없는가? 그리고 난쟁이 족이 없다면 사람들은 그들이 어떻게 생겼는지 어디서 어떻게 아는가? 길거리에 아주 키가 작은 사람이 지나가자 모두 돌아보았다. 릴리푸탄 사람들이 절대로 키가 크지 않다면 그들은 벌을 받아서 그렇게 작게 남아 있는가? 베니스인들은 마술사들이었나? 그들은 어떻게 모래에서 유리를 만들 수 있었을까? 그것은 어려울까? 고랄* 사람들은 불을 뿜는 산 위에서도 돌아다니나? 선원들은 한 민족인가? 그들은 물속에서 살 수 있는가? 잠수부가 되는 것이 더 어려울까, 선원이 되는 것이 더 어려울까? 어떤 것이 더 중요한가?

---

*Goralen: 베스키디(Beskiden)와 타트라(Tatra, 폴란드어로 'gora'는 산) 산악지방 사람들.

종종 하나의 질문이 아이들을 불안하게 만든다.

내가 잉크로 완전히 검게 물들면 흑인들은 나를 알아볼까?

아이는 실제로 응용할 가능성이 없는 정보에는 만족하지 않는다. 그들은 자기가 경험한 것을 증명하고, 실험해 보거나, 적어도 가까이서 관찰하고 싶어 한다.

| 89 |

인간에 관한 동화.

유리로 된 눈을 가진 사람들이 있는지, 그들은 눈을 빼낼 수 있는지, 그리고 빼낸 눈으로도 볼 수 있는지, 가발은 무엇 때문에 있는지, 그리고 왜 사람들은 대머리를 보면 웃는지, 배로 말하는 사람이 있는지, 혹은 그들은 배꼽으로 말하는지, 배꼽은 무엇 때문에 있는지, 귓속에는 진짜로 고막이 있는지, 눈물은 왜 짜고, 바닷물은 왜 짠지, 소녀가 머리를 풀어서 길게 내리면 완전히 다르게 보이는 것은 어찌 된 일인지, 사람은 정말로 죽을 수밖에 없는지, 내가 아직도 세상에 태어나기 전에는 어디 있었을까? 하녀는 어떤 사람이 아픈 것처럼 보인다고 말하면서 침을 세 번 뱉으면 아프지 않게 된다고 한다. 그 말은 맞는가? 재채기할 때면 콧속에서 무슨 일이 일어나는가? 미친 사람은 아픈 것인가? 그리고 술 취한 사람도 아픈가? 술 취한 사람과 미친 사람은 누가 더 나쁜가? 아이들이 어떻게 생겨나는지, 왜 그걸 지금 알아서는 안 되나? 어떤 사람이 목을 매달았기 때문에 바람이 생겨나는가? 눈이 먼 것이 나은지 귀가 먼 것이 나은지? 왜 아이들은 죽고 노인들은 살아 있는가? 할머니가 돌아가실 때 더 많이 울어야 하는가, 동생이 죽을 때 더 많이 울어야 하는가? 왜 카나리아 새는 천국에 갈 수 없는가? 계모는 아이들을 때리는가? 우유는 젖가슴에서 나오나 소에서 나오나? 꿈에서 본 것은 정말로 있는지? 혹은 그것은 단지 보일 뿐인지? 머리카락은 어떻게 해서 붉어지나? 왜 여자들은 남자가 없으면 아이를 낳을 수 없는지? 독버섯을 먹는 것 보다 뱀에게 물린 게 나은가? 빗속에 서 있으면 더 빨리 자란다는 말은 맞는가? 메아리는 무엇이며 왜 숲속에 있는가? 사람이 손을 하나의 원통 모양으로 모으면 어떻게 해서 집 전체를 볼 수 있는지? 그 안에는 어떻게 해서 공간이 있는지? 그림자는 무엇이고 왜 사람들은 그것으로부터 달아날 수 없는가? 누군가가 소녀에게 키스하면 그 소녀는 콧수염이 나고 그 남자에게는 긴 수염이 나게 된다는 것은 사실인가? 이빨에는 정말로 벌레들이 살고 있는데 단지 눈에는 보이지 않는 것일까?

| 90 |

권위에 관한 동화.

아이에게는 많은 신들과 신과 같은 존재들과 영웅들이 있다. 권위는 보이는 것과 보이지 않는 것, 살아 있는 것과 죽은 것으로 나뉜다. 그 서열은 끝없이 얽혀 있다. 엄마, 아빠, 할머니, 할아버지, 아주머니, 아저씨, 집안에서 일하는 사람들, 경찰관, 군인, 왕, 의사, 노인, 목사, 교사, 경험 많은 동료들….

눈에 보이지만 생명이 없는 권위로는 십자가, 토라 두루마리*, 기념책자, 성인상들, 조상들의 초상화, 위대한 사람들의 기념비, 알지 못하는 사람들의 사진들이 있다.

눈에 보이지 않는 권위로는 하느님, 건강, 영혼, 양심, 죽은 사람들, 마술사, 악마, 천사, 늑대, 가끔 거론되는 멀리 있는 친척들이 있다.

권위는 복종을 요구한다. 아이들은 고통 속에서 그것을 이해한다. 권위를 가진 것들은 사람들의 사랑을 받기 원하지만 그것은 쉽지 않다.

"난 엄마 아빠를 더 사랑해."

아이들은 이해할 수 없는 질문에 이해할 수 없는 말로 대답하는 애교를 부린다. 몇 살 더 많은 아이는 그 같은 질문을 참지 못한다. 그런 질문들은 아이를 의기소침하게 만들고 당황하게 한다. 아이는 때로는 더 많이 사랑하고, 때로는 덜 사랑하며, 그다음에는 반드시 필요한 정도로 사랑하고, 때로는 미워하기도 한다. 그래, 그건 끔찍하다. 하지만 아이가 미워하면 어떻게 할까? 존경이란 아주 복합적인 감정이어서 아이들은 스스로 결론 내리기를 포기하고 어른들의 경험을 믿어 버린다.

엄마는 하녀에게 무엇을 하라고 명령하고 하녀는 엄마를 무서워한다. 엄마

---

*토라는 유대교 전승이 기록이나 구전으로 보존하여 온 야훼 하느님의 계시 전체, 혹은 그중에서도 특히 모세 오경을 지칭함.

는 유모에게 화를 낸다. 엄마는 의사 선생님에게 이것 혹은 저것을 허락하는지 물어본다. 경찰관은 엄마를 처벌할 수 있다. 학교 친구들은 엄마의 말을 들을 필요가 없다. 사무실에 있는 상관은 아빠에게 화를 내고, 그래서 아빠는 슬퍼하신다.

군인은 장교를 두려워하고 장교는 장군을, 장군은 또 왕을 두려워한다. 여기서는 모든 것이 자명하다. 그래서 어쩌면 소년들은 군대의 지위에 관심을 보이는 것이다. 아이들은 학년이 높은 아이들에 대한 정확한 존경심을 가지고 있다. 여기서도 모든 것을 쉽게 이해할 수 있기 때문이다.

눈에 보이는 권위와 보이지 않는 권위 사이의 중재자는 아주 고려해 볼 만한 가치가 있다.

목사는 하느님과 이야기하고, 의사는 건강과 비밀스러운 관계를 가지고, 군인은 왕과 관계를 맺고, 하녀는 마술과 유령과 정령에 대해서 많이 알고 있다.

목동이 아주 존경할 만한 인물이 되는 순간도 있다. 예를 들면 그가 주머니칼로 작은 인형을 조각할 때다. 그런 것은 엄마도 장군도 의사도 할 수 없다.

| 91 |

익지 않은 과일을 먹으면 왜 배가 아픈가?

건강은 배 속에 있나, 머릿속에 있나? 인간은 영혼이 없으면 죽는데, 개는 왜 영혼이 없이도 살 수 있는가? 의사도 아플 때가 있고 그도 죽어야 한다면 왜 그런가? 왜 모든 위대한 사람들은 죽었는가? 책을 쓰고 그것으로 먹고사는 사람들이 있다는데 사실인가? 모든 왕들은 죽는다. 그들도 살아남지 못한다. 여왕은 날개를 가졌나? 미츠키에비치*는 성인이었나? 목사님은 하느님을 보았는가? 독수리는 하늘까지 날 수 있는가? 하느님도 기도를 하는가? 천사는 무엇을 하나? 그들은 자고 먹고 축구를 하는지, 누가 그들의 옷을 만들어 주는지, 악마도 심한 통증을 느끼는지, 그가 독버섯에 독을 넣었는지, 하느님은 도둑들에게 화를 내신다면 왜 그들을 위해서도 기도해야 하는지, 모세가 하느님을 보았을 때 아주 놀랐을까? 천둥은 기적인가? 공기는 하느님인가?

왜 우리는 공기를 볼 수 없는가? 공기는 빈 병 속으로 바로 들어가는가, 아니면 서서히 들어가는가? 공기는 그 병 속에 물이 없다는 것을 어떻게 아는가? 왜 가난한 사람들은 저주의 말을 하는가? 비가 기적이 아니라면 왜 아무도 비를 만들지 못하는가? 구름은 무엇으로 만들어졌는가? 관 속에 들어간 아주머니는 아주 멀리 떨어진 곳에 사는가?

"하느님은 없어"라고 말하면 아이들을 둘러싸고 있는 세계에 대한 이해가 쉬워진다고 생각하는 부모의 희망은 얼마나 유치한가? (그들이 진보적이라고 생각하지 않는다면) 하느님이 없다면 이 모든 것을 만든 건 누구인가? 그리고 내가 죽은 후에 있게 될 것은 누가 만들 것인가? 그리고 최초의 인간은 어디서 왔는가? 기도하지 않으면 짐승처럼 산다는 말은 맞는가? 아빠는 천사가 없다고 말했지만 나는 내 눈으로 보았다. 죄가 아니라면 왜 죽이는 것은 금지되었는가? 닭도 역시 통증을 느낀다.

여기도 온통 의심스럽고 고민스러운 질문들뿐이다.

| 92 |
우울한 동화-가난이란 수수께끼.

왜 배고픈 사람들과 가난한 사람, 추위에 떠는 사람이 있는지, 왜 그들은 아무것도 사지 않는가? 왜 그들은 돈이 없으며 왜 사람들은 그들에게 아무것도 "그냥" 주지 않는가?

당신은 말한다.

"가난한 아이들은 지저분하고 나쁜 말을 하고 머리에는 벌레가 있어. 가난한 아이들은 자주 병이 나고 다른 사람들을 전염시킬 수 있어. 그들은 서로 때리고 돌멩이를 던지고 다른 사람의 눈을 뽑아. 마당이나 부엌에 가지 마. 그곳은 지겨운 곳이야."

그러나 실제 생활은 말한다.

"그들은 전혀 아프지 않고, 하루 종일 즐겁게 돌아다니고, 샘에서 물을 마시고, 색소 넣은 맛있는 사탕을 사 먹는다. 소년은 빗자루를 돌리고, 마당

---

* 아담 미츠키에비치(Adam Mickiewicz, 1798~1855). 폴란드 낭만주의 시대의 유명한 시인.

을 쓸고, 눈을 치운다. 이 모든 것은 아주 즐겁다. 그들 머리에 벌레가 있다는 말은 맞지 않는다. 그들에게 아직 눈이 남아 있는 것을 보아도 서로 돌멩이를 던지는 것 같지는 않다. 그들은 서로 때리는 것이 아니라 힘을 겨뤄 보는 것이다. 추한 표현들은 웃기 위한 것이고, 부엌은 방 안보다 훨씬 더 유쾌하다."

당신은 아이에게 말한다.

"가난한 사람들을 사랑하고 존경해야 한다. 그들은 선량하고 힘들게 일한다. 요리사는 음식을 만들어 주기 때문에 너는 그에게 감사해야 한다. 그리고 집안을 보살펴 주는 관리인에게도 감사해야 한다. 그 집 아이들과 놀아라."

그러나 실제 생활은 말한다.

"요리사는 닭을 잡아. 그러면 우리 모두 내일이면 그것을 먹을 거야. 엄마도 말이야. 닭은 끓여도 아픈 줄 몰라. 하지만 요리사는 그것을 산 채로 잡았어. 엄마는 그걸 쳐다보지도 못해. 관리인은 너무나 예쁘고 어린 닭들을 물에 빠뜨려 죽게 했어. 요리사의 손은 거칠었어. 그 손들이 지저분한 물속에서 첨벙거렸지. 농부는 냄새가 나고 유태인도 냄새가 나. 사람들은 아주 간단히 '장사꾼', '관리인'이라고 말하지 '~ 씨' 자를 붙이지 않는다. 가난한 아이들은 지저분하다. 사람들이 그들에게 무얼 보여 주면 그들은 당장 '나 줘'라고 말한다. 그래도 주지 않으면 그들은 머리에 쓴 모자를 빼앗고는 깔깔 웃는다. 그리고 그 아이는 내 얼굴에 침을 뱉는다…."

아이는 아직 사악한 마술사에 대해 들은 게 없지만 늙은 거지에게 동전을 주러 다가갈 때면 두려워한다.

이 경우 아이는 사람들이 모든 것을 말하지 않는다는 것과 사람들이 그에게 설명하려 하지 않거나 할 수 없는 뭔가 추한 것이 숨겨져 있음을 알고 있다.

| 93 |

사회적인 생활과 좋은 소리의 기이함들.

손가락을 입 안에 넣거나 코를 후비는 것은 코를 고는 것과 마찬가지로 보기에 좋지 않다. 누가 무엇을 부탁할 때 "난 하기 싫어"라고 말하는 것이나,

누군가가 입맞춤을 하려 할 때 몸을 뒤로 빼는 것, 혹은 "그건 사실이 아냐!" 라고 말하는 것은 아름답지 않다. 팔을 괴거나 어른에게 먼저 악수를 청하는 것은 좋지 않다. 다리를 떨거나 손을 주머니에 넣고 걷는 것이나 길거리에서 두리번거리는 것은 밉상스럽다. 큰 소리로 말하거나 손가락으로 누구를 가리키는 것 또한 아름답지 않다.

왜 그럴까?

이 같은 금지나 명령에는 서로 다른 이유가 있다. 아이들은 이들 본질과 연관 관계를 이해할 수 없다.

셔츠 바람으로 돌아다니는 것은 보기에 좋지 않고, 바닥에 침을 뱉는 것도 그렇다.

어른이 물을 때 일어서지 않고 앉은 채로 있는 것은 왜 잘못인가? 길거리에서도 아버지에게 고개를 숙여 인사해야 하나? 누가 사실이 아닌 것을 말하면 어떻게 해야 하나? 예를 들면 아저씨가 "넌 여자야"라고 말하면 어떻게 해야 하나? 나는 남자인데도 말이다. 혹은 그가 "너는 나의 약혼녀야"라든가, 혹은 "나는 너를 너의 엄마한테서 샀어"라고 거짓말을 하면 어떻게 해야 하나?

"왜 소녀들에게는 예의 바르게 행동해야 하나요?"라고 한 학생이 묻는다.

"그건 역사적인 의미가 있어"라고 나는 대답한다.

"너는 왜 '가슴'을 '가섬'이라고 썼니?" 나는 잠시 후에 그에게 묻는다.

"그건 역사적인 의미가 있어요." 그는 짓궂은 미소를 띠며 대답했다.

아까 그 질문에 대해 엄마는 대답하신다.

"봐라, 여자아이는 나중에 아기를 낳잖아. 그러면 아주 아프단다"라고 말이다.

잠시 후에 다시 오빠와 여동생 사이에 싸움이 일어났다.

"엄마, 쟤가 나중에 아이를 낳는다는 것이 내게 무슨 상관이 있어요? 내겐 저 애가 울보만 아니었으면 좋겠어요."

우리가 가장 자주 대하는 말이 내게는 가장 적절하게 보인다.

"사람들이 너를 보고 웃을 거야."

이것은 편리하고 거의 매번 효과가 있다. 아이들은 놀림거리가 되는 것을 두려워하니까 말이다.

하지만 사람들은 아이가 엄마 말을 듣기 때문에, 엄마에게 비밀을 털어놓기 때문에, 그리고 나중에 커서는 노름을 하거나 술을 마시지 않고 창녀들에게 가려 하지 않는다고 오히려 비웃는다.

부모들 역시 놀림감이 될지도 모른다는 두려움에서 어처구니없는 실수를 저지른다. 가장 해로운 것은 아이들의 잘못이나 그를 가르치기에 불충분하다는 사실을 숨기는 것이다. 아이는 충분한 보상을 받으면 잠시 손님 앞에서 잘 교육받은 가족 구성원의 역할을 한다.

| 94 |

모국어는 아이들을 위해 선택되었거나 수집된 규정들과 도덕에 관한 설교가 아니다. 모국어는 아이의 영혼이 전 국민의 영혼과 더불어 호흡하는 공기와도 같은 것이다. 진리와 의심, 믿음과 윤리, 사랑스러운 싫증과 횡포, 존경, 모든 존엄과 천박함, 부유함과 가난함. 이것은 시인과 예언자가 높은 영감을 가지고 창조했던 말이고, 술에 취한 정권의 앞잡이들이 내뱉었던 말이기도 하다. 그것은 수 세기 동안 작업의 결실들과 속박의 어두운 시간을 그 안에 담고 있다.

누가 그것을 생각해 보았고 그것에 관해 글을 썼는가? 언어에서 질병의 싹을 말살시키고, 생명의 요소를 오존으로 적실 수 있는지에 대해 누가 글을 썼는가? 어쩌면 건강한 민중의 "똥"이 아니라 "죄에 가까운" 살롱이 몰락의 싹을 내포하고 있다는 것이 밝혀질까?

"찬양받으소서 예수 그리스도여. 하느님이 그를 벌하셨다. 악마가 그를 사주했다. 천국에서처럼. 일곱 번째 하늘에서. 집은 지옥이다. 길 가다가 하는 축복의 기도. 난로 뒤의 하느님처럼. 하느님이여 보호해 주소서. 기도를 중얼거린다. 짐짓 경건한 것처럼 보이는 허튼짓. 동전 한 닢도 없다. 죽도록 두렵다. 그는 악마에게 영혼을 넘겨줄 것이다. 그는 칼로 나무 위에 뭔가를 새겨놓았다. 낡은 난로 안에서 악마는 불을 지핀다. 나는 하루 쉬어야겠다."

"너의 건강을 위해 축배. 금요일 불운의 날. 딸꾹질하면 누가 나를 생각하는 것이다. 사랑에 빠지면 수프의 간을 잘못 맞춘다. 칼이 떨어지고, 배고픈 사람이 서두른다는 뜻이다. 그는 목사님의 고기 조각을 먹어 치웠다. 한 발로 무덤 속에 들어가리라."

"중국식 예식. 집시들의 결혼식. 유대어. 하느님의 자비. 돌대가리, 고아의 운명."

"나이 든 수다쟁이. 나이 든 바보, 이 빠진 노인네, 딸기코, 거위, 개구쟁이, 노란 주둥이. 풋내기 녀석."

"눈이 멀었다고? 시력이 없지는 않다. 늙었다고? 아니다, 나이가 들었을 뿐이다. 마비되었다고? 아니다, 허약한 것이다"

"망할 놈. 개한테 물려가라. 빌어먹을, 악마한테나 가라지. 화가 나서 부글부글 끓는군. 꼬리에 풍선을 단 고양이 같은 놈. 굶주린 늑대. 그놈은 차가운 쇠붙이처럼 덤벼든다."

"그는 지혜가 없어. 그는 제대로 된 인간이 아냐. 눈에 모래 뿌리기. 그 녀석은 나사가 빠졌어. 그는 웃음을 터뜨린다. 자신을 억누른다. 그는 자기 주머니 속처럼 잘 안다. 이건 하나의 작품이 될 거야. 그는 내 인생을 망쳤어."

이런 말들은 무슨 뜻인가? 그것은 어디서 났나? 이 모든 것은 왜 있는가?

명사로서의 책상, 주어로서의 책상.

하지만 책상다리처럼 멍청하다는 말은 왜 있나. 문법을 생각해 낸 사람은 아주 머리가 좋았나, 아니면 정반대인가?

|95|

아이들은 이해할 수 없는 표현을 좋아하지 않는다. 아이들은 종종 이런 식으로 사람들을 현혹하려고 한다. 그들은 어른들의 언어를 자기 것으로 만들고 (제대로 선택해서), 우리가 자주 사용하는 어법들을 즐겨 사용한다.

"이리 내놔, 이봐. 나한테 그것 좀 빌려줘, 알아들었니? 보여 줘. 알겠어?"

"이봐" 혹은 "알아들었니?"란 말은 "부탁인데"에 해당한다. 그들에게 부탁하는 것은 구걸하는 것을 의미한다(노인만 "부탁한다"). 아이들은 굴욕적인 표현을 좋아하지 않는다.

"넌 내가 부탁할 거라고 생각하니? 그에게 부탁하지 마. 내가 그에게 부탁할 거야! 기다려 봐, 네가 나에게 부탁할걸!"

나는 지극히 다양한 어법을 알고 있다.

"너 자신이 어떤지 보렴. 내가 그렇게 부탁을 했는데 넌 뭘 하니?"

아이들은 심지어 어른들에게 말할 때면 다음과 같은 표현을 좋아한다. "엄마… 좀 해 주셨으면…." 그리고 아이는 분명한 명령을 따를 때만 부탁을 한다.

마찬가지로 수치스럽게 여겨지는 "미안하지만"이란 말 대신에 아이들은 "이봐"라는 표현을 쓴다.

"이봐, 난 그걸 의도적으로 하지 않았어. 이봐, 난 그걸 하려고 하진 않았어. 이봐, 난 그걸 몰랐어."

폭력적인 장면을 피하기 위해 아이들은 경고하는 말이나 설득하는 말투를 얼마나 풍부하게 사용하는지.

"그만둬. 놔둬. 먼저 시작하지 마. 네가 빠져나와. 꺼져 버려. 거기 있어. 내가 말하겠는데 그것 놔둬. 내가 부탁하는데 그만둬(여기서 '부탁하는데'란 아주 단호한 명령이다). 너 아직도 안 가? 그것 놔두라는 말 못 들었어?"

위협하는 말:

"맛 좀 볼래? 금방 한 대 얻어터질 거야. 그러면 상당히 아플 텐데! 그러면 넌 울고 말걸!"

무시하듯 한 가지 표현을 반복하기도 한다.

"좋아, 좋아…. 알았어. 알았다니까…. 기다릴게, 기다린다니까."

우리는 아이들이 두려워하도록 만든다.

"난 겁 나. 내가 겁먹었다는 걸 생각해 봐. 내가 무서워하는 사람이 바로 그 사람이야."

아이들의 소유는 확실치 않다. 어떤 것도 묻지 않고는 버리거나 없애지 않는다. 아이는 단지 이용권만 가지고 있기 때문이다(그럴수록 아이는 무제한적인 소유를 더 높게 평가한다).

"네 의자야? 네 책상이야?"

"응 내 거야."(혹은 네 거야?)

"내가 제일 먼저 왔어."

그가 "제일 먼저" 자리를 잡았고, 여기서 놀기 시작했으며 땅을 파기 시작한 것이다. 어른들은 자신의 편안함을 위해 대부분 아이들의 싸움을 아주 건성으로 판단한다.

"그 애가 나한테 먼저 싸움을 걸었어요. 그 애가 먼저 시작했어요. 난 여기 조용히 앉아 있는데, 저 아이가…."

부정하는 형태는 아주 흥미롭다.

"내가 저 자식을 한 방 먹이지 않으면! 내가 그만두지 않으면. 내가 웃지 않으면!"

그 내용은 용기다. 어쩌면 이 "않으면"이란 말은 금지의 메아리다.

"네가 그걸 약속했잖아, 생각해 봐. 네가 약속했어. 근데 약속을 어겼어."

자신의 약속을 지키지 않은 사람은 짐승이다. 어른들은 항상 그 점을 생각해야 한다.

이것은 연구 자료로 충분하다.

| 96 |

가난한 사람들의 세계가 완전히 낯설지 않은 아이는 부엌에 있는 것을 좋아한다. 거기에 말린 무화과와 건포도가 있기 때문이어서가 아니라 거기서 무슨 일이 일어나기 때문이다. 반면 어른들 방에서는 아무 일도 일어나지 않는다. 하지만 부엌에서는 이야기가 훨씬 더 흥미진진해진다. 아이들은 진짜 삶의 일부를 체험하고, 거기서는 스스로 이야기할 수 있기 때문이며, 거기서는 사람들이 그의 말에 관심을 가지고 들어주고, 부엌에서는 하나의 사람이지 비단 방석 위에 앉아 있는 애완용 강아지가 아니기 때문이다.

"이야기해 달라고? 좋아. 그렇다면 무슨 이야기를 하지? 그래, 그렇지. 잠깐만, 생각 좀 해 봐야지."

이야기가 시작되기 전에 아이는 편안하게 자리 잡고, 헛기침을 하고 상당히 오랫동안 들을 준비 태세를 갖춘다.

"그래, 그녀는 숲을 지나갔어. 그곳은 아주 어둡고 아무것도 보이지 않았어. 나무도 동물들도 돌멩이도 안 보였어. 아주 아주 어두웠지. 그래서 그녀는 겁이 났어. 그래서 그녀는 성호를 한 번 긋고 그런 다음 계속해서 갔지."

나는 꼭 그대로 이야기하려고 노력하지만 그리 쉽지 않다. 우리는 인내심이 없고, 서두르고, 이야기를 듣는 사람도 고려하지 않는다. 아이는 우리의 이야기 속도를 따라오지 못한다.

우리가 아마로 만들어진 스크린에 대해 제대로 이야기할 줄 안다면 아이는 셔츠가 나무에서 자라고, 사람들이 재를 땅속에 씨 뿌린다고 생각하지는 않을 것이다. 실제적인 정황은 다음과 같다.

"내가 아침에 일어나 보니 갑자기 모든 것이 두 배로, 모든 사물이 두 배로 보였어. 내가 굴뚝을 쳐다보니 갑자기 굴뚝이 두 개였어. 그리고 테이블을 보니 테이블도 두 개야. 나는 거기 한 사람이 있다는 것을 알지만 두 사람으로 보이는 거야. 나는 눈을 비볐지. 아무 소용이 없었어. 그리고 머릿속에서는 망치 소리가 나는 거야." 아이는 이 같은 수수께끼의 해답을 기다리고, 마침내 "티푸스"라는 낯선 표현이 나오면 그것을 받아들일 준비가 되어 있다.

"의사 선생님이 티푸스라고 말씀하시는 거야."

잠시 휴식.

이야기하는 사람은 휴식을 취하고 듣는 사람 또한 숨을 들이켠다.

"그때 나는 티푸스에 걸린 것이었어…"

그리고 이야기는 계속해서 진행된다.

옛날 어느 마을에 어떤 개도 무서워하지 않는 농부가 (늑대처럼 아주 성질 나쁜) 개를 맨손으로 잡아서 송아지처럼 끌고 간다는 간단한 이야기에서 하나의 긴 이야기가 된다. 그리고 한 사람이 결혼식에서 노파로 변장해서 아무도 그를 알아보지 못했다든가, 농부가 도둑맞은 말을 어떻게 찾았는지 등등도….

조금 더 많은 주의력을 기울이면, 농부의 긴 윗도리를 입은 이야기꾼이 연단에 올라와 아이들이 잘 듣도록 하기 위해서는 어떤 식으로 이야기를 해야 하는지 우리에게 가르쳐 줄 것이다. 우리는 금지하려는 대신 깨어 있는 감각으로 들어야 할 것이다.

| 97 |

그게, 정말이야?

우리는 불필요하다고 생각하기 때문에 들으려 하지 않는 이 같은 질문의 본질을 이해해야 한다.

엄마가 말하거나 선생님이 말씀하시면 그것은 진짜다.

이제 아이들은 모든 사람이 모든 것을 알지 못한다는 것, 예를 들면 마부는 말에 대해 아버지보다도 더 많은 것을 알고 있다고 확신한다. 나아가서는 안다고 다 말하지 않는다는 것도 옳다. 많은 경우 아는 사람은 말하려 하지 않고, 다른 경우에는 그들은 진리를 아이들 수준에 맞추고, 종종 자신들이 아는 것을 숨기거나 심지어는 의도적으로 거짓말을 한다.

지식 외에 믿음이란 것이 또 있다. 어떤 사람은 믿고, 다른 사람은 믿지 않는다. 할머니는 꿈을 믿지만, 엄마는 믿지 않는다. 누가 옳은가?

나아가서는 농담이나 자신을 드러내기 위한 수단으로 하는 거짓말도 있다.

"지구가 둥글다는 게 사실이에요?"

모든 사람이 그것은 진실이라고 말한다. 단 한 사람만 그것이 맞지 않는다고 말해도 의심의 그림자는 남아 있을 것이다.

"당신은 이탈리아에 가 보셨죠? 이탈리아가 장화처럼 생겼다는 게 사실인가요?"

아이는 당신이 뭔가 직접 보았는지, 당신이 그것을 다른 사람을 통해서 아는지, 혹은 어디서 그것을 아는지를 알고 싶어 한다. 아이는 간단하고, 틀림없고, 자명하고, 분명하고, 진지하고, 정직한 대답을 듣고 싶어 하는 것이다.

체온계는 어떻게 열을 재나?

한 사람은 그것은 수은이라고 말하고, 다른 사람은 살아 있는 은*이라고 (왜 살아 있을까?) 말하며, 세 번째 사람은 몸이 늘어나는 것이라고 (체온계가 몸인가?) 하며, 네 번째 사람은 시간이 좀 더 지나면 알게 될 것이라고 말한다.

갓난아기는 어디서 왔으며, 개는 왜 고양이를 보고 짖어 대는가? 이런 진지한 질문에 대해 농담같이 하는 대답이 모두 그렇듯이, 황새에 관한 동화는 아이들의 기분을 상하게 하고 화나게 한다.

---

* 폴란드어로 "수은"을 나타내는 화학적-물리학적 명칭은 전용된 의미로 "살아 있는 은"을 나타내기도 한다[쥐베 스레브로(zywe srebro)].

"당신들이 내 일을 쉽게 해 주려 하지 않으면 그렇게 할 필요가 없어요. 하지만 왜 당신들은 내 일을 어렵게 만들고 나를 웃음거리로 만드는가요? 단지 내가 뭔가 알고 싶어 하기 때문인가요?"

한 아이가 같이 놀던 친구에게 복수하려면 다음과 같이 말하곤 한다.

"난 그걸 알아. 하지만 네가 그렇게 하면 난 네게 그 말 안 해 줄 거야." 그렇다. 아이는 벌로서 아무 말도 해주지 않는다. 하지만 무엇 때문에 어른들은 침묵하거나 아는 것을 충분히 말해 주지 않는 것으로 그 아이를 벌하는가?

여기에 나는 아이들의 전형적인 질문을 몇 가지 제시한다.

"이 세상에 그걸 아는 사람은 아무도 없어? 사람들은 그걸 알 수 없을까? 누가 그런 말을 했어? 모든 사람이야 아니면 한 사람만 했어? 그건 항상 그런 거야? 그건 그렇지 않으면 안 되는 거야?"

| 98 |

그것 해도 되나요?

어른들은 그것이 죄악이기 때문에, 그것은 건전하지 않고 추하기 때문에, 아직 너무 어리기 때문에 허락하지 않는다. 사람들은 단지 금지해야 하기 때문에 허락하지 않고, 그것으로 끝이다.

여기서도 질문은 의심스럽고 복잡하다. 때론 엄마가 화가 나기 때문에 그것은 불건전한 것이 된다. 하지만 때로는 아빠가 기분이 좋거나 손님들이 오셨을 때는 허락되기도 한다.

"그들은 왜 금지하지? 그건 아이들에게 해가 되지 않아."

이렇게 이론적으로 추천된 결과가 실행될 가능성이 없다는 것은 다행스러운 일이다. 왜냐하면 모든 것이 옳고 정당하고 자명하며 변하지 않는다고 확신하고 있는 아이를 당신들은 어떻게 삶 속으로 끌어들여 오겠는가? 교육 이론 속에서 우리는 아이에게 진실을 소중하게 여기는 것을 가르쳐야 할 뿐 아니라 거짓을 인식하는 것 또한 가르쳐야 한다는 사실을 잊어버린다. 사랑하는 것뿐만 아니라 미워하는 것도, 존경하는 것뿐만 아니라 경멸하는 것도, 적응하는 것뿐만 아니라 격분하고, 관용하는 것뿐만 아니라 흥분하는 것도 가르쳐야 한다는 것을 잊어버린다.

종종 우리는 충분히 관대해도 되는 곳에서 흥분하고, 동정심을 보여야 할 곳에서 경멸하는 어른들을 만난다. 우리는 말하자면 부정적인 감정의 영역에서는 독학을 한 셈이다. 인생이란 문자로부터 몇 가지만 배우고, 나머지는 전혀 배우지 못했기 때문이다. 그래서 우리가 제대로 읽을 수 없다는 것은 기적이 아니다. 아이는 자유롭지 못함을 느끼고, 자신의 속박된 상태에서 고통받고, 자유를 동경하지만 그것을 찾지 못한다. 형식이 바뀐다 하더라도 금지와 강제성의 내용은 그대로 남아 있기 때문이다. 어른이 된 우리들 자신은 우리의 삶을 바꿀 수 없다. 우리는 자유롭지 못하게 성장했기 때문이다. 그래서 우리 자신이 속박되어 있는 한, 아이에게 어떤 구속받지 않는 삶도 제공할 수 없다.

내가 교육에서 우리 아이에게 부담을 주는 모든 것을 미리부터 배제한다면, 아이는 준비되지 않은 채 자기 또래나 어른들의 엄격한 판단을 만나게 된다. 새로운 길을 열어야 하는 필요성이나 물결을 거슬러 헤엄치는 수고는 더 힘든 멍에가 아닌가? 시골에서 자란 자유로운 아이들은 들판이나 마구간에서, 그리고 하인들의 방에서 보낸 몇 년 때문에 학교 기숙사에서 얼마나 고통스럽게 속죄해야 하는지….

나는 이 책을 전쟁* 중 총성이 천둥처럼 들려오는 간이 야전 병원에서 썼다. 관대함 하나만으로는 충분한 프로그램이 되지 못한다.

| 99 |

왜 소녀는 중성적인 나이에 벌써 소년들과 구분되는가?

소녀들은 어린 시절 동안 받은 불이익 외에도 여성적인 본질이라는 또 다른 제약 밑에 놓여 있기 때문이다. 아이이기 때문에 아무런 권리도 갖지 못하는 소년은 남성이 갖는 특권을 취하고는 절대 내놓지 않는다. 남자아이는 이 같은 우선권을 같은 또래의 소녀와 나누려 하지 않는다.

"난 그걸 해도 돼. 난 그걸 할 수 있어. 난 남자니까."

---

* 1919~1920년의 소련-폴란드 전쟁을 말함-역자.

여자아이는 남자아이들의 무리에서는 침입자이다. 열 명의 남자아이 중에 분명 한두 명은 다음과 같이 물을 것이다.

"저 계집애는 우리에게서 뭘 하려는 거지?"

소년들은 서로의 자존심을 건드리거나 누군가를 자기들 틈에 끼워 주지 않겠다는 말로 위협하지 않고도 싸울 수 있다. 하지만 그들은 여자아이에게 는 날카롭게 지시한다.

"이게 너한테 어울리지 않으면 너 같은 여자애들한테 가면 될 것 아냐."

소년들과 즐겨 어울리는 여자아이는 다른 소녀들 틈에서는 의심스러운 인물이다.

"원치 않으면 네 사내 녀석들에게나 가 봐."

불이익을 당한 사람은 자기가 받은 경멸에 대해 경멸로 대답한다. 이것은 공격당한 자존심의 무의식적인 자기방어인 셈이다.

단지 예외적인 경우에서만 소녀는 위협받거나 다른 사람들의 생각에 좌우 되지 않고 집단 위에 높이 설 수 있다. 아이들의 공동체가 남자아이들과 즐 겨 어울리는 소녀들에게 보이는 적대감은 어디서 표현되는가?

이 같은 적대감이 가차 없고 잔인한 법칙을 불러낸다고 주장한다면 내가 잘못 본 건 분명 아닐 것이다.

"남자아이가 여자애의 팬티를 보면 그건 그 여자아이의 수치다."

아이들 사이에 받아들여진 이 같은 형태의 법칙은 어른들이 생각해 낸 것 은 아니다.

여자아이는 강요당하지 않으면 주변을 뛰어다니지 않는다. 넘어졌을 때 곧 바로 치마를 내리지 않으면 그 아이는 짓궂은 소리를 듣기 때문이다.

"와, 팬티 봐라!"

"말도 안 돼." 혹은 도전적으로 "그래서 어쩔래?" 하고 여자아이는 얼굴이 빨개지고 당황하고 의기소침해서 말한다.

그 여자아이가 단 한 번이라도 맞붙어 싸우려 하면 이 같은 외침은 당장 힘을 잃고 싸울 기세도 순식간에 사라져 버린다.

그래서 소녀들은 그다지 능숙하지 못하고 인정을 받지도 못한다. 그 여자 아이는 쥐어뜯지도 못하고, 그 대신 쉽게 모욕감을 느끼고, 몇 마디 말을 하

거나 탄식하거나 울어 버린다. 게다가 나이 든 사람들은 그 아이에게 관대
할 것을 요구한다. 아이들은 얼마나 즐겁고 만족스럽게 그 어른에 대해 말
하는가.

"난 저 사람 말을 들을 필요가 없어."

그런데 그들이 한 여자아이에게 관대해야 하는가? 도대체, 왜 말인가?

우리가 소녀들의 옷차림에서 "그건 어울리지 않아"라는 말을 그만하지 않
는다면, 그 아이를 남자아이들의 완전한 놀이 친구로 만들어 보려는 수고는
아무 소용이 없다. 우리는 이 문제를 다르게 해결했다. 우리는 한 소년에게
긴 가발을 씌우고 그를 소녀들과 마찬가지로 '어울림'이라는 많은 규정으로
묶어 놓는다. 이제 그들은 함께 논다. 남성화된 딸 대신 우리는 여성화된 아
들을 두 배로 가지는 것이다.

짧은 옷, 수영복과 운동복, 새로운 형태의 댄스들. 이런 것들은 문제를 지금까지와
는 다른 논리로 풀려는 대담한 시도이다. 유행을 결정하는 데 이런 식의 고려가 얼마
나 많이 포함되어 있는지? 나는 이 유행이 쉽게 사라지지 않을 것이라고 믿고 있다.

단지 불평하고 비판하는 것은 옳지 않다. 이른바 논란이 많은 주제를 다룰 때 우리
는 조심성을 잃지 말아야 한다.

나는 짧은 책 속에서 모든 아이의 발달 단계를 다루려는 시도는 두 번 다시 하지
않을 것이다.

| 100 |

어두운 심연이나 기습적인 물결, 혹은 숨겨진 괴물 등, 잠복해 있는 삶에
적대적인 힘을 알지 못한 채 처음에는 즐겁게 인생의 표면 위로 배를 저어
가던 아이가, 온통 마음을 빼앗긴 채 신뢰감을 가지고 인생의 다양한 놀라
움을 경쾌하게 바라보던 아이가 갑자기 푸른 몽상에서 깨어나 경직된 눈빛
을 하고, 숨을 죽이고는 떨리는 목소리로 말한다.

"그게 뭐야? 왜 그렇지? 무엇 때문에?"

이제 술 취한 사람은 비틀거리고, 눈먼 사람은 지팡이로 길을 더듬고, 간질
환자는 보도 위로 넘어지고, 도둑은 체포당하고, 말은 목숨을 잃고, 닭은 도
살된다.

"왜? 이 모든 것은 무엇 때문인가?"

아버지는 화난 목소리로 말하고, 엄마는 시종 우신다. 아저씨는 하녀에게 입을 맞췄고, 그녀는 그에게 화를 내다가 이제 두 사람은 웃으며 서로 마주 본다. 사람들은 어떤 사람에 대해 화를 내고, 그가 불행을 잉태한 별자리에 태어났다고, 그래서 그의 뼈를 으스러뜨려야 한다고 말한다.

"이것은 무엇을 의미하나? 왜 그렇지?"

아이는 감히 물어볼 엄두를 내지 못한다. 비밀스러운 힘들의 싸움에 직면한 아이는 자신이 아주 어리고, 고독하고, 속수무책이라고 느낀다.

이전에는 자기 목소리를 낼 줄 알았고, 자기의 소원이 곧 명령이었으며, 울음과 웃음을 무기로 사용할 줄 알았고, 엄마, 아빠 그리고 유모의 소유물로 부유하다고 느꼈던 아이는 이제 다른 사람들의 장난감처럼 여겨지고, 자기가 다른 사람을 위해 존재하지, 다른 사람이 그 자신을 위해 존재하지 않는다는 것을 알아차린다. 영리한 개처럼, 그리고 포로로 잡힌 왕자처럼 주의 깊게 아이는 주변을 돌아보고 자기 자신을 관찰한다.

다른 사람들은 뭔가를 알고 있지만 이것을 비밀에 부친다. 그들은 자신이 무엇이라고 말하는 그런 존재가 아니고, 아이에게서 아이의 원래 모습이 아니기를 요구한다. 그들은 진실을 찬양한다. 그러나 스스로는 거짓말을 하고, 거짓말을 하도록 시킨다. 그들은 아이들에게는 자기네들끼리 하는 것과는 전혀 다르게 말한다. 그들은 아이들을 비웃는다. 그들은 자신들의 삶을 가지고, 아이들이 그들의 무리 속에 들어오려고 하면 화를 낸다. 그들은 아이들이 쉽게 믿기를 원하고, 아이들이 순진한 질문을 통해 그들의 세계를 이해하지 못한다는 것을 노출하면 좋아한다.

죽음, 짐승, 돈, 진실, 하느님, 여자, 이성—이 모든 것 속에는 잘못된 목소리와 같은 것, 무시무시한 수수께끼, 사악한 비밀이 들어 있다. 그들은 실제로는 어떤지를 왜 말하려 하지 않을까?

그리고 아이는 자신의 어린 시절을 슬프게 돌이켜본다.

| 101 |

균형 잡히지 못한 두 번째 단계는 "학창 시절"이라고 나는 확신 있게 말할

수 있다. 이 같은 명칭은 하나의 핑계이고 무지의 다른 이름이다. 이것은 문외한들을 기만하고, 이제 막 예감하기 시작하는 곳에서 다 알고 있다는 것처럼 보이도록 학문이 퍼뜨리는 많은 명칭 가운데 하나이다.

학교에 입학한 후에 이런 불균형의 단계는 유아 시절에서 초기 유년기로 넘어가는 과정에서 일어나는 격변이 아니다. 그것은 성숙의 시기와 아무런 관련도 없다.

육체적으로는 외모나 잠, 혹은 식사에 있어서 마음에 들지 않는 변화가 일어나고, 질병에 대한 저항력의 약화와 유전적인 결함이 나타나는 등, 전반적인 상황은 좋지 못하다.

심리적으로는 고독감, 정신적인 불만족, 주변에 대한 적대적인 태도, 도덕적인 허약함과 결국에는 교육적인 영향에 반대하는 선천적 기질의 반란이 일어난다.

"저 아이가 웬일이지? 전혀 알아보지 못하겠군." 엄마는 이 상태를 그렇게 부른다.

종종 다음과 같이 말하기도 한다.

"난 그것이 단순히 기분 탓이라고 생각했어. 난 그 점에 대해 화를 내고 비난했지. 그런데 어쩌면 아이는 오래전부터 아팠을지도 몰라."

엄마는 신체적인 변화와 심리적인 변화의 밀접한 연관성을 알아차리고는 놀란다.

"나는 그것이 나쁜 친구들의 영향 탓이라고 생각해."

확실히 그렇다. 하지만 많은 동료 중에 그 아인 왜 하필 나쁜 아이들을 선택했는지. 왜 그는 그렇게 빨리 그들의 말을 들을까? 왜 그렇게 빨리 영향을 받을까?

아이는 가까이 있던 사람들로부터 힘들게 풀려나지만 유년의 공동체와는 아주 느슨하게만 연결되어 있을 뿐, 아무런 도움이나 충고도 받지 못하고 믿을 만한 사람이라고는 하나도 없다면 더 큰 고통을 느낀다.

여러 명의 아이가 있는 한 기숙사에서 이 같은 변화가 일어나면, 수백 명의 아이 중에서 오늘은 이 아이가, 내일은 다른 아이가 "나쁘게" 되고, 갑자기 게을러지고 서툴러지며, 늦잠을 자거나 변덕을 부리거나 쉽게 흥분하고,

규율이 없어진다. 그리고 그 아이가 일 년 후에 다시 균형을 찾고 "스스로를 개선하기" 위해 거짓말을 하기 시작하면, 이런 변화는 성장 과정과 관련된 것임을, 그 과정의 법칙성은 객관적이고 편견 없는 도구를 통해, 다시 말해 체중과 신체의 비율을 통해 인식될 수 있다는 것은 의심의 여지가 없다.

나는 몸무게와 키, 혹은 인간의 천재성에 의해 고안된 다른 도구가 유기체의 숨겨진 힘을 위한 지진계가 될 시기가, 다시 말해 인식뿐만 아니라 예견까지도 가능하게 하는 시기가 다가오는 것을 본다.

| 102 |

아이가 유리창에서 창문이, 그리고 하늘에서 별들이 떨어지기를 바란다는 말이나, 어른들의 관대함이나 양보심으로 아이를 유혹할 수 있다거나, 아이란 구체화된 무정부주의자라는 말은 맞지 않는다. 아니다. 아이는 억지로 강요되지 않는 한, 어느 정도의 의무감을 가지고 규칙과 의무를 지킨다. 아이는 단지 그 짐이 너무 무겁지 않기를, 그것이 등에 상처를 내지 않기를, 그가 망설일 때나 미끄러질 때 혹은 숨을 돌리기 위해 잠시 서 있을 때도 이해받기를 바랄 뿐이다.

한번 해 봐라(우리는 네가 그것을 해내는지 주시하고 있다). 네 짐을 지고 몇 걸음이나 갈 수 있는지, 네가 매일같이 그렇게 많이 감당할 수 있는지 시험해 보렴.—이것은 최고도의 망상이다.

아이는 진지하게 여겨지기를 바라고, 신뢰를 원하며, 지시와 충고를 기대한다. 우리는 그 아이를 진지하게 대하지 않고, 줄곧 저의를 가지고 쫓으며, 이해 부족으로 배척하며, 때로는 그에게 필요한 도움을 주기를 거부하기도 한다.

엄마는 의사와 상담할 때 원래 상황에 대해 아무 말도 하지 않으려고 한다.

그녀는 의사에게 진부한 말을 하기 좋아한다. "이 애는 신경질적이고 변덕스럽고 말을 안 들어요." "애가 자기 친구를 물었어요. 그건 진짜 수치스러운 일이에요. 게다가 아기를 좋아해서 늘 그 애하고만 놀아요."

아이와 하는 대화는 5분이면 충분하다. 그 아이는 자기를 비웃고, 자기 옷을 보고 놀리고, 엄마를 "넝마주이"라고 부르는 "친구"를 미워하는 것이다.

다른 예는 다음과 같다. 아이는 혼자 자는 것을 두려워한다. 그리고 다가오는 밤을 생각할 때마다 절망에 빠진다.

"왜 너는 그것을 내게 말하지 않았니?"

"말했어요."

엄마는 그 말을 진지하게 여기지 않았다. 저렇게 큰 녀석이 아직도 무서워한다는 것은 수치스러운 일이라고 여겼던 것이다. 또 다른 예로 한 소년이 자기 유모에게 침을 뱉고 머리카락을 잡아당겼다. 사람들은 겨우 그를 떼어 놓았다.

유모는 밤마다 아이를 자기 침대로 데려갔고 그 아이에게 자기에게 안기라고 했다. 그녀는 심지어 그 아이를 트렁크에 넣어서 강물에 던져 버리겠다고 위협했던 것이다.

고통받고 있는 아이는 끔찍할 정도로 외로울 수 있다.

| 103 |

만족스러운 균형감의 시기.

"신경질적인" 아이조차도 다시 침착해진다. 유년의 활기와 신선함, 생명 기능의 조화가 다시 자리 잡는다. 이제 아이는 나이 든 사람들을 존중하고 순종하고 훌륭한 매너를 자연스럽게 이해하게 된다. 불안하게 만드는 질문도, 변덕도, 오만방자한 행동도 더는 하지 않는다. 부모는 다시 만족한다. 아이는 겉으로는 가족의 사고방식이나 태도, 그리고 주변에 적응하고, 그러면서 제한적인 자유를 즐긴다. 사람들이 허락할 경우에도 아이는 더는 요구하지 않고 처음부터 알고 있는 말은 이제 하지 않음으로써, 반대에 부딪히지 않도록 조심한다.

힘찬 전통과 북적대고 다양한 생활과 엄격한 계획과 요구, 염려와 실패와 성공을 가진 학교와 책은 이제 인생의 내용이 된다. 사실 자체는 아무 결실도 없는 고민을 위한 공간을 더 이상 허용하지 않는다.

아이는 이 세상에는 모든 것이 정상이지는 않다는 것, 선과 악, 지식과 무지, 정의와 불의, 자유분방함과 의존성이 있다는 것을 이미 알고 있다. 이해하지 못한 것은 이해하지 못한 것이다. 결국은 뭐가 중요하겠는가. 아이는 적응하고 물결과 같은 방향으로 헤엄친다.

하느님이라고? 분명 사람은 기도해야 하고, 의심스러운 경우에는 모든 사람이 그렇게 하듯이 기도에다 헌금까지 덧붙여야 할 것인가? 죄? 후회하는 마음이 생기고 하느님은 용서하신다.

죽음은? 그때는 눈물을 흘려야 한다. 다른 사람들이 하듯이 슬픔을 표하고 한숨을 쉬며 죽은 사람을 회고한다. 그들은 아이가 모범적이고, 즐겁고, 순진하고, 부모에게 감사할 줄 알기를 바란다. 하지만 분명한 것은 아이는 그것을 의무적으로 한다는 것이다.

"부탁해요. 고마워요. 미안해요. 엄마가 안부 전하라고 하셨어요. 전 진심으로(단지 형식적으로가 아니라) 바랍니다." 이 모든 것은 지극히 간단하고 쉽다. 그것은 칭찬을 가져다주고, 그 대가로 사람들은 그 아이를 가만히 내버려 두는 것이다.

아이는 언제, 누구에게, 어떻게 무슨 부탁을 해야 하는지, 어떻게 하면 난처한 상황에서 교묘하게 빠져나올 수 있는지, 어떤 사람을 어떻게 만족시킬 수 있는지를 알고, 단지 그것이 "소용이 있는지"를 계산할 따름이다.

훌륭한 자의식을 가진 영혼과 육체적인 편안함은 아이를 관대하게 만들고 다음과 같은 고백을 준비하게 만든다. 부모님은 근본적으로는 좋은 분들이고, 세상은 전반적으로 보면 쾌적하고, 인생은 사소한 일들을 제외하면 아름답다고 말이다.

부모가 자신과 아이 앞에 놓인 새로운 문제들을 준비하기 위해 이용할 수 있는 이런 단계는 순진한 평화와 걱정 없는 안식의 시기이다.

"그때 비산과 철분의 조제약이 도움을 주었다. 그것은 훌륭한 교사와 스케이트 타기와 여름의 신선한 시간과 참회와 어머니의 설교였다."

부모와 아이는 그들이 이미 조화를 이루었다는, 그들 모두 어려움을 극복했다는 착각에 빠진다. 반면에 생식 기능은 성장 기능과 마찬가지로 중요하고 우리 시대의 인간에 의해 아직 지배될 수 없으며, 인격 발달의 지속적인 발달을 곧 비극적일 정도로 복잡하게 만들고 정신을 흐리게 하고 신체를 공격한다.

이 같은 경우에서도 우리는 진리 탐구를 위한 노력과 그것을 인식하기 위해 아주 사소한 변화라도 찾아내야 한다. 그때 우리는 진리의 희미한 윤곽을 예감하는 곳에서 이미 그 진리를 소유하고 있다는 위험한 오류에 빠질 우려가 있다.

"불안의 시간"도 "균형의 시기"도 이 같은 현상을 설명하지 않는다. 그것은 단지 이 현상의 평범한 명칭일 뿐이다. 우리 스스로 어떤 비밀을 알고 있다면 우리는 그것을 객관적이고 수학적인 공식으로 파악한다. 그에 반해 우리가 속수무책인 다른 비밀들은 우리를 당황하게 만들고 흥분시킨다. 불과 홍수와 우박은 재해이다. 하지만 그것들이 일으킨 피해의 정도에 따라서일 뿐이다.

그래서 우리는 소방대를 세우고, 제방을 만들고, 보험에 가입하고 예방 조치를 한다. 봄과 가을은 우리에게 친숙하다. 하지만 우리는 인간에 관한 한 헛되이 싸운다. 우리는 동료들을 알지 못하기 때문에 그들과 함께 조화롭게 살지 못한다.

겨울이 끝나면 봄으로 이어진다. 아직 줄기도 나오지 않고 봉우리도 피지 않았지만 땅속과 나무뿌리에는 이미 몰래 다가와 떨면서 기다리는 봄의 지시가 들어 있다. 쌓인 눈 밑에, 헐벗은 가지 속에, 서릿발 속에 있다가 갑자기 화려한 꽃을 피우는 것이다. 표면적으로만 관찰하면 변화무쌍한 봄 날씨 속에서 혼란스러운 무질서를 볼 뿐이다. 그러나 깊은 곳에 매시간 지속적으로 성숙해지고, 쌓여 가고, 질서를 찾는 그 무엇이 있다. 우리는 천문학적인 계절의 무쇠 같은 법칙과 우연적이고 순간적인 것을 구분할 수 없다. 왜냐하면 그것은 우리가 알지 못하는 다른 법칙을 따르기 때문이다.

인생의 개별 단계 사이에는 경계를 나타내는 어떤 말뚝도 없다. 세계 지도에 서로 다른 색깔을 칠하고 몇 년마다 바뀌는 국가 간의 인위적인 경계를 그려 넣는 것처럼 우리도 그렇게 설치할 수 있다.

"아이는 곧 자라게 될 것이다. 그것은 과도기이고 곧 변한다." 교육자는 관대한 미소를 지으며 다행스러운 우연이 그를 도와주러 올 때까지 기다린다.

모든 연구가는 고통스러운 수고와 싸움에서 느끼는 희열 때문에 자신의 작업을 사랑한다. 하지만 자신의 양심이 그 작업을 의무라고 느낀다면 그것을 혐오할 수도 있다. 그 작업 자체 속에 숨어 있는 오류에 대한 두려움이나 종종 겉보기로만 옳은 결과에 대한 두려움 때문이다.

모든 아이가 성장에서 오는 피로감을 경험하지만, 취한 듯하고 넘치는 삶의 의지의 단계 또한 경험한다. 그러나 이것은 우리가 아이의 부탁을 들어주고 그를 보호해야 한다는 것을 의미하지는 않는다. 그러나 그것은 또한 그 반대 방식으로 아이를 단련시켜야 한다는 것을 의미하지도 않는다. 마음은 육체의 성장과 함께하지는 않는다. 그런 까닭에 우리는 그에게 평안을 허락해야 한다. 하지만 어쩌면 우리는 보다 활발한 활동으로 아이를 자극해야 하지 않을까? 아이가 강해지고 더 커질 수 있도록 말이다. 이런 질문은 단지 개별적인 경우와 그때그때 순간에 따라 결론 내려진다. 그러나 우리는 반드시 아이의 신뢰를 받아야 할 필요가 있다. 동시에 아이는 우리가 그에게 보내는 신뢰를 얻어야 한다. 그러나 무엇보다도 필요한 것은 학문이 실제적인 인식을 얻는 것이다.

| 105 |

우리가 오늘날 성장기의 탓으로 돌리고 있는 것들은 모두 근본부터 수정할 수 있다.

우리는 이것을 진지하게 받아들일 수 있는 발달 단계로 본다. 단지 그 의미가 과장되지는 않는지, 일방적이고 무엇보다 함께 작용하는 다른 요소들을 구분하지 않고 보지는 않는지가 문제이다. 이전의 발달 단계에 대한 인식이 현재 단계에 대한 더욱 객관적인 관찰을 가능하게 하지는 않을까? 처음 나타나지만 근본적으로는 불균형한 여러 단계 가운데 하나이고, 이전의 단계와 유사한 징후를 가지는 단계 말이다.

그렇기 때문에 우리는 이 단계가 차지하는 건전하지 못하고 비밀스럽고 예외적인 위치를 받아들일 수는 없을까? 우리는 사춘기 청소년들에게 "불균형"과 "불안"이라는 유니폼을 입히지는 않았는가? 하지만 그것은 유년기를 "밝고" "걱정 없는" 단계로 특징짓는 것과 마찬가지로 맞지 않는 것은 아닐까? 이 같은 이해는 청년기에 대해 지나치게 암시적으로 작용하지는 않는지? 우리의 속수무책이 사춘기의 격정에 찬 진행에 영향을 미치지는 않는지? 이

제 막 깨어나는 삶, 여명, 봄과 격정적인 흥분과 같은 말은 너무 자주 사용되는 반면, 학문의 실질적인 상태에 대해 말하는 것은 너무 드물지 않은가?

무엇이 우세한가? 전반적인 성장 현상인가 혹은 개별 기관의 발달 현상인가? 무엇이 혈관이나 심장 시스템 속의 변화와 뇌세포의 감소되거나 질적으로 변화된 산화 작용과 분비선의 발달과 관련이 있는가?

청소년들 사이에서 발견되는 특정한 현상들이 심각한 상처를 남기고, 많은 희생을 치르게 해서 숫자가 줄어들고 타락하게 한다면, 그것은 그래야 하기 때문이 아니고 현재의 사회적인 상황 속에서 일어났기 때문이다. 현재의 모든 상황은 그 같은 진행에, 그리고 삶의 행로에 단절을 가져온다.

지친 군인은 공포에 쉽게 굴복한다. 하지만 군인이 지휘자를 불신하고, 상관이 배반할 낌새를 알아차리고 그의 망설임을 알아차리면 공포는 재빨리 퍼져 나간다. 군인이 불안감에 휩싸여 있거나 자신이 어디에 있는지, 자기 앞이나 옆과 등 뒤에서 무슨 일이 일어나는지 알지 못하면 더 쉽게 공포에 빠진다. 그러나 공포는 그가 갑자기 공격을 당할 때면 가장 빨리 엄습한다. 그에 반해 군인들이 어깨를 나란히 하여 진군하는 중대에서는 침착함과 자신감이 지배한다.

마찬가지로 이해해 주고 지도해주는 사람이 없이 어려운 문제들로 가득 찬 삶의 미궁에서 길을 잃고 성장 과정에 혹사당한 고독한 청소년은 갑자기 적과 마주친다. 게다가 그 청소년은 자신을 짓누르는 힘을 지나치게 크게 상상한다. 이 적대적인 힘이 어디서 오는지. 그 앞에서 숨을 수 있는지, 그것에 대항해서 자신을 방어할 수 있는지 알지 못한 채 말이다.

또 하나의 문제는 다음과 같다.

우리는 어려운 성장 단계를 보고 그것에 대한 우리의 견해를 의학적으로 규명하기 때문에 정반대로 사춘기의 병리학을 생리학과 연결시키고 있지는 않은가?

우리는 여기서 한 아이가 세 살이 될 때까지 원치 않는 모든 징후를 이가 나는 탓으로 돌리는 수백 년 된 오류를 반복하고 있는 것은 아닐까? 오늘날 "이齒牙"의 전설로 남아 있는 것은 백 년 후에는 아마도 "성적인 성숙" 때문으로 여겨질지도 모른다.

아이들의 성생활에 관한 프로이트의 연구는 유아기를 욕되게 만들었지만, 그것은 청년기의 모습을 잘못된 표상에서 해방시키지는 않았는지? 아이에 대한 더럽혀지지 않은 순수함이란 즐겨 사용되던 환상이 사라진 것은 고통스러운 다른 오해들을 해결해 주었다. 이를테면 갑자기 "아이 속에 있는 짐승이 깨어나 아이를 늪 속으로 내던진다"와 같은 오해 말이다. 나는 성장 자체와 마찬가지로 생명과 너무나도 밀접하게 연결된 성적 충동에 대한 우리의 견해가 얼마나 한심한지를 좀 더 강조하기 위해 널리 유포된 이 말을 인용했다.

의식적이거나 무의식적인 타락을 통해서만 형태를 취하게 되는 모호한 감정의 안개는 흠이 아니고, 오점도 아니며, 무의미한 "그 무엇"도 아니어서, 그것은 서서히 수년을 거치면서 두 성性의 감정에 더욱 뚜렷한 색채를 부여한다. 충동과 신체 기관이 완전히 발달한 단계에서 새로운 생명체, 즉 고리처럼 연결되는 다음 세대를 이어가기 위한 임신이 이루어지는 순간까지 말이다.

성의 성숙. 신체는 자신의 번영을 위해 결함 없는 건강한 후손을 낳을 준비가 되어 있다. 성적 충동의 성숙이란 정상적인 이성 관계에 대한 특별히 강한 갈망이다.

남자 청소년에게서는 성생활은 종종 성적 충동이 성숙하기 이전에 시작된다. 소녀들에게 이 문제는 더 복잡한데, 그것은 결혼이나 강간 같은 우연에 의해서도 좌우되기 때문이다.

어려운 문제지만, 더욱 이해할 수 없는 것은 아이가 이 문제에 대해 완전히 무지한 상태에 놓여 있을 때 어른들은 무사태평하게 있다가, 아이가 뭔가를 예감하는 것처럼 보일 때면 분노하는 것이다.

그래서 우리는 아이가 금지된 영역에 관한 질문을 던지면 너무나 단호히 거부해 버려서 아이는 겁을 먹고 앞으로는 그 문제를 건드리려 하지 않는 것이다. 아이가 더 이상 예감할 뿐 아니라 이미 상당히 분명하게 느끼기 시작할 때도 우리는 계속 이렇게 할 것인가?

사랑.

예술은 사랑을 치장하고, 그것에 날개를 달아 주고, 그 위에 구속하는 조끼까지 덧입혔다. 예술은 사랑 앞에 무릎을 꿇었다가 그 얼굴을 때리기도 하고, 또다시 지극히 높은 왕좌로까지 끌어올렸다가는 한쪽 구석에 서서 길가는 행인들을 유혹하라고 명령하기도 한다. 예술은 수백 가지 말로 사랑에게 존경을 표하고, 또 무수히 그것을 욕되게 했다. 하지만 대머리에다 안경까지 낀 학문은 사랑이 가지는 해악의 근원을 진단할 때면 기이할 정도로 경멸적인 태도를 취한다. 사랑의 생리학은 일면적인 것만 알 뿐이다. "사랑은 예술의 존속을 위해 기여한다"라고 말이다. 그것은 너무 빈약하고, 너무 옹색하다. 천문학은 태양이 빛과 열을 낸다는 것보다 더 많은 것을 알지 않는가.

그래서 종종 사랑은 더럽고 닳아빠졌고, 항상 의심스럽고 우스꽝스럽게 보인다. 합법적인 아이가 태어난 후에야 시작되는 관계만이 존중할 가치가 있는 것처럼 여겨진다. 그래서 우리는 여섯 살짜리 아이가 자기 몫의 케이크 절반을 어린 소녀에게 주는 것을 보면 웃는다. 우리는 어떤 소녀가 고등학생이 인사하는 것에 얼굴이 붉어지면 웃는다. 우리는 소년이 "그녀의" 사진을 바라보고 있는 것을 목격하면 웃는다. 우리는 여자아이가 오빠 친구에게 문을 열어 주기 위해 달려가는 것을 보면 웃는다. 하지만 우리는 그와 그녀가 너무 조용하다 싶을 정도로 같이 놀거나, 서로 힘겨루기를 하고 씩씩거리며 바닥에 넘어질 때면 이맛살을 찌푸린다. 그리고 우리는 딸 혹은 아들의 사랑이 우리의 견해와 반대되면 화를 낸다.

우리는 어떤 일이 아직도 멀리 떨어져 있으면 웃다가도 그 일이 심각해지면 내키지 않은 표정을 짓는다. 그리고 우리의 계산이 맞지 않으면 화를 낸다. 우리의 조롱과 의심은 아이들에게 상처를 주고, 아이가 우리에게 아무것도 이루어 주지 않으면 감정이 상한다. 그래서 그들은 서로 사랑한다는 사실을 숨긴다.

그는 그녀가 다른 사람들처럼 어리석지 않고, 재미있고, 시비를 걸지 않기 때문에, 그녀가 머리를 풀어 내렸기 때문에, 그녀는 아버지가 없어서, 혹은 단지 너무나 사랑스러워서 그녀를 사랑한다.

그녀는 그가 다른 소년들과 같지 않기 때문에, 모든 사람이 그를 악동이라고 비웃기 때문에, 반짝거리는 눈과 예쁜 이름을 가졌기 때문에, 그리고 그가 아주 사랑스러운 남자이기 때문에 사랑한다.

그들은 몰래 사랑한다.

그는 그녀가 성당의 옆 제단에 그려진 천사와 닮아 보이기 때문에, 그녀가 순수하기 때문에 사랑한다. 하지만 그는 "그런 여자"들이 대문 앞에 서 있는 것을 보기 위해 의도적으로 소문 나쁜 거리로 간다.

그녀는 한 가지 조건에 동의했기 때문에 그를 사랑한다. 그것은 그가 보는 앞에서는 절대로 옷을 벗지 않겠다는 것이다. 그는 일 년에 두 번 그녀의 손에 입을 맞출 수 있고, 진짜 키스는 단 한 번만 허락한다는 조건이다.

그들은 상처를 주고 의심받는 한 가지 방법을 제외하고는 사랑의 모든 감정을 경험한다.

"시시덕거리는 대신 너는 차라리…. 너희가 연애 이야기로 머리를 어지럽게 하는 대신 차라리…."

왜 그들은 사람을 뒤쫓아 다니면서 엿보는가?

그가 그녀를 사랑하는 것이 그렇게 잘못되었나? 그는 그녀를 제대로 사랑하는 것이 아니라 아주 좋아할 따름이다. 부모님보다 더 많이? 그렇다면 그것은 죄인가?

누군가가 죽어야만 한다면? 맙소사. 안 돼. 모든 사람의 건강을 위해 기도해야지.

사춘기 때 사랑은 전혀 새로운 것이 아니다. 어떤 사람들은 어릴 때부터 다른 사람을 사랑하고, 다른 사람들은 어릴 때부터 사랑에 대해 놀려 왔다.

"저 아이가 네 여자 친구니? 그 애가 네게 벌써 뭘 보여 주었지?"

그 소녀가 자기 여자 친구가 아니라는 것을 입증하려는 소년은 그 아이의 다리를 걸거나 묶은 머리를 잡아당겨서 아프게 한다.

우리가 "미리" 사랑의 감정을 억누른다면 미리부터 방탕을 돕는 것이 아닌가?

사춘기는 모든 이전의 발달 단계와 마찬가지로 단계적인 발달이 아니다. 그것은 때로는 천천히, 그리고 그다음에는 다시 활발한 속도로 진행된다. 체중 곡선을 관찰해 보면 우리는 이 연령기의 특징인 피곤함과 서투름, 나태함, 졸림, 불안한 목소리, 창백함, 늦잠, 의지박약, 변덕스러운 속성과 우유부단함과 같은 징후들을 이해할 수 있다. 우리는 이것을 비슷한 이전 단계와 구분하기 위해 "불균형"의 나이라고 부르자.

성장은 하나의 작업이고, 신체적으로도 힘든 작업이다. 하지만 현대적인 삶의 여건은 단 한 시간의 공부 시간이나 공장에서의 작업 시간도 그것을 위해 희생하지 않는다. 그에 반해 성장이 마치 질병처럼 진행되는 경우는 얼마나 많은지. 그것이 미리 너무 갑자기 시작되거나 규범에서 벗어날 때면 말이다.

최초의 월경은 어린 소녀에게는 하나의 비극이다. 사람들이 피를 보면 놀라도록 가르쳐 놓았기 때문이다. 가슴이 커지는 것은 소녀를 슬프게 한다. 자신의 성을 수치스럽게 여기도록 배웠기 때문이다. 그렇지만 젖가슴은 그 아이가 다 큰 소녀가 되었다는 것을 드러내고, 이제 모든 사람이 그것을 볼 수 있다.

생리적으로 같은 것을 경험하는 소년은 심리적으로는 완전히 다르게 반응한다. 그는 수염이 나기를 열렬히 기다린다. 그것은 비록 그가 이상하게 변한 목소리를 부끄럽게 여긴다 하더라도, 그것은 하나의 약속이기 때문이다. 거기서 그는 자신이 아직도 기다려야 한다는 것을, 아직도 다 자라지는 않았다는 것을 본다.

불이익을 당하는 소녀는 눈에 띄게 편애받는 소년들을 부러워하고 그들에게 분명한 거부감을 보이지 않는가? 그렇다. 이전에 소녀가 벌을 받았을 때는 적어도 약간의 죄책감은 있었다. 하지만 자기가 남자아이가 아니라는 사실에 대해서는 아무것도 할 수 없다. 소녀들은 더 일찍 자신의 외형을 바꾸기 시작하고, 자신의 유일한 "취향"을 좋아하고 자랑스러워한다.

"난 이제 다 자랐어. 그런데 아직도 넌 코흘리개로구나. 난 3년만 더 지나면 남자를 찾을 수 있어. 넌 여전히 책상 앞에 앉아 있겠지."

그러면 어린 시절 같이 소꿉놀이하던 여자 친구는 경멸 섞인 미소를 받는다.

"네가 남자를 찾을 거라고? 하지만 누가 널 데려간대? 난 결혼 안 해도 잘 살 수 있어."

그녀는 사랑에 대해, 그는 연애에 대해 더 빨리 성숙하고, 그 소녀는 결혼에, 그 남자아이는 술 마시는 것에, 그 소녀는 모성에, 그 남자아이는 한 여자와 짧은 기간의 동거에 대해 더 빨리 눈을 뜬다. 쿠프린*이 말한 것처럼 한순간 유리창에 부딪치고 그다음에는 어리석게도 깜짝 놀라 서로 머리를 마구 부비면서도 영영 떨어져 있는 "파리와 같은 방식으로" 말이다.

이성 간에 서로가 가졌던 지난날의 거부감은 곧 다시 찾아오게 될 새로운 뉘앙스를 담고 있다. 그 소녀는 자신을 숨기고, 그 남자아이는 그 소녀를 방해하고, 마침내 이것은 아내에 대한 적대적인 태도로 굳어진다. 그 아내는 그에게 하나의 짐이 되고, 그의 우선권을 빼앗아 자기 자신을 위해 이용한다.

| 109 |

이전에는 감추어져 있었던 어른들의 세계에 대한 반감은 운명적인 변화를 겪는다.

아이가 뭔가를 잘못하든가 유리창을 깨는 일은 실제로 자주 일어난다. 아이는 당연히 죄책감을 느껴야 한다. 우리가 그를 정당하게 나무란다 해도 그가 후회하는 경우는 드물고, 대부분은 화를 내거나 눈썹을 찌푸리고 어두운 눈길을 보낸다. 아이는 자기가 잘못했거나 화가 나거나 불행을 당해도 교사가 호의적으로 대해 주기를 원한다. 깨진 창문, 쏟아진 잉크, 찢어진 윗도리, 이것은 여러 차례 경고했음에도 불구하고 그들이 저지르고 실패한 계획들이다. 그러나 어른들은 자신들의 잘못 계산한 계획이 실패한다면 비난과 분노와 욕설을 견디겠는가?

엄격하고 관대하지 못한 어른들에 대한 이 같은 반감은 아이가 어른들을 좀 더 높은 존재로 여길 때 생겨난다. 아이는 갑자기 어른들이 하는 행동을 포착한다.

---

*알렉산드르 이바노비치 쿠프린(Alexander I. Kuprin, 1870~1938). 러시아 사실주의 문학의 대표자.

"아하, 그렇구나. 이것이 당신들의 비밀이고, 그래서 당신들은 이것을 비밀에 부쳤군. 여기에 당신들이 부끄럽게 여기는 진짜 이유가 있군."

아이는 이전에 이미 많은 것을 들었지만 믿지 않았다. 아이는 의심했지만 그것은 전혀 중요하지 않았다. 이제 아이는 그것을 알기 원하고 누구가로부터 듣고 싶어 한다. 아이는 어른들과의 논쟁을 위해 이 같은 지식이 필요하고, 마침내는 스스로 이런 질문 속에 연루된 것처럼 느낀다. 이전에는 "난 몰라. 하지만 이것만큼은 분명히 알아"라고 말했다. 하지만 지금은 모든 것이 죄다 분명해졌다.

"사람들이 아이를 원하는데 아이가 없다고 하자. 그러면 처녀도 아이를 낳을 수 있어. 사람들은 아이를 원치 않으면 전혀 낳을 필요가 없어. 그래서 많은 사람이 돈을 주고 그렇게 하고, 그래서 그런 병들이 있는 거야. 그래서 모두들 그렇게 하는 거야?"

그리고 그들은 아무 일도 아닌 것처럼 같이 살아간다. 그리고 그들은 서로에 대해 부끄러워하지 않는다.

그 소녀의 미소, 많은 것을 담고 있는 시선, 금지, 두려움, 당황함, 암시, 이전에는 꿰뚫어 볼 수 없었던 모든 것은 이제 자명해지고 놀라운 현실이 되었다.

"그렇다면 좋아. 우리 담판을 해 보자."

국어를 담당하는 여자 선생님은 수학 선생님에게 예쁘게 눈짓을 한다. "이리 와 봐, 내가 네 귀에 대고 할 말이 있어."

승리감과 악의에 찬 미소, 열쇠 구멍을 통해 쳐다보고, 압지壓紙나 벽에 불타는 심장을 그린다.

나이 든 한 여자는 자신을 세련되게 꾸민다. 나이 든 한 남자는 비위를 맞춘다. 그 아저씨는 소년의 턱을 붙잡고 "넌 아직 코흘리개야"라고 말한다.

아니다. 난 이제 코흘리개가 아니다. "난 다 알아요."

어른들은 여전히 가장하고 거짓말을 하려고 애를 쓴다. 그래서 아이들은 그들 뒷조사를 하고, 거짓말쟁이를 폭로하고, 자유롭지 못했던 시간에 대해, 도둑맞은 신뢰에 대해, 강요당한 애정과 유혹에 넘어가서 했던 고백과 억지로 표한 존경심에 대해 복수해야 하는 것이다.

존경하고 존중하라고? 아니다. 경멸하고 비웃고, 절대로 잊지 말자! 혐오스러운 종속성에 반대해 투쟁해야 한다.

"난 더 이상 아이가 아냐. 내가 무슨 생각을 하든지 그건 내 문제야. 당신들이 나를 낳을 필요는 없었는데. 엄마는 내가 부럽지요? 어른들도 성인聖人은 아냐."

혹은 아이들은 아직도 전혀 모르는 것처럼 행동하고, 어른들이 감히 솔직하게 말할 엄두를 내지 못한다는 것을 역으로 이용한다. 그런 다음 말없이, 조소 어린 눈빛이나 미소를 띠며 "난 이미 알아"라고 암시한다. 그러면서도 입으로는 "난 그게 뭐가 나쁜지 몰라. 난 그들이 뭘 원하는지 전혀 모른다고"라고 말하는 것이다.

| 110 |

우리는 아이가 "알기" 때문에 버릇없이, 그리고 나쁘게 행동하는 것이 아니라 고통받기 때문에 그런 행동을 한다는 것을 인식해야 한다. 명랑함과 평안함은 사람을 관대하게 만들지만, 반면 흥분된 상태나 지나치게 힘든 상태는 공격적이고 까다롭게 만든다.

이해심 하나만으로 어려움을 피하기에 충분하다고 생각하는 것은 잘못이다. 아이들과 동감하는 교사가 그들을 예절 바른 행동으로 붙들어 놓기 위해서는 전혀 그럴 생각이 없음에도 얼마나 자주 자신의 선량한 감정을 억제하고 무절제에 제동을 가해야 하는지.

"난 이해하고 용서해. 하지만 주변 사람들은 용서하지 않아."

"넌 길에서는 예절 바르게 행동해야 해. 너무 좋아서 심하게 날뛰어도 안되고 화를 폭발시키거나 비판적인 말을 해서도 안 되고, 나이 든 사람에게 존경심을 보여야 해."

이것은 아무리 좋은 의지와 좋은 뜻을 가져도 때로는 매우 어렵다. 아이는 이런 방향으로 나아가는 편견 없는 생각을 위한 전제 조건들을 집에서도 가지는가? 아이가 열여섯 살이면 부모는 대개 마흔 살쯤, 다시 말해 고통스럽게 생각에 잠기는 나이이다. 때로는 자신의 인생에 대해 마지막 저항을 해 보거나, 때로는 과거를 결산해 보며 잃어버린 것들이 분명해지는 순간들을 가진다.

"난 인생에서 무얼 얻게 될까?" 아이는 말한다.

"난 내 인생에서 무얼 얻었나?" 하고 엄마는 묻는다.

우리는 아이가 인생이라는 복권에서 많은 것을 얻지 못하리라는 것을 예감한다. 하지만 우리는 이미 모든 것을 잃었지만 그에게는 아직도 희망이 손짓하고, 이 기만적인 믿음 때문에 아이는 미래의 행복에 대한 갈망으로 달아오른다. 자기가 가차 없이 우리의 무덤을 판다는 것을 깨닫지 못한 채.

당신은 이른 아침에 아이가 종알거리며 잠에서 깨어나던 순간을 기억하는가? 그 당시 우리는 입을 맞추며 우리가 한 수고에 대한 보상을 맛보았다. 그래. 우리는 보석과 같은 이 고마운 미소에 과자를 주었지. 실내화, 작은 모자, 턱받이, 이 모든 것은 값도 얼마 되지 않고, 사랑스럽고 새롭고 즐거웠지. 이제는 모든 것이 비싸졌고 금방 갈라지고, 아무런 대가도, 심지어는 다정한 말 한마디도 듣지 못한다. 아이는 꿈을 좇아 헛되이 달려간다. 그의 물건들은 아이에 비해 얼마나 빨리 작아져 버리는지. 커 가는 그에게는 아무것도 맞지 않는다.

"여기 네가 쓸 돈이 좀 있다…."

아이는 때때로 기분을 풀어야 하고, 작은 욕구들을 지니고 있다. 아이는 우리의 선물을 평소 싫어하던 사람들이 주는 적선처럼 받아들인다. 그것이 꼭 필요하기 때문에 어쩔 수 없이 말이다.

아이의 고통은 부모의 고통에 예민하게 다가온다. 부모의 고통은 거침없이 아이의 고통을 습격한다. 이 같은 충돌이 벌써 그렇게 강하다면 아이가 우리의 의지에 반대해서, 오직 자신만을 위해, 그리고 혼자 고독하게 애쓰고 점차로 우리가 전지전능하지도, 완전하지도 않다는 사실을 받아들여야 할 때면 훨씬 더 강해질 것이다.

| 111 |

이런 연령층에 있는 아이의 영혼을 단체 속에서가 아니라 개인적으로 관찰해 보면 우리는 완전히 상반되는 두 가지 유기체에 부딪치게 된다.

저쪽에서 우리는 요람 속에서 혼자 조용히 웅얼거리고, 아주 천천히 자신의 힘으로 일어나 보고, 불평 없이 과자를 내놓고 놀고 있는 다른 아이들의 무리를 멀리서 쳐다보는 아이를 발견한다. 그리고 여기서는 밤새 분노하고 고통스러워하며 남몰래 눈물에 젖는 다른 아이를 본다.

우리는 울면서 새파랗게 넘어가던 아이, 그래서 한순간도 마음 놓고 혼자 놔두어서는 안 되던 아이, 자기 또래들에게서 공을 빼앗고 "자, 누가 함께 할래, 시작, 손 내놔!"라고 명령하는 아이를 다시 발견한다. 그러나 이제 아이는 자신의 반동적인 생각과 자신의 불안을 자기 또래나 사회 전체에 강요한다.

나는 왜 정직한 생각이 아이들이나 어른들의 공동생활에서 그렇게 자주 숨겨져야 하는지, 혹은 왜 눈에 띄지 않게 관철되어야 하느냐는 고통스러운 질문에 대한 대답을 애써 찾아보았다. 기고만장한 것은 큰소리로 다 알려지는데 말이다. 그에 반해 선한 것은 어리석음과 무능함과 같은 의미로 여겨진다. 탁월하게 행동하는 공직의 남자들이나 양심적인 정치가들이 누구를 피해야 하는지 알지 못한다면, 그들은 옐렌타Cezary Jellenta*의 말에서 그 대답을 찾을 것이다.

"나는 너희들의 발상이나 사악함에 대답할 만큼 무례한 입을 가지지 않았다. 그리고 나는 모든 것에 대해 뚜쟁이들의 허풍스러운 대답을 준비하고 있는 그런 사람들과 이성적으로 대화하거나 논쟁할 수 없다."

사회라는 유기체의 순환 작용에서 활동적이고 관대한 성격이 같은 위치를 차지하고, 모든 창의적인 요소들이 자유롭게 움직이도록 하기 위해서는 무엇을 해야 하나.

"난 그걸 절대로 용서하지 않을 거야. 난 내가 무슨 일을 하는지 알고 있어. 난 그 사람한테 질렸어"라고 한 사람은 분노에 가득 차서 말한다.

"침착하게나. 그게 너랑 무슨 상관인가? 어쩌면 단지 너에게만 그렇게 보일 거야."

이 단순한 문장들. 성실한 생각과 정직한 체념의 표현은 위안으로 작용한다. 그것은 우리 어른들이 아이들에게 우리의 의지를 강요하려고 할 때 휘두르는 독재의 예술적인 문구보다 더 큰 힘을 가진다. 같은 또래의 말에 귀를 기울이는 것은 수치가 아니지만 어른들의 말을 그대로 믿거나 심지어 감동

---

*체차리 옐렌타(Cezary Jellenta, 1861~1935): 나폴레온 히르츠반트의 가명. 폴란드의 유명한 작가이자 문학비평가.

하는 것은 수치이다. 왜냐하면 그것은 그들에게 기만당하고 속는 것과 자신의 무능함을 인정하는 것을 의미하기 때문이다. 아이들이 우리를 믿지 못할 때, 유감스럽게도 그들은 항상 옳다.

하지만 나는 거듭 질문한다. 어떻게 탐욕스러운 명예욕 앞에서 신중함을 지키고, 어떻게 요란한 주장들 앞에서 조용한 성찰을 지킬 수 있는가? 이념을 허상이나 출세주의와 구분하는 것을 어떻게 배우며, 사람들의 비웃음 앞에서 어떻게 우리의 신조를 지키고, 반복적이고 음흉한 선동자들 앞에서 청년다운 이상주의를 어떻게 지킬 수 있는가?

아이는 한 걸음 한 걸음씩 삶 속으로 들어오지만, 성적인 삶 속으로는 아니다. 아이는 서서히 성숙하지만, 성적인 관점에서는 그렇지 않다.

당신이 이 문제들 중 어느 하나도 아이들의 도움 없이는 풀 수 없다는 것을 이해한다면, 여기서 말한 것을 그 아이들에게 모두 설명한다면, 당신은 회의가 끝난 후에 다음과 같은 말을 들을 것이다.

"자, 수동적인 우리는 집에나 가자! 그렇게 적극적인 것처럼 행동하지 마. 그렇지 않으면 자넨 당장 한 방 맞을걸.—이봐. 이 교조주의자, 자네는 내 모자를 빼앗았어…"

그렇다고 그들이 조롱한다고 생각하지 말고, 그것이 아무 소용이 없다고 말하지 말라….

| 112 |

꿈.

로빈슨 게임에서 여행의 꿈이 생겨났고, "도둑과 헌병" 놀이를 하는 대신 모험을 꿈꾼다.

매일매일의 삶은 늘 충분치 않고, 그래서 그것으로부터의 도피가 꿈의 내용을 이룬다. 자기의 생각을 시험해 볼 수 있는 대상이 부족하기 때문에 이처럼 시적인 형태를 띠게 되는 것이다. 아무런 표현도 찾지 못하는 감정들이 꿈의 세계 속으로 흘러 들어온다. 꿈은 아이들의 삶의 프로그램이다. 우리가 이것을 해석할 줄 안다면 꿈은 성취된다는 것을 알 것이다.

하류 사회의 한 소년이 의사가 되기를 꿈꾸다가 간호보조원이 된다면 그는 자기 삶의 프로그램을 이룬 것이다. 그는 재산을 꿈꾸었지만 짚단 위에서 죽었다면 그의 꿈은 단지 겉보기로만 실패한 것이다. 그는 돈을 버는 수고에 대해서가 아니라 돈을 낭비하는 즐거움을 꿈꾸었던 것이다. 그는 취하도록 샴페인을 마실 것을 꿈꾸었다. 하지만 그는 실제로는 값싼 소주로 취했다. 그는 넓은 세상의 살롱을 꿈꾸었지만 실제로는 하류 술집을 전전했다. 그는 금덩이를 마구 뿌리기를 원했지만 결국은 그것은 동전이 되었다. 그는 목사가 되기를 꿈꾸었지만 초등학교 교사나 심지어는 경비원이 되었다. 그러나 그는 교사로서나 경비원으로서 목사이기도 하다.

그녀는 당당한 여왕이 되기를 꿈꾸었다. 하지만 그녀는 보잘것없는 관리와 결혼한 후 남편과 아이들을 마음대로 휘두르지 않는가? 그녀는 많은 사람의 사랑받는 여주인이 되기를 꿈꾸었다. 이제 그녀는 타의 추종을 불허하는 삯바느질 꾼이나 둘째가라면 서러워할 경리라는 명성을 얻지 않았는가?

무엇이 청소년들을 보헤미안 예술가 같은 생활로 몰아가는가? 어떤 사람은 구속받지 않는 삶에, 다른 사람은 에로틱한 면에, 세 번째 사람은 격정과 명예욕과 그의 성공에 유혹받는다. 그러나 단 한 사람만이 진정으로 예술을 사랑하고, 그 혼자만이 예술을 사고팔지 않는 진짜 예술가이다. 그는 비참하고 잊혀 버린 채 죽었다. 하지만 그는 승리를 꿈꾸었을 뿐 외적인 명예와 지상의 재물을 꿈꾼 것이 아니다. 졸라의 『자선L'Oeuvre』을 한번 읽어 보라. 인생은 우리가 생각하는 것보다 훨씬 논리적이다.

그녀는 수녀원 생활을 꿈꾸었지만, 나중에 사창가에 있는 자신을 발견했다. 그럼에도 그녀는 자신의 "업무 시간"이 끝나면 병든 동료들을 돌보고, 그들의 근심과 고통을 줄여 주는 마음 따뜻한 수녀로 남아 있었다. 다른 여인은 향락을 좇으려 했지만 암 환자 수용소에서 만족을 찾는다. 막 죽어가는 사람들이 그녀의 말에 미소를 띠며 귀를 기울이고, 꺼져 가는 눈빛으로 그녀의 밝은 모습을 더듬는….

비참함… 가난함….

학자는 생각하고 고민하고 착상하고 이론과 가설을 세운다. 젊은이들은 어떻게 병원들을 세우고 충분한 자선금을 낼 것인가를 꿈꾼다.

비너스가 아직도 자리를 차지하지 않은 한, 유년기의 꿈속에는 에로스가 살아 있다. 사랑이 단순한 종족 이기주의라는 일면적인 주장들은 많은 것을 손상시킨다. 아이들은 종종 동성이나 노인이나 심지어는 한 번도 보지 못한 사람, 또는 존재하지 않은 사람들을 사랑한다. 그들이 이미 열망의 감정을 느낀다 하더라도 아직도 오랫동안은 이상을 사랑할 뿐, 육체를 사랑하지 않는다.

싸움과 정적과 소음과 노동, 그리고 희생에 대한 욕구, 소유하고 즐기고 찾고자 하는 소망, 명예욕과 수동적인 모방, 이 모든 것은 실제의 형태나 형상과는 무관하게 꿈속에서 표현된다.

인생은 꿈을 현실로 만든다. 수백 가지 꿈의 형상들을 이어 붙여 아이는 현실이라는 조각상을 만들어 낸다.

| 113 |

사춘기의 첫 단계: 나는 이미 알고 있지만, 아직 아무것도 느끼지 못하고, 나는 뭔가 느끼지만 그것을 믿지는 않는다. 나는 자연이 다른 사람에게 하는 것을 엄격하게 판단한다. 나는 위협적인 고통을 겪고 있지만, 거기서 빠져나올지는 확실치 않다. 하지만 나는 무고하다. 다른 사람들을 경멸한다면, 그건 나 자신에 대한 두려움 때문이다.

두 번째 단계: 반쯤 잠이 들었을 때나 꿈속에서, 흥분해서 놀고 있을 때 모든 저항에도 불구하고, 그리고 스스로 느끼는 혐오감이나 다른 사람들의 금지에도 불구하고 점점 더 자주, 그리고 점점 더 분명하게 자신과의 갈등이 외부 세계와의 고통스러운 갈등으로 이어진다는 느낌을 받는다. 스스로 부인하는 생각들이 병이 엄습하는 것처럼, 최초의 오한처럼 세차게 몰려온다. 처음에는 기이하게 다가와 위협하다가 그다음에는 심지어 불안감과 절망감마저도 사라지게 하는 성적 감정의 잠복기가 있다. 킥킥거리며 속삭이던 비밀의 전염병은 사라지고, 찌르는 듯한 새로운 흥분은 그 자극을 잃고, 아이는 가슴을 털어놓는 단계에 이르고, 우정은 깊이를 더해 간다. 부모를 떠나 인생의 숲속에서 방황하는 아이들이 서로 돕기로, 절대로 서로 떠나지 않고, 어떤 불행에서도 서로 헤어지지 않기로 맹세하는 아름다운 우정이 싹튼다.

아이는 불행하지만 더 이상 습득한 공식을 따르지 않고, 놀라움의 어렴풋

한 불안이 아니라 따뜻한 동감을 가지고 고통과 비참함과 경멸을 돌아보는 쪽으로 기울어진다. 자신에게 몰두한 채 우울한 아이는 이제 다른 사람에게 그렇게 긴 동정심을 느낄 수 없다. 하지만 아이는 한순간 동정심을 느끼고, 유혹당한 소녀나 학대받는 아이 혹은 묶인 죄수들을 위해 눈물을 흘린다.

모든 새로운 구호나 생각, 그리고 모든 강한 표현은 그 아이에게서 주의 깊게 들어주는 사람과 열광적으로 편들어주는 사람을 발견한다. 아이는 더 이상 책을 읽는 것이 아니라 중독된 사람이 자신도 모르게 빠져들 듯, 그 책을 빨아들이고 기적을 위해 기도한다! 유년기에 사랑하던 하느님은 나중에는 책임을 잔뜩 진 하느님으로, 모든 불행과 악덕의 근원으로 변해 버린다. 할수 있으면서도 하기를 원치 않는 그는 비밀스러운 힘을 가진 하느님으로, 용서와 초인적인 이성의 하느님으로 다시 자리 잡는다. 하느님은 폭풍의 시간에 조용한 피난처가 된다.

이전에는 다음과 같이 말했다. "어른들이 한 아이에게 기도하라고 강요하면 그 기도는 분명 거짓말이 된다. 그들이 내 친구 중 하나를 집에서 쫓아내면 내게 길을 가르쳐 줄 수 있는 사람은 더 이상 없다." 어떻게 어른들을 믿을 수 있을 것인가? 그러나 지금은 다르다. 적대적인 거부감 대신 동정심이 자리 잡는다. 모든 것을 단순히 "빌어먹을"이라고 욕하는 것으로는 이제 충분치 않다. 여기서는 뭔가 끝없이 복합적인 것이 숨겨져 있다. 하지만 무엇이? 책은 겉보기에는 의심을 흩어지게 하지만 그것은 그 순간뿐이고, 같은 또래 친구는 그 스스로도 아무런 힘도 대책도 없다. 우리가 그 아이를 다시 얻을 수 있는 순간이 왔다. 아이는 기다리고 우리가 부르는 소리를 들을 준비가 되어 있다.

그에게 무어라고 말해야 하나? 꽃이 어떻게 열매를 맺고, 하마는 어떻게 증식하는지에 대해서 말하거나 자위행위가 얼마나 해악이 되는지에 대해서 말하는 것이 아니다. 아이는 여기에는 손을 깨끗이 씻거나 더럽혀지지 않은 침대보보다 더 중요한 것이 문제가 된다는 것을, 여기서는 그의 영적인 원리, 그의 본질, 그리고 인생에 대한 책임이 문제가 된다는 것을 느낀다.

아, 단순히 믿고 신뢰하고 깊이 생각할 필요가 없는 순진한 아이가 다시될 수 있다면!

아, 모든 다른 사람들이 그런 것처럼 "과도기의 나이"를 지나 마침내 어른이 될 수 있다면!

수도원 생활, 정적, 경건한 명상들!

아니다, 명예와 영웅적인 행동들!

여행, 재빨리 바뀌는 그림들과 감정의 움직임, 춤, 즐기기, 바다와 산.

가장 좋은 것은 죽음이다. 그렇다면 무엇을 위해 살고, 왜 괴로워하는가?

한 교사가 여러 해 동안 이 순간을 위해 준비하고 조심스럽게 관찰해 왔다면 그는 이제 이 아이를 충고와 행동으로 도와줄 수 있을 것이다. 아이가 어떻게 스스로를 인식하고 극복할 수 있는지, 그것을 위해 어떤 수고가 필요하고 어떻게 자기 삶의 여정을 찾아야 하는지 말이다.

| 114 |

밝은 자신감, 억제되지 않은 웃음과 청소년기의 명랑함. 그렇다, 많은 사람과 함께하는 것에 대한 즐거움, 꿈꾸던 승리를 획득함, 우리가 현실에 대항하여 낚시로 이 세상을 끌어올릴 것이라는, 아직도 쓰디쓴 경험으로 깨어지지 않은 확신이 있다.

"우리 주변에는 너무나 많은 젊은 얼굴들과 불끈 쥔 주먹과 건강한 이빨이 있고, 우리는 정복당하지 않는다."

한 잔의 포도주나 한 잔의 맥주는 마지막 의심을 사라지게 한다.

지나간 시간의 죽음, 새로운 삶이여 만세!

그들은 가볍게 이마를 찌푸리고, "저 바보들!"이라고 말하며 조롱하는 사람들을 간과한다. 그들에게 슬픈 눈길로 "불쌍한 것들!"이라고 말하는 사람들을 무시하고, 그 순간을 이용하고 새로운 시작을 시도하고, 이 고상한 날아오름이 방탕한 축제에서 몰락해 버리거나 내용 없는 외침 속에서 사라지지 않도록 맹세하는 세 번째 사람에게 현혹된다.

그것은 구속받지 않고 환상에 열광하는 자극된 지루함의 징후인 데 반해, 때때로 우리는 공동의 즐거움을 넘치는 에너지로 간주한다. 기차를 타고 있는 즐거워하는 아이를 생각해 보라. 아이는 한동안은 어디를 향해 가는지 알지 못한 채 처음에는 많은 인상들에 대해 만족하다가, 그것이 지나치면 다음에는 기분이 달라지고, 나타날 것에 대한 기대감으로 기뻐하던 웃음은 쓰디쓴 눈물로 끝나는 것이다.

왜 어른들이 있으면 "놀이를 망치는지", 방해가 되고 뭔가 강제적인 것이 놀이 속에 들어오게 되는지를 한번 설명해 보라….

화려하고 과장되고 상승된 분위기. 어른들은 이성적인 방법으로 감동하고 고상한 순간에 완전히 매혹당한다. 그러면 젊은이들 가운데 두어 명은 서로 쳐다보고, 우스워서 숨이 넘어갈 지경이지만, 웃음을 터뜨리지 않으려고 눈물이 날 정도로 자제한다. 그러나 서로 팔꿈치로 찌르며, 악의 섞인 말을 주고받으며 스캔들이 될 위험이 있는 유혹에 저항하지 못한다.

"웃으면 안 된다는 걸 잊지 마. 날 쳐다보지 마. 네가 나를 보고 웃지만 않는다면."

이런 축제 같은 분위기가 지나면,

"그 여자의 코는 왜 그렇게 빨간지. 그 사람 넥타이는 완전히 돌아갔어. 너무 웃어서 그들은 거의 폭발할 지경이었어. 한번 흉내 좀 내 봐! 넌 그런 걸 아주 잘하잖아."

모든 것이 얼마나 우스꽝스러운지에 대한 끝없는 수다….

그러고도,

"그들은 내가 기뻐한다고 생각해. 그렇게 생각하도록 내버려 둬. 그건 단지 그들이 우리를 이해하지 못한다는 사실을 또 한 번 증명해 줄 뿐이야…."

청소년들은 즐겁게, 그리고 기꺼이 일한다. 약간의 준비와 그런 다음에는 **하나**의 엄청난 노력과 **하나**의 분명한 목표가 있는 행동이 뒤따른다. 거기서는 재빠른 손과 풍부한 착상이 중요하다. 여기서 젊음은 그 본질을 보여 주고, 사람들은 건강한 즐거움과 작업에 대한 열정을 보게 된다.

계획하고 결정하고 악착같이 실행하는 것, 그리고 실패한 시도와 극복해 낸 어려움을 보고 웃음 짓는다.

| 115 |

젊음은 고귀하다.

만일 한 아이가 겁도 없이 5층 창문 밖에 기대는 것을 당신이 용기라고 부른다면, 그 아이가 엄마가 테이블 위에 올려놓은 금시계를 절뚝거리는 거지에게 주는 것을 착하다고 부른다면, 그리고 아이가 자기 동생에게 칼을 던지고 그의 눈을 때리는 것을 범죄라고 부른다면, 그렇다면 나는 동의한다. 젊음은 생업 활동이나 사회적인 서열 관계와 사람들의 공동의 법칙 속에서 아직 아무 경험도 하지 않은 동안은 고상하다.

이 경험 없는 젊은이들은 여전히 그들의 호감과 반감, 존경과 혐오감, 다시 말해 자신의 감정을 솔직하게 보일 수 있다고 생각한다.

이 경험 없는 젊은이들은 스스로 관계를 맺거나 전수된 형식들을 존중하거나 사소하게 취급하거나, 관습법에 동의하거나 그것에서 벗어날 수 있다고 생각한다.

"난 그것에 대해 코웃음을 쳐. 그건 내겐 아무 상관 없어. 멋대로 말하라지. 난 원치 않을 뿐이야. 그게 내게 무슨 상관이야?"

그들이 부모의 힘에서 아주 조금이라도 빠져나오면 거의 숨을 돌리기도 전에 이미 새로운 속박들이 있다. 오, 딱하기도 하지!

누군가가 부자이기 때문에, 혹은 "고귀한 신분을 타고난 사람"이기 때문에, 그리고 누가 어디선가 어떤 생각을 떠올렸거나 무언가를 말해야 했기 때문인가?

인생에는 어떤 타협이 반드시 필요한지, 무엇을 피할 수 있는지, 어떤 대가를 위해, 어떤 것은 고통스럽지만 불명예스럽지는 않은지, 어떤 것은 타락한 것인지를 누가 청년에게 말해 주는가? 어떤 곳에서 바닥에 침을 뱉어서는 안 되며 식탁보로 코를 닦아서는 안 된다는 예절 규칙을 지키는 것이 일종의 기만이지만 악덕은 아니라는 것을 누가 가르쳐 주는가?

이전에 우리는 아이에게 "사람들이 너를 보고 놀릴 거야"라고 말했다. 이제 우리는 거기에 "넌 굶어 죽을 거야"라는 말을 덧붙여야 한다.

당신은 젊음의 이상에 대해 말한다. 그 말은 누군가를 항상 설득할 수 있고 모든 것이 나아질 것이라는 환상을 갖게 한다.

그리고 당신은 이 같은 고상함에 대해 무엇을 시작하는가? 당신은 아이들에게서 그런 고상함을 철저히 내몰아 버리고, 이상주의와 즐거움, 그리고 "젊음"의 자유를 재미있게 여긴다. 이전에 순진함과 우아함과 자녀의 사랑을 재미있게 여겼던 것처럼 말이다. 그렇게 해서 이상은 홍역이나 풍진과 같은 질병이며, 신혼여행에서 그림 전시회를 가는 것과 마찬가지로 무해한 의무라는 착각이 생겨난다.

"나 역시 파리스Farys*와 마찬가지였어. 루벤스 그림을 보았지."

고상함은 이른 아침의 안개와 같은 것이어서는 안 되고, 그것은 한 묶음의 빛과 같아야 한다. 아직은 우리에게 허락되지 않지만, 우리는 언젠가 성실한 수십 명에게 가르치게 될 것이다.

| 116 |

작업을 끝내고 난 후 자신이 알고 있는 것을 다 말하고 검토했다는 확신을 가질 수 있고, 자신이 정한 규정에 따라 판단했다고 스스로 말할 수 있는 작가는 행복하다. 하지만 그가 원고를 인쇄하도록 내놓을 때면 자기가 생명을 가진 피조물을 만들었다는 불안한 느낌이 들 것이다. 이와 다른 경우도 종종 있다. 작가가 때때로 완벽한 처방과 사용법을 기록한 평균적인 교훈을 요구하는 독자를 눈앞에 두고 있지 않은 경우도 종종 있을 것이다. 이때의 작업 과정은 아직도 윤곽이 확실하게 잡히거나 입증되지도 않고, 갑자기 떠오른 생각들에 조심스럽게 귀를 기울이는 것이기도 하다. 이제 작업은 끝났다. 냉철한 결산. 불안한 잠에서 고통스럽게 깨어난다. 모든 장障은 채 생겨나기도 전에 비난을 받았기 때문에 나는 그것을 비난의 눈길로 쳐다본다. 한 책이 주는 마지막 생각은 전체의 결말이 아닌가? 그리고 이제 더 이상 아무것도 뒤따라 나오지 않기 때문에 놀라움을 불러내지 않는가?

아직도 뭔가를 덧붙여야 할까? 그것은 내가 알고 있는 것을 다시 한번 시작해서, 다시 한번 내팽개치고, 내가 예감하지 못한 새로운 질문들에 다시 한번 부딪쳐야 하며, 마찬가지로 완성되지 않은 채 남아 있는 또 한 권의 새 책을 써야 한다는 것을 의미한다.

아이는 엄마의 삶에 침묵의 경이로운 멜로디를 선사한다. 아이가 비록 엄마에게 아무것도 요구하지 않고 살아간다 하더라도, 엄마가 그에게 바친 시

---

*아담 미츠키에비치(Adam Mickiewicz)의 같은 제목의 영웅시 Farys에 나오는 주인공.

간과 끝없이 아이를 둘러싸고 맴돌았던 생각들은 그녀에게는 삶의 내용과 과제와 힘과 작업의 즐거움을 의미한다. 조용한 관조 속에서 엄마는 아이를 통해 교육적인 작업이 요구하는 영감에 이르게 된다. 책으로부터가 아니라 당신 스스로부터 말이다! 그런 다음 모든 책은 값진 물건이 된다. 내 글이 당신에게 그런 확신을 주었다면 임무를 다한 것이리라. 지혜로운 고독 속에 깨어 있기를….

2부
기숙사

✝

나는 도시의 기숙사에 대해 글을 쓰려고 한다. 그곳에는 몇 안 되는 교사들과 몇 안 되는 직원들이 독자적인 시설을 기반으로 취학 연령에 있는 백여 명의 고아 소년과 소녀들을 돌보고 있다.

기숙사에 관한 자료는 아직 충분치 않다. 기껏해야 위생 문제를 다루는 논문이나, 아이들을 그렇게 큰 공동체적 구조 속에서 키우는 원칙 자체에 대한 강한 비판이 있을 따름이다.

나는 침실이나 욕실, 식당, 마당 그리고 화장실을 감독하는 교사라는 역할을 통해 기숙사의 어두운 비밀들을 알게 되었다. 나는 교복을 입은 아이들을 알지는 못하지만, 초라한 평상복을 입은 이 아이들은 안다.

이 책은 교도소 같은 기숙사에서 일하는 교육자들에게뿐만 아니라 오늘날 아이들이 갇혀 있다고 느끼는 '가정'이라는 감옥에 있는 어른들에게도 많은 점을 시사해 줄 것이다.

가정에서건 기숙사에서건 아이들은 고통을 받는다. 활기 넘치는 아이들은 감독하는 사람을 속여서 그들의 철통같은 통제에서 벗어나려고 애를 쓴다. 그들은 자신들의 권리를 위해 고집스럽게 승산 없는 싸움을 한다.

나는 독자들이 내게 신뢰하는 마음을 보낼까 봐 두렵다. 독자들이 나를 신뢰한다면, 이 책은 그들에게 상처를 줄지 모르겠다. 그래서 나는 큰 소리로 경고하려고 한다. 내가 목표에 이르기 위해 가는 길은 결코 가장 가까운 길도 아니고, 가장 손쉬운 길도 아니라고 말이다. 그렇지만 그 길은 내게는 최선의 길이다. 내가 가야 할 길이기 때문이다. 나는 수고스럽고 고통스럽게 그 길을 찾았고, 내가 읽은 책들에 쓰인 다른 사람의 경험이나 견해들이 기만적이라는 것을 깨닫고 난 후에야 비로소 그 길을 찾을 수 있었다. 출판인들은 종종 위대한 인물들의 화려한 언어들을 인쇄한다. 진리와 학문의 고전으로 알려진 생각들을 모아 출판하는 것이 훨씬 유용할지도 모른다. 루소Rousseau 는 현대의 모든 유전遺傳 이론에 반대되는 문장으로 『에밀』을 시작한다.

| 2 |

이 글은 가급적 짧게 쓰려 한다. 그 이유는 무엇보다 젊은 교사들을 생각해서다. 그들은 지나치게 난해한 교육학적 문제들의 소용돌이 속에서, 너무나도 혼란스러운 환경 속에서, 반쯤은 기진맥진한 채 도움을 청한다.

가련하기 그지없는 이 사람에게는 철저히 연구할 시간이 없다. 아이들은 밤마다 두어 번쯤 그를 깨운다. 한 아이가 이가 아프다고 울기 시작하면, 그는 이 아이를 달래고 치료를 해 주어야 한다. 다시 막 잠이 들려고 하면 다른 아이가 깨운다. 이 아이는 죽은 사람들과 도둑들이 나타나는 악몽을 꾼 것이다. 그들은 아이를 죽이려 하고 물속에 빠뜨리려 한다. 그러면 그는 그 아이를 진정시켜 다시 재워야 한다.

저녁만 되면 이 사람은 졸려서 더 이상 두꺼운 교육학 책을 읽을 수 없다. 잠을 충분히 자지 못한 눈이 저절로 감기기 때문이다. 흥분하고 초조해진 그는 학식 높은 저서들이 약속하는 구원의 원칙들을 현실로 옮겨 놓을 능력이 없다. 나는 그의 저녁 휴식 시간을 방해하지 않을 것이다.

| 3 |

낮 동안 교사는 집중해서 책을 읽을 시간이 없다. 그가 책을 좀 읽으려고 앉자마자 벌써 한 아이가 다가와 하소연을 한다. 글씨를 쓰는데 옆에 앉은 아이가 밀쳤다고, 그래서 얼룩이 생겼는데 처음부터 다시 시작해야 할지, 그냥 놔둬야 할지, 아니면 그 페이지를 찢어 버려야 할지 물어본다. 다른 아이가 절뚝거리며 다가온다. 신발에 못이 박혀 제대로 걸을 수 없다고…. 세 번째 아이는 도미노 막대를 좀 가져가도 되는지 묻는다. 네 번째 아이는 창고 열쇠를 달라고 한다. 다섯 번째 아이는 주운 손수건을 내밀며 "이걸 주웠는데, 누구 건지 모르겠어요"라고 말한다. 여섯 번째 아이는 자기 이모에게서 얻은 4그로셴을 맡아 달라고 가져온다. 일곱 번째 아이는 달려와서 방금 맡긴 그 손수건을 찾아가려고 한다. "이건 제 거예요. 제가 잠시 창틀에 걸어

두었는데, 그 애가 금방 가져갔어요."

저쪽 구석에서 서투르기 짝이 없는 아이가 가위를 가지고 놀고 있다. 그 아이가 무슨 일을 저지를 것만 같다. 누가 저 아이에게 가위를 주었을까? 방 한가운데서 열띤 논쟁이 벌어졌고, 곧 한바탕 싸움으로 이어질 판이다. 그는 그것을 막아야 한다. 밤에 이가 아팠던 아이는 지금은 미친 듯이 돌아다니면서 글씨를 쓰고 있는 아이들의 의자에 부딪치고 필통을 떨어뜨리지만, 밤만 되면 그 아이의 이는 어쩌면 다시 아플지도 모른다.

아무리 얇은 책자라도 책 한 권을 읽기 위해서 교사에게는 엄청난 의지가 필요하다.

| 4 |

그러나 책을 읽는 것은 그에게는 그다지 중요하지 않다. 그 책이 뭔가 도움을 줄 것이라고는 그다지 생각하지 않기 때문이다.

저자는 많은 인용문을 통해 자신의 학식을 증명하고, 오래전에 알려진 사실을 다시 한번 반복한다. 똑같은 엄숙한 바람들, 똑같은 자비로운 거짓말, 그리고 실현될 수 없는 조언들…. 교사란 이러저러해야 한다는…. 그러나 교사는 모든 크고 작은 일을 결국은 자신이 아는 대로, 자신이 할 수 있는 대로, 무엇이 가장 중요한지에 따라 오로지 혼자 결정해야 하지 않는가. "그건 이론적으로는 훌륭하고 옳은 말일 거야." 그는 고민에 빠져 이렇게 자신을 위로한다.

그리고 아주 조용한 공간에서 편리한 책상 앞에 앉아 원칙들을 기록하는 저자에 대해, 힘이 넘치고 시끄럽고 다급하고 반항적인 아이들의 무리와 직접 부딪칠 필요가 없는 저자에 대해 교사는 좋은 감정을 품지 않는다. 폭군이 되기를 원치 않는 모든 사람을 자신의 노예로 만드는 아이, 혹은 매일같이 한 아이가 하루 일과를 완전히 망쳐 놓아서 나머지 아이들마저 교사의 기분을 밝게 해 줄 수 없는 상황을 그가 과연 알 수 있을까?

대관절 왜 사람들은 고상한 학문, 중대한 과제, 그리고 높은 이상이라는 허상을 가지고 그를 자극하는가? 그는 반쯤 잊힌 일당日當 노동자일 뿐이고, 앞으로도 그렇게 남아 있어야 하는데….

| 5 |

그는 참신하게 일을 시작했을 때의 활기가, 누구의 명령이 없어도 자신을 움직이게 해 주던 활기가 사라졌음을 느낀다. 이전에는 어떻게 작은 파티를 열어서 아이들을 놀라게 해 줄까를 생각하는 것이 그에게는 큰 즐거움이었다. 기숙사의 단조로운 잿빛 생활에 새롭고 밝은 색채를 부여하는 것이 그에게는 더없이 중요했다. 이제 그는 자신의 일기장에 "특별한 일 없음"이라는 절망적인 말을 기록하면서 안도한다. 아무도 아프지 않고, 유리창이 깨지지도 않고, 심한 말을 하지 않았으면 그날 하루를 잘 보낸 것을 뜻하는 것이다.

그는 자신의 에너지를 상실해 가고 있다. 사소한 일들은 의도적으로 알리고 하지 않고, 꼭 필요한 것만 보거나 알려고 애쓴다.

그는 주도권을 상실했다. 이전에 그는 아이들을 위해 몇 봉지 사탕이나 장난감을 기부받으면 기뻐했다. 그리고 이 기회를 가장 잘 이용하기 위해 계획을 세웠다. 지금은 군것질거리를 빨리 나누어 주고는 금방 끝내 버린다. 그렇지 않으면 또다시 싸우고, 고자질하고, 교사에게 요구하는 일들이 생겨난다. 새로운 도구나 새로운 물건은 또다시 아이들이 망가뜨리지 못하도록 조심시켜야 한다는 것을 의미한다. 창틀 위에 화분을 올려 두든지, 벽에 액자를 거는 등, 할 일은 태산 같다. 그러나 그는 무엇을 하는 것이 좋을지 모르고, 하고 싶지도 않으며, 할 수도 없다. 마침내 그는 이 모든 것을 더 이상 의식하지 않는다. 그는 자기 자신에 대한 믿음을 잃어버린다. 이전에는 아이들에게서나 자기 자신에게서 뭔가 새로운 것을 발견하지 않고 지나가는 날은 하루도 없었다. 아이들은 그에게 호감을 보였다. 지금은 아이들이 그를 피한다. 그는 정말 아직도 아이들을 사랑하는가? 그는 아이들에게 차갑게 굴고, 때로는 심지어 거칠기까지 하다.

어쩌면 그는 자기가 모범을 보여 주려고 했던 저 아이들, 차갑고 수동적이며 태만한 저 아이들과 자신을 더는 구별할 수 없게 된 것은 아닐까?

| 6 |

그는 자기 자신과 주변에 대해, 그리고 아이들에게도 화를 낸다.

일주일 전 그는 누나가 병이 났다는 편지를 받았다. 아이들은 그 사실을 알고는 그의 걱정을 이해해 주었다. 그들은 조용히 잠자리에 들었다. 그런 아이들이 고마웠다.

그러나 그다음에는 새로운 학생이 들어왔다. 아이들은 그 아이에게서 식구들이 보내 준 사탕과 필통, 몇 권의 스케치북 등, 모든 것을 빼앗았다. 그 애들은 고자질하면 때릴 거라고 위협했다. 아주 성실하다고 여겨 왔던 아이들도 이렇게 야비한 일에 관여했다.

그때 한 아이가 그를 껴안고 "선생님 좋아해요"라고 말한다. 그러고는 새옷을 달라고 부탁한다.

같은 아이가 이렇게 상반된 양상을 보이는 것이다. 그는 감동을 받고 감탄한다. 이렇게 섬세한 분별력과 깊은 감정이 그 아이 속에 숨겨져 있다니. 하지만 다음 순간, 이 아이의 맹수 같은 폭력 행위가 그에게 반감을 일으킨다.

교사는 "나는 원한다, 해야 한다, 해야 할 것이다"라고 말한다. 그러나 뒤이어 "이것이 과연 소용이 있을까?"라고 절망적으로 중얼거린다.

이론적인 원칙들이 매일매일 하는 개인적인 체험과 뒤범벅이 되어 그는 실마리를 잃고 만다. 오래 생각하면 할수록 그는 모든 것을 점점 더 이해할 수 없게 된다.

| 7 |

그는 주변에서 무슨 일이 일어나는지 이해하지 못한다.

그는 지시와 금지 따위를 최소한 반드시 필요한 것에 제한시키려고 애를 쓴다. 그는 아이들에게 많은 자유를 허용한다. 아이들은 그것으로 만족하지 않고 더 많은 것을 요구한다.

그는 그 아이들이 가진 걱정을 들여다보고 싶고, 평소와는 달리 아무 관심도 보이지 않은 채 말없이 구석에 서 있는 한 소년에게 다가간다. "무슨 일이니? 왜 그렇게 슬퍼 보이니?" "아무 일도 없어요. 전 전혀 슬프지 않아요." 아이는 무뚝뚝하게 대답한다. 교사가 다정하게 그의 머리를 쓰다듬어 주려 하자 아이는 쌀쌀맞게 피한다. 저쪽에서 한 무리의 아이들이 활기차게 떠들고 있다. 그가 다가가면 아이들은 입을 다문다. "너희들 무슨 얘기를 했니?"

"아, 아무것도 아니에요."

그들은 겉으로는 그를 좋아하는 것처럼 보인다. 하지만 그는 그 아이들이 자기를 놀리고 있다는 것을 안다. 그 아이들은 그를 신뢰할지는 몰라도, 그 앞에서는 항상 자기들만의 비밀을 가지고 있다.

그들은 교사의 말을 듣는 것처럼 행동하지만, 나쁜 꾐에는 너무나도 쉽게 귀를 기울인다.

그는 그런 사실을 이해할 수 없고, 어떻게 해야 좋을지 알지 못한다. 이 모든 것이 그에게는 낯설고 적대적이며 전혀 편치가 않다.

아이들과 함께하려는 사람들이여, 당신은 즐거워해야 한다! 당신은 아이들에 대한 선입견과 감상적인 생각을 버릴 수 있어야 한다. 당신은 아무것도 알지 못한다는 것을 이미 알고 있다. 아이들은 당신이 생각하는 것과 같지 않다. 그들은 완전히 다르다. 아이가 어디로 가고 있는지 제대로 알지 못한 상태에서 당신은 이미 하나의 길을 찾고 있다. 길을 잃었는가? 인생이라는 끝없이 깊은 숲에서 길을 잃는 것은 수치가 아니라는 사실을 잊지 말라. 비록 길을 잃었다 할지라도 잘 둘러보라. 그러면 당신은 온통 아름다운 조각으로 이루어진 모자이크를 볼 수 있을 것이다. 당신은 괴로워하는가? 깊은 고통 속에서 진실이 드러난다.

| 8 |

당신 자신에 대해 용기를 가져라. 그리고 자신의 길을 찾아라. 아이들을 인식하려 하기 전에 스스로를 인식하라.

아이들에게 그들의 권리와 의무에 경계를 그어 주기 전에 당신의 능력이 어디 있는지를 분명히 하라. 그 아이들 가운데서 가장 먼저 인식하고 교육하고 가르쳐야 할 대상은 바로 당신 자신이다.

교육학이 아이들에 관한 학문이란 말은 전적으로 틀린 말이다. 그것은 먼저 인간에 대한 학문이기 때문이다.

어떤 폭력적인 아이가 흥분해서 다른 아이를 때렸다. 어른도 감정이 격해지면 사람을 때려죽일 수 있다. 그들은 선량한 아이를 좋은 말로 꼬드겨서 장난감을 빼앗는다. 어른들도 다른 사람에게 허위 서명을 하도록 유인할 수 있다. 경솔한 아이는 공책을 사기 위해 얻은 돈으로 사탕을 산다. 어른도 노름으로 전 재산을 날릴 수도 있다. "어린아이 그 자체"란 존재하지 않는다. 인간이 있을 따름이다. 단지 서로 다른 정도의 이해와 다른 경험들, 다른 충동과 다른 감정의 반응이 있을 뿐이다. 우리가 그것을 알지 못한다는 사실을 늘 기억하라.

그들은 성숙지 못한가?

노인에게 한번 물어보라. 그는 마흔이 된 당신을 성숙하지 못하다고 여길 것이다. 권력이 없는 모든 사회 계층은 미성숙하다. 어느 민족이 다른 나라의 도움에 의존한다면, 그들은 아무 규범도 가질 수 없기 때문에 역시 미성숙한 것이다.

당신 자신으로 돌아와서, 아이들이 자유롭게 자신을 펼치는 그 순간에 그들을 주의 깊게 살펴보라. 관찰하라. 하지만 요구하지는 말라. 당신은 힘이 넘치고 공격적인 아이를 가만히 앉아 있으라고 강요할 수는 없다. 불신에 차고 폐쇄적인 아이는 솔직하지 않고 말을 잘 하지 않는다. 욕심이 많고 반항적인 아이는 부드럽지도 관대하지도 않다.

그러면 당신 자신은 어떤가?

당신이 존경받을 만한 위치나 강한 허파를 가지고 있지 않다면, 목청을 높여 아이들이 떠드는 소리를 누르려고 헛수고를 하지 말라. 선량한 미소와 선량한 눈을 지니고, 그 눈으로 인내를 말하라. 아무 말도 하지 말라. 어쩌면 그들은 저절로 조용해질 것이다. 그들은 자신의 길을 찾을 것이다.

당신 자신에게 너무 빨리 안정되고 완전한 교사가 될 것을 요구하지 말라. 가슴속에는 심리학적 기록과 머리에는 교육학적 법률서가 들어 있는 그런 교사 말이다. 당신은 기적을 일으키는 동맹군을, 대단한 마술사를 가지고 있다. 그것은 바로 당신의 젊은 시절이다. 당신의 비뚤비뚤하고 서투른 경험에서 도움을 받아야 한다.

| 9 |

무엇이어야 하는지가 중요한 것이 아니라, 무엇일 수 있는지가 중요하다. 아이들이 당신을 사랑하는 것을 당신은 좋아한다. 그러나 당신은 모든 기만과 폭력을 가지고 끔찍할 정도로 제한된 형태 속에 그들을 몰아넣으려 한다.

당신에게 부과된 양심적인 일을 가지고 말이다. 하지만 그들은 그것을 원치 않고 거부한다. 그러면 그들은 당신에게는 못된 아이들이다.

당신은 그들이 정직하고 반듯하기를 원한다. 그러나 세상의 처세술은 기만적이고, 때로는 정직함이 수치심을 모르는 행동으로 받아들여지기도 한다. 어제 당신이 그 소년에게 왜 슬퍼 보이냐고 물었을 때, 그 소년이 무슨 생각을 했는지 어쩌면 알 수 있을 것이다. '나를 가만히 내버려 둬요'라고 그 아이는 생각했을 것이다. 그 아이는 이미 정직하지 않은 것이다. 그 아이는 자기가 생각하는 것을 말하지 않고 불쾌하게 돌아서 버렸다. 그리고 그런 사실 자체가 벌써 당신의 기분을 상하게 한다.

불평하는 것은 옳지 않다. 남을 비방하는 것은 추한 일이지만, 그들의 관심사와 고통과 과정 속으로 어떻게 비집고 들어갈 수 있겠는가?

벌을 주지도 상을 주지도 말라. 하지만 질서는 있어야 하고 그들이 따라야 할 지침은 있어야 한다. 벨 소리가 나면 모든 아이가 점심 식사 테이블로 모여들어야 한다. 그러나 만일 아이들이 너무 늦게 오거나 전혀 오려고 하지 않는다면?

당신은 그들의 모범이 되어야 한다. 하지만 당신의 결점과 나쁘거나 흉한 습관들을 어떻게 감출 수 있겠는가? 당신은 그것을 숨기려고 애쓸 것이다. 혹시 성공할지도 모르지만 당신이 그것을 애써 감추려 할수록 아이들은 더욱 아무것도 모르는 척 행동할 것이다. 그러나 나지막이 목소리를 낮춰 그들은 당신을 비웃을 것이다. 어렵다. 아주 어려운 일이라는 것을 나는 인정한다. 하지만 모든 사람에게는 어려움이 있고, 그것을 이겨 내는 데는 여러 방법이 있다.

이런 질문에 대한 대답은 항상 상대적인 정확함을 가지고서 좇아갈 수밖에 없다는 점이다. 인생은 항상 하나의 정답만 있는 산수 문제들이 모인 것이 아니기 때문이다. 적어도 그 해답을 얻기 위한 최소한 두어 가지 다른 방법이 있다.

| 10 |

당신은 아이들의 정신적이고 영적인 힘을 조화롭게 발전시키고, 그들의 숨

겨진 능력을 완전히 펼칠 수 있는 자유를 보장해 주려고 한다. 그리고 당신은 선과 미와 자유에 대한 경외심을 가지고 그 아이들을 교육하려 한다.

아, 당신은 얼마나 단순하지! 한번 시도해 보라! 사회는 난폭한 아이들을 맡기고는 당신이 그 아이들을 휘어잡고, 훈련시키고, 주변 세계의 마음에 들도록 만들어 주기를 바라고 기다린다. 국가와 교회와 미래의 고용주들의 마음에 들도록 말이다. 그들은 요구하고 기다리고 예의 주시하고 있다. 국가는 애국심을 요구하고, 교회는 믿음을, 그리고 고용주는 성실함을 요구한다. 모두들 그 아이가 절제하고 겸손한 인간이기를 원한다. 한 아이가 너무 힘이 넘치면 박차고 나갈 것이다. 조용한 아이는 나중에 주변을 맴도는 사람이 될 것이고, 고삐 풀린 아이는 매수하는 사람 쪽으로 기울어질 것이다. 가난한 사람들에게는 길은 항상 막혀 있는 법. 누가 그것에 책임이 있는가? 아무도 없다. 인생 그 자체 외에는….

그런 아이는 별로 가치가 없다고 당신은 생각한다. 고아 말이다. 그 아이는 둥지에서 떨어진 풋내기이다. 그 애가 죽는다 해도 아무도 그 사실을 알지 못한다. 그 무덤 위에는 풀이 자라겠지. 한 번만 생각해 보라. 그렇다면 그 사실이 자명해져서 당신은 서럽게 울 것이다. 자유로운 공화국 프랑스의 작가 프레보Prevost의 육아원에 관한 이야기를 한번 읽어 보라.

아이에게는 원하고 경고하고 요구할 권리가 있다. 아이는 자라고 성숙해질 권리가 있으며, 성숙해지면 열매를 맺을 권리가 있다. 그러나 교육의 목표는 바로 시끄럽게 하지 않는 것, 신을 모독하지 않는 것, 순종하고 명령을 따르는 것, 비판하지 않는 것이며, 그러고는 이 모든 것이 그 아이가 잘되기 위한 것이라고 믿는다.

조화, 억눌리지 않은 자유로운 전개-네 이웃을 사랑하라는 것은 계명이 아닌가. 세상을 한번 둘러보라-그리고 웃어 보라.

| 11 |

새로 들어온 아이.

당신이 그 아이의 머리와 손톱을 깎아 주고, 목욕을 시키고 옷을 갈아입히면, 그 아이는 다른 아이들과 비슷하게 보인다.

아이는 "이것 할래요"라고 말하지 않고, 심지어 머리를 숙이며 "미안하지만"이란 말을 덧붙인다. 그는 낯선 사람이 오면 인사를 해야 한다는 것을 알고 있다. 그 아이는 작은 파티에서 몇 마디 말을 하고 자기의 더러운 신을 닦기도 한다. 이제 바닥에 침을 뱉지 않으며, 손수건을 이용한다. 하지만 그의 기억 속에 있는 어두운 기억들과 나쁜 영향들, 그리고 아픈 체험들이 이미 지워졌을 것이라는 착각에 빠지지 말라. 깨끗이 씻고 단정하게 옷을 입은 아이들은 오랫동안 혼란스럽고 고통에 사로잡힌 채, 생기 없이 남아 있을 것이다. 아물지 않은 상처가 있고, 그 상처들은 몇 개월에 걸쳐 인내심을 가지고 치료해야 할 것이다. 그다음에도 언제 다시 터질지 모르는 상처의 흔적들이 여전히 남아 있다.

고아원은 모든 종류의 육체적, 정신적 통증을 발견해 내는 병원이다. 그리고 생명체의 저항력은 아주 약하다. 병적인 유전 요소가 치유를 더디게 하고 방해한다. 고아원이 윤리적인 병원이 되지 못하면 그곳은 전염병의 원천지가 될 위험의 소지가 있다.

당신은 고아원의 문을 굳게 잠근다. 하지만 거리에서 나쁜 속삭임과 거칠고 잔인한 목소리들이 흘러 들어와서 도덕적인 설교를 억눌러 버리는 것을 막을 수 없다. 교사는 눈을 내리감고 아무것도 모른 척 행동할 수 있다. 그러나 아이들은 자기들이 가진 지식을 더욱 사악하게 지켜 갈 것이다.

| 12 |

당신은 이렇게 말한다. 타협점을 찾고 아이들의 모습 그대로, 인생이 당신에게 보낸 아이들의 모습 그대로 받아들이겠다고. 아무리 힘들어도 피할 수 없는 작업 환경에는 굴복하겠지만, 작은 일에서의 자유와 도움을 요구하고, 작업을 순전히 기술적으로 해결함으로써 쉽게 하도록 요구하겠다고.

당신은 얼마나 단순한지…. 당신은 그 어떤 것도 요구할 수 없다.

휴지 조각들이 바닥에 흩어져 있고, 어리고 서투른 아이에게 혹이 생기고, 그들이 입은 옷이 깨끗하지 않으며, 침대가 똑바로 정돈되어 있지 않으면 당신 상관은 당신을 나무란다.

당신은 한 아이를 내보내고 싶어 한다. 다른 아이들이 편안하게 잘 지내게 하는 데 필요하다고 생각하기 때문이다. 모두가 부탁한다. "그렇게 하지 말아 주세요"라고. 그 아이는 과연 좋아질까?

실내는 춥고, 찢어질 듯이 가난한 당신 아이들의 손가락은 동상에 걸렸다. 석탄과 온기는 비싸고, 냉기는 그들을 육체적으로나 정신적으로 얼어붙게 한다.

아니다. 아이들은 무뎌져야만 한다.

당신은 두 개의 계란을 깨뜨려 저었는데 겨우 한 숟갈밖에 안 되는 것을 보고 놀라서 묻는다. 그건 당신이 상관할 일이 아니라고 쌀쌀맞은 대답을 듣게 된다.

당신의 동료는 창고 열쇠가 어디 있는지 분명히 알고 있다. 어쩌면 그가 그 것을 갖고 있으면서 일부러 당신에게 찾도록 한 것인지도 모르겠다. 그가 저녁에 외출하려면 침실을 관리할 사람이 없다. 그러나 그는 다른 사람이 개입해서 자기 아이들을 돌보는 것을 허락하지 않는다.

윗사람들의 독재적인 분위기와 무지. 불성실한 행정관리, 동료들의 나쁜 의도와 비양심적인 태도, 거기에다가 정규 직원들, 당신 때문에 침대 커버가 없어졌다고 주장하는 세탁부와의 충돌, 우유가 다 타도록 내버려 둔 요리사와의 마찰, 그리고 지저분한 계단 때문에 일어나는 수위와의 마찰….

어떤 교사가 이보다 나은 업무 조건을 찾을 수 있다면 얼마나 좋을까. 하지만 상황이 지금 묘사한 대로라 해도 놀라거나 흥분해서는 안 된다. 그 대신 그는 힘과 에너지를 이성적으로 분배해야 한다. 그것은 처음 몇 달 동안은 아직 가능할 것이다.

| 13 |

위에서 내려다본 고아원

조잘거림, 움직임, 젊음, 즐거움! 아무 편견 없는 아이들로 이루어진 너무나 사랑스러운 공동체가 아닌가! 유니폼의 조화와 듣기 좋은 합창 소리.

말 한마디면 모두 침묵한다. 식사 기도 때는 모두 자리에 앉는다. 싸움도 시비도 없다. 귀엽고 조그만 입들, 즐거운 듯이 깜박이는 눈들. 저기 있는 한 아이는 참 불쌍해 보인다. 교사는 밝고 조용한 사람이다. 그때 한 아이가 달려와서 뭔가 물어본다. 그는 대답해 주고, 멀리 있는 다른 아이에게 장난기를 섞어 손가락으로 겁을 준다. 아이들은 그의 뜻을 알고 순종한다. 한 무리의 수행원들이 당신들을 에워싼다.

"너, 이곳이 마음에 드니?"

"예."

"너희 선생님을 좋아하니?"

그들은 소리 내어 웃으며 애교를 부리듯 고개를 떨어뜨린다.

"하지만 사람들이 물을 때 대답하지 않는 것은 좋지 않아. 너희들, 그분을 좋아하니?"

"예, 좋아해요."

아름다운 일이고, 감사할 만한 임무이며, 작은 걱정거리들과 사소한 요구들. 이것은 매력적인 아이들의 세계이다.

"자 받아라. 이건 너희들을 위한 케이크다."

아이들은 예의 바르게 감사하고, 아무도 제일 먼저 손을 내밀려 하지 않는다.

| 14 |

만일 당신이 손님으로 우연히 그곳에 들렀다면, 한쪽 옆에 서 있는 아이들을 한번 살펴보라.

그늘진 어느 한쪽 구석에 손가락에 헝겊을 감은 채 어두운 눈길로 쳐다보는 아이가 있다. 두 명의 조금 더 나이 든 아이들은 조소 어린 미소를 띠고, 서로 소곤거리며 주의 깊게 당신을 관찰한다. 몇몇 아이들은 너무 열중해 있어서 낯선 사람들이 방문했다는 사실조차 알지 못한다. 다른 아이는 일부러 책을 읽는 척하면서 흔히 하는 질문으로 자기를 귀찮게 못 하도록 한다. 또 다른 아이는 교사가 바쁜 틈을 이용해서 벌을 받지 않고 뭔가 일을 꾸미려고 슬쩍 사라진다.

당신이 오기를 초조하게 기다리는 아이가 있다. 그 아이는 교사에게 뭔가 물어보고 싶어 한다. 다른 아이는 자기를 내보이고 싶어서 다가온다. 세 번째 아이는 당신 곁에 혼자 마지막으로 남기 위해 틈을 엿보고 있다. 그는 교사가 다시 한번 "여기 이 아이는 우리의 가수예요. 이 아이는 우리의 꼬마 안주인인데 비극적인 이야기의 희생자죠"라고 말할 것을 알고 있기 때문이다. 똑같은 옷차림 밑에서 백 개의 다른 심장이 뛰고 있다. 그 각각은 당신에게는 힘들고, 다른 수고와 다른 걱정, 그리고 다른 염려를 의미한다. 언젠가 다가올 미래가 아니라 지금, 그리고 오늘 이미 한 인간인 백 명의 아이들, 백 명의 인간들이다. 그것은 소인국小人國이 아니다. 작거나 사소한 것이 아니라, 중요하고 순진한 것이 아니라 인간적인 가치와 미덕, 악덕과 노력과 소망을 가진 진짜 세계이다.

어떤 사람을 좋아하는지 묻기보다는 차라리 그 아이들이 복종하고 질서를 유지하고 시간 계획표를 따르고 함께 지내는 것이 어떻게 가능한지 질문하라.

"처벌은 없어요…"

"그건 거짓말이다."

| 15 |

당신의 의무는 무엇인가? 깨어 있는 것이다.

당신이 감독관이 되기를 원한다면 아무것도 할 필요가 없다. 그러나 당신이 진정한 교사라면 쉬는 시간도 없이 하루 열여섯 시간을 일해야 하고, 공휴일도 없다. 일로 빼곡히 찬 하루, 그것은 표현하기도, 인식할 수도, 통제할 수도 없는, 수천의 이름을 가진 말과 생각과 감정들로 이루어진 하루이다. 외형적인 질서, 겉보기에 훌륭한 태도, 남들에게 보여 줄 수 있는 규율, 그것을 위해서는 단지 힘센 손과 무수한 금기 조항이 필요할 뿐이다. 그러나 가장 나쁜 불의의 원천도 바로 거기에 있다.

감독관과 마찬가지로 교사도 어떤 아이가 얻어맞아서 눈이 멀 수 있고, 손목을 부러뜨리거나 발을 삘 위험이 항상 있다는 사실을 잘 알고 있다. 그러나 그 교사는 한 아이가 거의 한쪽 눈을 잃을 뻔하거나, 하마터면 창문에서 떨어지거나, 심하게 부딪치거나, 한쪽 다리를 다칠 뻔한 숱한 사례들을 기억한다. 실제로 그 같은 불행한 사건은 그다지 자주 나타나지는 않는다. 하지만 더 중요한 것은 그런 일들을 막을 수 없다는 사실이다.

정신적인 수준이 낮으면 낮을수록, 윤리적인 윤곽이 희미하면 할수록, 자신의 편안함과 휴식에 대한 염려가 크면 클수록, 이른바 아이들의 평안을 위한 지침들과 금지 사항들은 점점 더 많아진다.

당황스럽고 놀라운 일을 체험하기를 원치 않는 교사, 일어날 수 있는 모든 일에 대해 책임지고 싶어 하지 않는 교사는 아이들에게는 압제자이다.

| 16 |

아이들의 도덕성에 대해 지나치게 염려하는 교사도 역시 압제자가 될 수 있다.

병적일 정도의 불신은 이성끼리 모인 아이들, 슬그머니 뒤로 빠지려는 두 명의 아이뿐만 아니라 심지어는 아이의 손까지도 위험한 것으로 간주하게 한다.

이름을 거명하고 싶은 않은 한 교사는 아이들이 손을 이불 밑에 넣는 것을 원칙적으로 금지시켰다. "춥고 무서우면 잠을 잘 수 없어요"라고 아이들은 말한다.

방이 따뜻하면 아이는 손뿐만 아니라 몸 전체를 이불 밖으로 내놓는다. 아이들은 피곤하면 5분이면 잠이 든다. 그와 비슷한 형태의 분별력 없는 의심은 교사들 사이에 넓게 퍼져 있다. 그것은 아이의 본질을 인식하지 못한 데서 나온 것이다.

나는 언젠가 나이 많은 아이들이 다른 사람들 몰래 나이 어린 여자아이들에게 뭐라고 속삭이면서 화장실로 데려가는 것을 보았다. 잠시 후에 어린 여자아이들은 눈에 띄게 당황해서 되돌아왔다. 나는 가만히 앉아 계속해서 글을 쓰기가 무척 힘들었다. 그때 큰 아이들 가운데 한 명이 (그 애는 사진 작업을 한다) 담뱃갑을 옷자락 밑에 숨기는 것이 보였다. 그런 다음 그는 사진의 모델이 되고 싶어 하는 작은 아이들을 벽에 붙은 수도꼭지 밑에 세웠다. 그들이 다정하게 웃으며 사진 찍기를 기다릴 때, "하나, 둘, 셋." 하는 소리와 함께 차가운 물줄기가 그들 머리 위에 쏟아졌다.

작은 아이들에게는 앞으로 더 조심하라는 좋은 교훈이었다. 한 번 물세례를 받은 아이들은 두 번째는 비밀스러운 속삭임에 꾀여서 화장실로 따라가지 않는다. 아이들의 윤리성에 대해 지나치게 단면적으로 걱정하는 교사는 그 자신에게 뭔가 문제가 있지 않은지 염려된다.

| 17 |

이론가는 기질이나 정신적인 유형, 성향에 따라 아이들을 몇 개의 카테고리로 분류하지만, 현장에 있는 사람은 무엇보다 편한 아이와 불편한 아이를 구분한다. 그리고 특별히 주의를 기울일 필요가 없는 중간치의 아이들과 많은 시간을 요구하는 예외적인 아이들로 구분한다.

평균 연령보다 더 어린 아이들은 불편하다. 그다음으로는 비판적이고 반항적이며 나이가 제일 많은 아이들이 불편하다. 다른 아이들은 칠칠치 못하고, 서투르고, 약하고, 폭력적이거나 성급하다.

이미 보육원의 규칙을 벗어나 있는 아이, 예를 들면 침실에서의 규칙이나 아침 식사 때 식당에서의 규칙, 기도, 놀이, 그리고 산책 등의 규칙을 굴욕적으로 받아들이는 아이는 힘들다.

귀에서 고름이 나오고, 손톱이 빠진 아이, 눈에서 눈물이 나거나 두통에 시달리고 열이 나거나 기침을 하는 아이.

옷 입고, 세수하고, 머리 빗고, 밥 먹는 속도가 너무 느린 아이. 이불도 가장 늦게 개고, 맨 마지막으로 수건을 제자리에 걸고, 접시나 컵을 가져올 때까지 한참 동안 기다리게 하는 아이. 그 아이는 침실을 정돈하고, 식탁을 치우고, 식기를 부엌으로 가져오려면 시간이 오래 걸린다.

항상 뭔가 질문거리를 가진 아이, 자주 하소연하는 아이, 자신의 요구를 울면서 표현하는 아이, 다른 아이들과 함께하는 것을 좋아하지 않는 아이, 교사를 재촉하는 아이, 항상 뭔가를 잘 알아듣지 못하고, 당장 필요한 것을 부탁하는 아이, 늘 뭔가 중요한 것을 제기해야 하는 아이, 듣지 않고 대답하고, 일하는 사람들의 기분을 나쁘게 하고, 말다툼하거나 치고받는 아이, 돌을 던지고, 물건을 거칠게 부수거나 찢는 아이, 원치 않는다는 것을 다른 사람에게 알게 하는 아이.

작은 거짓말이나 친절하지 못한 눈길에도 상처받는 예민하고 변덕이 심한 아이, 그리고 덤덤하고 무관심한 태도를 벌로 받아들이는 아이.

하수도 구멍을 돌멩이로 막아 버리는 사랑스러운 악동, 문고리에 매달려 그네를 타고, 수도꼭지를 망가뜨리고, 난로의 통풍구를 닫아 버리며, 크레파스로 벽에 온통 낙서를 하는 아이, 못으로 창틀에 온통 흠집을 내고 식탁에 글씨를 새기는 아이, 그런 아이는 믿을 수 없을 정도로 기발하지만 도무지 예측할 수 없다.

이런 아이들은 당신의 시간을 잡아먹는 아이들이고, 당신의 인내심을 시험하는 아이들이며, 당신의 양심을 부글부글 끓게 하는 아이들이다. 당신은 그 아이들을 상대해서 싸우지만, 그것이 그들의 잘못이 아니라는 것을 알고 있다.

| 18 |

아이들은 여섯 시에 일어난다. 당신은 그들에게 "얘들아, 일어나"라고 말하기만 하면 된다. 더 이상은 필요 없다.

당신이 백 명의 아이들에게 일어나라고 말하면 팔십 명 정도는 별 어려움 없이 일어날 것이다. 그들은 옷 입고, 세수하고, 아침 식사하러 오라고 부르기를 기다릴 것이다. 그러나 여덟 명의 아이들에게는 일어나라는 말을 두 번씩 해야 하고, 다섯 명의 아이에게는 세 번 해야 한다. 세 명에게는 소리를 질러야 하고, 두 명은 흔들어 깨워야 한다. 한 명은 머리가 아프다고 한다. 어쩌면 그 아이는 아픈 척하는지도 모른다. 구십 명은 옷을 입었지만, 두 명은 당신이 옷 입는 것을 도와주어야 한다. 그 아이들은 혼자서는 제대로 할 수 없기 때문이다. 한 명은 양말을 잃어버렸고, 다른 한 명은 손가락에 동상이 걸려 옷을 입을 수 없다. 다른 한 아이는 끈을 잘 매지 못한다. 한 아이는 다른 아이가 이불을 정리하는 것을 방해한다. 그때 누군가는 비누가 있었으면 하고, 다른 아이는 앞으로 달려와 씻고 있는 아이에게 물을 튀긴다. 누군가 수건을 바꿔 가져갔거나 바닥에 물을 흘린다. 오른쪽 신이 왼발에 신겨져 있고, 수건걸이가 망가져 수건은 제자리에 걸리지 않는다. 누군가는 방금 거기 있던 윗도리를 가져간다. 한 아이가 울음을 터뜨린다. 이건 항상 자기가 사용하는 자기 세숫대야라고 소리친다. 그런데 오늘은 다른 아이가 먼저 차지한 것이다.

팔십 명의 아이들을 위해서는 당신이 가진 시간의 5분이면 족하지만, 다른 열 명은 각기 1분씩을 요구한다. 그리고 두 명에게는 거의 30분이나 걸린다.

내일도 역시 마찬가지일 것이다. 단지 오늘과는 다른 아이가 무엇을 잃어버리고, 제대로 못 하거나 어지러운 잠자리를 그냥 내버려 둘 것이다. 한 달이고, 일 년이고, 오 년이고, 늘 같은 장단이다.

| 19 |

당신은 단지 "얘들아, 일어나!"라고 말하면 된다. 그 밖에는 아무 말도 할 필요가 없다. 그럼에도 당신은 그것을 해내지 못할 것이다.

한 아이가 어디 있는지 모르는 양말이나 윗도리를 찾아 주지 않는다면, 그리고 또 다른 아이가 동상이 걸린 발에 맞는 덧신을 가져오지 않는다면, 세 번째 아이가 매듭을 풀어 주지 않는다면, 당신은 그 일들을 해내지 못할 것이다. 양말은 너무나 깊숙이 숨겨져 있어 그걸 찾으려면 우선은 침대 밑으로 기어 들어가야만 한다. 덧신은 다른 방에서 가져와야 하고, 매듭을 푸는 아이는 당신을 대신해서 처음에는 손톱으로, 그다음에는 이빨로, 나중에는 어제 주운 못으로 풀어 보려 애를 쓴다. 그리고 마침내는 빌린 레이스 바늘을 가지고 그것을 푼다.

한 아이는 종종 무엇을 잃어버리고, 다른 아이는 찾아내고, 한 아이는 매듭을 만들고, 다른 아이는 그것을 푼다는 사실이 당신에게 알려지지 않은 채로 남아 있을 수는 없다. 한 아이는 자주 병이 나고, 다른 아이는 항상 건강하다.

이 아이는 당신의 도움을 필요로 하고, 저 아이는 다른 아이들에게 도움을 준다. 도움이 필요한 아이 때문에 당신이 화내지 않는다고 가정한다면, 다른 아이에게도 고마워할 필요는 없다. 하지만 어제저녁 침실에서 오랫동안 이야기를 하던 아이가 오늘은 일어나기 힘들어한다. 당신이 주의를 주었는데도 수도꼭지에 입을 대고 물을 마신 아이가 오늘은 목이 아프단다. 물은 차갑고 아이는 땀을 흘렸기 때문이다. 당신은 그 해답을 알고, 이해하며, 꿰뚫어 보고 있고, 용서한다고 하더라도 이런 경우에 무슨 말을 해야 할지 항상 생각하라.

불편한 아이들의 수가 많으면 많을수록 하루 열여섯 시간의 노동 시간은 이리저리, 잔소리와 함께 지나가 버리고, "교사는 이러저러해야 한다"라는 중요하고 고상한 것을 읽을 시간은 점점 더 적어진다.

그럴 시간도 없고 힘도 없다.

| 20 |

아이들이 교사에게 베푸는 도움은 전혀 이기적인 목적에서 나온 것이 아닐 수 있다. 아이는 도와주고 싶으면 돕는다. 아이는 오늘은 그것을 원해서 도와준다. 그러나 내일도 그 아이가 도와주리라는 보장은 없다.

그런데 도와주는 아이들 중에는 변덕스럽고 공명심이 강한 아이가 있다. 성실하지만 모든 일을 받아들이지 않는 아이도 있다. 그는 예기치 않은 어려움에 부딪치면 도우려는 기분을 쉽게 잃어버린다. 그 아이는 교사가 불만족스러운 모습을 보이면 기분이 상하고, 의심하고, 그래서 물어보고, 감독과 지시를 필요로 한다. 그 아이는 급히 도와주려고 서두르지 않는다. 사람들은 그를 일깨워 주어야 하고, 용기를 주고, 기분을 북돋워 주어야 한다. 그 아이는 만일 사람들이 부탁하면 기꺼이 하고, 명령하면 좋아하지 않는다.

사람들은 그 아이를 믿을 수 없다. 그 아이는 가장 필요로 할 때 거절할 수 있기 때문이다.

감독관은 아이들 중에서 다른 아이를 도와주는 아이를 어렵지 않게 찾을 수 있다. 이 아이는 돕는 행동을 통해 교활해지고, 흥분하고, 무례하고, 거짓되고, 이기적으로 서두른다. 사람들이 그를 거부해도 그 애는 곧바로 다시 나타난다. 사람들이 필요로 할 때면 그는 땅에서 솟아난 듯 그 자리에 나타나고, 다른 사람이 바라는 것을 눈에서 읽어 내고, 맡겨진 일을 수행하고, 모든 일을 해결한다.

그가 어떤 일에 실패하면 많은 변명과 허튼소리를 찾아낸다. 조금이라도 나무라면 그 아이는 이빨을 갈 것처럼 행동한다. 그는 항상 "모든 것이 잘되었다"라고 전한다.

양심 없고 무능하거나 지친 교사는 아이들의 "작은" 일이나 걱정거리를 해결하기 위해 몸소 쫓아가지 않고, 자신의 권한을 당번 아이에게 넘겨준다. 그 조수는 어떻게 해야 할지를 안다. 그는 지치지 않고 교사를 대신한다. 찾고, 사람을 부르고, 가져오고, 치우고, 감시하고, 기억하고, 듣고, 말하는 그 아이는 얼마 지나지 않아 실제로 교사의 대변자가 된다.

그 아이는 학교에서 보는 것처럼 무해한 모범생이 아니라 병영과도 같은 숙소의 지독한 '하사관'이 된다.

| 21 |

이 당번 아이는 전체 아이들을 어른보다 더 쉽게 다룬다. 어른인 감독관이 어쩌다가 아이들을 때릴 때면 온 힘을 다해 때리지 않는다. 아이들을 위협할 때도 어느 정도 여지를 남겨둔다. 그리고 그는 실제로 잘못한 일만 벌을 준다. 그러나 감시를 맡은 아이는 등을 때리지 않고, 머리나 배를 때린다. 거기가 가장 아프기 때문이다. 그 아이는 벌을 주겠다고 위협하지 않고 겉으로는 순진한 척 위협한다. "이따 보자. 네가 잠이 들면 칼을 가지고 너를 찌를 테니." 그 아이는 순진한 아이를 고자질하고, 그 아이에게 전혀 하지도 않은 잘못을 고백하라고 강요한다.

"네가 그것을 먹었고, 가져갔고, 부러뜨렸다고 말해." 그러면 어린아이는 몸을 떨면서 말한다. "내가 그것을 망가뜨렸어. 내가 훔쳤어"라고.

대부분의 아이는 교사보다 그 아이를 더 무서워한다. 이 아이는 모든 것을 다 알고 있고, 항상 그들 사이에 있기 때문이다. 그의 적대자들은 그를 미워한다. 하지만 그들은 좀처럼 복수할 엄두를 내지 못하고, 오히려 그를 매수하려 든다.

지금 이 독재적인 아이는 이미 자신의 조수나 대변인을 가지고 있다. 그는 이제 스스로 할 필요가 없이 단지 명령만 하면 되고, 반대하는 자를 고자질하기만 하면 된다. 그리고 고아원 관리에서 모든 것을 책임진다.

우리는 여기서 문제들을 정확히 구분해야 한다. 이 아이는 보호받는 아이가 아니고 사랑받는 아이도 아니다. 이 아이는 정말 조수이고, 간수이며, 밀고자이다. 그는 교사가 편한 생활을 하도록 돌봐 주고, 그 교사는 다시 자신이 속고 있고, 기만당하고 이용당한다는 것을 알면서도 모든 것을 그대로 허용한다. 교사는 이 같은 조역이 없이는 일해 나갈 수 없을 뿐 아니라, 나아가 더 나은 자리를 기다리는 것이다.

눈을 속이면서 몰래 위협하는 것은, 금지되어 있지만 공공연한 자리에서 소리를 지르며 매질하는 것을 대신한다.

"두고 봐라. 선생님께 이를 거야. 오늘 밤에 보자." 이것은 약삭빠르고 닳아 빠진 녀석이 자기보다 나이 어리고 약하고 어리석고 정직한 아이들이 아무 말도 못한 채 따르게 만드는 마술적인 주문이다.

화장실과 침실 두 곳은 비밀을 주고받고, 고아원의 음모가 집중되는, 감시받지 않는 장소이다. 아이들 편에서 감시하는 눈이 화장실과 침실에 있어야 한다고 생각하는 교사는 엄청난 착각을 하는 것이다.

나는 밤중에 한 소년이 자기가 미워하는 아이 침대로 다가가 그 애를 꼬집고, 귀와 머리카락을 잡아당기며 위협조로 속삭이는 것을 알고 있다. "조용히 해. 네가 만약 소리를 질러서 선생님을 깨우면 넌 쫓겨날 거야."

또 다른 경우는 밤중에 한 아이가 다른 아이의 침대에 물을 끼얹어 오줌을 싼 것처럼 보이게 했다. 그렇게 해서 교사가 그 아이에게 치욕의 표시인 고무 패드를 주도록 말이다.

또 다른 경우도 알고 있는데, 그때는 당번인 아이가 자기가 싫어하는 아이의 손톱을 너무 짧게 깎아서 피가 났다. 당번을 맡은 다른 아이는 미워하는 소년에게 찬물을 흠뻑 끼얹었다.

사악한 폭력이 한 고아원에 뿌리를 내리고, 분위기를 물들이고, 상처와 부패를 수반하는 도덕적인 전염병을 퍼뜨릴 수 있다. 거짓말과 협박과 숨어서 하기, 억압과 폭력과 소리 없는 대립과 거짓 고자질, 공포와 침묵의 분위기, 도덕적인 부패의 독소가 만연된 분위기에서는 스스로를 더럽히고 범죄적인 행동이 난무하게 된다.

교사는 이런 오물에 빠지게 되면 거기서 달아날 것이다. 달아날 수 없으면 가장 나쁜 것을 비밀에 부칠 것이다.

교사가 고아원 당국에 뭔가를 숨기거나 교사에게 아첨한 아이들이 그의 호감을 받으면 아이들은 금방 알아차린다. 그러나 윗사람의 질책을 받게끔 한 아이들은 그 교사의 불쾌감을 사게 된다.

아이들과 교사 사이에는 말없는 약속이 생겨난다. 그것은 모든 것이 최선의 상태인 양 똑같이 행동하고, 뭔가 일이 생겼을 때는 비밀에 부친다는 것이다.

조용한 사무실 안에 있는 고아원 책임자의 귀에는 그다지 많은 말이 들어가지 않고, 건물 벽 사이로 아무것도 새어 나가지 못한다. 아이들은 금지되어 있는 벌 받을 짓을 하지만, 교사는 사려 깊지 못하게, 때로는 사악한 태만함으로 이것을 묵인해 버린다.

어쩌면 그래서 고아원 아이들은 그렇게 수줍고 말이 없으며, "잘 지내니? 너도 항상 말 잘 듣지?" 하는 틀에 박힌 질문에만 대답하는지도 모른다. 그들은 비밀을 털어놓게 될지도 모른다는 생각이 들면 조심하기 위해 침묵한다. 그러면 고아원은 좋지 않은 비밀을 숨기고 있다는 소문에 빠지게 될 것이고, 그 때문에 교사가 아이들과 거듭 눈빛으로 주고받는 대화는 항상 난처한 것이거나 좋지 않은 것이다.

나는 고아원이라는 조직에서 아이들의 도움이 나쁜 결과를 가져올지 모른다는 두려움을 갖지 않고, 고아원 생활에 여론을 도입하는 방법을 이 책의 3부에서 보고할 작정이다.

염려와 힘든 업무로 가득 찬 잿빛 일상에는 편안한 아이와 불편한 아이가 있다. 화려한 놀이동산과 같은 분위기를 주는, 손님 오시는 날에도 그것은 다르지 않다.

합창을 맡은 교사에게는 좋은 목소리를 가진 아이가 반갑고, 그와는 달리 체육 교사는 신체적으로 날렵한 아이에게 정이 간다. 첫 번째 교사는 합창 발표를 생각하고, 두 번째 교사는 공개 운동회를 생각한다. 손님들이 오는 날에는 훌륭한 솜씨를 가진 재능 있고 활발한 아이들이 이 기숙사의 기쁨이고,

그들이 교사를 명예롭게 해 준다. 그리고 예쁘게 생긴 아이 하나가 귀한 손님에게 꽃다발을 선사한다.

교사로서 아이에게 마음으로 고마움을 느끼지 않을 수 있을까? 한 아이가 노래하거나 바이올린을 연주하고, 상상의 줄거리를 가진 짧은 연극에서 배역을 맡는 것은 무엇을 말하는가? 그것은 교사 자신의 공로가 아니다. 그러나 무뚝뚝한 교사는 온갖 궁리를 하고, 자신을 억누르고, 고맙다는 말 한마디를 억제한다.

이것이 과연 옳은 일인가? 이처럼 꾸민 무관심은 아이들을 당황하게 만들지 않을까? 그날은 아이에게 깊은 인상을 남기는 중요하고 황홀한 날이다. 수많은 낯선 귀빈들 사이에서 약간은 어안이 벙벙하고 당황해서 그 아이는 가까이 서 있는 교사에게 달려간다. 아이는 누구보다 그 교사에게 칭찬받고 싶어 하고, 그것을 갈망하며, 그럴 권리가 있다. 그 때문에 아이들이 우쭐대는 것을 허용하지 말라. 그렇지만 당신은 차이를 두어야 한다.

그렇다면 모든 아이가 절대적으로 동등하다는 원칙은 어떻게 되는가? 이 원칙은 그 자체로는 진실이 아니다.

| 25 |

교사는 실제 일과에서 자기 마음과 기분에 맞는 아이들과 어떤 수고도 아깝지 않은 아이들을 제 나름대로 알고 있다. 그 아이들은 그의 마음에 드는 행운아들이다. 교사는 그 아이들의 가치와 유용성을 묻지 않은 채 마음이 끌림을 느낀다.

그 아이들은 예쁘거나 명랑해서, 성격이 밝아서, 얌전해서, 혹은 친절해서 그의 마음에 든다. 그는 그 아이들이 말이 없거나 진지해서, 집중하거나 침착한 성격이어서 좋아한다. 그 아이들이 작고 서투르고 산만해서 마음이 끌리기도 한다. 또는 비판적이고 용감하고 고집이 세서 좋아한다.

여기에는 교사의 정신적인 특성과 이상에 따라 상당한 차이가 있다. 이 교사에게는 이런 아이들이, 저 교사들에게는 저런 아이들이 사랑스럽고 친밀감이 간다.

한 아이는 자신의 에너지로 깊은 인상을 준다. 다른 아이는 착한 마음씨로 감동을 주고, 세 번째 아이는 자신의 어린 시절을 기억나게 한다. 네 번째 아이의 장래가 염려스럽다. 다섯 번째 아이는 기고만장한 기질 때문에, 여섯 번째 아이는 기죽은 불안한 모습 때문에 걱정스럽다. 그러나 당신은 좋아하는 아이들 중에 한 아이를 가장 가까운 아이로 사랑한다. 당신은 그 아이에게 최선의 것을 바라고, 그의 눈물은 당신의 마음을 매우 아프게 한다. 당신은 그 아이에게 호감을 보여 주기 위해 애를 쓰고, 그 아이가 당신을 잊지 않도록 노력한다.

그런 것은 어떻게 해서 생기고, 언제 생겨나나? 당신은 그것을 알지 못한다. 그것은 특별한 이유도 없이 갑자기 나타난다. 전혀 예상할 수 없었던 사랑과 마찬가지로 말이다.

이 같은 친밀감을 숨기지 말라. 당신의 미소, 목소리의 울림, 당신의 눈빛이 그것을 드러낸다.

그러면 다른 아이들은? 그 점에 대해서는 염려하지 말라. 그들에게도 자기를 특별히 좋아하는 누군가가 있으므로 그들은 슬퍼하지 않을 것이다.

| 26 |

젊고 마음이 따뜻한 교사는 아이들의 무리 가운데 슬픈 눈과 동경에 찬 마음을 가지고 수줍어하는 조용한 아이를 좋아하는 경향이 있다. 그는 잊힌 채 그늘에 있는 이 아이들에게 온갖 따뜻한 감정을 가지고 대하고, 그들의 신뢰를 얻으려고 하며, 그들이 속마음을 털어놓기를 기다린다. "힘없는 날개를 가진 저 천사"는 무슨 생각을 하고 어떤 것을 느낄까?

다른 아이들은 놀란다. 왜 저 사람은 저 멍청이를 좋아할까? 지금까지는 아무것도 아닌 것처럼 취급받고, 기껏해야 방해된다고 쥐어박히기나 하던 아이가 이제는 가장 사랑받는 아이가 된 것이다. 그는 교사에 의해 의식적이고 의도적으로 중심에 놓이게 된다. 아이들은 그 선택이 전혀 만족스럽지 못하기 때문에 질투하게 된다.

교사는 "내 아이"를 둘러싼 평등하지 않은 싸움을 시작한다. 그리고 그는 그 아이를 잃게 된다. 그가 자신의 잘못을 깨달으면 눈에 띄지 않게 그 아이로부터 거리를 두려고 한다. 아이는 알아차리고 옆으로 비켜서지만, 젖은 눈에 비난이 섞인 것처럼 슬퍼 보인다. 교사는 마음이 아프다. 그는 자신과 아이에 대해 순수하지 않다.

이 "시적인" 아이가 긴 속눈썹이 달린 그 큰 눈 속에 한 가지 비밀, 즉 결핵으로 인한 심한 고통의 비밀을 숨기고 있다는 것을 안다면, 그 아이가 전적으로 당신을 신뢰하기를 기대하기보다는 그의 기침 소리에 더 신경이 쓰일 것이고, 그에게 입맞춤하기보다는 간유를 줄 것이다. 당신은 그 아이와 당신 자신과 다른 학생들에게 난처한 순간을 많이 줄일 것이다.

| 27 |

아이가 당신의 사랑에 반응하지 않는데도 당신은 그 아이를 사랑하기도 한다. 아이는 오히려 축구를 하거나 달리기 시합을 하고, 다른 아이들과 치고받는 것을 더 좋아한다. 당신은 그 아이를 쓰다듬어 주고 가슴에 꼭 품어 주고 싶어 한다. 그것은 그 아이를 민망스럽게 하거나 귀찮아하거나 의기소침하게 만든다. 그래서 아이는 그처럼 지나친 감정 표현의 영역을 빠져 달아나거나, 당신을 껴안고는 새 윗도리를 요구할 것이다. 그것은 당신 잘못이지 아이의 잘못은 아니다.

여러 사람이 한 아이의 호감을 얻으려고 하는 경우도 있다. 그러면 인기 좋은 이 꼬마는 어느 누구의 마음도 상하지 않게 하려고 교묘하게 빠져나간다. 당신은 그 아이에게 늦게 잠자리에 드는 것을 허락한다. 가정부는 그의 해진 양말을 바꿔 주고, 요리사는 그에게 사과나 건포도를 집어 준다.

감각적인 성향이 강하거나 타락한 아이는 종종 신체 접촉에서 만족감을 느낀다. 아이는 당신의 부드러운 손을 만지기를 좋아한다. 아이는 당신의 머리에서 향기가 난다고 말하거나, 귀에 뽀뽀하거나, 목이나 손마디를 차례로 입을 맞춘다. 그것은 육욕적인 애정이다.

모든 아이 속에는 성적인 감정이 살아 있다. 자연은 생명체에게 성장과 번식을 요구한다. 인간과 동식물 모두 이 법칙의 지배를 받는다. 성적인 감정은 갑자기 자라거나 대충 자라는 것이 아니다. 그것은 이미 숨겨져 있고, 당신은 이미 그 나지막한 숨소리를 느낀다. 그 같은 자극과 포옹, 입맞춤, 그처럼 숨겨지거나 드러난 감각적인 유희는 아이들에게도 있다. 하지만 교사는 눈을

돌려 하늘을 쳐다보거나, 놀라서 두 손을 꽉 잡거나, 화를 내며 등을 돌려서
는 안 된다.

아이가 지루해하지 않도록 충분히 돌아다니게 하라. 아이가 마음껏 뛰놀
고 소란을 떨게 하라. 아이가 원하는 만큼 충분히 자게 하라. 그러면 성적인
욕구는 지저분해지거나 해를 초래하지 않고 조용히 발달한다.

| 28 |

학문적으로 연구하는 사람의 눈은 부모의 감정 속에서 성의 근본적인 요
소를 발견한다. 아기에게 젖을 먹이는 어머니는 죽은 아이의 차가운 손에 입
술을 갖다 대는 아버지와 마찬가지로 성적인 영향력 아래 놓여 있다.

아이에게 이불을 덮어 주며 아이의 얼굴과 머리를 악의 없이 쓰다듬을 때,
아이가 조용히 자고 있을 때 침대 머리맡에서 그의 행복을 위해 기도하는 것
은 건강한 성애의 정상적인 표현이다. 그러나 자기 아이를 보모에게 맡기고
찻집에서 공허한 수다를 떨며 만족감을 느낀다면 그것은 이미 타락한 감정
인 것이다.

건강한 감정이란 너무 섬세해서 타락하고 무뎌진 감각에는 더 이상 느껴
지지 않는다. 그래서 건강한 어머니는 아주 가벼운 접촉에서 느끼는 느낌을
얻기 위해서, 다른 어머니는 아이의 발과 어깨, 그리고 작은 배에 온통 입을
맞춘다. 자연스러운 감각의 쾌감은 그녀에게는 이제 아무런 의미도 없다. 그
녀는 육욕적인 것을 찾고 있다. 당신은 놀라고, 과연 믿을 수 있을지 의심한
다. 어쩌면 나는 당신이 희미하게 예감하고 있던 것, 미심쩍게 추측하거나 화
를 내며 밀어내 버렸던 것을 말했을 뿐이다.

당신은 생식 욕구란 지극히 고상한 창조적인 열망과 수치스러운 범죄성
사이에서 극단적으로 오가며 작용한다는 것을 알지 못했던 것이다.

당신은 아이에 대한 감정을 분명히 해야 한다. 그리고 조심하지 않으면 안
된다. 당신은 가르칠 뿐 아니라 당신 스스로 그들로부터 배우는, 이 아이들이
당신을 타락시킬 수도 있다.

집과 학교와 기숙사의 네 벽은 어두운 비밀을 숨기고 있다. 많은 경우 그
비밀들은 번개 같은 한순간의 스캔들로 드러난다. 그런 다음 다시 어둠이 지

배한다.

교육이 아이들의 영혼에 저지르는 법적으로 승인된 강간 속에, 자유롭지 못한 상태와 어른들의 지배 속에, 횡포와 범죄적 성향이 불가피하게 숨겨져 있다.

| 29 |

사도로서의 교사. 민족의 장래. 다음 세대의 행복!

하지만 내 삶에서 나 자신의 미래, 나 자신의 행복과 나 자신의 마음은 어디에 있는가?

나는 그것에 관해 지나치게 인색하지 않도록 몇 가지 생각과 충고와 경고와 느낌을 말하고 싶다. 매 순간 다른 아이들이 달려와서 뭔가 가져가기를 원하고 뭔가를 부탁하거나 질문해서, 당신의 시간과 생각과 감정이 그런 것들로 가득 차 있다면, 이 아이들에게 따뜻한 태양과 같은 당신 자신은 굳어갈 것이고, 그들에게 빛인 당신이 빛을 발하는 힘을 차츰 잃어 간다는 사실을 당신은 고통스러워할 것이다.

모든 것이 아이들을 위한 것이라면, 나 자신을 위해서는 무엇이 남아 있는가? 아이들의 지식과 경험과 도덕적인 이해력은 커 간다. 아이들은 그것들을 비축하고, 나는 그것을 다 써 버린다. 어느 날 빈손으로 우두커니 서 있지 않기 위해서 넓은 안목으로 지금 지닌 자신의 정신적인 힘을 절약해야 할 것인가? 교사가 그의 힘을 쏟아부어야 하는 자기 자식과, 그를 잡아매는 가족과, 그를 불안하게 만드는 물질적인 염려나, 힘을 소진시키는 육체적인 어려움이 없다고 가정해 보자. 그는 교육이라는 성스러운 일에 전적으로 헌신하면서 감정은 풍요로워질 것이다.

그것이 부서지는 것을 어떻게 막아야 할 것인가?

그가 자기 집이나 다름없는 그 집으로 돌아가서, 모두에게 진심으로 대하는 것이 힘에 버겁다면, 최소한 한 아이에게 미소를 보낼 권리를 가지지 않는가? 그가 저녁때 모두에게 부드럽게 "잘 자"라는 말을 하지 못한 채 침실을 떠나야 한다면, 종종 한두 아이에게나마 특별히 "잘 자 애야, 잘 자 귀여운 녀석"이라고 말해도 되지 않을까? 작은 잘못 때문에 욕을 하거나 심하게 나

무릎다면 나중에 그 아이가 느낄 수 있도록 눈빛으로라도 용서해 주어야 하지 않을까?

그가 그럴 만한 자격이 있는 아이를 선택하지 않았다 하더라도 무슨 상관이겠는가? 그가 일으키는 친절한 감동은 좋지 않은 많은 경험을 덮어 준다. 한 아이가 자기를 사랑하는 사람에게 받는 미소는 다른 아이들에게도 도움을 준다. 모든 아이에게서 똑같이 무관심과 미움을 받는 교사가 있을지도 모른다. 그러나 모든 사람이 누구에게나 똑같이 사랑스럽지는 않다.

| 30 |

절대적인 무관심이 지배하고, 편한 아이도 불편한 아이도 없고, 사랑스러운 아이도 사랑스럽지 않은 아이도 없다고 가정해 보자. 모두에게 똑같은 크기의 빵 조각, 같은 양의 수프, 똑같은 시간에 자고 일어나기, 동일한 엄격함과 관대함, 똑같은 옷과 같은 분량의 식사, 실내 규칙과 감정 표현을 할 때도 절대적으로 평등한 상태를 전제해 보자. 그것이 분명 말이 안 되는 것처럼 들릴지라도, 원래는 그래야 한다고 전제해 보자. 아이들의 성격을 망가뜨리는 어떤 특권도, 어떤 예외도, 어떤 상償도 없다고 말이다.

그렇다면 교사는 동시에 잘못한 행위로 인한 결과를 스스로 받아들여야 할 때도 잘못 행동할 권리를 지니게 될 것이다. 페스탈로치Pestalozzi의 『슈탄스 고아원 소식Stanser Brief』1799*은 한 교사의 실천적 경험에서 나온 가장 아름다운 고백이다. "내가 가장 사랑하는 아이 중 한 명이 나의 애정을 이용하여 다른 아이들을 부당하게 위협했다. 그것은 나를 격분시켰다. 나는 그 아이로 하여금 나의 심한 불만을 혹독하게 느끼도록 만들었다."

얼마나 놀라운 일인지. 심지어 위대한 페스탈로치 같은 인물에게도 특별히 좋아하는 아이들이 있었고, 그가 화를 낼 수도 있었다는 사실은….

그는 아이를 지나치게 신뢰하거나, 충분히 인정해 주지 않는 잘못을 저질렀고, 그 대가로 일차적으로 그 자신이 벌을 받았다. 그것은 그가 착각했다는 사실이다. 한 교사는 자신의 잘못을 얼마나 빨리, 그리고 얼마나 고통스럽

---

* 김정환이 편역하여 펴낸 한국어 번역본 『페스탈로치의 숨은이의 저녁노을』(박영사, 2000) 가운데 "슈탄스 고아원 소식"(41-88) 참조-역자.

게 속죄해야 하는지…. 그가 그 잘못을 조심스럽게 수정하기를!

유감스럽게도 그는 종종 가장 중요한 일에서 그렇게 하지 못한다.

| 31 |

소란을 피우지 말 것!

아이들이 자유롭게 발산하는 것은 목구멍과 허파와 영혼에 들어 있는 에너지의 일부, 그리고 근육 속 힘의 일부일 뿐이다. 그들은 착하게도 정해진 한도 안에 머무르려고 자신을 억제한다.

교실에서는 "조용히"라는 구호가 지배한다. 점심 식사 때 시끄럽게 하는 것은 허락되지 않는다.

침실에서 소란을 피워서는 안 된다.

아이들은 책상을 밀치지 않도록 아주 소리 없이 "소란을 피우기" 위해 얼마나 조심하는지를 보면 눈물이 날 정도로 감동적이다. 그들은 싸움이 벌어지지 않도록, 아무 일도 일어나지 않게 하려고 서로 피하고 관대하게 봐준다. 그렇지 않으면 그들은 "소란 피우지 마"라는 증오스러운 말을 듣게 될 것이기 때문이다.

마당에서도 아이들은 소리를 질러서는 안 된다. 이웃 사람들에게 방해가 되기 때문이다. 그들의 유일한 잘못은 도시에서는 한 평의 땅이라도 너무 비싸다는 사실뿐이다.

"너희는 이 숲에 있으면 안 돼." 원래 있어야 할 곳에 있을 수 없는 아이들에게는 모순적이고도 잔인하게 괴롭히는 말이다.

그들을 한번 풀밭에서 뒹굴게 해 보라. 그들은 시끄러운 소리를 내지 않고 마치 새들처럼 즐겁게 재잘거릴 것이다.

모든 아이가 다 그런 건 아니지만 대부분의 아이들은 움직임과 소동을 좋아한다. 그들의 신체적 도덕적 건강함은 뛰어다니며 시끄럽게 굴 수 있는 자유에 달려 있다.

당신은 그것을 잘 알고 있으면서도 항상 주의를 주어야 한다. "조용히 앉아 있어. 조용히 해"라고.

당신은 아이의 정당한 반발을 거부하는 잘못을 늘 저지른다.

"난 원치 않아요!"

난 잠자러 가지 않을 거예요! 시계가 이미 취침 시각을 알렸지만 저녁은 향기로 가득하고, 아이는 별이 총총한 하늘을 향해 미소를 짓는다. 밤새 첫 눈이 내렸으니 난 학교에 가기 싫어요. 그리고 세상에는 재미있는 것이 많아요.―날씨가 너무 춥고 마음이 슬퍼서 일어나고 싶지 않아요.―난 점심 먹기 싫어요. 그 대신 눈싸움하고 싶어요.―난 선생님께 잘못했다고 용서를 빌고 싶지 않아요. 선생님이 날 벌주신 것은 잘못이에요.―저는 숙제 안 할 거예요. 지금 『로빈슨 크루소』를 읽고 있단 말이에요.―난 짧은 바지 입기 싫어요. 사람들이 놀린단 말이에요.

하지만 넌 해야 해.

당신이 명령해야 할 것들이 있다. 다른 사람들이 당신에게 그렇게 명령했기 때문이다. 당신은 화를 내면서, 혹은 아무런 확신도 없이 그 일을 한다. 하지만 그 명령을 전달하는 것은 중요하다. 그 명령을 내리기 전에 모든 지시를 신중하게 고려하는 나 자신을 보지 말고, 그 지시들이 잔인하고 부당하게 작용할 저 이름 모를 수많은 아이를 생각하라.

공부해라, 존경심을 가져라! 믿어라!

"난 하고 싶지 않아요!" 이것은 아이들 영혼의 외침이다. 하지만 당신은 그 입을 막아 버린다. 우리 시대의 사람들은 숲속에서 살지 않고 사회 속에서 살기 때문이다.

당신이 아이들의 고집을 부드럽게 꺾으면 꺾을수록 더 좋다. 빠르면 빠를수록, 그리고 철저하면 철저할수록, 당신은 고통 없이 아이들에게서 (자연스레 나타나는) 필요한 규율을 얻을 것이다. 그리고 당신은 질서에 필요한 최소한의 규율에 이를 것이다.

확고한 조직을 갖추지 못한 느슨한 집단에서는 몇 명의 특별한 아이만 자라고 발달할 수 있다. 그러나 그곳에서 수십 명의 아이는 바로 자라지 못한다.

당신이 기계가 아니고 사람이기 때문에 끊임없이 범하는 잘못이 있다.

당신은 한 아이에게서 슬프거나, 의기소침하거나 공격적이거나 지친 것 같은, 어른들이 보기에 좋지 않고 해가 된다고 생각되는 성격들을 발견한다. 정직하지 못하거나 차가운 계산, 보기 흉한 자만심, 천박한 기만, 채워지지 않은 탐욕 등을 당신은 지나치게 충동적으로 다루는 것은 아닌가?

내가 보기에 계산은 맞지 않는 것처럼 보인다. 예를 들면 아이들이 사무실에 들어오는 것은 금지되어 있지만 매번 아이들이 들어오고 또 다른 아이들이 들어온다. 마지막으로 한 꼬마 녀석이 들어와서는 내게 작은 꽃 몇 송이를 선물이라고 내민다. 나는 그 꽃다발을 창밖으로 던져 버리고 나서 그 꼬마 녀석 귀를 잡아끌고 문 앞에 앉혀 놓는다.

이같이 비이성적이고 거친 태도를 보이는 사례들을 더는 열거할 필요는 없을 것이다. 하지만 나쁜 기분을 오래 품지 않는 아이도 있다. 그 아이는 기분이 상하고 화가 나지만, 그런 다음 아이는 곰곰이 생각해 보고 자기 잘못을 인정한다. 당신이 화가 났거나 바쁠 때면 예민한 몇몇 아이들은 당신을 피할 것이다. 그러나 당신이 자기들에게 좋게 대해 주려 한다는 것을 알고 나서 그들은 용서한다.

누가 자기를 사랑하는지 아는 것은 아이들이 가진 초자연적인 영감 때문이 아니라, 기본적인 경험을 수집해야 하는 의존적인 존재들의 주의력 때문이다. 자신들이 잘 지낼 수 있을지 어떨지는 당신 손에 달려 있기 때문이다. 노예 같은 공무원들도 자신의 상관을 똑같은 방식으로 관찰하고 상사의 습관과 기호, 분위기, 입가의 움직임, 손동작과 눈빛을 인식하고 해독할 수 있을 때까지 그에 대해 많은 생각을 한다. 그런 다음 그는 언제 봉급 인상이나 휴가 건에 대해 부탁해도 좋은지를 알게 되고, 적절한 순간을 위해 때로는 몇 주일씩 초조하게 기다린다. 만일 아이들에게 (저마다 홀로 살 수 있는) 독립적 생활방식을 허용한다면, 그들은 **이 같은** 관찰 능력을 잃게 될 것이다.

아이는 솜씨가 부족하거나 부당한 것은 용서하지만, 잘난 척하거나 차가운 독재자 같은 교사에게는 마음 문을 닫아 버린다. 그 아이는 모든 잘못을 불쾌하게 거부하거나 그것을 놀림거리로 만든다.

사람은 누구나 잘못으로부터 자유로울 수가 없다. 그 잘못은 아이들을 판단력이 없는 낮은 존재로 보는 습관적인 통념이나, 그들이 순진한 무경험 속에서 우리를 우습게 여긴다는 일반적인 전제에서 유래하는 것이다.

당신은 그들의 염려나 소망, 질문에 대해 사소하게 여기거나 조롱조로, 혹은 후원자처럼 행동하고, 그렇게 함으로써 어떤 특정한 아이의 예민한 감정에 늘 상처를 입힌다.

아이는 사람들에게 자신의 걱정거리를 진지하게 여겨 달라고 요구할 권리가 있다. 그것이 비록 잃어버린 돌멩이에 관한 것이라 할지라도 말이다. 아이가 외투를 입지 않은 채 산책하려고 하면, 밖에 나가서 추워 떨게 될지라도 그 아이의 요구는 존중해야 한다. 겉보기에 중요하지 않은 그 아이의 질문들도 마찬가지로 존중해야 한다. 하지만 당신은 그가 받는 상실감에 관여하지 않는다. "그건 안 돼"라는 한마디로 당신은 아이의 부탁을 거절한다. 그의 미심쩍은 질문을 당신은 간단히 잘라 버린다. "넌 여전히 너무 멍청하구나."

그 소년이 그 더운 날 왜 망토를 걸치려 하는지 당신은 아는가? 바지의 무릎 부분을 꿰맸기 때문이다. 그리고 정원에는 그가 좋아하는 여자아이가 있기 때문이다.

당신은 시간이 없다. 당신은 말도 안 되는 요구 속에 숨겨진 이유를 알아내기 위해 늘 신경을 쓰고 생각할 수 없다. 당신은 항상 아이들의 논리와 상상력과 진리 추구라는 이해할 수 없는 영역 속으로 파고들 수 없으며, 항상 그들의 감각과 행동을 궁리할 수는 없는 것이다.

당신은 이 모든 실수를 저지를 것이다. 실수하지 않는 사람은 아무것도 하지 않는 사람뿐이다.

나의 성격은 격렬하다. 올림푸스*와 같은 평온함이나 철학적인 균형감은 내 몫이 아니다. 이것은 물론 좋지 않다. 그러나 어쩌겠는가? 현실이 그런 것

---

*고대 그리스 신화의 올림푸스 산과 그곳에 사는 12신을 설정한 듯함-역자.

을. 관리인에 불과한 내가 내 주인인 인생으로부터 비난을 받는다면 나는 화를 낼 것이다. 노예인 아이가 그의 사지에 매인 사슬을 풀어 주기 위해, 그것을 단 1그램이라도 가볍게 하기 위해 내가 얼마나 많은 수고를 하는지 깨닫지 못한다고 비난한다면 말이다. 나는 내가 인정할 수 없는 곳에서 저항감을 느낀다. 관리인으로서 나는 나 자신에게 "넌 해야만 해"라고 말한다. 그렇지만 자연을 연구하는 사람으로서 나는 "넌 할 수 없어"라고 말한다. 내가 노예라면 짐승들이 들판을 망쳐 놓았다고 화를 낼 것이다. 그러나 내가 사람이라면 아이들이 활기에 넘친다는 사실을 기뻐할 것이다. 나는 정해진 질서가 원안에서 지켜지는지를 감독하는 엄격한 감방의 간수가 되었다가, 다음 순간에는 법률이라는 독재에 반대해서 똑같은 사람 중 하나로, 운명의 동반자 가운데 있는 포로처럼 반란을 일으키게 된다.

내가 내 힘으로는 어쩔 수 없는 문제를 향해 머리를 들이대고 돌진할 때, 비록 내가 준비성이 강하고 조심성이 많을지라도, 내가 막을 수 없는 위협이 나타날 때, 그리고 아이들의 무사태평함과 신뢰를 볼 때면 고통스러운 분노와 진심 어린 호감을 차례로 느낄 것이다.

내가 아이들 속에서 신들에게서 빼앗은 불멸의 불꽃을, 자유롭게 펼쳐지는 생각의 광채와 존엄한 분노, 비상하는 열성과 가을날 같은 슬픔과 고상한 희생심, 불안에 찬 고귀함을 보게 되면, 그리고 더 나아가서는 원인과 결과를 찾는 용감하고 즐겁고 신뢰에 차고 마음을 사로잡는 그들의 모습을 보게 되면, 나는 겸손하게 무릎을 꿇는다. 나는 그들보다 못한 사람이고 힘도 없는 겁쟁이이기 때문이다.

내가 너희들의 자유로운 날아오름에 짐이 되지 않는다면, 너희들의 화려한 날개에 걸린 거미줄이 아니라면, 나는 바로 너희들의 싹트고 있는 충동을 잘라 버리는 의무를 지닌 잔인한 가위가 아니고 무엇이겠는가.

나는 마음의 안식 없이 이리저리 동요하는 사람이며, 너희들 앞에 앉은 불평가이며, 정직하지 못한 사람이고, 색깔 없고 우스꽝스럽게 침묵하는 방해물에 불과하다. 내가 너희들에게 뭔가를 확신시키려 할 때면 말이다.

훌륭한 교사는 몇 번이나 잘못했는지, 몇 번이나 부당한 일을 했는지에 따라 무능한 교사와 구별된다. 훌륭한 교사가 한 번쯤 저지르는 잘못이 있다.

그는 그것을 비판적으로 생각해 보고 다시는 반복하지 않는다. 그런 잘못은 그의 기억 속에 오랫동안 남아 있다. 그가 원치 않게 행동하고, 서투르고 지친 상태에서 있다면 그는 사소하지만 많은 시간이 걸리는 일들을 기계적으로 처리하는 데 많은 수고를 할 것이다. 시간이 없어 그런 일들은 제대로 할 수 없다는 것을 알기 때문이다. 무능한 교사는 자신의 부주의로 인한 책임을 아이들에게 돌린다. 훌륭한 교사는 사소한 일들이라도 다시 생각해 볼 필요가 있음을 안다. 그 속에 문제들이 숨겨져 있기 때문이다. 그래서 그는 아무리 작은 사건이라도 사소하게 여기지 않는다.

그는 또한 의기양양한 공권력이나 지배적인 교회가 어떤 것을 요구하면(그들은 전통과 윤리에 대해서만 책임이 있다고 생각한다), 무엇을 해야 하는지 안다. 그리고 외부적인 조건의 무쇠 같은 강제성 속에서는 어떻게 행동해야 할지도 안다. 명령이란 어린아이들이 자랐을 때 굽히고, 물러서고, 계산하고, 미래를 위해 타협할 자세를 배운다는 의미에서만 아이들의 "안녕"을 목표로 하고 있다는 사실을 그는 아는 것이다.

무능한 교사는 아이들이 소란을 피우지 않고, 옷을 더럽히지 않으며, 아이들 스스로 양심적으로 문법 규칙을 배워야 한다고 생각한다. 이해심 많은 교사는 한 아이를 이해할 수 없음을 불쾌하게 여기지 않고, 다시 생각해 보고 연구하고 아이들에게 물어본다. 아이들은 선생님이 너무 예민하게 받아들여 기분이 상하지 않도록 그에게 가르쳐 준다. 그가 배우기를 원하기만 한다면 말이다.

"난 처벌하지 않아요"라고 말하는 교사는 처벌하지 않기는커녕, 심지어 아주 심하게 한다는 사실을 스스로 전혀 알아채지 못하고 있다.

그는 아이들을 어두운 골방에 감금하는 일은 없지만 고립시키고 자유를 빼앗는다. 아이는 한쪽 구석에 세워지고, 따로 떨어진 책상에 앉혀지거나, 부모님과의 만남을 허락받지 못한다. 공, 자석, 작은 그림, 향수병 따위를 빼앗긴다. 재산을 압수하는 셈이다. 그 아이는 이제 자기보다 몇 살 많은 아이들과 함께 잠자러 가서는 안 되고, 휴일에 새 양복을 입어서도 안 된다. 이렇게 몇 가지 권리와 특권을 빼앗기게 된다. 교사가 차갑게 행동하고, 그에게 등을 돌리고, 아이에게 교사 자신의 불만을 느끼게 한다면 그것이 처벌이 아니고 무엇이겠는가?

당신은 그렇다면 처벌하는 것이다. 완화되고 변형된 모습으로 말이다. 아이들은 큰 벌을 받을지 작은 벌을 받을지, 혹은 단지 상징적인 벌만 받을지에 대해 두려워한다. 아이들은 두려워한다는 것을 당신은 이해한다. 거기에 규율이 지배하는 것이다!

우리는 이전 사람들이 신체를 볼모로 삼았던 것처럼, 자신의 사랑을 그리고 아이들의 감정을 볼모로 삼는다.

| 38 |

처벌은 하지 않는다. 나는 아이에게 그가 잘못했다는 것을 분명히 깨닫게 해 줄 뿐이다. 당신은 어떻게 그것을 하는가?

당신은 아이가 나아지지 않으면 고아원에서 내쫓을 수밖에 없다고 말한다.

당신은 간단한 사형 선고로 그 아이를 위협하는 것이다. 당신이 그 아이를 내쫓는 일은 전혀 없을 것이다. 일 년 전에 쫓겨난 다른 아이는 병에 걸렸고 정상이 아니었다. 하지만 여기 이 아이는 나중에 성실한 인간이 될 수도 있는, 건강하고 사랑스러운 장난꾸러기일 뿐이다. 당신은 그 아이에게 단지 겁을 주려고 한다. 어떤 유모도 어린아이를 길거리에 있는 거지에게 내주지 않고, 늑대가 아이를 잡아먹도록 숲에다 내다 버리지 않는다. 그녀들 역시 단지 위협할 뿐이다. 당신은 상담하기 위해 보호자를 부르겠다고 말한다. 그것은 좀 더 세련된 위협이다.

당신은 아이를 복도에서 잠자고 계단에서 식사하도록 하겠다고 위협한다. 당신은 그에게 턱받이를 대어 줄 것이다. 당신은 항상 흔히 사용되는 것보다 한 단계 더 높은 벌을 찾는다.

때로는 확실하게 정해지지 않고 대충 정해진 벌이 있다.

"마지막으로 말해 둔다! 넌 그게 좋지 않게 끝난다는 것을 알게 될 거야.-넌 분명 그걸로 끝장을 볼 거야.-더 이상은 말하지 않겠어. 네 맘대로 해.-이제 난, 네게 말이야, 아주 심한 것을 생각해 두었어." 이와 비슷한 숱한 말들은 이런 식의 처벌이 얼마나 만연해 있는지를 보여 준다. 그리고 그것이 얼마나 악용되고 있는지도.

아이는 그것을 좀처럼 진지하게 받아들이지 않지만, 진지하게 여길 때도 때로는 있다.

"내게 무슨 일이 일어날까?"

그는 나를 처벌하지 않았다. 그러나 그가 벌을 준다면 도대체 언제, 그리고 어떻게 줄 것인가? 불확실한 것, 갑작스러운 것에 대한 두려움이다.

당신이 곧바로 처벌했다면 아이는 다음 날에 벌써 그 고통스러운 체험에서 벗어나 화해와 망각에 가까이 있을 것이다. 그러나 처벌하겠다는 이런 협박이 있은 이틀 뒤에도 아침에 눈을 뜨면 엄중한 '보복'의 순간은 여전히 살아 있다.

아이들은 위협을 통해 심한 규율 속에 놓이게 된다. 비판적인 능력이 부족한 사람들은 이것이 조심성 있는 행동이라고 생각한다. 그러나 정반대이다.

공허한 위협은 훨씬 심한 처벌이다.

| 39 |

표면적으로 관찰하다 보면 아이들이 자신의 걱정이나 분노, 그리고 좋은 의도 등을 재빨리 잊어버린다는, 널리 확산되었지만 잘못된 결론에 이르는 수가 있다. 아이는 방금 울다가도 금세 다시 웃는다. 싸움이 채 끝나기도 전에 아이들은 다시 함께 논다. 한 시간 전에 다시는 그렇게 하지 않겠다고 약속해 놓고 아이는 다시 그렇게 한다.

아이들이 자신의 분노를 잘 기억한다는 것은 아니다. 한 아이는 일 년 전에 당했던 부당한 일을 당신에게 쉽게 상기시킨다. 아이는 강요된 약속을 지킬 수 없기 때문에 지키지 않는다.

아이는 즐거운 분위기에 휩싸여서 뛰어다니며 논다. 하지만 그런 다음 조용해지고 책을 읽을 때나 저녁에 잠들기 전이면 걱정스러운 생각이 아이에게 되살아난다.

당신은 종종 아이가 당신을 피한다는 것을 알아차린다. 아이는 이제 질문하려고 당신에게 다가오지 않고, 지나가도 웃지 않으며, 더 이상 당신 방에 들어오지도 않는다.

혹 사람들이 물으면 "선생님이 여전히 제게 화를 내고 계신다고 생각했어요"라고 아이는 고백한다.

당신은 일주일쯤 전에 그 아이가 저지른 한 가지 작은 잘못 때문에 목소리를 높이고 불친절하게 말했다는 것을 더는 기억하지 못한다. 그리고 그 불친절한 말은 그 아이의 잘못과 직접적인 관계가 있는 것도 아니었다. 명예욕이 강하거나 예민한 아이는 소리 없이, 그리고 당신이 알지 못하는 사이에 우울한 시간을 보내는 것이다. 아이들의 기억력은 탁월하다.

슬퍼하는 미망인은 농담 섞인 대화로 잠시 기분을 전환하고 밝게 웃는다. 하지만 그녀는 금방 다시 자기 자신으로 돌아와 한숨을 쉰다. "아, 내가 지금 웃고 있다니, 불쌍하게도 먼저 죽어버린 내 남편은…" 그녀는 당연히 자신이 슬퍼해야 한다고 생각한다. 일찍부터 당신은 아이들에게 이 같은 '태도'를 가르쳤다. 슬퍼하고 의기소침해야 하는 곳에서 아이에게 즐거워하는 모습을 금지시키면 아이는 당신 말을 따를 것이다. 나는 종종 활발하게 놀고 있던 아이가 나의 어두운 시선을 대하고는 갑자기 걱정스러운 표정을 짓는 것을 자주 보았다. "사람들이 네게 화를 내고 있을 때 즐겁게 노는 것은 어울리지 않겠지."

그 아이들 중에는 만사에 무관심한 듯이 행동하는 아이들도 있다는 것을 생각하자. 아이는 겁을 먹고 화를 내며 그 일을 생각하지 않는다고 여길 뿐이다. 아이들을 부끄럽게 만들고 기를 꺾을 목적으로 벌을 주면 아이들은 처음에는 아무렇지도 않다는 듯이 명예심을 내세운다. 하지만 가장 생생하게 받아들이고 오랫동안 기억하는 게 바로 아이들이다.

| 40 |

그렇다면 처벌이 아니라 단지 비난과 경고와 설득이 있을 뿐이다. 하지만 그 속에도 무시하는 의도가 숨겨져 있다면?

"애야, 네 공책이 이게 뭐니? 네 꼴이 그게 뭐니? 너 아주 멋진 일을 했구나. 얘들아, 저 애가 뭘 했는지 한번 봐."

친구들은 이제 관중이 되어 그 아이를 조롱하고, 자신들의 놀라움과 심지어는 비웃음도 표출해야만 한다. 모든 아이가 다 그렇게 하지는 않는다. 얌전한 아이들일수록 더 머뭇거리게 된다. 그렇게 머뭇거리는 태도는 약간 아부하는 판단을 할 때도 마찬가지로 나타난다.

다른 식의 처벌 방법이 있다. 그것은 끊임없이 과소평가하고 용기를 빼앗는 체념적인 말투이다.

"너 아직도 다 못 먹었어? 또 꼴찌야? 또 뭔가 잊어버렸다고?"

비난 섞인 눈빛과 손동작, 절망적인 한숨.

잘못한 아이는 잘못을 의식하고 머리를 푹 숙인다. 아이는 화가 나서, 어둡고 혐오스럽게 자신을 재촉하는 무리를 쳐다본다. 교사가 보지 않는 순간에 그 녀석들에게 앙갚음하기 위해서 말이다.

"그거 나 주세요." 이런 말을 다른 아이들보다 자주 하는 아이들이 있었다. 나는 이 같은 나쁜 습관을 아주 엄한 투로 나무란다. 그 일이 있고 나서 일 년쯤 후, 나는 생각 없이 불렀던 아이의 별명의 메아리를 듣게 된다. 모든 아이가 "나 좀 줘, 이 거지야"라는 민망한 별명으로 그 아이를 부르고 있다.

조롱하는 웃음은 혹독하고 여린 마음을 다치게 하는 벌이다.

| 41 |

당신은 감정에 호소한다.

"그래, 넌 나를 사랑하지? 넌 그렇게 약속했고 네 약속을 지킬 거지?"

조심스러운 부탁, 진심으로 말했던 충고, 나쁜 행동을 고친 것에 대한 보답으로 입을 맞춰 주는 것, 이런 것은 결국은 강요된 약속이나 마찬가지다.

그런 다음 아이는 영혼의 억눌린 감정에 내맡겨진다. 아이는 당신의 선량함과 관대한 용서 때문에 자신의 행동이 고쳐질 가능성에 대해 믿지 않으면서 속수무책으로, 어쩔 수 없이 자신과의 약속을 새롭게 한다. 아이는 다시한번 자신의 격한 행동, 나태함과 산만한 성격에 대해 단호하게 대처하기로 결심한다. 자기 자신과 싸우기로 말이다. "내가 또 그것을 잊어버리면, 또다시 너무 늦게 오면, 때리고, 무례하게 대답하고, 뭔가 잃어버리면 어떤 일이 일어날까?"

한 번 입맞춤해 주는 것이 매질하는 것보다 더 심한 구속이 되는 경우가 허다하다.

당신은 아이가 나쁜 행동을 고치겠다고 약속하고도 또 그렇게 했을 때, 아이를 아주 섬세하게 대해야 한다는 것을 알아야 한다. 그렇지 않으면 첫 번째 잘못에 이어 두 번째 혹은 세 번째 잘못이 뒤따라올 것이기 때문이다.

그런 다음에는 참담한 실패에 대한 고통과 교사에 대한 거부감이 나타난다. 교사는 교활한 약속을 통해 동등하지 않은 싸움을 강요했기 때문이다. 당신은 다시 한번 그의 양심, 혹은 그의 감정에 자극적인 호소를 해 본다. 그럼에도 아이는 당신을 거칠게 밀어낼 것이다.

당신은 난폭한 분노를 표현하는 그 아이의 불쾌감을 보고, 아이에게 소리를 지른다. 아이는 당신의 말을 듣지 않는다. 아이는 단지 당신이 자기를 당신의 가슴에서 몰아내고, 자기에게서 호감을 거두어 갔다고 느낄 뿐이다. 이제 당신은 아이에게 낯선 자가 되어 버리고 아이는 혼자이다. 주변이 온통 텅 비어 버렸다. 하지만 당신은 흥분해서 동원할 수 있는 모든 처벌을 찾아낸다. 위협과 비난, 조롱 그리고 실제적인 처벌을 말이다.

다른 아이들이 얼마만큼의 동정심을 가지고 그 아이를 바라보는지, 얼마나 다정하게 그를 위로하려고 하는지를 보라.

"선생님은 그렇게 말했을 뿐이야. 겁내지 마. 그건 나쁘지 않아, 화내지 마. 선생님은 곧 잊어버리실 거야."

교사를 자극하지 않고, 동시에 그 교사가 흥분한 희생자에게서 멀어지지 않도록 하기 위해 모든 일은 아주 조심스럽게 일어난다.

나 자신은 너무나 자주 '엄청난 장면'을 연출하고 불쾌감 외에도 행복한 경험을 너무나 자주 한다. 나는 '한' 아이에게 부당하게 했지만 '많은' 아이들에게 큰 미덕을 가르친 것이다. 그것은 불행한 일을 당했을 때의 결속감이다. 그리하여 이 어린 포로들은 고통이 무엇인지를 알게 된다.

당신이 한 아이에게 심하게 대하면 종종 그 아이의 눈빛에서 나타나는 반동적인 생각을 읽게 된다.

'당신은 그렇게 생각하겠지만, 난 잊어버렸어. 나는 이 모든 것을 잘 알고 있어.'

짐짓 후회하는 표정을 꾸밀 수 없는 아이는 당신에게 불쾌한 시선을 던진다.

'당신이 그렇게 좋은 기억력을 가진 것에 대해 난 어쩔 수 없어.'

나: 나는 끈기 있게 기다렸다. 네 행동이 고쳐지기를 기다렸다고.

아이: 안됐군. 당신은 기다리지 말았어야 했을 텐데.

나: 나는 네가 마침내 이성을 되찾으리라고 생각했어. 내가 잘못 생각했나 봐.

아이: 당신이 정말로 똑똑하다면 착각하지 말아야지.

나: 내가 용서해 주니까 너는 무슨 일이든 다 해도 된다고 생각하는 모양이지?

아이: 난 전혀 그렇게 생각하지 않아. 도대체 이 모든 것이 언제나 끝나려나?

나: 더 이상 참을 수 없어.

아이: 헛소리하고 있네. 당신은 오늘 매운 고추처럼 화가 나고 날카로워져 있어. 그래서 당신은 날 괴롭히는 거지.

아이는 종종 그 같은 격한 순간에 놀라우리만치 절제된 침착함을 유지한다.

"침대 위에서 뛰지 말라고 내가 얼마나 자주 말했니?" 나는 심하게 나무란다. "침대는 그 위에서 뛰고 놀라고 있는 게 아니야. 놀려면 저기 공이나 각목이 있잖아." "선생님, 각목이 뭐예요?" 아이는 신기한 듯이 묻는다.

대답 대신 나는 아이에게 손가락 하나를 들어 보인다.

다른 경우에는 나는 흥분한 대화에 관해서 질문을 받는다. "선생님, 왜 사람은 화를 내면 얼굴이 새빨개지나요?"

아이들을 도덕적인 길로 되돌아오게 하려고 내가 나의 목소리와 머리를 혹사하고 있는 동안, 아이는 격정이 내 얼굴에 일으키는 색깔의 변화를 관찰한다. 그것도 엄청난 주의력을 가지고 말이다. 나는 결국 그의 뺨을 한번 비벼 주고 만다. 그 아이는 얼마나 매혹적인지.

| 43 |

아이들은 집단적인 책임을 정말로 싫어한다.

"너희들과는 도대체가 좋게 끝을 낼 수가 없어. 너희는 또다시… 너희들이 그 버릇을 고치지 않으면….

왜 한 아이나 몇몇 소수의 아이가 한 잘못에 대해 전체가 책임을 져야 하는가?

어떤 나이 어린 심술쟁이가 폭풍을 야기했으면 그 아이는 만족할 것이다. 분노로 가득 찬 잔이 다른 아이들의 머리 위로 쏟아질 때, 그 아이에게도 몇 방울이 튈 것이다. 그에 반해 성실한 아이라면 그 아이의 잘못으로 인해 고통을 받는 많은 무고한 희생자들을 보고 심한 충격을 받을 것이다.

많은 경우 특정 그룹에 벼락이 떨어진다. 이 녀석들은 아무짝에도 쓸모없어. 혹은 여자애들이 정말 나쁘구나. 가장 흔한 말은 "나이 든 녀석들이 본보기가 되기는커녕…, 너희보다 어린 아이들이 얼마나 단정한지 한번 봐라." 등이다.

그렇게 해서 우리는 무고한 아이들에게 정당한 분노를 불러일으킬 뿐 아니라 칭찬받는 아이들을 당혹하게 만든다. 그 아이들은 자기 자신들의 수많은 잘못을 알고, 얼마 전에는 자신들이 비난의 대상이 되었다는 사실을 기억하고 있기 때문이다. 그것은 단지 작은 조롱꾼들에게 쾌재를 부르게 할 뿐이다.

"아하, 너희들 잘됐다, 우후후….

한번은 누구의 짓인지 밝혀지지 않은 도둑질에 대해 내가 특별히 떠들썩한 반응을 보였다. 나는 아이들이 모두 잠자리에 들었을 때 남자아이들 침실에 들어가서 침대 모서리를 탕탕 치며 모두가 들을 수 있는 목소리로 말했다. "또다시 도둑을 맞았다. 이런 짓은 이제 끝장을 내야만 해. 도둑질이 있다니, 정말 유감스럽다….

정말로 장황하고 똑같은 말을 나는 여자아이들 방에서도 반복했다.

다음 날 남자아이들은 여자아이들과 다음과 같은 식의 대화를 나눈다.

"선생님이 너희들 방에서도 그렇게 소리를 질렀니?"

"얼마나 심했다고."

"전부 다 내쫓을 거라고 말했니?"

"그럼. 당연하지."

"주먹으로 침대를 마구 쳤어?"

"온 힘을 다해서."

"어떤 침대였어? 우리 방에서는 마리아의 침대를 쳤거든."

집단적인 책임 추궁을 자주 하면 할수록 나는 가장 착한 아이들의 감정에 상처를 내고, 모든 아이의 반발을 자극하며, 비판적인 아이들의 눈에는 우스꽝스럽게 비치게 된다. "한번 봐주자. 그 사람이 약간 화를 내는 것은―그건 건강하다는 증거야."

| 44 |

교사는 대부분의 처벌이 부당하다는 것을 이해하지 못하는 것은 아닐까?

한번은 치고받는 싸움이 벌어졌다.

"쟤가 먼저 날 때렸어요."

"저 아이가 먼저 날 놀려서… 저 아이가 내 걸 빼앗아 가서는 돌려주지 않았어요."

"그저 장난으로 그랬어요. 쟤는 놀이를 방해하기만 해요."

"내가 저 애에게 부딪친 것이 아니라 저 애가 나를 쳤어요."

그러면 당신은 어쩌면 두 아이 모두를 처벌하거나(도대체 무슨 이유로?), 아니면 자기보다 어린 아이에게 양보해야 했을 아이를 벌하거나(무슨 이유로?), 아니면 순전히 우연히 좀 더 아프고 조금 더 위험하게 때린 아이를 벌한다. 서로 싸우는 것이 금지되었기 때문에 당신은 그들을 벌하는 것이다. 하지만 고자질하는 것은 허용되어 있는가?

아이가 뭔가를 쏟고, 내던지고 깨뜨렸다.

"일부러 그런 건 아니에요."

아이는 당신이 언젠가 했던 말을 반복한다. 고의로 다른 아이들에게 해를 입히지 않았다면 용서하라고 당신은 말했었다. "몰랐어요. 그걸 해도 되는 줄 알았어요…." 그 아이는 너무 늦게 왔다. 그 아이는 늦게 와도 되는 줄 알았기 때문이다. 이런 옹색한 이유를 당신은 변명이라고 비난한다. 그러나 그것은 이중의 침해다. 비록 아이가 진실을 말해도 당신이 그의 말을 믿지 않기 때문이며, 게다가 부당하게 그 아이를 처벌하기 때문이다.

때로는 상황에 따라 유동적이던 금지사항이 무조건적으로 금지되기도 한다. 때로는 그 금지사항이 금지가 아닐 때도 있다.

아이들은 침실에서 소리를 내서는 안 된다. 하지만 목소리를 낮추고 대화하는 것은 허용된다. 기분이 좋을 때면 당신은 순진한 술책을 웃어넘긴다. 그러나 당신이 긴장된 상태에 있을 때는 평소와 같은 침실에서의 잡담을 심하게 나무란다. "그만 떠들어. 한마디도 더 하지 마. 다시 한번 떠드는 사람은…."

집무실에 들어오는 것은 허락되지 않는다. 그러나 아이들은 그것을 지키지 않는다. 오늘 당신은 월말 결산을 해야 하고, 주변이 조용했으면 한다. 한 아이가 그 사실을 모르고 들어와 당신을 방해한다. 당신이 그 아이의 귀를 잡고 내쫓지 않는다 하더라도, 그 아이에게 다음과 같이 말한다. "너, 왜 여기 들어왔어? 당장 나가." 그러면 당신의 화는 그에게는 부당한 벌이 되는 셈이다.

| 45 |

한 아이가 공놀이하다가 유리창을 깼다. 당신은 그 아이를 용서해 주었다. 그런 일은 자주 일어나지 않기 때문에, 혹은 누구에게 진짜 책임이 있는지를 모르기 때문에, 또는 당신은 처벌을 좋아하지 않기 때문에….

그러나 그것이 벌써 네 번째라면, 그리고 그것이 수업 중에 나쁜 점수를 받는 녀석에 의해 벌어졌다면, 그렇다면 당신은 그 아이에게 소리를 지르고, 그 아이를 위협하고 화를 낼 것이다.

"일부러 그런 게 아니에요." 아이는 자신 있게 (그러나 당신의 판단에 따르면 무례하게) 말한다.

네 번째로 깨진 창문… 이 녀석… 공부도 못하는 녀석이… 게으름뱅이…

게다가 이젠 무례한 대답까지 하다니… 교사인 나는 그를 호되게 야단쳐서 본때를 보여 주려 한다. 아이는 그것을 이해하지 못한다. 아이는 당신이 본보기로 벌을 주려고 한다는 것을 (그 아이가 그다지 예민하게 보이지 않기 때문에), 효과적인 벌을 내리기에 적당하다는 것을, 당신이 이번 일 때문이 아니라 그의 전반적인 행동에 대해 벌을 준다는 것을 이해하지 못한다. 아이는 당신이 다른 아이들 세 명에 대해서는 관대했으면서도 자기만 부당한 벌을 준다는 것을 알고 있다.

다른 경우에는 당신은 공을 가져가 버린다. "공놀이는 금지야."

이것은 부당하다. 이 벌은 족히 열 명이 넘는 무고한 아이들에게 해당하기 때문이다.

당신이 약간 관대하다고 하자. 당신은 다시 한번 유리가 깨지면, 그때는 공을 빼앗겠다고 말한다. 그렇지만 당신은 그렇게 말함으로써 네 명의 아이들만 잘못했음에도 모든 아이에게 벌을 주겠다고 위협하는 셈이다.

그러나 이 네 명의 아이 중에서도 모두가 책임이 있는 것은 아니다. 왜냐하면 한 아이는 창문을 깼지만 그것은 이미 깨져 있었기 때문이다. 두 번째 아이는 완전히 깬 것이 아니고 한쪽 귀퉁이를 조금 깼을 뿐이다. 세 번째 아이는 정말로 깼지만, 그 아이는 부딪쳐서 그런 것이다. 정말 잘못이 있는 것은 항상 교사를 격분시키는 저 네 번째 아이뿐이다.

| 46 |

당신은 아무 조건 없이 다 용서한다. 당신은 제대로 행동했다고 생각할 것이다. 그러나 당신은 착각하고 있다.

"만약 내가 그렇게 했더라면…." 한 아이는 생각한다.

"저 녀석은 뭐든지 다 해도 돼. 선생님은 저놈을 좋아하거든." 다른 아이는 생각한다.

당신은 또다시 부당한 셈이다.

이맛살을 찌푸리거나 심한 말 한마디, 혹은 "넌 내게 걱정을 끼치는구나"라는 조심스러운 걱정 한마디를 이미 충분히 벌로 받아들이는 아이들이 있다.

당신이 용서하기를 원한다면 아이들은 당신이 왜 용서하는지를 이해해야 하고, 각각의 아이들은 자기들이 다른 아이들보다 더 많은 용서를 받지 않는 다는 것을 알아야 한다. 그렇지 않으면 당신은 그 아이에게 너무 많은 자유를 허용해서 아이의 버릇이 나빠진다. 당신이 그 일을 자신들의 법적인 감정이 침해받았다고 느끼는 아이들의 공동체로 넘겨 버린다면, 당신은 한 가지 잘못을 범하는 셈이다. 당사자와 마찬가지로 다른 아이들도 당신에게 한 가지 벌을 주기 때문이다.

네 장의 깨진 창문은 한순간에 잊어버려라(그건 원래는 두 장에 불과하다. 한 장은 이미 갈아 끼웠고, 다른 한 장은 단지 한쪽 귀퉁이만 약간 깨졌기 때문이다). 훼손된 건 잊어버리고, 작은 그룹들이 그 사건을 토론하고 얼마나 많은 해설을 붙이는지 둘러보라. 각각의 그룹에는 당신에게 호의적이거나 혹은 불쾌감을 표하는 쪽으로 '여론'을 몰고 가는 아이들이 있다.

'우파'는 유리창은 값이 비싸고, 선생님이 교장 선생님에게 좋지 않은 일을 당할 것이라는 결론에 이른다. 교장 선생님은 그가 너무 관대해서 아이들이 그의 말을 듣지 않는다고, 그가 질서를 유지하지 못한다고, 좀 더 심한 벌을 주어야 한다고 말할 것이기 때문이다.

'좌파'(열광적으로 축구를 좋아하는 아이들):

"우린 아무것도 가지고 놀아선 안 돼. 모든 것은 금지되어 있어. 단 한 명이라도 무슨 짓을 저지르면 당장 소리를 지르고, 위협을 하고, 온갖 난리를 다 피우니. 우리는 종이 인형처럼 하루 종일 앉아 있을 순 없다고."

단지 '중간' 아이들만 믿을 만하고 순종적으로 모든 것을 받아들인다. 그렇게 관대하게 미소를 짓지 말라. 이것은 농담이 아니고 사소한 일도 아니다. 이건 기숙사에 있는 아이들의 실제 생활이다.

그렇다면 결론적으로, 우리는 근본적으로 모든 경우에 처벌을 포기해야 하는가? 아이들에게 완전한 자유를 허용해야 하는가?

아이들 개개인의 자의성이 전체의 권리를 침해한다면? 절제할 줄 모르는 아이는 스스로 배우지 못한다. 그 아이는 다른 아이들을 방해하고, 자기 이부자리를 치우지 않고, 다른 침대까지 엉망으로 만든다. 그 아이는 자기 외투를 어디엔가 내팽개치고, 다른 아이 것을 가져간다.

그렇다면 도대체 어떻게 해야 하나?

"고자질하는 건 보기 싫다. 나는 그것을 허용하지 않겠다."

하지만 다른 아이들이 한 아이에게 도둑질을 시키거나, 그 아이나 그 아이 부모 욕을 하거나, 다른 친구들 앞에서 그의 험담을 하거나, 위협하고, 나쁜 짓을 하자고 꾈 경우에는 어떻게 해야 하나?

고자질하는 것은 나쁘다. 하지만 누가 이 법칙을 절대적인 것으로 만들었나? 아이들은 그것을 미심쩍은 교사에게서, 교사는 빗나간 아이들에게서 그것을 받아들였나? 이 원칙은 단지 나쁜 아이들, 가장 나쁜 아이들에게만 유리한 것이다.

조용한 아이들과 힘없는 아이들은 불이익을 당하고 이용당하고 착취당한다. 하지만 그들은 정당함을 요구해서는 안 되는 것이다. 부당한 짓을 하는 아이들은 기고만장하지만, 부당함을 겪는 아이들은 그것을 참아야만 하는 것이다.

양심 없고 무능한 교사는 아이들 가운데서 일어나는 일을 모르는 것이 속 편하다. 그는 아이들의 싸움을 전혀 심각하게 여기지 않고 그것을 이성적으로 판단하지 못한다.

"너희들 스스로 의견의 일치를 보는 것이 가장 좋다." 교사 자신의 편리함이 우선시되는 이곳에서 아이들에 대한 그의 신뢰는 너무 지나쳐서, 그는 아이들의 이성과 그들의 경험과 정의감을 믿고 가장 중요한 곳에서도 행동의 자유를 허용하는 것이다.

자유라고? 아니다. 서로 치고받는 것은 금지되어 있고, 싸우는 것 또한 금지되어 있다. 당신은 한 아이를 놀이에서 제외시키는 것을 허용하지 않는다.

당신은 한 아이가 차별당하는 것을 허용하지 않는다. 혹 다른 아이에게 화가 나면 그 아이 곁에서 자려고 하지 않고, 식탁에서 그 아이 곁에 앉으려고도 하지 않고, 그 애와 한 줄에 서려고도 하지 않는다. 이것은 전적으로 정당하고 자연스러운 요구다. 하지만 그렇게 하는 것은 금지되었다.

아이들이 싸우기를 좋아한다고? 그것은 사실이 아니다. 녀석들은 잘 참고 너그럽다. 아이들이 공부나 공동생활을 하기 위한 조건들을 자세히 살펴보라.

한 공간에 40명의 직원이 불편한 의자에 앉아서 상관으로부터 끊임없이 감시를 받고 있다고 상상해 보라. 그들은 서로 눈이라도 할퀴려 들 것이다.

아이들의 하소연을 잘 들어 보고 그들의 이유를 들어 보라. 당신은 아이들을 나쁜 상황에서 꺼내 주고, 하소연하는 아이들에게 만족감을 줄 방법과 길을 모색할 것이다. 옆 아이가 공책의 삐져나온 귀퉁이에 부딪쳐서 페이지의 한가운데 보기 흉한 선이 그어졌거나, 철필에 종이가 찢어졌거나, 그때 잉크가 튀었다. 교실에서 가장 자주 듣게 되는 하소연들이다.

| 48 |

쉬는 시간 동안 고자질하는 것은 특별한 경우다.

"그 애는 우리를 놀지 못하게 해요. 그 애는 늘 참견해요…."

쉬는 시간은 아이들을 거친 광란의 상태로 몰아넣는다. 아이들은 이리저리 뛰고 달리고 서로 밀친다. 무의미한 소란과 내용 없는 동작들, 무책임한 행동들. 한 아이는 이유 없이 이리저리 뛰고, 팔을 흔들거리며, 거칠게 고함을 치다가 결국은 가장 착한 아이를 덮친다. 그렇게 공격을 받은 아이가 화가 나서 등을 돌리고는 아무 말도 하지 않고 계속 자기 길을 가는 일이 얼마나 흔한지 살펴보라.

한 번 공격당한 아이에게 까닭 없이 다시 욕을 하는 아이들이 있다. "꺼져 버려, 거기 가 있어." 이것은 그들에게는 자신의 희생자들을 가만히 두지 않겠다는 신호이다. 아이들은 이 같은 우악스러운 녀석을 좋아하지 않고, 부족한 명예심이나 행동력의 결핍 때문에 그들을 모른 척하려고 한다. 하지만 바로 그것이 고자질의 가장 큰 원인이다.

"우리가 정말 재미있게 놀고 있는데 그 아이가… 매번 그 아이가…. 우리가 놀려고만 하면 금방 그 아이가 와서…."

고자질하는 아이는 화가 나서 몸이 떨리고, 목소리는 절망적으로 들린다.

쉬는 시간은 짧고, 순간순간은 값지고 아깝다. 그러나 저기 저 얄미운 녀석은 아이에게서 그 짧은 자유의 순간을 빼앗는 것이다.

한 아이가 인내심이 다했을 때만, 그가 어쩔 줄 모르고 얻어맞기를 원치 않을 때만, 그 같은 극단적인 비상사태에서만 당신을 찾는다는 것을 생각하

라. 아이는 어쩌면 아무 소득도 없이 자신의 값비싼 시간을 잃을 것이고, 때로는 무성의하게 거부당하거나 냉담한 대답에 마주치게 될 것이다. 당신은 당장 할 수 있는 문장을 준비해 두어야 한다. 그것은 당신에게 생각하는 일을 줄여 줄 것이다.

"그 녀석이 너를 귀찮게 했다고? 그 녀석 이리 불러와"라고 나는 말한다. 그것으로 종종 사건은 해결된다. 귀찮게 구는 아이를 내쫓는 것이 중요하기 때문이다. 다른 아이가 일러바치려고 하는 것을 보고 그가 숨어 버린다면 목적은 달성된 것이다.

하소연하는 아이가 다시 와서 "그 아이가 오려고 하지 않아요"라고 말하면, 나는 "당장 오라고 말해"라고 위협조로 말한다.

아이들은 보통 좀처럼 고해바치지 않고 그런 걸 좋아하지도 않는다. 몇몇 아이들이 자주 고자질을 하면 그 원인을 찾아봐야 한다. 당신이 아이들의 하소연을 진지하게 여기지 않는다면 그들을 결코 제대로 알 수 없을 것이다.

| 49 |

"선생님, 저것 해도 돼요? 이거 허락해 주실 거예요? 선생님은 그것에 반대하지 않아요?"

고자질을 기꺼이 받아들이지 않는 교사는 흔히 부탁도 잘 참지 못하는 편이다. 대신 그는 행동에 대한 신빙성 있는 동기를 찾겠다는 기본 공식에 의존한다.

"권리는 모든 아이에게 똑같다. 예외나 특권은 없어."

그 말은 과연 옳은가? 단지 편리한 말일 뿐인가?

"그건 해서는 안 돼—그건 안 돼"라는 대답을 해야 하는 강제성은 교사를 괴롭힌다. 우리가 금지와 계명을 분명 최소한으로 제한했는데도 또 다른 양보를 요구할 때면 화가 난다. 많은 경우 우리는 한 가지 부탁을 정당하다고 인정한다 하더라도, 다른 아이들이 또 다른 부탁을 하러 오기 때문에 들어주지 않는다. 우리는 한번 그어진 경계를 아이들이 불가피한 것으로 인정하고 더는 요구하지 않는 이상적인 상태에 도달하고 싶어 한다.

그러나 당신이 그 희망 사항을 처음부터 거절하지 않고 끈기 있게 들어주어야 할 처지에 놓이게 되어, 그것을 기록하고 정리한다면 당신은 일상적인 희망 사항이 얼마나 많은지, 게다가 전혀 일상적이지 않은 희망도 많다는 사실을 깨닫게 될 것이다. 식탁에서 자리를 바꾸어 달라는 부탁은 항상 다시 나오고, 그것은 귀찮은 일이다. 우리는 아이들에게 한 달에 한 번 자리를 바꾸도록 허락했다. 이 사소한 변화에 대해 방대한 분량의 책이 쓰인다면 그 책은 긍정적인 측면을 아주 많이 가질 것이다. 그러나 우리는 그것을 단지 아이들의 다급한 부탁에만 의존하고 있다.

규정에 포함되지 않는 모든 부탁을 억누르도록 결정한 교사와 아이들은 참 딱하다. 당신은 말하자면 이 같은 부탁이나 하소연을 통해 알게 되는 아이들의 영혼이 가지는 대부분의 비밀을 외면하는 것이다.

| 50 |

직접 교사에게 찾아오는 아이들 외에 다른 아이들의 부탁을 전하러 사절단으로 오는 아이들도 있다. "그 아이가 그것을 해도 되는지, 선생님이 그것을 허락하시는지 물어봤어요."

이런 종류의 청탁자들은 한동안 나를 화나게 했는데 여러 이유 때문이었다.

남의 부탁을 대신 전하는 아이는 대부분 자기 스스로 많은 질문을 가졌고, 잦은 방문으로 이미 당신에게 귀찮아진 아이들이다. 그들은 흔히 당신이 급할 때나 바쁠 때, 혹은 기분이 좋지 않을 부적절한 때에 찾아온다. 그들의 문제는 종종 명백히 거부해야 할 그런 종류의 것이다. 나아가서 여기는 후원 제도가 작용하는 것처럼 보이기도 한다. 대신 보내진 아이가 나의 호의적인 대답을 마치 자기가 얻어낸 성과처럼 받아들인다면, 결국 내 편에서도 무시하는 말이 나온다. "스스로 와. 너 스스로 노력하도록 해. 변호사를 통해 네 부탁을 전하지 말고."

이런 종류의 부탁을 이렇게 대하는 것이 아무 성과가 없다는 사실을 통해 이 같은 현상에는 더 깊은 이유가 밑바닥에 깔려 있음을 추측하게 된다. 나는 그것을 찾아낸다.

나는 아이들에게뿐만 아니라 모든 사람에게 공통적으로 있는 영혼의 세밀한 부분을 발견하는 것이다.

쌀쌀맞은 대답은 다른 사람의 일로 부탁하는 사람의 기분을 상하게 하지 않는다. 당사자가 아니라 대리인으로 온 아이는 나의 유쾌하지 않은 얼굴이나 민망스러운 불쾌감, 혹은 초조한 손동작이 자기에게 해당한다고 생각하지 않는다. 그는 단지 거절하는 말을 들었을 뿐이다.

나는 원래의 청원자가 자기 부탁이 어떤 인상을 불러일으키는지 멀리서 관찰하는 모습을 볼 수 있었다. 그는 첫 번째 대답에 대비해 더 자세한 설명을 해 줄 준비가 되어 있는 것이다.

우리 고아원에서 '문서를 통해' 아이들과 의사소통하는 제도를 도입했을 때, 대리인의 중재를 통해 부탁하는 수는 현저히 줄었다. 그리고 우리는 그때부터 흔히 한 가지 대답을 준비해 놓았다. "그 아이가 무엇을 갖고 싶어 하는지, 그리고 그것을 왜 원하는지를 적어 놓아야 해."

| 51 |

아이들 질문에 성실히 대답해야 한다는 가르침을 나는 절대적인 것으로, 넌더리가 날 정도로 반복했다. 그것을 무비판적으로 받아들이는 불쌍한 교사가 자신의 양심과 갈등에 빠지는 것은 불가피하다. 그는 질문을 받고 항상 대답할 수는 없고 그럴 만한 인내심도 없기 때문이다. 그는 다그치는 어린아이에게 "말하지 마"라고 짧게 끝내 버리고 싶은 욕구를 느끼면 느낄수록 자신이 좋은 교사라는 것을 예감하지 못한다.

"제가 글을 잘 썼나요? 신발을 깨끗이 닦았나요? 얼굴을 잘 씻었나요?"

첫 번째 아이는 정말로 많은 것이 확실치 않아서 묻는다면, 다음번 아이는 관심을 끌기 위해서 묻고 자기 일을 중단하거나 칭찬을 들으려고 묻는다.

표면적이거나 이해할 수 없는 설명 외에 더 잘 대답할 수 없는 어려운 문제들이 있다. 물리나 천문학 혹은 화학 수업을 받아본 사람이라면 그것을 이해할 것이다. 그는 생리학을 배울 때에야 비로소 그것을 이해할 것이다. 그러나 이 같은 질문에 대한 대답을 아는 사람은 아무도 없고, 어른들도 모른다. 교사조차 모르고, 아무도 아는 사람이 없다.

아이의 생각이 깊은지 혹은 표면적인지, 그가 자신의 질문으로 바라는 것이 무엇인지, 아이의 상태로 자신을 옮겨 보아야 한다. 아이가 찾고 있는 것이 내용 없는 호기심인지, 고통스러운 문제를 풀기 위한 의지인지, 그것이 자연의 비밀인지, 윤리적인 문제인지, 혹은 아이가 단지 내가 대답할 수 있는지를 알아보려고 하는 것인지 말이다. 그리고 "책 찾아봐, 넌 아직 그걸 이해하지 못해, 난 모르겠어, 다음 주에 물어봐" 혹은 "날 미치게 하지 마"라는 내 대답은 많은 것을 통찰한 결과이다.

아이들 질문에 끈기 있게 대답한다고 주장하는 교사는 내게는 의심스러워 보인다. 그런 말을 하는 사람이 사실만을 말한다고 가정한다면 그 대답은 아이들에게는 너무나 낯설어서, 그들은 좀처럼 질문을 가지고 그를 찾아오지 않거나 단지 예외적인 경우에만 올 것이다.

| 52 |

고자질이나 부탁 혹은 질문이 아이들의 영혼을 알기 위한 열쇠라면 속삭이듯 털어놓은 고백은 그들에게 이르는 넓은 국도이다.

그 사건이 벌어진 지 몇 달이 지난 후에 아이들의 자발적인 고백이 있었다.

"그 아이와 저는 선생님께 무척 화가 났어요. 우리는 우리 둘 중 한 사람이 밤에 창문을 통해 선생님 방으로 들어가서 안경을 꺼내와 화장실에 넣어버리자고 약속했어요. 그런데 나중에 생각해 보니 안경이 아깝다는 생각이 들었어요. 그렇지만 그것을 숨기기만 했어요. 우리는 잠을 자지 않고 밤 12시까지 기다렸어요. 우리가 막 나가려고 일어나려는데 한 녀석이 깨어서 화장실에 갔어요. 난 조금 후에 일어났어요. 나는 창문을 통해 들어갔어요. 심장이 마구 뛰었어요. 안경은 책상 위에 놓여 있었고, 선생님은 잠이 드셨어요. 나는 재빨리 안경을 가지고 나와 내 베개 밑에 숨겼어요. 그러자 우린 겁이 났어요. 우리는 어떻게 해야 좋을지 알 수가 없었지요. 그런 다음 그 애는 안경을 되돌려 놓아야 한다고 했어요. 그래서 그 애더러 돌려놓으라고 했지요. 그러나 그 애는 그렇게 하려고 하지 않았어요. 그래서 내가 다시 일어났지만, 다시 창문으로 들어가지는 않았어요. 난 안경을 창문 위에 놓고 안으로 밀어넣었어요."

나는 이 두 녀석을 알았기 때문에 그 일이 처음 어떻게 시작되었는지, 실행 계획이 어떻게 생겨났는지, 왜 복수 행위가 끝까지 가지 못했는지를 알았다.

이 한 가지 사건은 그것에 대해 강연이라도 할 수 있을 만큼 많은 세부 사항을 담고 있다.

| 53 |

당신이 한 아이에게 웃어 보이면서 기대하는 대답은 미소일 것이다. 당신은 뭔가 재미있는 이야기를 해 주고 아이들의 관심을 기대한다. 아이가 심드렁한 빛을 보이면 당신은 화가 난다.

그것은 당신이 동기부여에 대한 정상적인 반응을 기대한다는 것을 의미한다. 아이가 전혀 다른 반응을 보이는 경우가 흔히 있다. 아이는 대부분 이해하지 못한 듯한 반응을 한다. 당신이 놀라는 건 당연하고, 그 점에 대해 깊이 생각을 해야 하지만 화를 내거나 예민해져서는 안 된다.

당신은 한 아이에게 호의적으로 음식을 먹이려 하지만 아이는 고집스럽게 거부한다. 때때로 아이는 눈에 띄게 당신을 피하기도 한다. 아마도 당신의 뭔가 그 애의 감정을 상하게 했거나, 아이 스스로 잘못이 있다고 느끼거나, 뭔가를 꾸미고 있거나, 아니면 그 아이의 자존심이 이유 없는 다정함을 허용하지 않는 것이다. 그것을 기억하고 있다가 일주일 혹은 한 달 뒤에 물어보라. 아이는 어쩌면 그 사실을 잊어버렸거나, 어쩌면 그 당시 기분이 어땠는지 말할 것이고, 혹은 당황한 미소를 통해 그 사실을 기억하지만 말하고 싶어 하지 않다는 인상을 줄 것이다. 그 비밀을 존중하라.

한번은 나는 아이들을 심하게 나무랐다.

"구석에서 속삭이거나 교실에서 몰래 하는 행동은 무슨 짓들이야. 너희는 내가 그것을 좋아하지 않는다는 것을 알지."

그 훈계에 대한 대답은 자제하는 듯한 체념과 화난 고집, 용기백배한 명랑함이었다. 후회하는 빛이 눈에 띄게 부족하다는 사실을 나는 주목했다. 나는 이해하지 못했고, 반항적인 아이들이 옆에서 꾸밀 음모를 예상했다. 그러나 그들은 나 몰래 우리를 즐겁게 해 줄 작은 코미디를 연습했다. 격분했던 내

모습이 얼마나 우스꽝스럽게 보였을지를 생각하면 나는 지금도 얼굴이 붉어진다.

| 54 |

"우리 아이는 제 앞에 아무 비밀도 없어요. 그 아인 자기 생각을 모두 다 제게 털어놓아요"라고 한 어머니는 말한다.

나는 그렇게 생각지 않는다. 나는 그녀가 그것을 원한다고 생각하고, 그렇게 함으로써 한 가지 잘못을 범하고 있다고 생각한다.

한 가지 예화를 들어 보자.

아이는 길에서 장례식을 보았다. 화려한 행렬과 등불들, 진지한 표정. 관 뒤에는 상복을 입은 한 아이가 따라간다. 검은 크레이프로 만든 옷을 입은 그 아이는 비밀스럽고 시적인 예식에 참여한다. 구경하던 아이에게 갑자기 한 가지 생각이 스쳐 간다. 우리 엄마가 죽는다면 얼마나 멋있을까…. 아이는 불안한 듯 엄마를 쳐다본다. 오, 아이는 엄마가 죽기를 바라지는 않을 것이다. 그런데 이 같은 생각은 어디서 나올까? 우리는 다른 사람에게 이런 생각까지 털어놓을 수 있을까? 우리는 아이들이 심각한 양심의 갈등을 겪는 순간에 그들을 다그칠 권리가 있는가?

한 아이가 당신에게 비밀을 털어놓았다면 기뻐하라. 그의 신뢰는 가장 큰 보상이고 가장 훌륭한 증거이기 때문이다. 하지만 아무것도 강요하지 말라.

아이는 자신의 비밀에 대한 권리를 가지기 때문이다. 부탁이나 계략이나 위협으로 강요하지 말라. 이 모든 방법은 똑같은 정도로 비열한 것이다. 그것은 당신을 아이들에게 가까이 가게 해 주지 않고 그들을 당신으로부터 멀어지게 한다.

우리는 아이들에게 그들의 비밀을 존중한다는 사실을, "너, 내게 그것에 대해 말할 수 있니?"라는 질문이, "넌 말해야만 해"라는 것을 의미하지 않는다는 것을 확신시켜야 한다. "왜 안 돼?"라는 나의 대답에 대해, 아이는 변명이 아니라 솔직하게 "그건 말할 수 없어요"라고 대답해야 한다. "언젠가 나중에 말할지도 모르지요. 하지만 지금은 절대로 말하지 않겠어요"라고 말이다.

| 55 |

한번은 열한 살 난 소년이 자기가 좋아하는 여자아이에게 다가가 뭔가 귓속말로 속삭이는 것을 보았다. 그 아이는 얼굴을 붉히고 부끄러운 듯이 머리를 떨구고는 동의하지 않는 듯이 어깨를 움찔했다.

며칠 후에 나는 그 아이가 그 여자아이에게 무얼 말했는지 물어보았다. 그 아이는 전혀 당황하지 않고 솔직하게 기억해 내려고 애를 쓰며, "아, 저는 그 애에게 16 곱하기 16이 얼마인지를 아느냐고 물어봤어요."

그 아이가 내게 아주 많은 생각, 진심 어린 생각을 깨우쳐 주었다는 점이 고마웠다.

다른 한 번은 한 여자아이가 저녁마다 공원을 걸으면서 비밀스러운 모험을 했다는 것을 알게 되었다. 우리 아이들은 혼자서 혹은 몇 명이 같이 시내에 나간다. 그것은 우리 교육 프로그램의 기본 요소이고, 이 원칙을 포기해야 한다면 아주 마음 아플 것이다. 공원에서 하는 모험은 나를 불안하게 만들었다. 그래서 나는 아이가 말할 것을 고집했다. 나는 다음번에는 절대로 혼자 나가지 못할 거라고 위협했다.

그 아이는 이렇게 대답했다.

그 아이가 공원을 지나갈 때 날아가던 새가 그 아이 모자 위에 똥을 쌌다. "그 새는 내 머리 위에 똥을 쌌어요." 우리 두 사람 가운데서 훨씬 더 많은 부끄러움을 느낀 것은 나 자신이었다.

다정다감한 아이들을 대할 때면 우리는 이 아이들이 처한 인생의 야비함에 대해 얼마나 심한 수치심을 느끼는지, 그리고 그 앞에서 그들을 지키는 데 우리는 얼마나 무력한지….

| 56 |

나지막이 비밀을 누설하는 것이 속삭이는 밀고자의 목소리일 때가 종종 있다.

그렇게 격분하지 말라. 밀고자의 말을 듣는 것은 당신의 의무이다.

"그 아이가 선생님을 욕하고 다녀요. 선생님께 대해 좋지 않은 말을 해요."

"어떻게 그걸 아니?"

"아이들이 모두 그 말을 들었어요."

그렇다면 우연히 듣게 되었거나 남의 말을 엿들은 것이다.

"좋아. 그런데 넌 왜 그걸 나에게 말하지?"

그 아이는 그렇게 말한 것이 당혹스럽다.

"그 아이가 왜 나를 욕하는지 아니?"

"선생님이 …… 해서 그 아이가 화났어요."

사소한 일이지 특별한 의도는 없다.

그 아이는 분명 교사의 관심을 계산했을 것이고, 어쩌면 어른과 더불어 중요한 비밀을 나눌 수 있다는 생각이 그에게 깊은 인상을 주었을지 모른다.

"넌 화가 나면 욕하지 않니?"

"때로는 하죠."

"그렇게 하지 마. 그건 좋지 않은 습관이야."

그 아이에게 도덕적인 설교를 하지 말라. 어쩌면 그 아이는 정말 친절한 관심을 원했는지도 모른다. 그렇지 않다고 해도 몇 마디의 난처한 질문과 그가 전하는 말에 관심을 보이지 않는 것만으로도 충분한 처벌이다.

| 57 |

복수심은 처벌받을 만한 것이다.

"형들이 욕을 하고, 야한 그림과 시구詩句를 가지고 있어요."

"무슨 그림과 시구인데?"

그 아이는 그것이 무언지 모른다. 그 아이는 엿듣는 자신의 모습을 다른 아이들에게 들키지 않으려고 숨어서 의도적으로 엿들었기 때문이다. 그 아이는 그런 그림을 가지는 것이 금지되었기 때문에 그 말을 하는 것이고, 그들이 처벌받기를 원한다.

"넌 그 아이들에게 그 그림을 보여 달라고 부탁했니?"

그 아이는 실제로 그렇게 했지만, 그들은 보여 주지 않고 "넌 아직 너무 어려"라고 말했다.

"내가 누구에게서 이 말을 들었는지 네가 이야기한 형들에게 말해도 되겠지?"

아니다. 아이는 그것을 원치 않는다. 그들은 그를 흠씬 두들겨 팰 것이다.

"내가 누구에게서 이 말을 들었는지 밝히는 것을 원치 않는다면, 그 아이들에겐 어떤 벌도 줄 수 없어. 그 아이들은 다른 아이를 의심하고 때릴 테니까 말이야."

아하, 저 녀석이 무서워하지 않는구나. "당신이 원하는 대로 하세요."

"네가 그렇게 말해 줘서 고마워. 기회가 되면 내가 그 아이들에게 그런 짓을 못 하도록 말할게."

나는 그 아이에게 감사한다. 내가 감지해야 할 것을 그가 감지한 것에 대해. 그러나 복수가 얼마나 나쁜 것인지 지적해 주기를 원한다면 설교는 나중으로 미뤄 두어야 한다. 오늘은 이것으로 충분하다. 그는 다른 효과를 기대했기 때문에 실망한다. 그의 사격은 목표를 빗나간 것이다.

| 58 |

사안은 중요할 수 있고 의도는 순수할 수 있다.

그 아이는 악한이 지배하는 집 안에 있었다. 아이들은 옷을 보관해 두는 방 안에 모여 담배를 피운다. 그러다가 집에 불을 낼 수도 있을 것이다. X가 Y에게 도둑질을 하라고 꼬드긴다. Z는 수위에게 먹을 것을 갖다주고 그 대신 사과 하나를 얻는다. 어제는 한 신사가 길거리에서 한 여자아이에게 빵집에 데려가겠다고 초대하고, 자동차로 드라이브를 하자고 제안했다.

그 광경을 본 아이는 그 신사가 소녀에게 왜 그런 말을 하는지 안다. 그 같은 제안이 가지는 위험이나 그것이 벌 받을 만한 행동이라는 것을 알면 그는 동요하고 어찌해야 좋을지 모른다. 아이는 당신을 신뢰하기 때문에 충고를 들으러 온다. 다른 아이들은 분명 화를 낼 것이고 그를 제거할 것이다. 그것이 무슨 도움이 될까? 그러면 어쩔 수 없다. 아이는 자신의 의무를 다한 셈이다. 그는 경고를 한 것이다.

나는 조언자로서 그 아이가 어려운 문제를 해결하는 것을 도와주어야 한다. 그 애는 나에게 큰 임무를 맡겼다. 이제 우리는 앞으로 어떻게 할지 함께 고민해 본다.

조심하라. 한 아이가 당신이 모르는 비밀을 가지고 당신을 찾아오면 그 아이는 항상 원치 않는 비난을 듣게 된다. "넌 너의 의무를 다하지 못했어. 넌 확실히 모르잖아. 그리고 다른 사람들이 너의 말을 믿는다면, 그것도 부분적으로만 믿는다면, 넌 그 아이들의 신뢰를 받은 셈이지만 모든 아이의 신뢰를 얻은 것은 아냐"라는 비난 말이다.

| 59 |

당신이 상황을 확실히 알게 된 순간부터는 서두르지 말라. 양심 없는 밀고자에게 "난 조심했어. 난 중요한 임무를 다한 거야"라는 승리의 개가를 올리게 하지 말라.

그러나 당신은 얌전한 아이를 적대자들의 복수로부터 보호해야 한다. 당신이 의심스러운 사실에 대해 발언을 미루는 동안 당신 자신은 더 깊은 주의력을 가지고 관찰할 수 있다.

더 나아가 당신이 잘못된 행위를 알면 즉시 야단치는 사람이라면, 당신이 침묵하는 동안은 상황을 잘 알지 못한다는 확신을 아이에게 주는 셈이 된다.

"넌 어디서 그 사실을 알았는지, 언제 그 사실을 알았고, 왜 곧바로 말하지 않았니?" 그것은 당신이 한참 전에 지나간 잘못된 행위를 돌이켜 볼 때 가장 자주 던지게 되는 질문이다. 그리고 더 나아가 당신이 서둘러서 일을 진행시키지 않는다면 그 아이의 기분이 좋을 때, 그리고 사건 전체가 시간이 너무 지나 버려 의무감과 의미를 잃어버리게 되지 않도록, 적절한 시점에서 그 일에 대해 의논할 수 있다. "네, 그건 오래전 일이에요. 한 달 전이에요." 아이는 그 당시 자기에게 무슨 일이 일어났는지, 어떻게 그런 짓을 했는지, 그 일을 하기 전이나 하는 동안, 그리고 하고 난 후 어떻게 느꼈는지를 당신에게 솔직하게 말할 것이다.

당신이 흥분하지 않고 생각하고 고민하고 준비할 시간을 갖는 것은 커다란 장점이다. 한 아이나 한 집단에 대한 당신의 태도가 이성적인 해결을 가져오는 경우가 종종 있다.

어떤 소년은 당신이 기분 좋은 때를 이용해 자물쇠가 달린 서랍을 달라고 부탁한다.

"아주 좋아. 그렇다면 넌 네 점잖지 못한 그림들을 어린아이들이 보지 못하도록 잘 감춰 둘 수 있겠지."

그 아이는 부끄러워하고 당황하고 상처를 받는다.

아이는 당신과 이야기하고 싶어 한다. 시간을 내라! 그 아이가 다시 자기 자신으로 돌아오면 당신에게 그 그림들을 내놓을 것이다. 그것은 이미 참신한 매력을 잃어버린 것이다. 그 아이는 누구에게 그것을 얻었는지, 누구에게 보여 주었는지 말할 것이다. 당신이 침착하게 말하면 말할수록 모든 일은 더 진부하게 보인다. 당신이 사려 깊게 행동할수록 그 아이에게 더 가까이 다가가는 셈이다.

| 60 |

중요한 원칙.

아이는 소리 없이 잘못을 저지른다.

그러나 교사는 모든 나쁜 짓을 사전에 알려고 하거나, 아이가 동요하고 있는 동안 즉시 바른길을 가르쳐 주려 하고, 빗나갈 때마다 도움을 주려고 서두르는 수고를 해서는 안 된다. 우리는 힘든 싸움의 모든 순간에 함께 있을 수 없다는 것을 생각해야 한다.

아이는 나쁜 짓을 해야 한다.

아이가 격정에 저항하는 힘이 약하면 그는 싸움에서 말없이 한 번 패배할 수 있다. 아이의 도덕적인 저항력이 양심과의 싸움을 통해 훈련되고 성장해야 한다는 것을 생각해 보자.

아이는 나쁜 짓을 해야 한다.

어린 시절에 잘못된 길을 가 보지 않고 항상 감시당하고 보호를 받는다면, 아이가 유혹에 저항하는 법을 배우지 못한다면, 그 아이는 경험 부족으로 나중에 자기 스스로를 극복하지 못하는 도덕적으로 수동적인 인간이 된다.

"나는 나쁜 짓은 어떤 짓이든 싫어해"라고 말하지 말라.

차라리 "네가 부당하게 행동한 것에 대해 나는 놀라지 않아"라고 말하라.

한 아이는 어떤 사람에게 거짓말을 할 권리, 어떤 사람을 속이고 뭔가를 강요하고 훔칠 권리가 있다는 것을 생각하라. 그렇다고 해서 아이가 모든 사람에게 거짓말을 하고, 속이고, 강요하고, 도둑질할 보편적인 권리를 가지는 것은 아니다.

어릴 때 케이크의 건포도를 몰래 파먹을 기회를 한 번도 갖지 못했다고 해서 그 아이가 정직한 것이 아니다. 그렇다면 성숙했을 때 그는 정직하지 않은 성격을 갖게 될 것이다.

"난 화가 났어."

당신은 거짓말을 한다.

"나는 경멸해."

당신은 거짓말을 한다.

"나는 네가 그러리라고 한 번도 생각하지 않았어. 너도 믿을 수 없단 말이니?"

당신이 그것을 예상하지 못했다면, 그것은 좋은 게 아니다. 당신이 무조건적으로 믿었다면 그것은 좋지 못하다. 당신은 불쌍한 교사이다. 당신은 한 아이가 인간이라는 사실을 제대로 알지 못한 것이다.

당신은 아이에게 닥친 위험을 깨달았기 때문에 흥분하는 것이 아니다. 당신 기숙사의 평판을 위협하고 당신의 교육적인 노선과 인격을 위협하기 때문에 흥분하는 것이다. 당신은 오로지 당신 자신 때문에 염려하는 것이다.

| 61 |

아이들이 잘못을 저지르게 내버려 두고, 스스로 고치려는 즐거운 용기를 시험하도록 내버려 두라.

아이들은 웃고 설치고, 자신들의 용기를 시험하기를 원한다. 교사들이여, 당신에게 인생이 무덤 같다고 해도 적어도 아이들은 인생을 풀밭으로 여기게 하라. 당신 스스로 남루한 옷을 걸치고, 순간적인 행복을 맛보지 못하는 희생적인 속죄자라 하더라도 아이들에게는 지혜롭고 관대한 미소를 보이라.

재미, 장난, 야유, 속임수, 잘못, 순진한 잘못에 대해 관대하게 다루는 분위기가 이곳을 지배해야 한다. 이곳은 강철 같은 의무, 돌 같은 진지함, 강력한 당위성과 무조건적인 설득을 위한 자리가 아니다.

내가 수도원의 종소리에 빠져들었다면, 나는 잘못을 행한 셈이다. 고아원의 생활은 우리가 그 이상적인 상태를 너무 높이 설정하기 때문에 그렇게 칙

칙하고 우울하게 되었다는 내 말을 믿으라. 수백 번도 더 말하지만, 고아원의 공동생활에서 당신은 한결같은 성실성이나 불안에 찬 순수성을 키우지는 못할 것이다. 악의 본질에 대해 아무것도 모르는 때 묻지 않은 감정의 순수함도 말이다.

결국 당신은 그 아이들이 처한 상황이 얼마나 나쁜지를 알기 때문에 성실하고 희생적일 정도로 부드러운 그 아이들을 사랑하는 것이 아닐까?

결국 진실에 대한 사랑 때문에 거짓으로 변하는 방법에 대한 지식을 포기할 수 있을까? 세상이 잔인한 주먹으로 우리의 이상을 뭉개 버리는 때에 깨달음이 갑자기 찾아오기를 바랄 수 있는가? 아이가 당신의 거짓말을 처음 알아차렸을 때 그날로 아이는 당신의 모든 진실을 믿는 것을 중단하지 않겠는가?

인생이 날카로운 발톱을 요구하는데도 아이들에게 단지 부끄러워하며 얼굴을 붉히거나 소리 나지 않는 한숨으로 대처하게 할 권리가 우리에게 있는가?

당신의 의무는 양이 아니라 인간을 키우는 것이며, 설교자가 아니라 노동자를 키우는 것이다. 육체적으로나 도덕적으로 건강한 인간으로 키우는 것이다. 그리고 건강함이란 부드러운 기질을 타고난 것도 아니고 희생할 준비가 되어 있는 상태도 아니다. 나는 위선자들이 부도덕이란 이유로 나를 고발하는 상황에 기꺼이 처하고 싶다.

| 62 |

아이들은 거짓말을 한다.

그들은 겁이 나서, 그리고 진실이 밝혀지지 않을 거라고 생각해서 거짓말을 한다.

그들은 부끄러워서 거짓말을 한다.

그들은 자신들이 말하기를 원치 않거나 말할 수 없는 진실을 고백하라는 강요를 받기 때문에 거짓말을 한다.

그들은 어쩔 수 없다고 생각해서 거짓말을 한다.

"누가 그걸 쏟았지?"

"저요." 한 아이는 자백을 통해 자신을 정당화시키려고 애를 쓴다. 당신이 "걸레 가지고 와서 닦아라", 혹은 기껏해야 "칠칠치 못한 녀석"이라고 덧붙일 것을 그 녀석이 지레 안다면 말이다.

아이는 교사가 사실을 조사해서 가차 없이 진실을 밝혀내려고 마음먹고 있다는 것을 알면, 더 심각한 잘못이라도 고백할 것이다. 한 가지 예로 누군가가 미워하는 아이의 침대에 물을 쏟았다. 아무도 그 일을 고백하려고 하지 않는다. 나는 그 일을 한 사람이 나타날 때까지 아무도 침실을 나갈 수 없다고 말했다. 큰 아이들은 공부하러 가야 하기 때문에 아침 식사를 해야만 하는 시간이 다가온다. 그들은 침실에서 아침 식사를 할 것이다. 모든 아이가 수업에 빠지게 되고 일할 시간도 늦춰질 것은 뻔하다. 침실에서는 조언하는 소리들이 들려온다. 아무 잘못이 없는 아이들의 그룹이 있고, 어느 정도 의심이 가는 다른 그룹이 있다. 그들은 분명 뭔가를 예감하고 어쩌면 이미 알고 있는지도 모른다. 어쩌면 그들은 한 아이를 설득하여 그 아이에게 잘못을 고백하도록 할 것이다.

"죄송한데요…."

"네가 그랬니?"

"예."

처벌은 불필요하다. 이 같은 종류의 위반은 반복되지 않을 것이다.

아이에게 자신의 비밀을 간직하게 하라. 그렇게 함으로써 "나는 알지만 말하지 않겠어요"라고 말할 권리를 인정하는 것이다. 그러면 아이는 거짓말이 아니라 아무것도 모른다고 말할 것이다. 아이들이 성스러운 계명에 일치하지 않는다 하더라도, 그들의 기분을 솔직하게 인정하라.

| 63 |

"아이들이 당신을 얼마나 사랑하는지." 그것은 감상적인 사람의 외침이다.

관대한 간수를 사랑하는 포로들이 있다는 의미일 것이다. 그러나 교사에게 아무런 생각도 품지 않는 아이들이 과연 있을까? 때로는 아이들이 드러내지 않는 화난 금지, 날카로운 말, 말없는 소망이 있다. 아이들이 그것을 표현하지 않는 이유는 "거기서 아무것도 나오지 않기" 때문이다. 아이들이 당신을 사랑한다고 생각한다면 그들이 사랑해야 하기 때문에, 나이 든 사람들이 그래야 한다고 말했기 때문일 것이다. 다른 아이들은 불리한 입장이 되지 않기 위해서이고, 몇몇 아이들은 자기들도 확실히 모른다. 아이들이 당신을 사랑한다는 것은 때로는 맞는 말처럼 보인다. 그러나 그다음 순간 그들은 교사를 미워한다. 하지만 아이들은 모두 자기의 잘못에 대해 약간 "봐주고" 싶어 하고 더 잘하기를 원한다. 그 불쌍한 아이들은 내가 더 이상 아이가 아닌 것이 나의 가장 심각한 잘못이라는 것을 알지 못한다.

"아이들이 당신을 얼마나 사랑하는지."

그들은 내가 마치 전쟁터에서 돌아온 것처럼 나에게 달려와 안기고, 내 주변에 몰려든다. 하지만 그들은 갑자기 흰쥐나 햄스터가 교실 안에 나타난다면 그렇게 즐거워하지 않을까? 한 아이가 마음 깊은 곳에서 늘 한결같이 이 기적이지 않은 사랑을 보인다면 엄마, 아빠, 그리고 교사는 그 아이에게 가벼운 양말을 주고 심지어는 약간의 딸기라도 주어야 하리라.

| 64 |

한 아이가 당신을 무한히 사랑하는 순간이 있다. 불행에 빠졌을 때 하느님을 찾듯 그 아이는 당신을 그렇게 필요로 하기 때문이다. 병이 났거나 밤에 무서운 꿈 때문에 깨어났을 때이다.

병원에서 일할 때, 나는 한 병든 소녀의 머리맡에서 하룻밤을 꼬박 새운 기억이 있다. 때때로 나는 그 아이에게 산소를 공급해 주어야 했다. 반쯤 잠이 깨면 그 아이는 내 손을 꼭 잡고, 내가 손을 움직이면 그 아이는 눈도 뜨지 않은 채 반쯤 무의식적으로 속삭였다. "엄마, 나가지 마."

한 소년이 죽은 사람에 대해 꿈을 꾼 뒤 절망적인 두려움으로 몹시 당황하고 몸을 떨면서 내 방에 들어온 일을 아직도 기억하고 있다. 나는 그 아이를 내 침대 속에 들어오게 했다. 아이는 꿈 얘기를 하고, 돌아가신 부모님과 그들이 돌아가신 후 삼촌 집에서 살았던 일을 이야기했다. 그 아이는 나의 밤잠을 방해한 것을 보상하기 위해서인지, 아니면 나쁜 유령이 완전히 그에게서 떠나기 전에 내가 잠들지 않을까 하는 두려움 때문인지 감동적이고 진심어린 목소리로 속삭였다.

나는 나와 고아원을 몹시 비난하는 내용을 담은 한 소년의 편지를 간직하고 있다. 그 편지는 그 아이가 떠날 때 쓴 것으로, 내가 자기를 이해하지 못했고 부당하게 다루었다는 비난을 담고 있었다. 그 아이는 자신이 좋은 점을 평가할 줄도 안다는 것을 증명하기 위한 한 가지 예로써, 한번은 밤에 이빨이 아파 나를 깨웠을 때 내가 화를 내지 않았다는 것과 자기 이빨 사이에 약솜을 끼워 주었던 사실을 결코 잊지 못할 것이라고 썼다. 그 아이는 이 한 가지 사실을 2년 동안의 고아원 시절에서 감사하게 여길 가치가 있는 유일한 것으로 여겼다. 그러나 교사는 병든 아이를 고아원에서 내보내어야 하고, 업무로 가득 찬 낮 시간을 보낸 후 밤에는 잠을 자야 한다.

| 65 |

우리는 아이들에게 개인적 희생이나 단체적 희생을 요구해서는 안 된다.

힘들게 일하는 아버지, 두통에 시달리는 어머니, 지쳐 빠진 교사, 그것은 한두 번은 아이들의 마음에 가닿을 수 있다. 그러나 장기적으로 보면, 그것은 피곤하고 지루하고 화나게 만든다. 우리는 아이들을 너무나 잘 훈련시켜서, 단 한 번의 힘들고 불만족스러운 몸짓에도 그들은 목소리를 낮추고 발끝으로 걷는다. 그러나 즐겨 그렇게 하는 것이 아니다. 겁이 나서 그러는 것이지, 좋아서 하는 건 결코 아니다.

그들은 교사가 곤경에 처해 있으면 약간은 얌전해지고 엄숙해질 것이다. 그러나 그런 일은 좀처럼 드물고 예외적이다.

우리는 노인들의 기분에 맞추고 그들의 존경할 만한 견해나 해묵은 걱정에 대해 항상 관대할 준비가 되어 있는가?

나는 수많은 아이가 미덕에 대한 혐오감을 가지고 자란다고 생각한다. 사람들이 끊임없이 그것에 대해 말하고, 듣기 좋은 말로 넌더리를 나게 하기 때문이다. 한 아이는 이기적인 욕심을 버리는 것이 얼마나 필요하고 아름답고 행복한 것인지 점차 스스로 발견할 것이다.

그들은 복권에서 얻은 그림이나 사탕을 동생에게 갖다준다. 동생이 그걸 좋아하기 때문이다. 그러나 그것은 어쩌면 어른들과 마찬가지로 아이들 역시 남에게 뭔가 제공하려는 명예욕의 표현이기도 하다.

어떤 아이가 저금통장에서 한 루벨을 찾아 여동생에게 신발 한 켤레를 사준다. 좋은 일이다. 그러나 그 아이가 과연 돈의 가치를 알았을까? 아니면 단지 경솔하기 때문일까?

윤리적인 테두리와 미래의 발달 가능성이라는 견지에서 볼 때, 아이들에게는 행위 자체가 아니라 동기가 중요하다.

| 66 |

아이들에게 감사할 의무와 경외심이라는 짐을 지운다. 우리의 권위로 말이다. 하지만 아이는 이 모든 것을 다르게 느낀다. 그리고 모든 것을 자기 식대로 받아들인다. 그들은 당신이 시계를 가지고 있기 때문에, 당신이 외국 우표가 붙은 편지를 받았기 때문에, 성냥을 가지고 다녀도 되고, 늦게 잠자러 가도 되기 때문에, 당신이 붉은 잉크로 사인을 하기 때문에, 혹은 당신이 자물쇠 달린 서랍을 가지고 있기 때문에, 어른들의 모든 특권을 가지고 있기 때문에 당신을 존경한다. 그보다 훨씬 작은 아이들은 자기들에게는 부족한 교육을 당신은 이미 받았기 때문에 당신을 존경한다. "선생님은 중국어 할 수 있어요? 십억까지 셀 수 있어요?"

교사는 흥미로운 동화를 들려주지만 요리사나 수위 아저씨는 더 재미있는 이야기를 알고 있다. 교사는 바이올린을 켤 수 있지만, 같은 또래의 아이는 공놀이에서 공을 더 높이 던질 수 있다.

우리 모두는 선량한 아이들에게는 대단하게 보이지만, 비판적인 아이들은 우리의 판단력이나 도덕적인 자질 앞에 고개를 숙이지 않는다. 어른들은 거짓말을 하고, 속이고, 나쁘고, 추하게 저주를 퍼붓는다. 그들이 담배를 몰래 피우지 않는 것은 공개적으로 담배를 피워도 되기 때문이며, 자기가 원하는 것을 할 수 있기 때문일 뿐이다.

당신이 당신의 권위를 생각하면 할수록 그들은 당신에게서 빠져나가고, 당신이 조심스럽게 거짓말을 하면 할수록 그것은 더 쉽게 새 나간다. 당신이 극단적으로까지 우스꽝스럽지 않거나 완전히 무능하지 않으면, 어리석게도 아첨이나 잘못된 관대함으로 아이들의 호감을 사려 하지 않는다면 그들은 자기 식대로 당신을 존경할 것이다.

그 아이들 방식대로라고? 어떻게? 나는 그 답은 알지 못한다.

당신이 말랐기 때문에, 혹은 뚱뚱하기 때문에, 당신이 대머리여서, 당신 이마에 점이 있어서, 당신이 화를 내면 코가 흔들려서, 당신이 웃을 때면 머리를 어깨 사이로 집어넣기 때문에 그들은 웃을 것이다. 그들은 당신을 흉내 낼 것이고, 그들은 마르거나 뚱뚱해지기를 원할 것이고, 화가 나면 코가 흔들리기를 원할 것이다.

예외적으로 친근한 분위기에서 드물게 나타나는 동료처럼 대등한 대화에서 당신에 대해 어떻게 생각하는지 그들에게 말하도록 허락하라.

"당신은 참 이상해요. 때때로 저는 당신을 사랑하지만 때로는 화가 나서 당신을 죽이고 싶어요."

"당신이 무슨 말을 하면 사람들은 그게 모두 진실이라고 생각해요. 그러나 가만히 생각해 보면 당신은 우리가 아이이기 때문에 그런 말을 한다는 걸 알 수 있어요."

"당신이 우리에 대해 정말로 어떻게 생각하는지 전혀 알 수 없어요."

"당신을 비웃을 수는 없어요. 당신이 우스꽝스러운 경우는 드무니까요."

| 67 |

내가 아이들을 위해 쓴 이야기인 『명예』에서, 나는 주인공 중 한 사람에게 도둑질을 하게 만들었는데, 그렇다고 여기에 대해 항의하는 사람은 아무도 없었다. 나는 오랫동안 망설였지만 달리 어쩔 도리가 없었다. 힘차게 자라나는 의지와 활발한 상상력을 가진 소년은 한 번은 도둑질을 해야 한다. 너무 갖고 싶어 저항할 수 없을 때면 훔쳐야 하는 것이다.

어떤 물건이 너무 많이 있어 그중 일부를 가져갈 수 있다고 생각되면 아이는 훔친다. 아이는 주인이 모를 때 훔친다. 뭔가 급히 필요하면 훔친다. 훔치도록 부추김을 받으면 아이는 훔친다.

도둑질의 대상은 작은 돌멩이 하나, 땅콩 하나, 사탕 봉지, 못이나 성냥갑, 혹은 붉은 유리 조각이 될 수도 있다.

모든 아이들이 훔치고 도둑질이 공공연히 자행되는 경우가 있다. 이 작고 가치 없는 물건들은 일부는 개인의 것이고, 일부는 공동의 재산이기도 하다.

"너희들, 이 잡동사니 같은 것 많이 가지고 있지? 그거 갖고 놀아라."

아이들이 싸운다. 무엇 때문일까?

"너희들, 싸움질 좀 그만해. 넌 많이 가졌으니까 저 아이한테 좀 줘."

그 아이는 깨진 펜대를 찾아냈다. 그리고 그것을 당신에게 준다.

"너 가져. 아니면 갖다 버려."

그 아이는 찢어진 그림, 노끈, 유리구슬을 발견했다. 그것이 그대로 버려지면 그들은 그것을 가질 수 있다.

그래서 점차로 펜대나 바늘, 지우개 혹은 연필이나 골무, 그리고 창틀이나 책상 혹은 바닥에 널려 있는 물건이 공동의 재산이 되는 일이 나타난다. 한 집에서 그것 때문에 수백 번의 싸움이 벌어진다면, 한 기숙사에서는 매일 수천 번의 싸움이 일어날 것이다.

그렇다면 두 가지 방법이 있다. 하나는 야비한 방법으로 아이들이 잡동사니를 간수하지 못하도록 금하는 것이다. 다른 한 가지 제대로 된 방법은 모든 물건은 주인이 있으며, 주운 물건은 다시 되돌려 주어야 한다는 것이다. 그것이 비록 사소하거나 가치 없는 것이라고 해도 말이다. 모든 잃어버린 물건은 곧바로 다시 찾아내야 한다.

그렇다면 아이들은 분명한 원칙을 가지게 되고, 그 원칙을 지키지 못하면 도둑질만 남게 된다. 그 아이는 자주 유혹에 굴복하는 가장 나쁜 아이는 아니다.

| 68 |

속이는 것은 도둑질의 다른 형태이다.

작은 선물을 구걸하는 것, 아무 의미 없는 내기, 도박, 혹은 다른 노름, 그리고 마침내는 값진 물건들(주머니칼, 필통, 초콜릿 상자)을 가치 없는 물건과 바꾸게 한다. 마지막에는 정해진 기간 없이 어떤 물건을 빌리는 것이다.

교사들은 대부분 편리함이란 이유로 물물 교환이나 선물 주고받기, 이기는 자에게 물질적인 이익을 가져다주는 모든 종류의 놀이를 금지한다. 이런 것을 금지하면 피해를 입은 아이들이 수치스럽게 고자질하는 일이 단번에 차단된다. 하지만 그렇다면 교사는 지극히 생생하고 흥미롭고 독특한 수백 가지 사건들을 인식할 수 없게 된다. 그러나 흥분을 불러일으킬 만한 한 가지 사건이 발견되면 그는 잔뜩 치장한 수사학적인 행동과 인생의 비리로 가득 찬 설교를 늘어놓을 기회를 갖게 된다. 더욱 엄격한 금지 조치가 내려지고, 다음번 스캔들이 벌어질 때까지는 조용해진다. 삶에서 금지 조치는 결코 지속적인 성공을 거두지 못하므로 단지 잠시 영향을 미칠 뿐이다.

추하고 부도덕하고 불리한 상황에서 행한 경박한 약속과 빼앗긴 선물과 의식적인 기만행위 때문에 무슨 일이 일어나지 않겠는가.

다른 아이한테서 빌린 주머니칼을 잃어버린 아이는 상대방 아이의 노예가 될 수도 있다.

| 69 |

순수하고 감수성이 풍부하고 정직한 어린 영혼들의 작은 세계에 들어왔다고, 그들의 총애와 신뢰를 얻는 것은 어렵지 않을 것이라는 달콤한 착각에서 출발한 교사는 곧 실망하게 된다. 자신을 그런 착각에 빠지게 한 아이들에게 화를 내는 대신, 그리고 자신의 선량한 믿음을 슬퍼하는 대신, 그는 아이들에게 대적할 것이다. 그가 아이들에게 품고 있던 믿음을 지키지 않았기 때문이다. 그러나 당신 업무의 매력적인 면만 보여 주고, 가시 돋친 부분에 대해서는 침묵한 것이 아이들 잘못인가?

어른들처럼 아이들에게도 나쁜 아이들이 있다. 그들에게 그것을 보여 주는 것은 필요하지도 가능하지도 않다.

타락한 어른들의 세계에서 일어나는 모든 일은 아이들의 세계에서도 일어난다. 당신은 여기서 모든 종류의 인간형을 찾아볼 수 있을 것이고, 모든 야비한 행동의 본보기를 볼 수 있을 것이다. 아이들은 인생과 대화와 자신들이 자라난 환경이 내포하고 있는 성향을 그대로 모방하는 것이다. 그들의 애증愛憎은 이미 그들 속에 모두 잠재해 있기 때문이다.

내가 내일 한 무리의 아이들을 만나게 된다면 나는 그들의 오늘이 어떠한지 이미 알 것이다. 그들 중에는 부드러운 아이, 관대한 아이, 마음씨 좋은 아이, 신뢰심이 가득한 아이들이 있다. 아주 악하고 반항적인 동기로 가득 찬 적대적인 아이에서부터 관대한 척하고 음모를 꾸미는 나쁜 아이, 간계한 아이들과 범죄적인 성향이 있는 아이까지도 말이다.

질서를 유지하고 불쌍하고 순진한 아이들의 안전을 지키는 것이 필요하다는 것을 나는 예견한다. 나는 아이들 집단에게 협력의 긍정적인 가치를 호소하고, 그것을 사악한 힘과 대립시킨다. 그런 다음 나는 비로소 계획된 교육적인 작업을 시작한다.

그때 나는 불확실한 영역에서 교사가 끼칠 수 있는 영향력의 한계를 분명히 안다. 나는 가치와 질서, 열심과 성실함, 그리고 정직함이라는 전통을 세우기 위한 바탕을 마련하지만, 어떤 아이도 그 아이의 원래 모습을 다른 모습으로 변형시킬 수는 없다. 자작나무는 자작나무로 남아 있고, 참나무는 참나무로, 무는 무로 남아 있다. 나는 그 영혼 속에 잠들어 있는 것을 깨울 수 있지만 내가 새롭게 만들 수 있는 것은 하나도 없다. 내가 그 때문에 나 자신이나 아이를 비난한다면 그것은 우스꽝스러운 노릇이 될 것이다.

| 70 |

순수한 교사가 정직하지 않은 아이들에게 반감을 느낀다는 것을 나는 안다. 그러나 아이들을 붙들어 매고 있는 부자유가 거짓이나 교활함을, 사랑을 가장한 봉사나 좋아함을 빙자한 이기적인 행위를 키울 수 있다는 사실을 나는 지적하고 싶다. 그들은 우리의 호감을 이용하기 때문이다. 이렇게 이용당하면 모든 사람은 어느 정도는 당혹스러워한다.

어린 사기꾼의 영혼을 들여다보라. 그들은 불쌍한 아이들이다. 많은 경우 명예욕이 강하지만 순수하지 않고, 어쩌면 잘못 판단하고, 많은 경우 약하고 당당하지 못하며, 의지할 데 없고, 많은 경우 또 다른 측면에서 기만적인 행동으로 기울어지고 타락하고 비뚤어져 있다. 그것은 그들을 좋아하지 않는 당신에게도 해당한다. 그들의 호의나 감사, 모범적인 태도가 진짜가 아니라는 것을 알지 못한 채, 그들에게 우선권을 줘 버리는 다른 사람들에게도 적용되는 것이다.

감정이 차갑고 심성이 나쁜 아이가 당신에게 접근해서 안긴다 해도 당신은 그 아이를 거부할 권리가 없다. 비록 그 아이가 계산적인 행동을 하고 있다는 것을 알고 있을지라도 말이다. 어쩌면 그 아이는 그다지 능숙하지 않은 편이고, 더욱 교묘한 다른 아이는 더 우아하고 더 기만적으로 당신을 속일 것이다. 그들은 자신들이 하는 유희의 매력에 빠져들기 때문이다.

당신 곁에 다가오려는 아이 중에는 사랑스럽기보다는 오히려 약하고 다른 아이들이 싫어하는 아이가 있을 수도 있다. 그들은 당신의 특별한 보호를 원하고, 모든 불이익 앞에서 당신이 자기를 지켜 주기를 원하기 때문이다.

누군가가 그 아이에게 속삭였을지도 모른다. "그에게 사랑스럽게 굴어 봐. 그에게 꽃을 갖다주고, 그에게 입맞춤한 다음 너의 부탁을 말해 봐"라고 말이다. 이 아이는 아무 확신 없이, 정직하지만 냉담한 자신의 성격과는 반대로, 단지 명령에 따라 서투르고 힘겹게 따라 할 뿐이다.

수줍어하고 감정이 빈약한 아이, 노인처럼 자기 안에 닫혀 있는 아이가 나에게 갑자기 진심을 표하고 나의 농담에 제일 먼저 웃어 주고, 나에게 자리를 내주며, 내가 바라는 대로 행동했을 때, 나는 매우 놀란다. 그 아이는 자신의 행동을 내 눈에 띄게 하려고 몹시 애를 쓰지만 무척 서툴렀다. 한동안 그렇게 계속되었고, 내게 그것이 얼마나 난처한 일인지 그 아이에게 깨닫게 할 수가 없었다. 그가 마침내 자기 동생을 우리 고아원에 데려와 달라고 부탁했을 때 나는 눈물을 금할 수 없었다. 불쌍한 녀석, 그렇게 오랫동안 자기 모습과 다르게 행동하는 것이 얼마나 힘들었을까?

| 71 |

다른 아이들이나 자기들의 대장에게 사랑을 받지 못하는 아이들이 있다. 그것은 중요한 문제이고, 그것에 관한 연구는 살아가면서 수수께끼처럼 보이는 '성공'이라는 문제를 해결하는 열쇠를 줄 수 있을지도 모른다. 가치의 정도에서가 아니라 해명할 수 없는, 지금까지 알려지지 않은 요인들에 의해 결정되는 성공 말이다.

스스로 주도권을 가진 예쁘고 건강하고 명랑한 아이들, 대담하고 재능 있는 아이들에게는 항상 친구들과 동료들, 그리고 추종자들이 몰려든다. 하지만 너무 명예욕이 강한 아이들에게는 적들도 있다. 이렇게 해서 다양한 집단이 생겨난다. 아이들의 공동체는 잠시 자기 편인 한 아이를 총애하고 우두머리로 삼는다. 나중에 그가 무너지는 것을 보고 즐거워하기 위해서이다.

같이 하는 놀이를 생각해 내고, 이야기를 많이 알고 있으며, 어디서나 자발적으로 참여하는 아이가 모든 아이가 좋아하는 친구라는 사실은 놀랍다. 그 아이는 자신의 명랑한 성격과 상상력으로 가득 찬 아이디어를 다른 아이들에게 아낌없이 나누어 준다. 다른 한 아이는 자기가 얻은 과일을 다른 친구와 나누어 먹는다. 결국 아이들은 어떤 쪽을 더 좋아할까? 충분한 군것질거리를 주는 쪽, 아니면 정신적인 풍부함을 나누어 주는 쪽?

아이들은 서투르고 약골인 아이가 자기들 편에 끼는 것을 싫어한다. 그 아이가 육체적으로 빈약하고 정신적으로 약한 것 외에 무슨 이유가 있는가? 그는 교사에게 의존하고, 수시로 교사를 찾는다. 그는 다른 아이들에게 아무것도 줄 것이 없으면, 그들에게서 아무것도 얻지 못한다.

당신을 가장 많이 찾고 당신 가까이 있기를 원하는 아이가 가장 값진 아이가 아니라는 것은 확실하다. 그들에게 완전한 권리를 요구하지 말라. 그들 스스로도 그다지 많이 요구하지 않을 것이다.

그러나 그들을 거부하지는 말라.

| 72 |

아이들은 모든 수고를 아끼지 않는다. 그들에게 그럴 권리가 있다고 나는 덧붙이고 싶다. 그 아이들이 남의 이목을 끌기 위해 이용하는 모든 장점이나 긍정적인 가치란 보기 좋은 외모일 수 있고, 탁월한 솜씨나 기억력, 언변, 혹은 듣기 좋은 목소리나 그의 출신 배경일 수도 있다. 우리가 이해할 만한 이유 없이 그것을 거부한다면, 우리는 아이에게 불쾌감을 일으킬 것이고 심술이나 심지어는 질투심을 느끼게 할 것이다.

"이 아이는 우리의 가수야. 우리 앞에서 시범을 보여 준다니까."

그것은 어쩌면 맞는 말이지 않은가? 그것이 아이가 타락하도록 영향을 미칠 것인가? 그러나 아이가 생각하는 것을 솔직하게 말해 줌으로써 용기를 주는 것도 가능하다. 아이는 자기가 노래를 가장 잘한다는 것, 자기가 신체적으로 가장 날렵하다는 것을 자랑스럽게 여긴다.

아이에게 "네가 노래를 잘 부르고, 네 아버지가 군수라고 모든 것을 해도 된다고 생각하니?"라고 말하는 것이 더 무책임하지 않은가?

혹은

"너는 미소로 나를 착각에 빠뜨리려 하지. 넌 뭔가 갖고 싶은 게 있어서 나한테 입맞춤을 하는 거지?"

그 말은 맞는 말이다. 그러나 당신도 역시 그렇게 행동한다.

당신은 부족한 생각을 기억력을 통해, 혹은 부족한 기억력을 다른 지식을 통해 보충하지 않는가? 당신은 아이들에게 겁을 줄 수 없거나 겁주는 것을 좋아하지 않으면 미소로 그들을 고분고분하게 만들려고 하지 않는가? 한 아이가 나쁜 행동을 고치면 당신은 그 아이에게 입이라도 한번 맞춰 주려 하지 않는가?

당신은 자신의 잘못이나 부족한 부분을 비밀에 부치지 않는가?

왜 당신은 나이나 지위에서 월등한 특권을 가진 당신 스스로도 이용하는 권리를 한 아이에게서 박탈하려는가?

게다가 대부분의 아이들은 아직 판단력이 없다.

그들은 로크Locke가 "원숭이 이성"이라고 불렀던 재치를 이용한다. 당신이 아이들에게 적절한 성숙의 조건을 마련해 줄수록 이 흉내 내는 원숭이들은 점점 더 빨리 인간이 될 것이다.

| 73 |

항상 맨 꼴찌이고 매번 너무 늦게 오는 아이들은 교사의 인내심을 시험한다.

종이 울린다. 내막을 알지 못하는 사람은 100명의 아이 전원이 주어진 신호에 따라 나타나게 하는 데 얼마나 많은 교사의 노력이 필요한지, 얼마만큼 많은 아이의 선한 의지가 필요한지 알지 못한다.

글 쓰던 것이 아직 한 줄 남아 있고, 복권의 숫자 맞히기, 시작된 대화의 남은 한마디, 읽던 동화책의 다음 단계까지는 아니라 하더라도 적어도 다음 단락까지는 읽고 싶은 것이다.

방을 나설 때 당신은 문을 잠그려고 기다린다. 아이들은 다급하게 소란을 피우고 서로 밀치며 나온다. 마지막 순간에 뭔가를 꽂아 놓거나 꺼내야 해서 당신이 기다려야 하는 한두 명을 빼고는 말이다.

당신은 그 아이의 신발이나 외투를 내어준다. 항상 같은 아이다.

당신은 서랍을 열어 둔 채, 램프 앞에서 불을 끄기 위해, 물을 빼내기 위해 욕조 앞에서, 식기를 치우기 위해 식탁 옆에서 기다린다. 당신은 일을 시작하거나 끝낼 때 항상 이 한두 명을 기다리는 것이다. 그들은 외출할 때면 항상 모자를 찾지 못하고, 받아쓰기를 시작하면 매번 그들의 펜은 부러져 있다.

"좀 더 빨리… 서둘러! 아직도 그렇게 오래 걸리니? … 넌 왜 그렇게 꾸지럭거리니?"

화내지 말라. 아이 또한 틀림없이 그런 말을 하고 있다.

| 74 |

외형적으로 보아 별로 어렵지 않게 지킬 수 있는 금지 사항이 있다. 당신은 그것을 시도하지만 아이들은 말을 듣지 않는다. 불평하지 말라.

우리는 아이들이 저녁에 침실에서 이야기하는 것을 금지했다.

"너희는 하루 종일 이야기할 시간이 있었어. 지금은 자야 해."

아마도 아이들에게는 그런 정당한 요구를 쉽게 따를 수 없게 하는 그 무엇이 있는 모양이다. 그들은 반쯤 줄어든 목소리로 작은 속삭임으로 이야기를 계속한다. 중얼거리는 소리가 온 침실에 퍼진다.

당신은 그들을 통제한다. 잠시 조용해지지만, 오랫동안은 아니다. 오늘, 어제, 내일, 항상 같은 아이다. 막대기를 잡고 완력을 행사하거나 전체를 조사하는 방법밖에는 남아 있지 않다.

"너, 어제 침실에서 무슨 얘기 했니?"

"우리 아버지가 살아 계셨을 때 우리 집이 어땠는지 그 애한테 이야기해 줬어요. 그리고 폴란드 사람은 왜 유태인을 좋아하지 않는지 그 아이에게 물어봤어요.-전 그 아이가 조금만 더 참으면 선생님이 화를 내지 않으실 거라고 말했어요.-저는 크면 에스키모 사람들한테 가서 글 쓰는 법을 가르치고 집을 지어 줄 거라고 말했어요."

"거기 조용히 해"라는 잔인한 말 한마디로 나는 이 네 가지 대화를 중단시켰을 것이다.

여기서는 규칙을 어기는 대신 아이들 마음속 깊은 곳에 있는 걱정이 표면으로 나타난다. 낮 동안의 소란과 놀이마당과 같은 혼잡 속에서는 믿을 만한 대화, 우울한 기억, 진심 어린 충고, 은밀한 질문을 나눌 여지가 없다. 하루 종일 계속된 소란은 당신을 피곤하게 하고 당신은 잠들기 전 조용한 순간을 찾고 싶어 한다. 아이들 역시 그것을 원한다.

당신은 하루 일과가 시작되기 전인 이른 아침에 아이들이 대화하는 것을 금지하는가? 그러면 일찍 일어나는 아이, 매일 일찍 일어나는 아이는 무엇을 해야 하나?

침실에서 아침의 조용함을 얻기 위한 소용없는 싸움은 아이들을 승리자로 만들어 주고, 나는 중요하진 않지만 그렇다고 부차적이지도 않은 깨달음을 얻는다.

| 75 |

다른 예.

"너 뭐 하니? 무슨 새로운 일이 있니? 왜 슬퍼 보이니? 집에 있는 식구들은 어떻게 지내니?" 나는 가끔 아이들에게 그런 질문을 던지곤 한다.

나는 이따금 이런 대답을 듣는다.

"새로운 일은 없어요. 모든 게 다 좋아요. 난 전혀 슬프지 않아요."

그렇다면 나는 만족해야 한다. 아이에게 나의 관심과 호의를 보여 주기 위해 나는 잠시 틈을 낸 것뿐이다. 이따금 나는 지나가면서 아이들의 머리를 쓰다듬어 주기도 한다. 얼마 후에 나는 아이들이 나의 질문이나 다정함을 좋아하지 않는다는 것을 알게 되었다. 많은 아이가 억지로 대답하고, 동시에 약간 부끄러워하며 냉담하고, 거리감을 두고, 때로는 조소 어린 미소로 대답한다. 한번은 내 질문에 대해 시큰둥한 말투로 대답했던 한 소년이 그 후에 상당히 중요한 문제를 가지고 나를 찾아온 적이 있었다. 이를 통해 나는 원래 예민하고 감성이 여린 아이들은 모든 종류의 부드러운 몸짓을 피한다는 것을 깨닫게 되었다.

나는 그것이 신경에 거슬리고 화가 난다는 것을 고백한다. 그러나 마침내 나는 깨달았다. 아이는 습관적이고 무심코 던지는 나의 질문에서 성실한 관심도, 뭔가 부탁해 볼 가능성도 보지 못하는 것이다. 아이가 옳다. 당신이 손님 앞에 사탕이 든 상자를 내놓을 때면 그가 사탕을 한 알만 꺼내고, 게다가 가장 큰 것을 꺼내지 않으리라는 것을 계산한다. 당신은 아이에게 1분의 1초를 주고 그 아이는 당신이 바라던 대답을 들려준다. "모든 것이 다 좋아요"라고. 그러나 아이가 당신이 베푼 교육에 제대로 답한다면 그는 자신의 인격에 관한 당신의 불성실하고 꾸민 관심에 화를 낼 것이고, 그렇게 지나치는 질문으로 자신의 문제를 끝내 버리는 것을 원치 않을 것이다.

"그래, 어때요? 좀 좋아졌나요?" 의사는 병실을 회진할 때면 묻는다.

의사의 목소리와 동작에서 환자는 그가 바쁘다는 것을 알고 체념한 채 대답한다. "고마워요. 좋아졌어요."

| 76 |

아이들은 사회적인 차원의 비진실에 대한 경험이 아직 없고, 덧붙이자면 일상 언어에서 흔히 나타나는 거짓에 대한 경험이 없다.

"그때 그 사람의 손이 곧바로 떨어져 나갔어. 아이는 교회 안처럼 조용해졌지.―그의 모든 것이 불타고 있었어.―그는 손아귀에 잡히는 것은 모두 망가뜨려 버리지.―나는 백번도 더 말했어. 이제 끝이야."

이것은 아이에게는 거짓말이다.

어떤 사람이 아무 거리낌 없이 손을 움직이는데 그 손이 떨어져 나갔다고 말하는 게 부끄럽지 않은가? 교회 안은 그렇게 조용하지 않다. 소년이 울타리를 넘으면서 바지가 찢어졌다면 그건 꿰맬 수 있다. 그건 그저 찢어졌을 뿐 완전히 타 버린 건 아니다. 그 아이는 물건을 산산조각 내지 않고도 손에 쥘 수 있다. 게다가 물건은 한 번쯤은 깨질 수도 있지 않은가. 그 말을 백번 이상 한 것도 아니고, 기껏해야 다섯 번 정도 했을 뿐이다. 그리고 사람들은 아이에게 여러 번 반복한다.

"너 벙어리가 됐니?"

아니다. 아이는 벙어리가 된 것이 아니다. 이 질문 자체가 거짓말이다.

"너 더 이상 나타나지 마."

그 같은 명령 또한 거짓말이다. 그는 점심 식사 때면 식탁 앞에 앉아 있어야 하기 때문이다.

아이는 얼마나 자주 반항적으로 행동하는지. 이 끔찍한 설교는 도대체 언제 끝이 나나. 차라리 선생님에게 옆구리 몇 번 얻어맞는 편이 낫지. 교사에게 반드시 존경을 표해야 한다고 믿고 있는 아이는 이처럼 존경심이 무너지는 것을 보면 고통스러워할까? 아이들이 교사의 도덕적인 탁월함을 확신할 수 있을 때는 그의 말을 따르는 게 훨씬 쉽기 때문이다.

| 77 |

우리 고아원에서는 한 가지 개혁을 시도했다. 그것은 아침과 점심 그리고 저녁 식사 때 아이들은 예외적으로 원하는 만큼 마른 빵을 가져갈 수 있다는 것이다. 그러나 그것을 낭비하거나 남겨서는 안 된다. 먹을 수 있는 만큼만 가져가야 한다. 아이들은 처음에는 적당한 양을 가져가지 않는다. 많은 아이에게 신선한 빵은 군것질거리이기 때문이다.

저녁 식사가 끝나고 아이들을 침실에 모이게 했다.

이 순간 나이 든 여자아이 중 하나가 빵을 한 입만 깨물고는 나머지 조각을 보란 듯이 내가 앉은 테이블 위에 던지고, 발을 질질 끌며 걸어갔다. 나는 너무 놀라서 "넌 보기 싫을 정도로 무례한 아이로구나"라는 말 외에 다른 말을 할 수 없었다.

그 여자아이는 내 반응을 보고는 전혀 상관하지 않는다는 듯이 어깨를 으쓱하고는 눈물을 흘리며 기분이 상한 채 침실로 들어갔다.

나는 그 아이가 벌써 자기 침대에서 자고 있는 것을 보고는 놀랐다.

며칠 후 나는 바로 그 아이가 어린아이들과 함께 일찍 잠자리에 들어가겠다고 말했을 때 그 무의미한 행동의 원인을 알 수 있었다.

그 아이는 자존심 때문에 어린아이들과 함께 잠자리에 드는 굴욕을 즉시 결심할 수 없었다. 마침내 정해진 시간보다 일찍 잠자리에 들어갈 수 있기 위해 그 아이는 반은 의식적이고, 반은 무의식적으로 모욕을 느끼고 울면서까지 나의 분노를 자극했던 것이다….

질질 끄는 걸음걸이에 대해 한마디 하자면, 그 아이는 걸으면서 다리를 들지 않고 바닥 위로 끌었다. 다른 아이들은 그게 마음에 들어서 그 애를 따라

했다. 아이의 이런 걸음걸이는 부자연스럽고, 우스꽝스럽고, 보기 흉했다. 게다가 무례하게 보였다. 나중에 나는 그것이 자연스러울 뿐 아니라 한참 성장하는 아이들에게서 나타나는 특징이라는 것을 알게 되었다. 그것은 지친 발걸음이다.

개인병원에서 나는 종종 다음과 같이 묻곤 했다.

"아이의 걸음걸이가 바뀌었다는 걸 느끼지 못했나요?"

"어머, 정말 그래요. 그 여자애는 마치 모욕당한 공주처럼 걸어요. 그래서 저는 절망감이 들고, 때로는 화도 납니다. 그 애는 백 살이나 된 사람처럼, 아니면 일을 고되게 한 사람처럼 다리를 질질 끌고 다녀요."

| 78 |

이 사례는 정신적인 현상이 신체적인 바탕과 얼마나 밀접하게 맞물려 있는지를 입증하지 않는가?

내가 고아원 때문에 병원을 곤경에 빠뜨린 채 내버려 두고 있다고, 그래서 의학에 불성실하게 되었다고 생각하는 사람이 있다면 그것은 잘못이다. 병원에서 8년간 일한 후에야, 나는 자동차에 치여서 다치거나 못을 삼키는 것과 같은 우연이 아닌 모든 일은 수년간의 임상적인 관찰을 통해서야 인식할 수 있다는 것을 알게 되었다. 이런 관찰은 질병에서처럼 산발적인 경우뿐만 아니라 아이가 잘 지내고 있는 밝은 시기에도 매일 이루어져야 한다.

베를린의 병원과 독일의 의학 서적들은 우리가 확실하게 알고 있는 것에 대해 생각하고 천천히 체계적으로 나아가도록 나를 가르쳐 주었다. 파리는 내가 알지 못하지만 알기를 원하고, 알아야 하고, 알게 될 것을 가르쳐 주었다.

베를린 시절이 작은 걱정과 수고로 가득 찬 근무이었다면, 파리는 환상적인 예감과 힘찬 희망과 예기치 않은 승리로 이루어진 내일의 휴일이었다. 파리가 내게 의지의 힘, 알지 못하는 것에 대한 고통과 연구할 기분을 선사해 주었다면, 베를린에서 나는 단순화하는 기술, 작은 일을 둘러싼 창의적인 재능, 세부 사항의 질서를 배웠다.

아이라는 거대한 종합적인 명제-그것이야말로 내가 파리의 도서관에서 프랑스의 고전적인 의사들의 경이로운 책들을 읽을 때 얼굴이 후끈거릴 정도로 흥분해 가며 꿈꾸었던 것이다.

| 79 |

나는 연구기법과 학문적인 사고의 원칙을 의학에서 배웠다. 나는 의사로서 징후들을 확인한다. 피부에 난 종기를 보고 기침 소리를 듣는다. 나는 체온이 올라가는 것을 느끼고 후각으로 아이의 입에서 신 냄새가 나는 것을 확인한다.

나는 한 가지를 인식하고 잠정적인 징후를 찾는다.

마찬가지로 나는 의사로서 내 앞에 있는 징후들, 미소, 웃음소리, 얼굴이 붉어지는 것을 보고 울음소리와 하품, 외침과 한숨 소리를 듣는다. 마른기침인지 가래가 섞인 기침인지, 코가 막혔는지, 눈물을 흘리며 우는 울음과 한숨을 쉬며 우는 울음, 그리고 눈물을 보이지 않는 울음이 있다.

나는 서두르거나 화내지 않고 징후들을 확인한다. 아이는 열이 나고, 변덕을 부린다. 나는 가능성에 따라 원인을 제거함으로써 열을 내리게 하고, 아이가 정신적인 피해를 입지 않도록 변덕스러운 흥분 상태를 가라앉힌다.

나는 나의 의학적인 수고가 예상했던 성과를 가져오지 못하는 이유를 알지 못한다. 하지만 화를 내지 않고 계속해서 찾는다. 나는 내 처방이 목적에 맞지 않는다는 것과 많은 아이, 혹은 한 아이가 내 명령을 따르지 않는다는 것을 안다. 하지만 그것을 나쁘게 여기지 않고 계속해서 연구한다.

겉보기에 사소하고 전혀 중요하지 않게 보이는 징후가 심오한 법칙에 대한 지식을 가져다주고, 짐짓 고립되어 보이는 개별 사항이 근본적으로 중요한 문제와 결부된 경우가 많다. 의사이자 교사로서 나는 무의미한 것은 없다고 생각하고 우연하거나 가치 없어 보이는 것도 주의 깊게 좇아간다. 종종 작은 상처가 유기체의 힘 있고 질서정연하지만 저항력이 약한 기능을 파괴시킨다. 현미경은 한 방울의 물속에서 도시 전체를 황폐화하는 전염병을 알아낸다.

의학은 내게 치료의 기적을 보여 주고 자연의 비밀을 추적하는 놀라운 수고를 인식하게 한다. 나는 사람이 어떻게 죽는지, 그리고 어떤 무자비한 힘이 어머니 품에서 아이를 빼앗고, 그 아이가 한 인간이 되기 위해 세상의 삶 속으로 강요당하는 모습을 본다.

흩어진 개별적인 항목들과 모순적인 징후들을 인식이라는 하나의 논리적인 형태로 수고스럽게 연결시키는 것을 나는 자연에서 배웠다. 자연법칙의 힘과 인간들의 천재적인 연구에 대해 충분히 통찰했음에도 불구하고 나는 크기를 알 수 없는 아이 앞에 서 있다.

| 80 |

교사의 원치 않는 시선, 칭찬, 경고, 농담, 충고나 입맞춤, 상償으로 들려주는 동화, 용기를 북돋아 주는 말은 크고 작은 분량으로 처방해 주는 치료에 해당한다. 더 자주 혹은 드물게 개별적인 사례에 적응해서나 유기체의 개인적인 특성에 맞도록 말이다. 우리가 치료 교육학의 방법을 가지고 끈기 있게 제거할 수 있는 빗나간 성격이나 비뚤어진 성격이 있다. 선천적이거나 일시적으로 지나가는 정신적인 빈혈이 있고, 외부로부터 오는 도전적인 감염에 대해 태어날 때부터 저항력이 약한 경우도 있다. 우리는 이 모든 것을 인식하고 치료할 수 있다. 하지만 지나치게 성급하게 얻어진 잘못된 인식, 부적절하고 너무 강한 치료는 상태를 악화시킨다.

굶주림과 포만감은 신체적인 영역과 마찬가지로 정신적인 영역에서도 물질적인 조건에서 일어난다. 좋은 충고, 자신의 행동에 대한 가르침에 굶주린 아이는 충고를 받아들이고 소화시키고 자신의 것으로 만든다. 도덕적인 설교에 신물이 난 아이에게 충고는 해롭다.

아이의 분노, 그것은 아주 중요하고 흥미 있는 분야 중 하나이다.

당신이 아이에게 동화를 들려주면 아이는 귀를 반쯤만 기울인다. 자연을 연구하는 사람으로 단순히 놀라는 대신 당신은 초조해지고 화를 낸다.

"듣고 싶지 않으면 듣지 마. 그러면 앞으로는 네가 부탁을 해도 더 얘기해 주지 않을 거야."

"해주기 싫으면 관두세요." 아이는 대답한다. 가차 없이.

아이는 자기가 아무 말도 하지 않으면 자신의 동작이나 표정에서 그 이야기에 아무 관심도 없다는 것을 당신이 알아차릴 거라고 생각한다.

한번은 내가 작은 게으름뱅이에게 입을 맞춰 주고 그를 껴안고, 행동을 고치라고 부탁했다. 아이는 울기 시작했고 눈물을 흘리며 절망적으로 말했다.

"선생님이 서투른 아이뿐 아니라 게으름뱅이들을 싫어하시는 것이 제 잘못인가요? 어떤 아이에게 게으름뱅이라고 이야기하시면 그 아이도 선생님 말을 듣지 않을 거예요."

그 아이의 눈물은 결코 후회의 표시가 아니다. 그 아이는 나의 애정이나 좋은 충고에 저항하는 것이 아니다. 그 아이는 그것을 자신의 무수한 잘못에 따라 마땅히 받아야 할 엄격한 처벌로 받아들인 것이다. 그는 자신의 미래에 아무런 희망이 없다고 생각한다.

"저 선량하고 어리석은 선생님은 내가 달라질 수 없다는 것을 이해하지 못해. 왜 그는 내가 싫어하는 입맞춤으로 저렇게 심하게 나를 벌하는지. 차라리 내 따귀를 한 대 때리고 말든지 여름 내내 찢어진 바지로 돌아다니게 놔두면 될 것을."

| 81 |

병원 생활에서는 의학적인 관찰이 가져온 수많은 엄청난 결과들을 수집한 반면, 고아원은 과연 어떤 결과를 보여 주었나 자문한다면, 그 대답은 아무 것도 없다는 것이다.

나는 기숙사에서 아이는 몇 시간이나 자야 하는지 조사했다. 위생학 교재는 한 책에서 다른 책으로 베껴지고 누구에 의해 만들어졌는지 알 수 없는 도표를 제시한다. 그 같은 도표는 아이는 나이가 들수록 잠을 적게 필요로 한다고 말해 준다. 그것은 거짓말이다. 아이들은 전반적으로 우리가 생각하는 것, 우리가 자고 싶은 것보다 적은 잠을 필요로 한다. 잠자는 시간은 아이가 처한 발달 단계에 따라 유동적이다. 그리고 열 살짜리 아이가 가장 활발하고 종이에 적힌 규칙을 따르려 하지 않는 반면, 열세 살짜리 아이가 어린 아이들과 함께 잠자러 가는 경우는 잦다.

한 아이가 오늘은 날씨나 침실이 따뜻한지 추운지에 상관없이 일어나라는 신호도 기다리지 않고 침대에서 튀어나온다. 일 년 후 그 아이는 갑자기 느려지고, 일어나는 것을 무척 힘들어하고, 오랫동안 기지개를 켜며, 추운 침실 때문에 절망감에 빠진다. 아이의 식욕을 보면 아이는 잘 먹지 않고 먹으려

하지 않는다. 먹지 않으려고 토하고, 저주를 하고, 속임수를 쓴다.

다시 일 년이 지나갔다. 아이는 주는 것마다 잘 먹는다. 심지어 식당에서 몰래 빵을 꺼내 오기도 한다.

그러면 좋아하는 음식과 싫어하는 음식은 어떤가?

가장 큰 걱정거리를 두 가지만 말해 보라는 질문에 한 소년은 "한 가지는 우리 엄마가 돌아가신 것이고, 다른 한 가지는 완두콩 수프를 먹어야 하는 거예요"라고 대답했다.

하지만 세 사람분의 완두콩 수프를 집어삼키는 아이들도 있다.

그러나 우리가 일반적인 법칙을 알지 못한다면 개인적인 특성에 대해 말할 수 있을까?

나쁜 태도를 가진 아이들이 얼마 후 똑바른 행동을 하다가 그 뒤 다시 이전의 태도로 돌아간다면 무슨 일일까? 창백한 아이가 혈색이 좋아졌다가 다시 창백해진다. 정신적으로 균형 잡힌 아이가 갑자기 변덕스러워지고 반항적이고 무질서해진다. 얼마 후에 다시 균형이 돌아오고 고쳐진다.

우리가 아이들의 성장 단계의 봄철과 가을철을 알게 된다면, 엄청나게 오용되는 비산砒酸과 정형외과적인 기만이 의학에서 사라지지 않을까. 기숙사가 아니라면 우리는 어디서 그것을 연구할 수 있을까? 병원은 질병과 급격한 변화와 극단적인 징후들을 연구하는 과제를 갖는다. 하지만 우리는 기숙사에서 위생학의 아주 세밀한 메커니즘과 눈에 보이지 않는 변화를 현미경으로 관찰해야 한다.

| 82 |

우리는 아이들을 알지 못한다. 더 나쁜 것은 선입견을 통해 그들을 알고 있다는 것이다. 모든 저자들이 우연히 쓰인 두세 권의 책을 신물이 날 정도로 인용하는 것은 부끄러운 일이다. 이 넓은 영역에서 최초의 훌륭한 연구자였던 사람에게 만일 양심이 있다면, 자신이 거의 모든 문제에 대한 권위자가 되어 버린 사실을 부끄러워할 것이다. 의학에서는 가장 세부적인 분야조차도 이 분야 전체에서보다 더 많은 책이 필요하다.

의사는 기숙사의 명예로운 방문객이지 그 집의 주인이 아니다. 기숙사의 개혁이란 기숙사 담장을 고치는 것이지 그 속의 정신을 고치는 것이 아니라고 누군가 일침을 가한다 해도 놀랍지 않다. 기숙사 아이들에 대해서는 여전히 연구가 아닌 도덕만이 지배한다.

임상 전문 의사가 쓴 낡은 의학 논문을 읽으면서 그가 지극히 사소한 연구에 집착하는 것을 보면 종종 웃음을 터뜨리게 되지만, 다른 한편 경탄을 금할 수 없다. 종기가 났을 때 의사는 피부에 난 종양의 수를 세고 여러 날을 병자의 침상에서 떠나지 않는다. 오늘날 의학은 어느 정도는 임상 작업을 배경으로 할 수 있으며 연구 장소에 대해서도 새로운 희망을 걸 수 있게 되었다.

그러나 교육학은 기숙사라고 불리는 임상 단계를 뛰어넘고 즉각 실험실 작업을 착수했다.

내가 기숙사에서 보낸 시간은 3년이 채 되지 않는다. 그것은 겨우 주변을 둘러볼 정도의 시간일 뿐이다. 나는 관찰과 계획과 가설에서 진짜 보물을 얻었다는 사실에 대해 놀라지 않는다. 이 황금의 나라에는 아무도 없고, 사람들은 그 존재조차 모르기 때문이다.

| 83 |

우리는 아이들을 알지 못한다.

배움의 의무가 지배하는 곳에는 취학 전 아동, 취학 의무가 있는 아동이라는 법적인 분류가 적용될 뿐이다. 이가 나는 시기, 이를 갈고 성숙하는 시기.

아이들을 관찰하기 위한 현재의 조건 속에서는 우리는 그의 이빨과 겨드랑이에 난 털을 인식할 뿐이라는 것은 놀랍지 않다. 아이들의 신체에서 대하게 되는 너무나 상반되는 요소들을 우리는 이해할 수 없다. 한편으로는 세포들의 생명력, 다른 한편으로는 그것의 약한 저항력, 한편으로는 활기와 지구력과 힘을, 다른 한편으로는 유약함과 불균형, 지친 현상들을 본다. 의사도 교사도 그 아이가 도무지 "기를 꺾을 수 없는 아이"인지, 혹은 만성적으로 피곤한 아이인지 알지 못한다.

아이의 심장은? 아이는 두 가지 심장을 가지고 있다. 과로한 중심부 심장과 혈관으로 이루어진 신축성 있는 주변부가 있다. 그래서 맥박은 너무 쉽게 약해지고, 그래서 그렇게 쉽게 다시 균형을 잡는다. 하지만 왜 어떤 아이는 기분의 변화에 따라 느려지고 불규칙적인 맥박을 보이며, 다른 아이들은 빠르고 규칙적인 맥박을 보이는가? 왜 한 아이의 얼굴은 창백하고, 다른 아이의 얼굴은 붉어지는가? 아이가 줄넘기를 백번 할 때마다 누가 한 번이라도 그의 심장에 귀를 기울여 들어 보았나?

걸으로 드러나는 아이의 생명력은 그 아이가 극단적인 한계에 이를 때까지 에너지를 사용해 본 경험이 없기 때문은 아닌가? 감정의 움직임에 영향을 받는 소녀의 맥박은 왜 소년의 맥박보다 빠른가? 상황에 따라 한 소년이 "소녀 같은 맥박"을 보이는 것은 무엇을 의미하며, 소녀가 소년 같은 맥박을 보이는 것은 무엇을 의미하는가?

이 모든 것은 의사가 던지는 질문이 아니라 기숙사의 교사인 동시에 의사인 한 사람이 던지는 질문이다.

| 84 |

교사는 "나의 방법, 나의 견해"라고 말한다.

이론적인 준비도 지극히 불충분하고 겨우 몇 년 동안 일했을 뿐인데도 그렇게 말할 권리가 있는 것처럼 말이다.

그러나 그는 이 방법, 이 견해가 특정한 상황이나 특정한 환경, 그리고 특수한 아이들과 관련된 자신의 작업 경험을 통해 얻어졌다는 사실을 항상 기억해야 한다. 그는 입장에 대한 설명을 덧붙여야 하고, 사례를 제시하며, 그것을 개개의 특수한 사례들을 통해 입증해야 한다. 그런 다음 그 아이에게서 어떤 결과가 나올지를 추측하거나 전제조건을 설정하는, 가장 난해하고 위험한 분야에 헌신할 권리가 그에게 주어진다.

그러나 그는 항상 자신이 착각할 수 있다는 것을 염두에 두어야 한다. 어떤 견해도 절대적인 확신이나 어디서나 적용되는 확신이 되어서는 안 된다. 오늘 하루는 어제 했던 경험들을 합산하고 보다 높은 내일의 경험으로 넘어가는 과정이기 때문이다.

모든 문제나 개별적인 상황은 일반적인 개념에서 독립되어야 한다. 왜냐하면 사실들은 서로 모순되고, 그 사실들을 단지 이 측면과 저 측면으로 번호를 매겨 순서대로 나눔으로써만, 일반적인 법칙을 예감하게 할 뿐이기 때문이다.

교사의 작업은 단지 이 같은 조건에서만 단조롭지 않고 절망적이지 않게 된다. 매일같이 그에게 뭔가 새로운 것, 놀라운 것, 특이한 것이 나타나고, 매일 새롭게 기여하는 것이 늘어날 것이다.

뭔가 특별한 것이나 하소연, 거짓말, 싸움, 부탁, 범죄와 같은 드문 일, 불순종, 거짓과 영웅적인 행위와 같은 징후는 교사에게는 소중한 것이다. 한 수집가에게 희귀한 동전이나 돌, 식물 혹은 하늘의 별의 위치가 중요한 것만큼이나 말이다.

| 85 |

그런 후에야 그는 이해심 있는 사랑을 가지고 모든 아이에게 이끌리게 될 것이며, 그런 다음에야 그는 아이의 정신적인 내용, 욕구, 그의 운명에 관심을 가지게 될 것이다. 아이에게 가까이 다가가면 갈수록 점점 더 주목할 만한 특징들을 인지하게 될 것이다. 그는 계속적인 추구와 계속되는 수고를 위한 보상과 자극을 받게 된다.

악의에 차고, 못생기고, 성급한 여자아이가 있다. 그 아이가 놀이에 끼기만 하면 놀이는 망가진다. 그 애는 몰래 싸움거리를 찾고 고자질하기 위해 손쉬운 것을 이용하려 한다. 당신이 그 아이에게 호의적으로 다가가면 그 아이는 무례해진다. 그 아이는 지적 능력이 약하고, 인식하려고 노력하지 않으며, 감정이 빈곤하고, 명예심도 상상력도 없다. 하지만 나는 비참하고 악한 성격을 관찰하는 자연연구가로 그 아이를 사랑한다. 거기에 자연의 천덕꾸러기인 가난하고 못생긴 존재가 세상에 존재하는 것이다.

나는 한 소년에게 아주 엄격하게 말했다.

"침대에서 나오려는 생각은 추호도 하지 마."

나는 이렇게 금지시킨 후에 그의 상처를 돌봐 주어야겠다고 생각한다.

잠시 후에 "죄송하지만 이리 좀 와 주세요"라는 겁에 질린 듯한 목소리가 침실에서 들려오는 것을 들으면 나는 그게 무엇을 의미하는지 안다.

그 아이는 말을 듣지 않고 친구와 결판을 내기 위해 침대에서 뛰쳐나왔다.

나는 말없이 애 손바닥을 몇 대 때리고, 어깨에 덮개를 걸쳐 주고 그 아이를 내 방으로 데려왔다.

이전이라면, 한 반년쯤 전이라면 그 아이는 반항하며 빠져나가 침대 모서리나 창틀 혹은 문을 붙들고 놓지 않았을 것이다. 그 아이는 이미 몇 차례 실패를 경험한 탓인지 오늘은 순순히 따라왔다. 기이하게도 그 걸음걸이에서 그의 마음을 읽을 수 있다. 약간 빨라지는 것은 그 아이가 굴복하는 것을 의미할 것이고, 조금 느려지는 것은 저항을 의미한다. 나는 손바닥을 펴서 그 아이를 아주 살짝 밀어 보고는, 그렇게 해서 그 아이가 억지로 걷는다는 것을 알게 된다.

걷고 있는 그 아이 얼굴에 어두운 그림자가 드리운다. 그 아이 영혼에서 검은 구름이 피어오른다고 말할 수 있을 것이다. 그 구름은 한바탕 뇌우를 일으켜야 할 것이다. 그 아이는 벽에 기대선 채, 머리를 떨구었지만 온몸을 떨지는 않았다.

나는 개입하기를 그만두었다. 다친 상처에는 요오드를, 터진 입술에는 바셀린을, 손에는 글리세린 한 방울을 발라 주고, 기침약 한 숟갈을 먹인다.

"가도 좋아."

그 아이가 돌아가는 길에 다시 한번 치고받는지 뒤따라가 봐야 할까? 아니다. 그 아이는 자신의 적수를 쳐다보고 발걸음을 늦추었다. 그 아이는 상대방이 "야, 저 모퉁이에 서 있어"라고 먼저 시비를 걸어오는지 기다려 보는 것이다.

그 아이는 자기 침대에 돌아와 이불을 머리끝까지 덮어썼다. 그 아이는 어쩌면 침상에 누워서 내가 내 방으로 돌아가기를 바랄 것이다.

나는 침대들이 늘어선 줄 사이로 오락가락했다. 그 아이는 이미 자신의 행동을 고쳐 나가던 중이었다. 그러나 오늘 하루는 그 아이에게는 또다시 운 나쁜 날이었다. 그 아이는 화가 나서 문을 쾅 닫자 문 유리가 깨졌다. 그 아이는 바람 때문이었다고, 맞바람이 친 것이라고 말했다. 그리고 나는 그 말을 믿었다. 그 아이는 줄넘기를 하면서 순서를 지키려 하지 않았고 기분이 나빠 함께 뛰지 않고 방해했다. 아이들이 일러바쳤다. 그 아이는 저녁 식사를 하지 않았다. 빵이 마음에 들지 않았는데, 당번이 그것을 바꾸어 주려 하지 않았기 때문이었다.

다른 아이들보다 그 아이를 더 많이 용서하는 것을 아이들에게 설명하기란 쉽지 않다.

침실 안의 소음은 잠잠해지고, 아이들은 잠이 들었다. 특별한 순간이다. 이제 아이는 놀라울 정도로 가볍고 선량하게 생각한다.

나의 학문적인 작업이다.

체중 곡선, 성장 기록, 성장 내용, 예상되는 신체적이고 심리적인 발달, 너무나 많은 희망, 그러나 그 결과는 어떻게 나타날까? 그리고 아무런 결과도 없다면?

그러나 내게는 그 아이들이 성장하고 강해지는 것에 감사하는 것으로 충분하지 않은가? 그것이야말로 내가 한 모든 일에 대한 보답으로 충분하지 않은가? 자연은 그 자체로 존중할 권리를 가지지 않는가? 관목들이 푸르러지는 것은 얼마나 아름다운가 말이다.

졸졸 흐르는 시냇물과 들판, 잎사귀들이 살랑거리는 정원이 있다. 물결치는 이삭의 알곡들에게 질문할 것인가? 빗방울들에게 자연의 섭리에 관해 물을 것인가?

무엇을 위해서 자연을 도둑질하는가? 자연은 자신의 비밀을 자체적으로 보존할 수 있는데도.

이제 아이들은 자고 있고, 각자의 양심에 스쳐 가는 것들이 있다. 그것은 떨어졌는데도 달지 않은 단추일 수도 있다. 한 번의 실수를 놓고 전 인생을 파멸시킬 정도로 복수하기도 하는 위협적인 내일이라는 관점에서 보면 이 모든 것은 얼마나 사소한 것인가.

그들은 그렇게 위협받지 않고 조용히 누워 있다.

나는 저들을 어디로 이끌어야 할까? 위대한 이념으로, 중대한 행위로 말인가? 아니면 단지 필수적인 의무를 다하는 방법을 가르쳐 주어야 하는가? 그렇게 해서 그들이 적어도 자신들의 가치를 간직할 수 있게 말인가? 의무를 다하지 못하면 사회는 그들을 배제시킬 것이다. 불과 몇 년간 돌봐 주고 먹여 주는 대가로 명령하고 무엇을 요구하거나 원할 권리가 과연 내게 있을까? 어쩌면 너희 모두에게는 각자의 길이 있을 것이고, 그것이 비록 최악의 길이라

할지라도 유일하게 옳은 길이 아닐까?

잠든 아이들의 조용한 숨결과 나의 불안한 생각들 사이로 흐느껴 우는 소리가 들려온다.

나는 이 울음소리를 안다. 그 아이가 우는 것이다. 아이들의 수만큼이나 다양한 울음소리가 있다. 나지막이 자제하며 우는 울음에서부터 변덕스럽고 정직하지 못한 울부짖음, 전혀 부끄러운 줄 모르는 찢어지는 듯한 비탄에 이르기까지….

아이가 울면 내 마음이 아프다. 그러나 이 한 아이, 눈물로 흥건히 젖고 절망적이고 불행을 알리는 듯한 이 아이의 흐느낌은 끔찍한 불안을 불러일으킨다.

초조한 아이는 거의 말을 하지 않는다. 우리는 사실을 알지 못하면서 알지 못하는 내용에 한 가지 이름을 붙이는 것으로 만족하는 경우가 얼마나 많은가. 아이는 잠자는 동안 말하기 때문에 초조하다. 아이는 부드럽고, 활기차고, 늦잠을 자기 때문에 초조해한다. 아이는 쉽게 피곤해지고, 프랑스 사람들이 progénére라고 부르는 것처럼 자기 나이에 비해 조숙하기 때문에 초조하다. 때로는 열 살도 채 안 된 아이가 여러 세대의 짐을 짊어지고 있는 경우도 있다. 그들 두뇌의 뇌피에는 힘겨운 여러 세기의 피비린내 나는 고통이 고여 있고, 그들의 기질 속에 숨겨져 있던 고통과 아픔, 분노와 격분의 힘이 예기치 않은 동기에서 분출된다. 우리는 사소한 동기와 격정적인 반응 사이에는 상당한 불협화음이 존재한다는 인상을 받게 된다. 여기서 울고 있는 것은 그 아이가 아니라, 여기서 탄식하는 것은 수 세기에 걸친 고통과 동경이다. 아이가 구석에 서 있기 때문이 아니라, 그 아이는 억눌리고 쫓기고 모욕적으로 취급당하고 추방당했기 때문이다. 내가 지나치게 시적으로 꾸민다고 말하는가? 그렇지 않다. 나는 단지 대답을 알지 못하고 계속해서 질문할 뿐이다. 사소한 일이 아이의 균형을 깨뜨릴 때면 그의 감정은 심한 긴장 상태에 빠지게 될 것이 틀림없다. 한 번의 미소나 친절한 눈길 한 번 주는 것이 힘들기 때문에 그의 감정 세계는 부적절하게 왜곡되어 있고, 아이다운 즐거움을 요란하게 표현하는 적은 한 번도 없다.

나는 그에게 다가가 단호하지만 부드러운 목소리로 속삭였다.

"울지 마, 다른 아이들이 깨잖아."

조용해졌다. 나는 내 방으로 돌아왔다. 아이는 잠들지 않았다.

적막 속에서 내 명령 때문에 참고 있던 흐느낌은 너무나 고통스럽고, 너무나 고독하다.

나는 그의 침대 옆에 무릎을 꿇고, 어떤 지침서에서도 읽지 못했던 감정을 느낀다.

나는 목소리를 반쯤 줄이고 단조롭게 말했다.

"내가 널 사랑한다는 것을 알지. 하지만 나는 네게 모든 걸 허락할 수는 없어. 바람 때문에 유리창이 깨진 게 아냐. 네가 그런 거였어. 넌 아이들이 노는 것을 방해했어. 넌 저녁 식사도 하지 않았어. 침실에서는 싸움질을 하려고 했어. 내가 네게 화를 내는 건 아냐. 넌 이미 많이 좋아졌어. 넌 혼자서 나갔는데도 달아나지 않았어. 벌써 상당히 얌전해진 거야."

다시 울음소리가 커졌다. 위로하는 말이 반대 효과를 가져오는 경우가 종종 있다. 잠잠해지는 대신 아이는 흥분한다. 그사이 감정의 폭발은 심해지지만 얼마간 지속되면 사라진다. 아이는 크게 흐느끼고는 잠시 후면 조용해진다.

"너 배고프지? 빵 좀 갖다줄까?" 목구멍에서 마지막으로 경련하는 흐느낌이 일어난다. 아이는 고통에 차고 상처받고 뒤흔들린 마음으로 여전히 울고, 쓰디쓰게 탄식한다.

"내가 네게 잘 자라고 입맞춤을 해도 될까?"

아이는 거부하는 뜻으로 고개를 흔든다.

"그래, 그러면 잘 자. 잘 자, 얘야."

나는 아이의 머리를 부드럽게 쓰다듬는다.

"잘 자."

아이는 잠이 들었다.

맙소사, 이 예민한 영혼을 어떻게 지켜 줄 것인가? 인생이 이 영혼을 늪 속에 가라앉지 않게 하려면 말이다….

3부
여름학교캠프

"네가 어떤 희망을 품고 있는지,
무엇 때문에 실망하며 괴로워하는지,
어떤 어려움에 처해 있는지,
네가 힘든 현실에 부딪쳤을 때
얼마나 고통받는지,
네가 어떤 잘못을 저질렀는지,
그리고 그 잘못을 고치려고 할 때,
숭고한 원칙에서 벗어나려는 압박감에
얼마나 시달리는지,
네가 어떤 타협점을 찾는지 말해 다오."

✝

| 1 |

나는 여름학교캠프에 대해 감사할 점이 많다. 여기서 아이들을 만났고, 독자적인 작업을 통해 교육학적 실천을 위한 기초를 처음으로 배웠기 때문이다.

꿈은 많고, 경험은 빈약한 채, 감상적이고 젊은 나이의 나는 많은 것을 할 수 있으리라고 믿었다. 나는 많은 것을 이루려 했다.

나는 아이들 세계에서 사랑과 신뢰를 얻어내는 게 쉬우리라고 생각했다.

아이들을 시골에서 완전히 자유롭게 살도록 하는 것, 모두에게 똑같이 대하는 것이 나의 의무라고 여겼으며, 나의 호의는 모든 미성숙한 죄인들에게 후회의 감정을 불러일으키리라고 생각했다.

이 숙소에서 4주간 머무르는 동안, 나는 "지하실과 다락방"의 아이들을 "기쁨과 즐거움으로 깡충깡충 뛰노는", 눈물 한 방울 없는 무리로 만들려고 했다.

하지만 딱한 동료들이여, 당시의 나처럼 당신들도 그런 순간을 기대할 수는 없다.

그것은 현실과 너무 멀기 때문이다. 시작한 지 얼마 되지 않아 열정은 식고 확고한 신념이 흔들리면서 자신에게 책임을 전가하는, 균형감을 되찾지 못하는 당신들은 내 가슴을 아프게 한다.

게다가 다른 유경험자들의 목소리는 당신들에게 속삭인다. "자, 그것 봐라, 아무 소용도 없지. 그러니까 나처럼 하라니까. 그냥 편안하게 지낼 수 있도록 신경 써. 그렇지 않으면 네게 질투심을 느끼는 사람들이 좋아하도록 악마가 널 데려갈 테니까!" 당신은 상처받고 어쩔 줄 몰라 하면서 스스로 처신하는 요령을 아는 사람들의 경험에 의지하려고 한다.

딱한 사람들, 당신들은 얼마나 내 마음을 아프게 하는지!

| 2 |

이렇게 간단하고 고마운 과제라니! 도합 150명의 아이 중에서 30명을 돌보아야 하는 나는 어떤 정해진 프로그램도 갖고 있지 않았다. 나는 내가 원하는 것을 할 수 있었다. 놀이, 수영, 소풍, 이야기 들려주기-주도권은 완전히 나 자신에게 주어져 있었다. 식사 일을 맡은 아주머니는 식사를 준비하고, 다른 교사들은 옆에서 나를 도와준다. 당번을 맡은 아이들은 질서를 지킨다. 아름다운 시골 경치가 펼쳐져 있고, 다정하게 웃음 짓는 태양이 있다.

출발할 날을 초조하게 기다리며, 나는 가장 급하고 중요한 과제는 제쳐놓은 채, 그다지 중요하지 않은 개별 사항들에 몰두했다. 축음기와 손전등을 구하고, 몇 가지 어려움이 있었지만 불꽃놀이 재료를 준비하고, 놀이 도구와 도미노 막대를 사는 등등, 그 밖의 많은 준비물을 갖추었다. 지금의 장난감으로는 부족할지도 모르니까….

나는 아이들이 여름학교캠프에 머무는 동안 그들에게 정해진 옷을 입게 하고, 그들을 침실과 가까운 주변에 묶게 한다는 것과 무엇보다 내가 맡은 30명의 이름과 얼굴을, 심지어는 150명 모두를 기억해야 한다는 것을 알고 있었다. 그러나 나는 그 일이 저절로 되리라고는 생각하지 않았다. 아이들에 대한 내 생각과 그들이 누구일까 하는 염려스러운 질문은 서로 연결되지 않았다. 하지만 순진하게도 이 모든 것이 쉽게 해결되리라고 생각하면서 나는 나를 기다리고 있는 과제에 완전히 매료되었다.

| 3 |

때로는 정말로 어렵고 비슷하게 들리는 30명의 이름과 30명의 서로 다른 얼굴을 어떻게 기억할 수 있는가? 그것은 어떤 지침서에서도 언급되지 않았지만, 그것을 알지 못하면 교사의 권위는 의심받게 되며, 분명한 목표를 향해 나아가기 위한 주도권도 방해를 받는다.

여기에 또 다른 문제들이 있다. 어떤 이름과 어떤 아이를 가장 먼저 기억하게 되는가? 교사의 시각적인 기억에 영향을 주는 개인적인 특성은 무엇인가?

그것은 아이들의 운명과 많은 기관에서 하는 전체 작업에 어떤 영향을 미치는가?

경험에 따르면 쉽게 곧바로 기억되는 아이들과 얼마간의 수고를 거쳐 각인되는 아이들이 있다. 우리는 그것을 시간에 내맡겨서는 안 된다. 그렇지 않으면 우리는 무수한 잘못을 범하게 되고, 마침내 그 사실은 모든 아이에게 노출되고 만다.

사람들은 약한 아이를 가장 먼저 기억한다. 남다른 특성을 가진 아이들, 비정상적일 정도로 키가 작거나 큰 아이는 빨리 눈에 띄고, 가장 나이가 많거나 곱사등을 한 아이, 붉은 머리 아이, 예외적으로 예쁘거나 못생긴 아이가 눈에 띈다. 교사가 어떤 아이를 보기 전에 그 아이의 이름은 그의 주의력을 일깨운다. 담배나 특정한 물건의 판매 전략에 상표와 포장이 결정적인 작용을 한다면, 그것은 사람에게서도 마찬가지로 크게 다르지 않다.

우리는 숱한 인상 속에서 기억할 만한 것을 끄집어내고, 우리의 기억에 각인시키며, 판단할 때도 인식을 위해 가장 적은 수고를 요구하는 가치에 매달린다.

| 4 |

특별한 장점이 있거나 여기에 상응해서 자신을 보여 줄 줄 아는 아이들에게 주의를 기울이는 것도 중요하다. 우리는 우리가 알고 있는 아이들에게 먼저 향하게 되고, 임무를 나누어 주고, 서로 이해하고, 자신을 드러낼 수 있도록 접근한다. 그러면 그 아이들은 자신감을 얻고, 우리를 가깝게 느끼고, 빨리 사랑받는 관계 속에 놓인다.

어떤 아이는 교사에게 다가가는 것을 더 좋아하고, 부탁을 해야 할지 질문을 해야 할지를 안다. 교사는 자기가 기억하는 아이를 다시 알아볼 때 더 사랑스럽게 귀를 기울인다. 인상적인 외모를 지녔거나 익숙해지기 쉬운 이름을 가진 아이는 약간의 수고를 들여야 하는 다른 아이들보다 관심을 쉽게 얻을 수 있다.

그림자 속에 섞여 있는 무리는 그들에게 가해진 부당함이나 자신들이 중요하지 않다는 확신으로 오히려 뒤로 물러서 있고, 이제 당신이 그들을 알기 원할 때면 더 많은 수고를 해야 한다. 그 밖에도 그들은 다른 무리와의 대립

속에서 아무런 도움이나 충고 없이 자신의 힘에 의지해야 한다. 모든 사무실이나 공장, 그리고 병영에는 상관이 그들에 대해서 아무것도 알지 못하고, 기억하지도 못하기 때문에 불이익을 당하는 사람들이 있다. 그래서 값진 힘들이 종종 상실되고 만다.

재빨리 관심을 경험하는 아이들은 기다리고 있다가 당신과의 첫 번째 만남에 자신의 주의력을 극도로 향상시킨다. 미츠키에비치와 소비에스키*와 같은 아이들은 곧 우스개 질문이 그들에게 던져질 것을 안다. 예쁜 아이들은 호의적인 미소를 기대한다. 반면에 못생긴 붉은 머리나 바란**과 같은 아이들은 새로운 환경에서 새로운 불쾌한 일들이 자신을 기다린다는 사실을 불신감으로 바라본다. 만약 당신이 예쁘고, 사랑스럽고, 자신감 있는 아이를 약간 더 오래, 좀 더 주의 깊게 쳐다보는 반면, 민망한 이름을 더 작은 소리로, 더 빨리 부른다면, 당신은 이미 첫 번째 아이의 희망과 두 번째 아이의 두려움을 입증한 셈이 된다.

| 5 |

당신은 아이들의 내적인 오류와 장점 때문에 폭력적이고, 다급하고, 방치된 아이나, 평균 이상으로 잘 키워진 아이들을 알아본다. 버릇없는 녀석의 나쁜 계략, 짜증이 많은 아이의 울먹이는 칭얼거림이 그들의 존재를 경계하게 하고, 몹시 가난한 아이들은 거칠어진 습관 때문에 불편함을 준다. 보다 여유 있으면서 빗나간 아이들은 훌륭한 태도로 눈길을 끈다. 마지막으로 내게 자신들의 도움과 충고와 많은 정보를 억지로 강요하는, 약삭빠르고 수완 좋은 아이들도 있다. 유복한 집안 출신으로 듣기 좋은 이름을 가진 예쁜 아이들과 성급한 아이들은 당신이 재빨리 자기들을 인정해 주길 바라며, 그늘 속에 놓여 있는 회색 무리들을 희생시켜서라도 자신들을 드러내 주기를 요구한다. 당신이 그렇게 하지 않으면, 그들은 놀라게 되고 어른들이 싸울 때 사용하는 방법을 모두 동원한다.

---

*아담 미츠키에비치(Adam Mickiewicz): 저명한 폴란드 시인. 얀 소비에스키(Jan Sobieski): 폴란드의 왕(1674~1696). 이 두 성은 폴란드에 오늘날까지 남아 있다.
**바란(Baran, Baranowski=염소). 폴란드 사람의 성.

부유층 아이들을 위한 학교의 어린 왕자, 혹은 공립학교에 다니는 시장의 어린 아들, 그들은 스스로 원치 않는다 해도 누군가 그들에게 무엇을 요구하라고 속삭이고, 그것을 얻지 못하면 복수하라고 속삭인다. "저 아이가 다른 아이들을 때렸다고 말해. 저 아이는 주기도문도 같이 외우지 않는다고 해. 그가 정부에 대해 비판적으로 말했다고 해. 그 아이는 수업을 제대로 하지 못하고, 우리와 전혀 어울리지 않는다고 말해." 혹은 그들은 당신의 의자에 분필로 잔뜩 칠을 해놓고, 화장실을 더럽히고, 눈에 잘 띄지 않는 무관심한 아이들을 선동하고, 무고한 아이들을 나쁜 일에 끌어들인다. 당신이 모든 불이익에서 먼저 지켜 주려고 하는 바로 그 아이들을 말이다.

기대감에 차서 출발할 날을 기다리는 동안, 나는 순진하게도 무례한 아이들의 주인이 되기 위해 얼마나 세심한 작전이 필요한지를 전혀 예감하지 못했던 것이다.

| 6 |

나는 아이들에게 차창 밖으로 몸을 내밀지 말 것, 복도에서 뛰지 말 것 등등을 여러 차례 경고해야 함을 알았을 때도 아무런 두려움을 느끼지 않았다. 이미 한 아이는 문 앞에서 보초를 서겠다는 제안을 해 왔고, 다른 아이는 말을 듣지 않는 아이들의 이름을 적겠다고 제안했다. 나는 거친 말투로 이 두 아이의 제안을 거절했다.

"너희 자신들이나 조심해. 넌 친구들 이름을 적는 것이 부끄럽지도 않아?"

"그 애들은 제 친구가 아니에요." 그 아이는 경멸하듯 대답했다. 나는 유치할 정도로 흥분했다.

목이 말라서 죽을 지경에 이른 아이들도 몇 명 있다. 나는 그들에게 도착하면 곧바로 우유를 주겠다고 인내심을 가지고 설명했지만, 아무 소용이 없었다.

엄마와 떨어졌다고 서럽게 우는 작은 아이를 불필요할 정도로 걱정하며 달랬다. 나는 단 한 명의 아이라도 유리창에서 떨어질까 봐 온갖 신경을 다 썼다. 나는 동정심이라는 끈으로 우리 조에 최대한 가까이 다가가도록 애쓰면서, 별 볼 일 없는 대화로 값진 시간을 잃었다. "너 시골에 가 본 적 있니?

동생이 같이 오지 않아서 화났니?" 등….

나는 돈과 우편엽서를 모으는 진부한 일을 얼른 끝내고, 망가뜨리거나 지저분하게 만든 엽서를 내놓는 아이들을 몇 마디 익살스러운 말로 나무라고, 내가 자신들의 재산을 어떻게 다루는지 지켜보고 있는 아이들을 억지로 안심시켰다. 자기 엽서는 나무랄 데 없이 깨끗하고, 보관해 달라고 맡기는 지폐도 반짝거리는 새것이라고 미리 말하는 아이들도 안심시켰다. 그러나 그들이 맡기려고 내놓는 칫솔은 어떻게 해야 할지 몰랐다. "우선 그건 잘 간직하고 있어."

| 7 |

기차에서 내렸을 때, 나는 아이들이 모두 있다는 사실이 자랑스러웠고, 모든 일을 성공적으로 극복했다는 것에 안도의 숨을 내쉬었다. 나머지 길은 자동차로 가야 했다.

내게 최소한의 경험만이라도 있었다면, 아이들은 사전 지시가 없으면 기대감에 찬 채로 거칠게 차 안으로 몰려가 재빨리 맨 앞자리를 차지한다는 것, 해진 옷가방과 보잘것없는 칫솔을 잃어버린다는 것과 아이들을 다른 방식으로 앉혀야 한다는 것, 온통 소란과 혼란이 지배하게 되리라는 것을 예견할 수 있었을 것이다.

질서를 유지하기 위해서는 무엇보다 예견이 필요하다. 사전에 계획해서 행동한다면 나는 모든 것을 통제할 수 있을 것이다.

시내를 관통하는 긴 행렬을 시작하기 전에 우선 아이들이 소변을 보도록 그들을 붙들어야 한다. 나중에 전차 안에서나 길에서 오줌이 마렵다고 털어놓지 않도록 말이다.

우리는 산책을 하다가 울타리를 둘러친 우물로 다가간다. 나는 멈추라고 한다.

"짝을 지어서 다가가. 네 명씩 우물로 다가가는 거야."

질서를 유지하려는 것이 소용이 없기 때문에 그들에게 심하게 경고하는 것만은 아니다. 만약 싸움이 나서 거친 녀석들이 바가지를 망가뜨리거나 주변을 짓밟아 놓고 울타리를 부순다면, 그들이 아니라 경험이 부족한 교사가 책임을 추궁당할 것이기 때문이다. 그건 사소한 일이지만, 이런 경험은 의지만 있으면 쉽게 얻게 된다. 그러나 그 일을 처음 접할 때에는 심각한 의미를 지닌다. 그리고 그것은 종종 교사가 앞으로 아이들을 대하는 모든 태도에 영향을 준다.

숙소까지 가는 길은 내게는 고통이었다. 차를 타는 것이 너무 지루하다며 첫 번째 아이가 차에서 내렸을 때, 그 아이를 즉각 자리에 앉혔어야 했다. 나는 그렇게 하지 않았다. 그래서 아이들은 질서에는 아랑곳없이 마구 소리를 질러 댔다. 일부는 차를 타고, 일부는 걸어서, 도중에 옷가방과 기도서를 잃어버린 채, 서로 밀치고 부딪치고, 흥분하고 반은 정신을 잃은 채 베란다로 들어갔다.

| 8 |

단복을 얻어 입은 30명 가운데 몇 명은 소매가 너무 길고, 다른 몇 명에게는 목이 너무 조이거나 어깨가 너무 낀다는 것에 대해서는 어떤 교육학 서적도 말해 주지 않는다.

속옷과 겉옷의 부대낌, 말쑥하게 차려입은 활발한 아이들의 무리와 아무 경험도 없는 감독 교사.

좋은 의지만으로는 연습을 대신할 수 없다는 것을 내게 알게 해 준 아이들이 옷을 갈아입는다.

그러나 아이들은 물론, 내가 이미 구제 불능으로 뒤섞어 놓은 속옷까지 힘들이거나 서두르지 않고 재빨리 해결하는 가정부의 도움을 받았을 때, 나는 감사한 마음을 숨기지 않았다. 소매가 너무 길거나 단추가 떨어졌거나 혹은 바지가 너무 헐거워 어떻게 할 수 없다는 몇몇 아이들의 불만을 진정시키고 나서, 내일은 모든 것이 제대로 될 거라는 말로 위로했다.

그녀의 성공과 나의 실패의 비밀을 나는 나중에야 알아차렸다. 내가 아이들의 옷이 잘 맞고, 잘 어울리고, 게다가 예쁘게 보이도록 하려 했다면, 그녀는 절대로 그렇게 될 수는 없다는 것을 알고 있었다. 그리고 내가 몇몇 아이들과 씨름을 하면서 나머지 아이들을 초조하게 기다리게 만든 반면, 그녀는 처음부터 윗도리를 반으로 나누고 작은 아이들에게 작은 사이즈 옷을, 중간 아이와 큰 아이들에게는 큰 사이즈 옷을 주어 서로 바꾸어 입어 보면서 더 잘 맞는 것을 고르도록 아이들 스스로에게 맡겼다. 바지와 셔츠도 마찬가지였다.

그 결과, 능숙하고 재빠른 아이들은 크기가 맞는 옷을 골라 입었고, 실질적이지 못하고 서투른 아이들은 마치 곡마단의 어릿광대처럼 보였다. 그러나 중요한 것은 저녁 식사를 알리는 종이 울렸을 때, 아이들이 모두 옷을 갈아입었고, 입고 있던 옷가지를 가방 속에 챙겨 넣어 번호를 붙이고, 물품 보관실에 보관했다는 것이다.

| 9 |

아이들을 어떻게 식탁에 앉히나?

나는 이 문제 또한 예상하지 못했다. 마지막 순간, 나는 서둘러 자유선택권이라는 원칙에 따라 그들이 원하는 대로 앉게 했으나 다른 자리와 차이가 나는 자리가 네 개뿐이라는 사실은 미처 생각하지 못했다. 말하자면 구석 자리였다. 나머지 자리는 똑같다. 이 네 자리를 둘러싸고 항상 싸움이 벌어졌고, 수가 많을수록 그 싸움은 더욱 치열해졌다. 식사 때마다 이 네 자리를 둘러싼 싸움이 반복되고, 제일 먼저 자리에 앉은 사람이 원칙적으로는 우선권이 있지만, 다른 아이들이 평등이란 원칙을 내세우며 그 자리에 앉을 권리를 요구한다는 것을 예상하지 못했다. 나는 아이들이 계속해서 자리와 친구를 바꿀 때마다 매일 다른 이웃을 가지게 된다는 것을 내다보지 못했다. 그래서 우유와 수프를 나눌 때마다 매번 싸움이 일어나고, 그릇이 균형을 잃고, 내용물이 쏟아지고, 심지어 그릇이 깨졌다.

게다가 나는 계속 자리를 바꾸는 것이 아이들을 파악하기 더 어렵게 한다는 것도 예상하지 못했다.

나는 아이들에게 침실에서도 잠자리를 자유롭게 선택하라고 허락할 정도로 지혜롭지 못했다. 누구든 원하는 곳에서 잘 수 있다고 말이다. 실제로 사람들이 내게 침대를 자유롭게 선택하게 한다면, 나는 어떤 자리가 좋을지 알지 못했을 것이다. 자리를 정해 주는 것은 분명 아무 의미가 없어서 나는 그것을 재빨리 철회해 버렸다. 소란과 소음이 너무 심하기 때문만은 아니었지만 나는 결국 아이들을 내 명단에 올라 있는 순서대로 눕혔고, 마침내 반쯤 잠잠해졌을 때야 비로소 안도감을 느꼈다.

고통스러운 실패가 처음으로 어렴풋이 의식되었지만, 나는 의식이 마비된 듯 그 원인을 찾을 수 없었다.

| 10 |

가정부는 저녁 식사를 하라고 나를 세 번이나 불렀고, 다른 팀 교사들은 이미 자리를 떠나고 없었다. 나는 첫날 저녁에는 아이들을 혼자 두어서는 안 된다고 생각했다. 그들이 무서워할지도 모르고 울지도 모르지 않는가. 그러나 경험 있는 가정부는 아이들이 지쳐서 곯아떨어질 것이라고 말했다. 내가 그녀의 말을 믿지 않을 이유가 무엇인가? 대부분은 정말로 벌써 자고 있었다.

그래서 나는 잠시 산책을 했다. 그러나 오래 할 수 없었다. 곧 서둘러 돌아와야 했기 때문이다. 혁대에 맞아 이마가 찢긴 한 소년에게 붕대를 감아 주어야 했다. 다른 녀석은 눈이 찢어졌고, 그것은 며칠이 지나면서 붉은색에서 노란색으로, 다시 검어졌다가 지저분한 회색으로 변해 갔다. "이번 시즌은 멋지게 시작되는군." 하고 가정부가 말했다.

나는 그 말이 듣기 싫었고 모욕적인 언사로 들렸다. 내가 그녀의 말에 따라 침실을 떠났기 때문에 그 말은 더욱 부당하게 느껴졌다. 아이들 몇몇이 잠들었더라도, 다른 아이들은 바뀐 잠자리에 흥분해서 잠을 자지 못하고, 또 흥분된 상태에서 싸우거나 때리기 시작한다고 사람들이 미리 말해 주어야 했다. 나는 집 생각이 나서 우는 아이들을 자상하게 위로할 준비는 되어 있었지만, 서로 죽도록 싸운 아이들을 화해시킬 준비는 되어 있지 않았다. 반면, 오는 도중 그렇게 울던 아이가 지금은 깊이 잠든 것은 기적이었다.

나는 가장 중요한 점을 인식하지 못했다. 싸움질, 심각한 규칙 위반이 위협적인 경고라는 것, 그것은 불행한 활동의 첫날에 내 권위가 무너졌다는 사실에 대한 증거였다.

아울러 나는 두 명의 싸움꾼 중 한 아이의 얼굴이 온통 곰보투성이라는 것을 덧붙인다. 이 사실은 하늘처럼 푸르던 나의 희망을 처참하게 부숴 버린 그 싸움에서 분명 한몫을 했다. "단 한 방울의 눈물도 흘리지 않게 할 것." 그것은 나의 프로그램에 들어 있었다. 그러나 그 아이는 숙소로 가는 길에 이미 눈물을 흘렸고, 심지어 피까지 흘리게 되었던 것이다.

| 11 |

나는 밤새 잠을 잘 수 없었다. 혼자서 비좁은 침대에 눕는 것이 익숙지 않았던 한 아이가 새로 짚단을 넣은 침대에서 미끄러져 바닥에 떨어졌다. 다른 아이는 자면서 한숨을 쉬고 잠꼬대를 했다. 그런 다음 눈을 맞은 아이가 어쩌면 시력을 잃을지도 모른다는 생각에 나의 온 신경이 파르르 떨렸다. 나는 부책임자로 열흘간의 과정을 끝냈다. 나는 교육학 영역에서 초보자도 아니고 신참도 아니었다. 아동 심리학에 관해서 책도 많이 읽었다. 그럼에도 불구하고 나는 아이들 공동체의 집단적인 영혼의 비밀 앞에서 속수무책이었다.

그들이 내가 모르는 새로운 요구를 해올 때마다, 나의 놀라움은 고통스러울 정도였다. 나의 명예심은 상처받았고, 실망감이 나를 엄습했다. 뭐라고? 벌써?

그러나 나는 여전히 환상에 빠져 있었다. 예외적인 날이라고 할 수 있는 첫날이 지나면 기대했던 화려하고 즐거운 날들이 뒤따를 것이라고 말이다. 그러나 위험하지 않은 아침을 보장하기 위해 무엇을 해야 할지 나는 알지 못했다.

| 12 |

근본적인 잘못은 지난해 당번 경험이 있는 소년의 도움을 불쾌하게 여기고 거부했던 것이었다. 그 아이는 숙소에서의 첫날에 귀중한 조수가 되어 줄 수 있었을 텐데… 그 아이는 차 문 앞에서 서서 지키고, 심지어는 항상 있는 일이지만 말을 듣지 않는 아이들의 이름을 적을 수도 있었을 것이다. 아이들이 돈을 숨기는 것을 어떻게 막을 수 있는지, 평소에는 어떻게 식탁에 앉는지, 침실은 어떻게 배치하는지, 욕실로 갈 때는 어떻게 하는지를 말해 줄 수 있었을 텐데….

일어난 잘못을 분석하는 것은 무한히 교훈적이다. 그러나 유감스럽게도 나는 기록을 할 때조차도 실패는 빼놓았다. 상처는 아물지 않았고 아직 고통스러웠다. 14년이 지난 오늘 나는 이제 그 개별적인 사항들을 일일이 기억할 수 없다. 아이들이 배가 고프다고 하소연하던 일, 맨발로 걸어서 발이 아팠던 것, 포크에 모래가 묻었다는 것, 목도리가 없어 너무 춥다고 하소연했던 것을 기억한다. 나는 다른 조의 경험 있는 책임자가 우리 조의 무질서와 느슨함을 알아차리고 흥분했다는 것을 알고 있다. 가정부가 나 자신의 편리를 위해 몇 가지 충고를 해 주었던 것도 기억한다. 내가 지나친 열성으로 스스로를 위험에 빠뜨린다고 그녀는 생각했던 것이다. 집 관리인이 숲을 어지럽혔다고 나무라던 것과 한 아이가 기둥에서 벽돌을 빼내어 베란다가 훼손되었다고, 힘들어서 펌프질해서 받은 물을 우리 조원들이 가장 많이 써 버렸다고 불평했던 것이 기억난다.

다섯 번째 혹은 여섯 번째 저녁에 더 심한 일이 생기기 전까지 말이다.

| 13 |

아이들이 침대에 누워 있는 어두침침한 침실에서 고양이 울음소리가 들려왔다.

한 아이가 날카롭게 휘파람을 불기 시작했고, 다른 아이는 까마귀 소리를, 또 다른 아이들은 개 짖는 소리와 고양이 소리를 냈고, 다시 얼마간의 간격을 두고 침실의 다른 구석에서 한 아이가 휘파람을 불었다.

나는 알아차렸다.

아이들 중에는 분명 이미 나를 따르는 몇 명의 추종자가 있었다. 그들에게 말을 걸고 설명해 주고 부탁했을 때, 나는 그들의 이해심과 호의를 느낄 수 있었다. 그러나 나는 우리 조의 훌륭한 점을 찾아내지도 조직할 줄도 몰랐다.

그래서 명예욕이 강한 자들과 빗나간 자들의 희망을 무산시켰고, 그들의 도와주려는 마음을 보잘것없는 것으로 거부했던 것이다. 그들은 즉각 내가 경험이 없다는 사실을 서로에게 알려 주었고, 내 약점을 파악하고는 내게 도전해 온 것이다. 나는 천천히 침대들 사이를 오락가락했다. 아이들은 모범적으로 눈을 감고 누워 있었고, 여러 아이가 이불을 머리까지 뒤집어쓴 채, 나를 괴롭히고 욕하면서, 모든 가능성을 다 시도해 보았다.

우리 김나지움에 계셨던 선생님 한 분의 유일한 잘못은 지나치게 관대해서 학급을 통제할 줄 몰랐다는 것이었다. 우리가 그를 괴롭히기 위해 벌였던 사악한 계략의 축제가 소름 끼치도록 생각났다.

그런 식으로 복수하는 것은 증오하는 권력자의 면전에서 자신들의 우세함을 느끼는 노예들만이 할 수 있는 일이다. 모든 독재적인 학교의 교사들 중에는 그런 희생자가 있고, 그 희생자는 고통받으면서도 자신의 고통을 숨기고, 상관이나 아이들을 두려워하는 것이다. 영원히 계속될 것 같은 이 몇 분 동안 내가 받은 고통은 이루 다 표현할 수 없다.

| 14 |

그것이 나의 호의, 나의 열성과 수고에 대한 대답이었던가? 처음에는 타는 듯한 고통을 느꼈다. 수정으로 지어진 내 꿈의 궁전이 무너져 산산조각이 났다.

분노와 모욕당한 자존심. 정서적인 면에서 나보다 훨씬 부족했던 동료들.

나는 나 자신의 사례를 통해 확신과 깊은 인상을 심어 주려 했던 그 사람들에게 조롱을 받았다.

나는 침실 가운데 서서 침착하지만, 반쯤 잠긴 목소리로 말했다. 한 녀석을 잡기만 하면 두들겨 팰 것이라고. 심장의 고동은 목까지 뛰어올랐고, 내 입술은 파르르 떨렸다! 휘파람 소리가 나를 중단시켰다. 나는 그 녀석을 붙들고 귀를 잡아당겼다. 녀석이 항의했을 때, 나는 밤이면 풀어놓은 개들이 돌아다니는 베란다에 내동댕이치겠다고 위협했다.

내가 두들겨 팬 아이가 누구인 줄 아는가? 처음으로, 단 한 번 휘파람을 분 아이였다. 그 아이는 왜 그렇게 했는지, 설명할 줄 몰랐다.

아이들이 내게 가르쳐 준 교훈은 얼마나 탁월했는지!

나는 흰 장갑을 끼고 단추 구멍에 꽃을 꽂은 채 즐거운 인상과 사랑스러운 기억을 얻기 위해, 배고프고 경멸당하고 유산을 빼앗긴 아이들에게로 나갔던 것이다. 나는 의무감에서 비롯된 몇 번의 친절한 몸짓과 싸구려 불꽃놀이의 효과로 그들을 기만하려 했고, 그들의 이름조차 제대로 기억하지 못했고, 속옷을 제때 나누어 주지 못했으며, 화장실의 청결조차 신경 쓰지 못했다. 나는 그들이 내게 호감을 보여 주기를 기대했고, 대도시의 한구석에서 키워진 그들의 잘못을 알려고 하지 않았다.

나는 일이 아니라 만족에 대해 생각했다. 아이들의 이 반란은 즐거운 휴가철의 어두운 측면에 대한 내 눈을 열어 주었다.

그것에 대해 무어라고 말했는가? 저질러진 잘못을 따지는 대신, 나는 격앙해서 개를 풀어서 나쁜 짓을 한 아이를 뒤쫓겠다고 했다. 다른 동료들은 자발적으로 온 것이 아니라 돈을 벌기 위해서 여기에 왔다. 하지만 내게는 이념이 중요했다. 어쩌면 아이들은 이 같은 기만을 알아차리고 내게 벌을 준 것인지도 모른다.

| 15 |

다음 날 저녁 무렵, 나는 한 소년으로부터 오늘 밤에도 소란이 반복될 것이라는 사전 경고를 받았다. 그리고 내가 만약 한 아이라도 때린다면 다른 아이들이 저항하고 반항할 것이라고 말이다. 그들은 그것에 대비해 막대기로 무장을 했다고….

재빨리, 그리고 단호한 행동이 취해져야 했다. 나는 침실 창턱에 밝은 램프를 세워 두고, 출입문 옆에 있는 소년들한테서 막대기를 받아서 내 방으로 가져갔다. 내일 돌려주겠다며….

누군가가 그들의 비밀을 발설한 것을 알아차렸는지, 밝게 불이 켜진 침실이 그들에게서 용기를 빼앗아 갔는지, 혹은 방어용 무기를 빼앗은 것이 그들의 계획을 흐트러 놓았는지 어쨌든 나는 승자가 되었다.

음모, 모반, 배반 그리고 압력, 그것이 나의 환상에 대해 인생이 준 답변이었다.

"내일 우리 이야기하자." 나는 첫날 밤 그들에게 했던 "잘 자 애들아"라는 감상적인 인사 대신 위협적인 예고를 했지만, 그건 전혀 불필요한 것이었다. 나는 내가 멋진 승자임을 입증했다.

또다시 파국이 우리 앞에 닥쳐왔다고 생각한 바로 그곳에서 훌륭한 발전이 시작되고, 폭풍 같은 위기가 종종 치유의 시작이라는 사실을 인생은 내게 가르쳐 주었다.

그로 인해 나는 아이들의 호감을 잃지 않았다. 오히려 정반대로 쌍방 간에는 신뢰가 자리 잡게 되었다. 아이들에게 이 모든 일은 작은 에피소드였고, 내게는 상황을 전복시키는 사건이었다.

나는 아이들이란 협력하도록 북돋워 주어야 할 힘을, 그러나 과소평가했을 때는 상처받을 수 있는 힘을, 어쨌거나 염두에 두지 않으면 안 되는 힘을 가지고 있다는 것을 깨달았다. 사건의 독특한 과정을 통해서이긴 하지만 막대기가 내게 이 같은 진리를 가르쳐 준 것이다.

다음 날, 숲속에서 이야기하는 가운데 나는 처음으로 아이들을 향해서가 아니라 아이들과 함께 이야기를 나누었으며, 처음으로 그들은 내가 바라는 대로가 아니라 그들 자신이 하고자 하는 것과 또한 그들 자신일 수 있다는 것을 알게 되었다. 어쩌면 나는 아이들에게서 많은 것을 배울 수 있다는 것을, 그들 역시 자신들의 욕구와 조건을 내세운다는 것, 그리고 그들은 유보할 권리도 있다는 사실을 그때 처음으로 확신하게 되었다.

| 16 |

똑같은 옷을 입히는 것은 모양과 색깔이 통일되어 있다고 해서 아이들에게 짐이 되는 것은 아니다. 몇몇 아이들은 신체적으로 그 옷 밑에서 고통을 받고, 몇몇 옷가지는 제대로 맞지 않기 때문에 불편한 것이다. 교사가 아이들 발의 특성에 대해 지적해 주지 않으면 구두장이는 그것을 고려하지 않는다. 지루해하는 아이에게 잘 맞고 편한 신발을 주면 어쩌면 그는 활발하고 즐거워하게 될 것이다. 여름학교캠프의 내부 규정에 아이들은 여름에는 맨발로 다녀야 한다고 정해져 있다면, 그것은 시내에서도 맨발로 다녔던 아이들에게는 즐거움이 될 것이지만, 특별히 예민한 피부를 가진 몇몇 아이들에게는 고문이다. 뿐만 아니라 빈혈이 있는 아이나 그다지 활발하지 않은 아이들은 조금 따뜻한 옷이 필요하다.

한 가족 사이에서도 그렇게 어려운데 기숙사 내에서 기분에 좌우되는 것과 진짜 필요성을 어떻게 구별할 것인가? 아이가 어느 정도까지 쉽게 적응하는지, 일시적인 불편함이 어떤 결과를 가져오는지, 그리고 그의 유기체의 특성, 집단에서 개개인의 개별적인 차이는 어디서 시작되는지는 어떻게 알 수 있을까?

기숙사에서는 일정한 취침 시간이 정해져 있다. 여기서도 잠자는 시간은 아이들의 평균적인 수면 욕구에 따라 정해져야 한다. 그러나 수면 욕구는 아이들에 따라 상당한 차이가 있다. 만성적으로 잠이 부족한 아이가 있는가 하면, 이른 아침부터 침실의 조용함을 위해 자기 자신과 헛된 싸움을 벌이는 아이들도 있다. 잠을 잘 수 없다는 것은 어떤 아이에게는 고통이지만, 침대에 누워 있어야 하는 것도 마찬가지로 고통스러우며 피곤하고 졸린데도 불구하고 일어나야만 하는 것 역시 그렇다.

마지막으로 나이를 고려하지 않고, 아이들 개개인이나 나이에 따라 서로 다른 식욕을 무시한 획일적인 급식도 문제다.

그래서 기숙사에는 우울한 아이들이 아주 많다. 그들은 불편한 옷을 입었거나 충분히 따뜻하게 입지 못했고, 잠이 부족하거나 혹은 잠을 잘 때 제멋대로였거나, 배부르지 않았거나 혹은 배가 고팠기 때문이다. 이것은 교육을 위해 결정적인 의미를 갖는 우선적인 문제들이다.

| 17 |

배고픈 아이들이 추가로 주는 음식이나 남은 수프 접시로 몰려가는 것보다 더 고통스러운 모습은 없다. 좀 더 큰 빵 덩어리를 둘러싼 싸움만큼 딱한 것은 없다. 먹을 것을 둘러싼 태도보다 더 문란한 요소는 없기 때문이다.

여기서 양심적인 교사와 절약하려는 예산 담당자 사이에서 날카로운 충돌이 일어난다. 교사는 배고픈 아이들을 가르칠 수 없다는 것을 곧 알게 된다. 배고픔은 사악한 유혹자이기 때문이다.

부모들은 상처를 주지 않고 "이제 빵이 더 없어"라고 말할 수 있다. 그들은 그로 인해 아이들의 사랑이나 존경을 잃지는 않는다. 교사는 단지 예외적인 경우에만 그런 말을 할 수 있다. 정말 아주 특수한 경우거나 그 자신이 배가 고플 때만 말이다. 평균적이고 정상적인 아이들과 그보다 더 많은 식욕을 가진 아이들의 차이는 원하는 만큼의 빵을 먹는 것으로 조절해야 한다. 나는 아이들이 바지 주머니에 빵을 넣어 가지고 다니는 것을 알고 있다. 아이들은 베개 밑에 빵을 숨기기도 하고, 창틀 위에 놓아두거나 화장실에 넣어 버리기도 한다. 그렇게 일주일이 지나고, 사려 깊지 못한 교사가 그 사실을 알게 될 때까지는 한 달이 걸리지만, 더 오래가지는 않는다. 그렇게 행동하는 아이를 처벌해도 되지만, "더 이상 빵을 나누어 주지 않을 거야"라고 위협해서는 안 된다.

그러면 보다 조심스러운 아이들은 예고된 처벌에 대한 두려움에서 비상식 량을 준비할 것이기 때문이다.

정상적인 음식은 쓰레기통에서 굴러다니는 반면, 아이들은 주머니마다 빵 으로 가득 채운다는 사실을 나는 알고 있다. 완전히 굶주리지 않은 아이들 이 있는 곳에서는, 정성껏 준비되지 않은 맛없는 음식이 특별히 입맛을 자극 하진 않지만, 구역질을 일으키지 않는 빵이 선호되는 것이 당연하다. 조금 어 리석은 아이는 나오는 음식을 다 먹어 치울 것이다. 그러나 그 아이도 단지 한두 번만 그렇게 할 뿐이라는 내 말을 믿으라. 불안하게 감시당하는 아이들 만이 아무런 경험도 하지 않는다.

| 18 |

평소에는 의견이 일치하는 가정부와 교사 사이에 이따금 마찰이 생길 수 도 있다. 아이들은 배가 부르면 나누어 준 식사를 상당히 많이 남길 때가 있다.

날씨는 덥고, 소풍 시간에 쫓겼으며, 우유는 약간 탄 상태였다. 가정부가 나타나 "오트밀은 절반이나 남았고, 빵은 베란다 밑에서 찾아냈어요"라고 나 무랐다.

교사가 본보기를 보여 주기 위해 탄 우유 한 잔을 다 마시고, 수프를 다 먹지 않으면 소풍이 취소된다고 말할 수도 있다. 그는 빵을 여러 개의 작은 분량으로 나누어 주고 가정부의 걱정을 진지하게 받아들일 수도 있다. 그러 나 빵은 온전히 있어야 하고 그 점에서 그는 단 하루도 굴복할 수 없다. 교사 들은 가정부의 걱정을 진지하게 받아들이지 않는 경향이 있고, 가정부는 전 혀 그렇지 않은 경우에도 무시당한다고 여긴다. 양쪽 다 좋은 뜻을 가진 곳 에서도 같은 영역에서 서로 다른 일을 하는 사람들 사이에 일어나는 충돌이 종종 나타나곤 한다. 이럴 때 사람들은 예의 바르게 행동해야 한다. 나는 흥분해서 "아이들 교육문제는 제발 간섭하지 마세요"라고 말하고 싶어 하는 교사에게 아주 확실하게 말할 수 있다. 그녀가 그 말에 대해 "제발 아이들 엉덩이나 좀 잘 닦아 주세요. 세탁부들은 그들의 속옷을 도대체 어떻게 할 수가 없어요"라고 대답한다면 가정부의 말이 옳다고 할 수 있는 것이다.

부엌의 청결함을 유지하는 일이 가정부의 임무라면, 속옷을 깨끗이 입도록 하는 것은 교사의 임무이다. 좋은 의지는 그들에게 능률적인 협력의 원칙을 가르쳐 주고, 그들이 함께 좋은 일에 기여한다는 핵심을 일깨워 준다.

나는 좋은 의지가 지배하는 곳이라는 단서를 강조한다.

| 19 |

아이들은 이미 배가 부르고, 당신은 그들의 반항을 성공적으로 물리쳤다고 생각한다. 그러나 그렇지 않다. 그 말은 맞지 않는다. 반항은 단지 숨겨져 있을 뿐이다. 어쩌면 오늘 수프는 의도적으로 너무 짜게 간을 했거나 밥은 죽처럼 되어 버렸는지도 모른다. 어쩌면 일부러 고기 토막을 그렇게 크게 잘랐을지도 모른다. 그 밖에도 모든 사람이 원하는 만큼의 감자와 디저트로 설탕에 절인 자두가 나왔다. "그것이 어떤지 맛보기 위해서 아이는 병이 날 지경이었다." 그러나 밥은 전부 다 쓰레기통에 들어가고, 짠 수프를 먹은 후 아이들은 정신없이 물을 마시고, 푸른 산딸기와 빽빽한 우유는 남아 있었다.

젊은 교사여, 잘 기억하라. 한 아이가 대단히 잔인할 수 있다면 그 아이는 무의식중에 다른 아이들의 유혹에 이끌려 있는 것이다. 하지만 당신이 주변에서 부딪히는 어른의 교묘한 위선은 전혀 주저함을 모른다.

인생으로부터 주워 온 아이처럼 취급당한 부족함이 많은 아이들은 나중에 자신들이 당한 부당함에 대해 복수한다. 명예심으로 가득 찬 갈망을 채우지 못한 채, 그들은 무책임한 권력 행사에 탐닉하고, 다른 사람이 자기에게 시중들도록 하고, 독재자처럼 명령한다.

핏기 없고 성실하지 못한, 의기소침하고 기만적인 아이들은 지독히 지저분한 일과 침묵의 대가로 빵을 얻는다. 당신이 그들을 방해할 때, 그들이 냉혹하고 격렬한 논쟁을 길게 하지 않고 당신 말을 따른다 해도 착각하지 말라. 너무 쉽게 빨리 얻은 승리는 실패의 씨앗을 이미 담고 있다. 그들은 당신이 지칠 때까지 기다린다. 그동안 당신의 주의력을 잠재우기 위해, 혹은 당신에게 반대하기 위한 증거를 모으기에 골몰한다.

젊은 하녀가 집주인의 심부름으로 당신에게 뭔가 갖다주러, 혹은 뭔가를 부탁하기 위해 밤늦게 당신 방에 들어왔다면 단순한 우연일 수 있다. 그러나 어떤 속셈이 함께 작용한다고 생각할 수도 있다. 당신이 젊고 경험이 없을수록 행동은 더욱 신중해야 하고, 더욱 말을 삼가고, 어떤 일이 지나치게 쉽게 이루어지면 한 번쯤 의심해 보아야 한다.

| 20 |

당신이 물결을 따라 헤엄치고, 상관의 말을 따르고, 대단한 말을 하는 그들의 뜻에 맞추기를 원한다 해도, 혹은 당신이 약아빠지고 열성적인 사람들에게서 도움을 청하고, 잿빛 집단을 옆에 놔두고, 저항하고 훈련되지 않은 아이들을 억누르려 한다 해도, 아니면 모든 것을 돌보고, 모든 정당한 요구를 채우고, 오용을 방지하고, 하소연을 들어주는 것이 당신에게 중요하다 해도, 책임자로서나 교사로서 당신이 적을 가지게 되는 것은 불가피하다. 당신이 지나치게 독단적이고, 분별없이, 그리고 확신에 차서 싸움을 시작한다면, 당신은 여러 차례 손가락을 불에 데게 될 것이다. 그러고 나면 휴식과 평화 그리고 때로는 당신의 존재나 미래를 희생해 가면서까지 실험을 계속할 생각이 당신에게서 사라질 것이다. 사려 깊지 않게 비상하면 할수록 추락은 더욱 위협적이 될 것이다. 그러나 나를 기만당하고 나이 든 불평가라고 생각지는 말라. 당신의 감정이 명하는 대로 거침없이, 타협하지 말고 행동하라. 항상 가장 짧은 길을 택하라. 사람들은 당신을 물어뜯을 것이고, 다른 사람이 와서 당신의 자리를 차지하고 그 일을 계속해서 할 것이다. 정결하지 않은 것에 승복하지 말고, 불성실한 자들을 내쫓고, 입에는 넝마 조각을…. 당신이 아직 경험이 없을수록 더 좋다. 그들이 당신에게 일생 동안 기면서 나아갈 길을 보여 준다면 그것을 거부하라. 당신은 차라리 공중을 날아 그곳으로 나아가고 싶어 할 것이다. 비록 그것이 단 한 시간이라 할지라도 말이다. 패배자는 대머리와 머리가 희끗한 사람에게는 그다지 존경스럽게 보이지 않는다. 그러나 그는 소년들에게는 영웅이 된다.

실망하지 말라. 당신은 다른 것을 원치 않았다. 혹시 사람들이 당신에게 미리 경고하지 않았다고, 그들이 당신을 속이고 기만했다고 말하지 말라.

| 21 |

그 큰 소동에 대해 내가 했던 말의 내용은 대충 다음과 같다.

"나는 그 소년을 때렸고, 그 행동은 옳지 않았다. 나는 그 소년을 베란다로 내쫓겠다고 위협하기도 했다. 거기서는 개들이 그를 물 것이라고. 그건 아주 끔찍한 말이었다. 그러나 그 두 가지 끔찍한 일은 누구의 책임인가? 나를 화나게 하려고 의도적으로 소란을 피웠던 그 아이들 때문인가? 어쩌면 나는 아무 잘못도 없는 아이를 벌주었는지도 모른다. 그렇다면 누구의 잘못인가? 자신을 숨기기 위해 어둠을 이용하는 아이들이다. 어제는 침실이 왜 그렇게 조용했지? 램프가 켜져 있었기 때문이었다. 나는 아주 부끄러운 마음이 들었지만, 너희들도 부끄러운 줄 알아야 한다. 나는 내 잘못을 고백했으니, 너희들도 그렇게 해라. 좋은 아이도 있고 나쁜 아이도 있다. 나쁜 아이들도 모두 원하기만 하면 행동을 고칠 수 있다. 그러면 나도 기꺼이 도와줄 것이다. 하지만 너희들은 내가 선하게 남아 있을 수 있도록, 너희들에게서 타락하지 않도록 나를 도와주어야 한다. 한 소년의 눈이 찢어진 것, 그리고 댜른 아이는 머리에 붕대를 감고 있어야 하는 것, X씨가 불평을 하고, 가정부가 계속 너희에게 뭔가를 비난하는 것은 내게는 아주 불쾌하다."

그런 다음 각자는 자기가 선량한지, 단정한지, 아직도 괜찮은 아이인지, 혹은 자기 스스로 그런 건 알지 못하는지에 대해 이야기했다. 그런 다음 각자 자신의 행동을 고치기를 매우 원하는지, 아니면 조금만 원하는지, 전혀 고칠 의사가 없는지에 대해 말했다. 나는 이 모든 것을 기록해 두었다. 그래서 나는 우리 팀의 우익과 좌익, 그리고 중도파의 아이들을 알게 되었다.

정치적인 연설을 수집한 것과 인쇄된 고소문과 변론, 그리고 수집된 설교문도 있다. 그런데 아이들에게 한 교사들의 말은 왜 인쇄되지 않는가? 부드러운 아이들의 영혼에 말을 거는 것이 너무 쉬운 것처럼 보이기 때문이리라. 나는 아이들에게 들려줄 많은 말들을 일주일이나 혹은 그 이상의 시간을 들여 준비하곤 했다.

아이들이 숲을 지저분하게 만들지 않고, 무질서가 식탁을 지배하지 않기 위해, 빵을 던지지 않고, 신호에 맞추어 목욕이나 식사를 하게 하려면 어떻게 해야 할지 우리는 함께 의논했다. 나 역시 많은 잘못을 저질렀지만, 그들은 그런 잘못을 저지르지 않도록 지켜 주고 싶었다. 그러자 우리 조 아이들의 일부는 나를 도와주겠다고 약속했다.

내가 저지른 잘못은, 내가 공들인 수고가 아무런 목적도 달성하지 못하게 하고 에너지만 잃게 한 셈이 되어, 저절로 내게 복수를 한다. 아이들은 어깨를 으쓱하거나, 때로는 내게 확신을 주려고 애쓰고, 나는 종종 그들의 뜻을 따른다.

나는 행동에 대해 점수를 매기는 문제에 관해 나눈 대화를 기억한다. 나는 점수를 주려 하지 않았다. 모든 아이가 '5점'을 받았다. 모두 착해지려고 노력했기 때문이다. 하지만 그것이 비록 성공하지 못했다 하더라도, 그 때문에 아이에게 벌을 주어서는 안 된다.

"제가 우리 아빠한테 5점을 받았다고 편지에 쓰지 않으면, 아빠는 제가 나쁜 행동을 했다고 생각할 거예요."

"다른 선생님 반에 버릇없는 녀석이 있어요. 그 아이는 적어도 3점은 받았는데, 전 예절 바르게 행동했는데도 좋은 점수를 못 받았어요."

"제가 뭔가 나쁜 짓을 하고 당신이 그것에 대해 점수를 매기신다면, 저는 이제 이 일은 그걸로 끝났다고 생각하게 될 거예요."

"점수를 매기지 않으면 아이들은 말을 듣지 않을 거예요. 왜 그런지 모르겠어요."

"저도 그래요. 제가 뭔가 나쁜 짓을 하고 당신이 점수를 주신다면, 제게 3점을 주어야 한다고 생각해요. 그러나 점수가 없는 것은 제게는 유쾌하지 않아요."

이 모든 말들을 한번 곰곰이 생각해 보시라. 그러면 당신들은 그 아이들이 이 같은 문제를 얼마나 진지하게 다루는지, 그리고 이 점에서 아이마다 얼마나 다른지를 분명히 알게 될 것이다. 나는 자기가 마땅히 받을 점수를 각자 결정하라고 관용을 베풀었다. 그러자 몇몇 아이들은 "잘 모르겠어요"라고 시무룩하게 대답했다.

| 23 |

오랫동안 나는 번호가 아이들의 용기를 꺾어 놓을 것이라는 선입견이 있었다. 그래서 아이들을 두 명씩 세우고 번호에 따라 식탁에 앉히지 않으려고 고집했다. 그러나 아이들은 자신들의 번호를 좋아한다. 한 아이는 9살인데 9번을 얻었고, 다른 아이는 2번이다. 그것은 그의 이모 집 번지수이기도 하다. 극장에서 입장권에 찍힌 번호를 굴욕적으로 느끼는 사람들이 있는가?

교사는 아이들을 알아야 하고, 신뢰할 만한 대화에서는 그 아이들의 엄마가 사용하는 애칭으로 말을 걸어야 한다. 그는 자기 학생들의 가족까지 알아야 하고, 몸이 약한 여동생에 대해 물어보고, 일자리를 잃은 삼촌에 대해서도 물어보아야 한다. 침대를 번호순으로 배치하면 30명 중 5명은 자리를 바꾸고 싶어 한다. 한 아이는 자기 동생 옆에서 자고 싶어 하기 때문이고, 다른 아이는 옆 아이가 잠꼬대를 하기 때문이며, 세 번째 아이는 선생님 방에 더 가까이 있고 싶어서, 네 번째 아이는 밤이면 무서워서 말이다.

아이들은 번호순으로 짝을 지어 목욕실에 간다. 하지만 한 아이가 자기 친구와 함께 가고 싶어서 다른 아이와 바꾸기를 원할 때, 다른 한 쌍의 아이들이 너무 천천히 움직일 때, 한 아이가 발을 다쳤을 때 번호가 방해물이 되어서는 안 된다. 아이는 조용히 짝이나 번호를 바꾸어야 한다. 처음 며칠 사이에 벌써 번호가 이름이 되었고, 그것을 통해 아이들의 개성이 투명해졌다. 아이들의 윤리적이고 지적인 상태가 완전히 드러날 때까지 말이다. 이런 경우에 필수 불가결한 번호는 아무런 해도 되지 않는다.

| 24 |

나는 아이들을 무시하고, 그들을 견디지 못하고 두려워했던 감정을 아이들에게 열어 보였다. 순진했던 나는 4주 만에 모든 상처를 치유할 수 있고, 모든 상처는 아물 것이라고 생각했다. 그러나 나는 시간만 낭비한 셈이 되고 말았다.

나는 소중한 아이들을 가만히 놔두는 대신 그들에게 특별한 관심을 보였다. 나는 몇 번의 접촉을 통해, 아이들이 훼방꾼으로 간주되는 아이를 자기들 놀이에 받아들이도록, 처음에는 정말로 무례할 정도로 성급한 아이를 관대하게 대해 주라고 당부를 했다. 그러나 그 부탁을 받은 아이들이 어떻게 행동할지를 생각해야 했다. 진짜 기적같이 찾아온 장난감을 가지고 아무것도 할 줄 모른 채 주머니 속에 집어넣는 멍청한 아이에게 나는 공을 주었다. 모든 아이가 내가 순서대로 "공정하게" 부여한 공에 대한 똑같은 권리를 가지고 있기 때문이었다. 나는 그들의 선량한 의도를 이용하여 몇 명의 정직한 녀석들을 유혹했다. 자신을 고치겠다는 약속, 그 가능한 의무를 받아들이려 하지 않던 아이들을 말이다. 나는 모든 일이 점점 더 마찰 없이 이루어지는 것에 대해 기뻐했고, 잠자지 못한 시간이나 쓸데없이 낭비한 힘을 계산하지 않았다. 나는 아이들과 그들의 놀이, 그들의 싸움과 관심을 사소하게 여겼다. 그런 것들은 당시에는 내게 "중요하지 않았기" 때문이었다.

| 25 |

비록 감사할 만한 과제가 있다 하더라도 여름학교캠프는 쉽게 이끌어 나갈 수 없는 기숙사와 비교할 만하다. 별안간 많은 수의 아이들이 당신에게 맡겨졌다. 특정한 질서에 이미 익숙해진 아이들에 더하여 몇 명이나 또는 작은 그룹이 들어오는 다른 기숙사와는 달리 말이다. 통제할 수 있는 조건 또한 넓은 공간에서는 간단치 않다. 모든 것이 처음으로 작동되어야 하는 첫 주를 감당하기란 아주 어렵다. 그리고 마지막 일주일은 더 많은 주의를 요한다. 그때는 이미 아이들의 생각이나 습관이 다시 도시 생활로 돌아가기 때문이다.

양심적이지만, 경험이 부족한 교사는 여기서 자신의 능력을 가장 힘들이지 않고 시험해 볼 기회를 얻는다. 생생한 체험을 통해 그는 기숙사 교육의 교육학적 문제들을 배울 수 있고, 미래의 변화에 대한 커다란 책임 없이 오류와 불충분한 점들을 객관적으로 판단할 수 있다. 오류와 잘못된 판단에 대해서는 그는 다음 기회에 새로운 아이들 집단과 함께 새로운 바탕 위에서 새로운 작업을 시작할 수 있다. 자기가 이전에 저지른 잘못을 인증할 필요나 그 결과에 대해 책임질 필요 없이 말이다. 그는 자신의 힘을 아낄 필요가 없고, 긴 기간을 위해 활력과 에너지를 계산하거나 분배할 필요가 없는 것이다. 몹시 힘들겠지만, 여름이 지나가면 그는 회복될 수 있을 것이다.

첫 달에 했던 경험들로 인해 많은 진전이 있었음을 입증하는 두 번째 달에는 만족감을 느끼게 될 것이고, 이렇게 해서 그는 계속해서 노력하도록 촉구하는 발전이 이루어지고 있음을 감지하게 될 것이다.

겉으로 보면 첫 시즌의 작업은 사라져 버린다. 그러나 두 번째 시즌에는 아는 사람들, 첫 번째 시즌에 만났던 아이들의 친구나 친척들과 함께할 수 있다. 한번 물어보라. 그러면 그들은 이미 당신을 알고 있고, 당신이 어떤 요구를 하는지를 알고 있을 것이다. 그들이 당신을 보기도 전에 그들은 이미 당신에게 호감을 느끼고, 당신의 권위를 인정하려고 할 것이다.

| 26 |

두 번째 시즌은 좋은 조짐을 동반하며 시작되었다. 출발 전날 저녁, 아이들의 명단이 내게 주어졌고, 나는 그들의 이름을 순서대로 머릿속에 집어넣었다. 많은 이름이 신뢰감을 불러일으켰고, 다른 이름들은 일말의 두려움을 주었다. 그것은 농담이 아니다. Kurzawa(먼지구름)란 이름의 화가, Slimak(달팽이)란 이름의 농부, Niedola(불행)란 이름의 구두장이가 어떻게 생겼을지 한번 생각해 보라(이것은 폴란드에서는 흔한 성들이다). 나는 작은 장부와 연필로 무장하고 처음부터 눈에 띄는 아이들의 특징들을 모두 기록했다. 이름 뒤에 적힌 플러스, 마이너스 표시, 혹은 물음표는 첫인상을 나타낸다. 짧은 "사랑스러운 아이, 거친 아이, 덤벙대는 아이, 보살펴지지 않은 아이, 무례한 아이"라는 기록은 최초의 특징이다. 그것은 맞을 수도 있고 틀릴 수도 있다. 그러나 그것은 전반적인 인상을 말해 준다. 도서관 서기 역시 새로 도착한 값진 책을 뒤적여 보고, 제본과 모양을 훑어본다. 그것은 반가운 일이고, 거기에는 뭔가 읽을 만한 것이 있을 것이다! 나는 특별한 보호를 부탁받은 아이, 누군가가 전송 나온 아이들, 목적지까지 가는 도중에 필요한 많은 물건을 선물 받은 아이, 늦게 도착한 아이들을 기록한다. 아이들의 첫 번째 질문과 부탁, 충고들이 쏟아진다. 그것은 최초의 표현에 해당하기 때문에 아주 흥미롭다. 한 아이가 자기 신청서를 잃어버렸을 때 그 옆의 아이가 얼른 그것을 주

워 웃으면서 내주는 것, 순서에 따라 이름을 부를 때 한 아이는 재빠르게 큰 소리로 "저요." 하고 대답하고 다른 아이는 어머니가 대신 대답하는 것, 한 아이는 자리를 차지하고 하소연하는 다른 아이를 팔꿈치로 밀치고, 한 아이는 예절 바르게 인사를 하는데 다른 아이는 어둡게 주변을 돌아본다면, 이 모든 것은 교사에게는 엄청난 의미를 지닌다. 그것을 알아차리고 기억 속이나 수첩에 기록해 두면 그것은 그의 인식에 기여하는 값진 자료가 된다.

| 27 |

나는 엽서를 모으면서 그것에 번호를 매겨 접은 책갈피 사이에 끼워 둔다.

몇 장은 선이 그어져 있거나, 기름때가 묻었거나, 구겨졌기 때문이다. 첫 번째 방학 기간의 아이들은 당연히 불만족스러워서 집에 보내기 위해 나누어 준 자신의 엽서를 다시 받아 가지 않았다.

돈은 번호를 매긴 종이 속에 싸서 전날 준비해 둔 손수건 속에 넣어 둔다. 그것은 맡긴 물건이고, 그럴수록 더욱 다쳐서는 안 될 재산이다. 그것은 말하자면 강제 기탁금이기 때문이다.

10그로셴을 내놓은 한 아이는 자신의 전 재산을 맡긴 것이다. 나는 그것을 조심스럽게 다룰 의무가 있다. 차의 문 앞과 모든 창문 앞에는 감시자가 서 있었다. 나는 모든 아이와 몇 마디를 나눌 시간을 가졌고, 다시금 몇 가지 사실이 나의 수첩에 더해졌다.

나는 물을 향해 달려들거나, 하소연을 하고, 창가에 다가가기 위해 싸우는 아이들을 기록했다.

내가 잉크로 그 아이들의 옷 보따리에 번호를 매길 때, 그룹의 모든 아이가 세 번째로 내 옆을 통과한 셈이다. 여기서도 어떤 아이들은 이름을 부르면 재빨리 나타나고, 다른 아이들은 여러 번 불러야 한다. 창밖을 내다보는 대신 내 주변에 모여서 내가 일하는 것을 호기심 있게 살펴보는 아이들도 있다. 한 아이가 울기 시작했다. 나는 그 아이를 달래 주라고 한 아이를 보냈다. 그 애가 나보다 그 일을 더 잘할 것이다. 그래도 아무 소용이 없으면 그 아이는 혼자서 한동안 울어야만 한다.

| 28 |

기차가 곧 역에 도착할 것이고, 나는 아이들에게 지금 기차 안에서 소변을 보아야 한다고 알려 주었다. 야생동물처럼 버스 위에 기어 올라가거나 밀쳐서는 안 되며 도중에 내리는 것은 금지되었고, 곧바로 맞는 옷을 얻지 못한 아이는 내일 바꿀 수 있다고 알려 주었다. 이미 작년에 같이 갔던 두 소년은 우유를 나눌 때 도와주어야 하며, 다른 세 명은 옷을 나누는 것을 도와주어야 한다는 것도 알려 주었다.

사무와 관련된 대화, 공허하지 않은 대화는 앞으로의 우정을 위한 연결점이 된다.

나는 누가 지저분한 귀와 긴 손톱을 하고 있는지, 그리고 누가 더러운 셔츠를 입었는지 기록한다. 엄마가 출발 전에 자기 아이를 제대로 돌보거나 준비해 주지 않는다면 그녀는 가난할 뿐만 아니라 태만하기 때문이다. 그러나 많은 경우 아이는 이미 독립적이어서 혼자서 다 하거나, 아니면 엄마가 계시지 않는다. 내가 처음부터 아이들의 옷을 갈아입히고 그들을 씻겼다면 이 중요한 세부 사항을 얻을 수 없었을 것이다. 나를 도와주고 대신하겠다는 모든 제안을 나는 받아들인다. 조직하는 것과 주의 깊게 감독하는 것이 나의 과제라는 것을 알기 때문이다. 내가 이 모든 것을 혼자서 해낼 수 없다는 것은 분명하다. 더욱 중요한 일과 아이들 사이의 특별한 경우들에 대해 사려 깊은 보살핌을 위한 충분한 시간을 갖는다면, 다시 말해 건강, 기질, 정신적 황폐함, 혹은 허약함 혹은 특별히 뛰어난 정신적인 재주를 돌볼 충분한 시간을 갖는다면 나는 훌륭한 교사의 자질을 갖춘 셈이다.

아이들이 옷을 갈아입고 테이블에 자리를 차지하면 나는 그들의 얼굴을 하나씩 기억하려고 애쓴다. 벌써 나는 작년 휴가의 며칠이 지났을 때보다 아이들을 훨씬 더 잘 알고 있다.

| 29 |

나는 한 아이는 여드름에서, 다른 아이는 눈썹에서, 세 번째 아이는 콧잔등에 있는 점에서, 네 번째 아이는 두상頭狀에서 그들을 알아본다. 드러난 특징이 잘 인식되지 않는 아이들이 아직 몇 명 있고, 오랜 시간이 지나도 잘 알

아볼 수 없는 아이들도 있다. 의자에서 움직이지 못하도록 강요당한 학생들을 매일같이 눈앞에서 보는 교사들에게는 이런 어려움은 없다. 그렇지만 수위나 감독관, 교장 선생님이라면 그것에 대해 할 말이 많을 것이다. 이 경우 미지의 한 아이가 자신과 다른 아이들에 대한 책임을 몇몇 속죄양에게 전가하고 눈에 띄지 않게 일을 꾸미는 것은 어렵지 않다.

"그래, 나는 널 알아. 이번이 처음이 아니고, 넌 항상 끼는구나."

그러나 진짜 나쁜 짓을 한 아이는 낯을 가리고 웃는다. 그래서 나는 모든 아이를 빨리 알기 위해 몹시 애를 썼다.

사랑스럽고 얼굴이 예쁜 아이는 착하게 여겨질 소지가 많고, 못생기거나 신체적인 결함에 시달리는 아이는 나쁜 아이로 여겨질 소지가 많다고 주장한다면, 그것은 사실과 그다지 무관하지 않다. 그래서 예쁜 아이들에 대한 교사들의 정당하지 못한 선입견이 나오는 것이다. 다시 한번 반복하자면 자기의 피보호자 중 한 명이라도 알지 못하는 아이가 있다면 그는 어쩔 수 없이, 그리고 어떤 경우에라도 나쁜 교사이다.

| 30 |

저녁에 아이들이 잠자리에 들었을 때, 나는 그들에게 작년 휴가 때 여기 왔던 몇몇 아이들에 대해 이야기해 주었다.

"5번, 11번, 20번, 30번은 그때 침대에서 잤었다. 그중 한 명은 아주 사랑스러운 아이로 보였고, 두 번째 아이는 모든 것에 대해 늘 불만스러워했어. 세 번째 아이는 여기 있는 몇 주 동안 아주 좋아졌고, 네 번째 아이에게는 아주 민망한 일이 일어났단다. 그 아이가 침대에 오줌을 싸서 처음에는 다른 아이들이 그 애를 몹시 놀렸지만, 나중에는 그 아이가 불쌍하고 힘이 약하고 서투르다는 걸 알게 되었지. 그래서 다른 아이들이 그 아이를 보호해 주었어. 그 네 명은 지금 어디에 있을까? 또 무엇을 생각하고 있을까?"

이 네 아이의 모습에는 도덕적인 교훈과 일과표와 휴가지 생활의 복잡한 문제들이 담겨 있을 것이다. 나는 아이들에게 밤에 무서우면 어떻게 해야 하는지, 아침에 너무 일찍 일어나면 어떻게 행동해야 하는지를 말해 주었다. 두 명 외에는 모두 잠이 들었다.

한 아이는 집에 계신 편찮으신 할아버지를 생각하느라, 다른 아이는 잠자기 전 습관처럼 들었던 엄마의 '잘 자'라는 인사를 못 들어서 잠들기 어려웠다.

38명 가운데 한 명인 이 마지막 아이는 엄마의 밤 인사 없이는 잠을 잘 수 없었다. 가장 예민한 아이 중 하나인 이 아이가 만약 작년에 왔다면 당시의 혼란과 흥분 속에서 비난을 받고, 귀가 잡아당겨졌을지도 몰랐다.

나는 첫날 저녁에 이미 몇 가지 사실을 기록할 시간이 있었다. 휴가지 숙소의 첫날에 대한 특별 노트에, 그리고 개개 아이들에 대한 각각의 다른 노트에 말이다. 나는 절반의 아이들에 관한 작고 세부적인 사항을 이미 알고 있었다.

| 31 |

다음 날 아침이 채 밝기도 전에 나는 침실로 갔다. 우리 모둠 아이들이 밖으로 나가서 다른 아이들과 섞이기 전에 그들을 알기 위해서였다.

하루가 지나는 동안 나는 한 아이에게 여러 차례 그의 이름을 물었다. "제 이름이 뭐냐고요?"

서로 비슷하게 보이는 아이들, 내게는 비슷한 것처럼 보이는 아이들을 나란히 세우고, 그들을 정확히 관찰했다. 그동안 그들을 구별하고 인식할 수 있었던 개개의 특성에 유의하면서….

한 아이의 개인 생활이나 정신적 관심사의 여러 부분을 통찰하게 해 주는 세부 사항들이 시간마다 눈에 띄었다.

투박스러운 주변 환경과 자선 기관에 의한 교육의 결과로 혼돈에 빠진 영혼들은 처음에는 놀라고 두려워했지만, 그다음에는 점점 더 신뢰감과 즐거움을 느끼며 아름다움과 조화를 향해 갔다. 그것은 재빨리 일어났으며, 마치 하나의 기적처럼 보였다.

그러나 교육의 기능성에는 어떤 기적도 변화시킬 수 없는 한계가 있다. 예민하고 재능이 많지만, 단지 외부적인 조건 때문에 지쳐 있던 영혼들은 완전한 생명으로 깨어난다. 그러나 영혼이 가난하고 짓밟힌 아이는 고통스럽게 일그러진 미소조차 띠지 못한다. 그래서 마음이 아프다고? 하지만 당신은 단지 4주라는 짧은 시간을 가졌을 뿐이지 않은가. 독립심과 성실성을 타고난 아이는 보다 밝은 삶의 새로운 형태에 적응하고, 자연에 거슬리는 병든 성격은 저항하면서 고개를 돌린다.

단 한 번의 빗줄기에도 생기를 얻는 나무들이 있고, 병들고 완전히 죽어버리는 나무도 있다. 그뿐만 아니라 지독한 강인함으로 유용한 식물들을 헤집고 들어오는 잡초들도 있다.

| 32 |

나는 아이들의 공동체가 어떻게 구축되는지를 주의 깊게 살펴보았고, 여름학교캠프의 첫 시즌의 어려움을 이해했다.

훌륭한 자질을 가진 아이들은 새로운 주변 환경을 둘러보고, 다른 아이들이 약간 불안하고 수줍게 서로를 사귀고 접근하는 동안, 많은 힘을 들이지 않고도 먼저 적응하며 자기 목소리를 내고, 남의 말을 들을 줄 알게 된다.

여기서 질서와 제한과 배려가 얼마나 필요한지를 꿰뚫어 본 아이는 교사의 작업에 수동적으로나마 도움을 준다. 모든 사람의 평안에 기여하는 지시를 따르고, 방해되는 것을 피함으로써 말이다. 그러나 교사의 좋은 의지와 계획, 배려, 호의 혹은 약점을 이용하려고 애쓰는 아이는 처음부터 적극적이고 공격적으로 나온다. 열두 살 난 소년이 가족과 떨어진 낯선 환경에서, 낯선 감독 아래 처음 보는 또래들 사이에서 아무런 주저함이나 당황함 없이 첫날부터 이런저런 요구를 하고, 반항하고, 항의하고, 음모를 꾸미고, 자신의 패거리를 찾고, 수동적이고 힘없는 아이들을 자기 편으로 끌어들이고, 자신을 독재자로 내세우고, 선동적인 구호를 펼치는 것은 놀랍지 않은가.

당신은 시간을 놓쳐서는 안 되고, 재빨리 그 녀석을 찾아내어 협상에 들어가야 한다. 요구하기만 하고 허락은 하지 않는 모든 권력과 마찬가지로 당신은 그 아이에게는 처음부터 적이다. 당신은 그 아이가 지금까지 대했던 것과는 다른 권력을 행사한다는 것을 그 아이에게 믿게 하라.

| 33 |

한 가지 예를 들어 보자.

나는 한 아이에게 철도 위로 나가는 것은 금지 사항이라는 점을 주의시켰다. 그래도 그 아이는 말을 듣지 않고, 사람들이 자기를 부르는 것에 개의치 않는다. 그는 심한 나무람에 무시하는 듯한 대답을 한다. "왜 그래요? 난 목 마르단 말이에요." 나는 그 아이의 이름을 물었다.

"선생님이 벌써 적었잖아요."

"그건 그렇게 중요하지 않아."

그 아이는 이미 다른 아이들의 호기심을 얻었고, 자기 편을 가지고 있으며, 적지 않은 아이들에게 인상을 남겼다. 많은 경우, 그 아이를 알기 위해서는 "됐어." 하며 어깨를 으쓱하는 것으로 충분하다. 첫날부터 그런 일이 있으면, 내일이나 혹은 일주일 후에는 무슨 일이 있을까 하고 당신은 생각하는가? 나는 그날 저녁 그 아이와 이야기를 나누었다. 그것은 대등한 사람들 사이에서 이루어지는 대화처럼 진지했고 사무적이었다.

우리는 이 숙소에서 앞으로 머물 기간을 위해 몇 가지 조건에 합의를 보았다. 그 아이는 시내에서는 길에서 신문을 팔았고, 카드놀이를 하고, 독한 술을 마시고, 자기 구역을 훤히 꿰뚫고 있었다. "너 여기 계속 있을 거니?" "두고 봐야죠." "여기가 맘에 드니?" "아직 모르겠어요." "넌 여기 왜 왔니?" "어떤 부인이 저를 설득했어요."

그 아이는 부인의 이름을 말했지만, 상황에 대비해 엉터리 주소를 댔다. "얘야, 들어 봐. 난, 네가 한 달 이상 여기 머물 수 있고, 이곳이 네 마음에 들었으면 좋겠어. 그렇지만 단 한 가지만 네게 부탁하마. 여기가 너무 지루해지면 내게 말해. 그러면 내게 차표를 얻어 바르샤바로 돌아갈 수 있어. 네 마음대로 달아나지 말고, 내가 네 뜻과는 상관없이 내보낸 것처럼 하지 마. 넌 하고 싶은 것을 할 수 있어. 그걸 너한테 허락하지. 하지만 나의 질서를 방해하지 말고 다른 아이들은 가만히 놔둬. 잘 자."

나는 아이에게 손을 내밀었다.

그 아이를 아이로 다루려고 애쓰지 마라. 그렇다면 그는 당신의 얼굴에 대고 무례하게 웃거나 짐짓 꾸민 후회로 당신을 속이고, 돌아가서는 당신을 우습게 만들기 위해 신랄하게, 농담 삼아 허튼소리를 지껄일 것이다. 모든 말을 다 하지만, 단지 맥 빠진 감상적인 말은 하지 마라. 그 아이는 당신을 경멸하고, 이용하고, 조롱할 테니까….

| 34 |

또 다른 아이가 있었다.

그 아이가 경멸하는 어리석고 굴욕적이고 비겁한 무리가 그를 쳐다보지 않으면, 그는 분위기 있는 대화로 속마음을 털어놓고, 감동을 주고, 칭찬받을 정도로 좋아지는 아이다. 그 같은 대화를 근거로 해서 했던 약속을 지킬 것을 요구해서는 안 된다. 며칠 후 바로 그 아이가 식사 때 자기에게 부딪힌 다른 아이의 머리를 식기로 때렸을 때, 나는 어리석게도 날카로운 어조로 내게 한 약속을 상기시켰지만, 그 아이는 증오로 가득 찬 눈빛을 보냈다. 며칠 뒤에 그는 몰래 물품보관실에서 자기 옷을 찾아내, 숲에서 갈아입고 역으로 갔다. 나는 빈민층 아이들을 알지 못하는 젊은 동료들에게 한 가지 사실을 주지시키고 싶다. 이런 아이들 중에는 아주 조심스럽게 양육된 아이들이 있는가 하면, 완전히 내팽개쳐진 아이들이 있다. 한쪽 아이들은 다른 쪽 아이들에게 방해가 될 뿐 아니라, 서로 좋아하지 않는다. 한쪽 아이들은 다른 쪽 아이들을 경멸한다. 제대로 된 가정에서 자란 아이들은 그들과 이웃해 있는 거리의 아이들을 무서워한다. 세심하지 못한 사회복지요원은 예절 바른 아이들과 그렇지 못한 아이들 사이의 엄청난 차이를 인식하지 못한다. 그들은 둘 다 가난하고 시 외곽의 빈민 지역에 살고, 같은 "영역"에 속하기 때문이다. 바로 그런 이유로 첫 번째 아이는 두 번째 아이를 두려워하고, 그래서 저쪽 아이는 이쪽 아이에게 위험한 것이다. 그들에게 친구가 되라고 강요할 권리는 누구에게도 없다.

"다시 바르샤바에 가기만 하면 너한테 복수할 거야." 여름학교캠프의 마지막 주간 동안 억지로 친구가 된 불행한 아이들에게서 종종 듣는 말이다.

| 35 |

나는 바르샤바에 아이들의 클럽을 만들려 했던 절망적인 노력의 증인이다. 나는 모스크바에서 시도된 비슷한 사례에 대해 보고하는 소책자를 읽은 적이 있다. 동일한 오류는 같은 어려움에 부딪치게 한다. 학생들이 무례한 건달을 멀리해 줄 것을 요구하자 그 그룹의 여교사는 비난조로 말했다.

"내 아들이 그 아이와 같이 노는데, 너희도 같이 놀려고 하지 않으면 아주 나빠."

그녀의 어린이들은 아무런 피해를 입지 않고 그렇게 할 수 있다. 그 아이가 저녁에 집으로 돌아오면 아무도 그 아이를 때리거나 소리를 지르지 않을 것이다. 그 아이가 일요일에 여자 사촌과 함께 교회에 갔을 때 "야, 너 도대체 어떤 여자랑 같이 다니는 거야." 하고 놀리는 사람은 아무도 없다. 아무도 그 아이를 "담배 사게 돈 좀 빌려줘." 하며 때리지 않는다. 그 아이가 엄마와 아주머니와 같이 산책을 하는데, 어떤 허름한 녀석 하나가 그 애에게 다가오면 아주머니가 기겁하면서 묻는다.

"세상에, 네 토니는 어떻게 저런 애와 사귀니?" 엄마는 우쭐한 목소리로 대답한다.

"그 아이는 사회복지단체 친구야."

그리고 그녀는 나이 든 아주머니의 끔찍한 후진성에 대해 아주 재미있어 한다.

그러나 노동자 출신의 어머니는 당연히 그 같은 친구 관계에 대해 우려할 것이고, 그 점에 대해 아이에게 주의를 주어야 한다.

성인 노동자는 주정꾼과 사기꾼과의 친구 관계를 위험해서라기보다는 치욕적이어서 거부할 권리를 갖는다면, 노동자의 아이도 마찬가지로 나쁜 친구 관계를 피할 의무와 권리가 있다.

그러나 그 같은 건달이 우연한 기회에 평소 자기에게 닫혀 있던 같은 또래의 아이들과 어울리기 위해 훌륭한 태도를 가장하면 어쩔 셈인가? 이 같은 친구 관계를 이용하고, 그들에게서 득을 보기 위해서 말이지….

윤리적인 가치와 생활 체험에서 서로 상이함에도 불구하고 단지 물질적인 가난함 때문에 같은 영역 속에 속해 있는 아이들 사이에서 친구 관계를 조성하는 것은, 경박하게도 그들을 나쁜 사회로 끌어들이고, 그들의 도덕적 저항력을 시험해 보는 것을 의미할 뿐이다.

| 36 |

나는 아이들 사이로 밀치고 들어온다.

"저 애들과 같이 놀아!"

나는 그들의 명예심에 호소했다. "너희는 서른 명이야. 그리고 저 아이는 혼자야. 너희들이 다 같이 힘을 합쳐 단 한 아이를 고칠 수 없니? 그런데 저 애는 너희들 모두를 타락시킬 수 있단 말이지?" "쟤가 자기 행동을 고치도록 우리가 도대체 어떻게 해야 한다는 거예요? 그 애는 우리와 함께 놀고 싶어 하지 않아요. 그 애가 같이 있으면 우리 놀이를 다 망친단 말이에요."

내 말이 아니라 아이들 말이 옳다.

평균적인 성향을 지닌 아이들 사이에 몹시 부도덕한 아이가 있어 문제가 될 때면 교사가 그것에 대해 전적인 책임이 있고, 전적인 감독권도 그에게 있 다는 사실을 나는 한참 뒤에야 비로소 깨달았다. 그것은 아이들 힘으로는 감 당할 수 없는 부담이다.

겉보기에는 지극히 훌륭한 원칙들도 검토해야 한다. 현실에서 실현하기 어렵다면 아주 사려 깊은 진리조차도 양심적이고도 비판적으로 검토해야 한다.

우리는 아이들보다 훨씬 경험이 많고, 아이들이 알지 못하는 많은 것을 알 고 있지만, 생각하고 느끼는 것은 그들이 우리보다 더 낫다. 한 아이가 무엇 을 원하는데, 그 이유를 알지 못할 때는 어쩌면 그 아이는 원래의 이유를 숨 기거나 자기 자신도 그것을 잘 모르기 때문이다. 이처럼 절반 정도만 알고 있는 동기들을 알아내고, 때에 따라서는 그것을 추측하고, 때로는 오랫동안 찾아서 발견해 내는 것이 교사의 기술이다.

"그 뒤에는 뭔가가 숨겨져 있어!" 교사가 그런 생각을 하면 할수록 그는 점 점 더 빨리 성숙해지고, 잘못된 원칙에서 기인하는 끈질긴 잘못을 피해야 한 다는 확신은 커질 것이다.

| 37 |

나는 그 아이들에게 서투르고, 재능이 부족하거나 참을 수 없는 아이와의 교제를 강요했다.

그것은 하나의 난센스였다.

그들은 함께 "잡기놀이"를 한다. 그 멍청한 아이는 재빠르지 못해서 빨리 달아나지 못하고, 다른 아이들을 잡지도 못한다. 그는 몰리게 되면 의도적으로 곧 잡힐 것처럼 행동한다. 자기가 술래가 되기를 원하기 때문이다. 아이들에게 그런 비겁한 아이와 같이 놀도록 강요하면 아이들은 그 아이를 피하고, 잡으려고 애를 쓰지 않는다.

어떤 어른이 카드놀이를 잘 못하는 사람이나 그 게임에 대해 전혀 모르는 사람과 함께 한 테이블에서 카드놀이를 하려고 하겠는가?

당신은 그 아이도 함께 놀게 한다는 조건으로 공을 내어준다. 아이들이 이렇게 어려운 조건을 마지못해 받아들이는 게 놀라운 일인가? 그들이 원치 않는다고 해서 그들을 나쁘게 여길 것인가? 그들이 그 아이 때문에 게임에서 진다면, 아이들은 그를 때리지 않을까? 그렇다면 그 잘못은 누구에게 있는가?

이 같은 유형의 아이들을 제대로 돌보기 위해서는 많은 작전이 필요하다. 사람들은 그들이 상처를 입거나 뒤처지지 않도록 신경을 써야 한다. 그리고 그들이 방해가 되지 않도록 주의해야 한다.

"저 애는 항상 기다리게 해. 그 애는 놀이를 망치는 녀석이야. 저 애 때문에 선생님은 항상 우리에게 화를 내시고, 저 애는 우리에게 무엇을 빼앗거나 위협하려고 또다시 일을 꾸미고 있단 말이야."

여름학교캠프의 첫 번째 기간에 나는 서투르고 뒤처진 아이들을 위해 애를 썼지만, 두 번째 기간에는 키가 제일 큰 싸움꾼 가운데 하나가 자기 스스로, 선한 의도에서 이런 유형의 아주 조용한 소년을 보호하는 것을 감동적으로 바라보았다.

| 38 |

어떤 것도 과소평가하거나 사소하게 여기지 말라.

사내아이들이 '공기놀이'를 하고 있다. 이미 고대 로마의 빈민가 아이들도 그것을 알고 있었다. 놀이하는 아이들은 테이블 위나 땅바닥에 작은 돌멩이 다섯 개를 던진다. 그런 다음 돌멩이 하나를 공중에 던지고, 위로 올라간 공깃돌이 채 떨어지기도 전에 나머지 네 개 중 하나를 재빨리 테이블에서 낚아채야 한다. 여러 가지 난이도가 있다. 이 놀이를 위해서는 재빠른 손놀림과 다섯 개의 공깃돌이 필요하다.

아이들은 누가 공깃돌 가운데 하나나 전부를 훔쳐 갔다고 일러바친다. 당시 나는 이런 종류의 모든 고자질을 반대했다.

"그런 돌멩이는 여기에 수두룩해. 다른 돌을 몇 개 찾아봐."

그런데 내 말에는 세 가지 잘못이 있었다.

우선 모든 사람은 사유 재산에 대해 권리를 갖는다. 그 대상이 아무리 사소하거나 가치가 없을지라도 말이다. 잃어버린 것을 쉽게 대치할 수 있다고 해서 사소하다고 말할 수 있는가? 공깃돌을 집어 간 사람은 자기 스스로 찾아야 한다.

그렇게 재빨리 집어 간 아이는 분명 잘못을 했고, 최소한 부당하게 행동한 것이다. 그 아이는 다른 사람의 재산을 자기 것으로 만들었기 때문이다.

내가 직접 "공기놀이"를 해 보고 나서야 작은 돌멩이들이 모두 똑같은 성질을 가지지 않는다는 사실을 알게 되었다. 너무 둥근 돌멩이는 지나치게 멀리 굴러간다. 모가 난 것은 테이블 위에 던졌을 때 서로 너무 가까이 놓이게 된다.

공기놀이를 하는 사람에게는 모양과 색깔에 따라 고른 다섯 개의 돌멩이가 같은 키와 같은 색깔의 털을 가진 다섯 마리의 말이나 팔찌 속에 끼어 있는 다섯 개의 진주, 혹은 사냥하는 다섯 마리의 사냥개와 같다. 공깃돌이 누구의 것이었는지를 보았고, 기억하고, 증거를 말하는 증인들이 있다. 아이들이 옳았다.

| 39 |

"그 애가 우리 엄마 욕을 했어요." 한참 망설인 끝에 "그 애가 저더러 후레자식이라고 했어요"라고 말했다. 교사인 나는 아버지들이 공장에서 자기를 못살게 구는 상사나, 난로를 수리해 주려고 하지 않는 집주인을 비슷한 식으로 부른다는 것을 알아야 했다.

"너희는 그 아이가 얼마나 화를 잘 내는지 알아야 해. 전에는 모든 아이와 싸우더니, 이제는 욕만 해. 그렇다면 그 아인 나아진 셈이야. 사람들이 다른 사람을 모욕하려고 할 때 후레자식이란 표현을 쓰는 것은 맞아. 그런 다음 악당, 불한당이나 도둑이라고 말하지. 하지만 대부분은 화가 나서 하는 말이고, 그들은 대부분 전혀 그렇게 생각하지 않아. 그 아이가 공을 빌려주려 하지 않는 아이나 가게놀이를 같이 하던 아이를 무의식중에 찼다고 해서 정말로 그 애를 불량배라고 부를 수 있을까? 거친 사람이 있고 조용한 사람도 있는 거야."

내가 아주 크고 분명한 소리로 이 금지된 단어를 사용하는 것을 보고 남자아이들이 놀랐다. 속삭이는 말은 발효 물질처럼 작용해서 계속해서 곪게 하고 자극하기 때문에, 나는 일부러 그렇게 크게 말한다. 교육에서 올바른 척 꾸민 행동보다 더 해로운 것은 없기 때문이다. 당신이 발설하기를 꺼리는 단어가 있다면 그들이 하는 못된 행동에 대해 어떻게 표현할 것인가?

교사는 아이들의 말이나 생각, 혹은 그들의 행동을 두려워해서는 안 된다.

가난한 사람들의 교사가 되기를 원하는 사람은 의학이 가난한 병원과 부유한 병원을 구분한다는 것을 생각해야 하고, 세련된 표현 방식을 즐기는 호색한들과 마찬가지로 거친 욕설을 잘 쓰는 선량한 아이들도 있다는 사실도 알아야 한다. 당신은 당신의 학생들이 어떤 환경에서 왔는지 알아야 한다.

| 40 |

가난한 아이들이 부유한 집 아이들보다 더 도덕적이라는 주장은 너무나 위험하다.

가난한 아이들과 부유한 아이들 모두에 관해 경고하는 관찰들이 있다. 이같은 관찰이 이루어졌다고 내가 확신하는 곳, 새장 같은 도시 주거지에서는 좁은 공간에서 시끄럽게 하거나 뛰어다니는 것이 금지되어 있기 때문에, 주변 사람의 휴식을 방해하지 않는 범위 내에서 지루함과 어두운 나태함이 강렬한 인상과 격한 흥분으로 이어진다.

여름학교캠프의 아이들에 대한 관찰을 바탕으로, 나는 정상적인 성향의 아이들은 몰래 구석에 숨어 있거나 무거운 꿈에 빠지기보다는 공놀이를 하거나 달리기 시합, 수영을 하거나 나무에 올라가는 것을 더 좋아한다고 확실히 주장할 수 있게 되었다.

특별한 감시 없이도 안심하고 소년 소녀들을 숲에서 산책하도록 허용할 수 있다. 딸기를 따거나 버섯을 모으는 이유는, 사랑의 행위를 염려하기보다는 오히려 버섯이라는 노획물을 둘러싼 싸움질이나 강자의 공격을 걱정할 정도로 그들을 집중시키기 때문이다.

빈민 지역 뒷마당의 으슥한 구석과 속물적인 사람의 넓은 집 안에 있는 장롱들 사이의 틈새는 비밀을 숨기고 있지만, 초원이나 들판에는 그런 비밀이 없다. 아이들은 단지 편하다는 이유로 1시간 동안이나 침대에 누워 있는 것은 아니다. 그들은 8, 9시간 이상은 자지 않는다. 특히 여름에는 말이다.

| 41 |

나는 여름학교캠프의 아이들이 계획을 실천하거나 규칙과 내부 질서를 유지하기 위해 내리는 명령과 금지 사항에 대해 큰 반감을 느끼지 않고, 기꺼이 그것에 적응한다는 사실에 놀랐다. 한 아이가 그것을 어기면, 그는 자기 잘못을 솔직하게 인정하고 뉘우치거나, "저는 알고 있었어요. 하지만 제가 할 수 없을 때는 어떻게 해야 해요"라고 말한다.

전체의 질서를 유지하기 위해 자신의 타고난 성향과 절망적으로 싸워야 하는 아이들이 있다. 우리는 지나친 요구로 이 싸움을 힘들게 만들어선 안 된다. 그렇지 않으면 그들은 용기를 잃고 과격해진다.

교사는 어떤 명령과 금지가 절대적인지, 어떤 것은 허용할 수 있는지를 분명히 해야 한다. 혼자 강에서 목욕하는 것은 절대로 금해야 하지만, 나무에 올라가는 것은 상황에 따라서만 금한다. 점심 식사에 늦게 오는 것은 절대로 금한다. 그러나 산책에 늦게 나타나는 것은 상대적으로 바람직하지 않은 것으로 여긴다. 하지만 우리가 이미 일 마일을 갔다 하더라도 늦게 온 아이들은 우리를 따라올 수 있고, 힘이 넘치는 아이는 모두가 모일 때까지 한자리에 서서 기다리는 것을 좋아하지 않는다는 사실을 알아야 한다.

전체의 동의를 얻어 특별법을 적용시켜 볼 수 있는 아이 중에는, 교사에게 가장 힘들겠지만 가장 고마운 과제를 제공해 주는 특별한 경우도 있다. 예컨대, 150명 가운데 한 남자아이가 수영을 아주 잘한다면 그에게는 아무런 위험도 없다. 그 아이는 강에서 살고, 반나절을 물속에서 보내고, 힘들이지 않고 헤엄을 친다. 만일 다른 아이들이 그것을 허용한다면 당신은 그에게 혼자 수영하러 가도록 허용할 수 있다. 당신이 그 아이의 생명에 대해 얼마간 걱정을 감수할 용기를 갖는다면 말이다.

| 42 |

사회적인 직감은 아이들에게는 본래적인 것이다. 그들은 처음에는 특별한 영향을 불신감을 가지고 받아들인다. 어른들을 믿지 못하고 무엇이 중요한지 이해하지 못하기 때문이지만, 그들은 자기 스스로가 그 속에 포함되면 곧 함께하게 된다.

아이들이 숲에서 사방으로 빵을 던지지 않게 하려면, 점심시간에 너무 늦지 않게 하고, 싸움질이나 욕설을 하지 않게 하려면 어떻게 해야 하나? 충고하는 말이 문제가 되는 나쁜 짓을 제거하지는 못한다 하더라도, 그것은 아이들 공동체의 도덕적 수준을 올려 주고 단합된 책임과 사회적인 의무를 확고히 한다.

충고를 하기 전에 몇 명의 아이들이 늦게 왔는지, 그리고 하루에 몇 번의 싸움질이 있었는지 한번 적어 보라. 충고하고 난 다음, 다시 그 같은 건수를 적어 보라. 그리고 그래프로 옮겨 보라. 당신은 이 사건들이 줄어들었다는 것을 확인하게 될 것이다. 그런 다음 그 숫자는 다시 증가한다. 그러면 또다시 충고가 뒤따라야 한다.

다음은 그렇게 해 본 결과를 분석한 것이다.

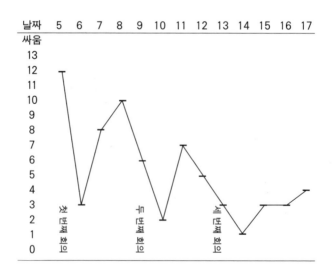

"7월 5일에는 30명 사이에서 12번의 싸움이 일어났다. 그것을 조정하기 위한 회의가 있은 다음 날 싸운 횟수는 단 3번뿐이었다. 그 후에는 다시 8번, 10번, 6번의 충돌이 있었다. 숲에서 두 번째 회의를 열었다. 주제는 '호의적인 대인관계'. 다음 날 싸움은 2건뿐이었다. 다시금 7번, 5번, 3번의 싸움질. '싸움이 없는 하루'라는 주제로 회의를 열었다. 이 전체적인 노력의 결과로 다음 날은 단 한 건의 싸움만 있었다."

가장 아름다운 연설은 열심과 주도권을 일깨우는 임무에 기여해야지, 무엇을 고정시키는 데 기여해서는 안 된다. 어떤 사람은 말에 너무 큰 비중을 두어서 지나치게 많은 것을 기대하고, 다른 사람은 종종 실망해 보았기 때문에 말을 사소하게 여긴다. 두 사람 다 잘못 생각하고 있다. 당신은 말로써 아무것도 달성할 수 없지만, 말이 없이는 그것을 어떻게 해 볼 수 없다. 말은 동맹군이지, 대리인은 아니다. 당신은 단지 그 같은 효과만을 기대할 수 있다.

| 43 |

사라진 질서와 화장실 청결 문제에 관한 토의.

"화재가 발생했거나 홍수가 났을 때 선한 사람들은 생명의 위험을 무릅쓰고 도우러 간다. 그것은 어렵고 유쾌하지 못한 일을 해결할 때도 마찬가지여서, 항상 가장 선한 사람들이 먼저 나선다. 우리는 뒤엉켜 버린 난처한 일을 해결해야 할 때 가장 착한 사람들을 찾는다. 그렇다면 누가 자발적으로 당번을 맡을까? 모든 사람이 반나절을 맡을까?"

많은 아이가 신청하는 것은 당연하다. 그러나 그것은 시작일 뿐이다. 처음 이틀 동안 당신은 열성적이고, 쉽게 얻을 수 있긴 하지만, 그다지 지속성이 없는 조수를 택할 것이다. 당번 일은 처음 며칠이 가장 어렵기 때문이다. 그러나 이 일은 새롭기 때문에 그들은 아주 열심히 나설 것이다. 왜 하필 이들이 제일 먼저 선택되었는지 말해 보라.

질투심 많은 소년의 제의를 당신은 받아들이지 않을 것이다. 싸움이 날까 봐 염려하기 때문이고, 다른 아이들이 그를 좋아하지 않고, 그에게 반항하기 위해 금지된 일을 할지도 모르기 때문이다.

당신은 폭력적인 소년들도 거부한다. "너는 당장 다른 아이들을 때릴 것이기 때문에 이 일에 손대지 않는 게 좋아."

그다음 날에는 좀 더 침착한 아이들을 선정한다. 당신은 그들이 지나친 열성으로 경직되지 않을 것이라고 믿는다.

다음을 위해서는 말없는 아이를 미리 정해 둔다. "내일은 어떨지 모르지만 그다음에는 훨씬 쉬워질 거야."

당신은 그 아이를 "개똥같은 자식", "화장실지기"라고 부르는 아이들이 나타나리라는 것을 처음부터 주목한다. 그래도 기분 나쁘게 여기지는 마라. 그 아이는 바보다! 나이 어리고 서투른 아이가 원치 않게 화장실을 더럽히면 당번을 맡은 아이가 어떻게 해야 하는지, 그런 일이 반항적 의도에서 일어났을 때는 어떤 태도를 취해야 하는지, 그리고 잘못한 아이를 찾아내지 못했을 때는 어떻게 해야 하는지를 일러 준다.

당신은 그를 빗자루와 걸레로 무장시키고, 하루 중 가장 욕구가 큰 시간 동안, 즉 이른 아침이나 점심 식사 후에 가서 15분 정도 그 아이를 감독하고, 의심스러운 경우에는 스스로 걸레를 손에 쥐고 닦아야 한다. 당신이 화를 내며 "몇 번이나 말해야 하니!"라고 소리 지르는 것은 아무 소용이 없다. 아무런 도움도 되지 않고, 전혀 이롭지도 않다. 그렇다면 왜 그런 말을 하나? 몇몇 아이들은 자발적으로 한 약속을 철저히 이해하지만, 믿을 수 없는 아이에게는 "왜 네가 그런 약속을 했니?"라고 묻는다. 그것은 진지한 논의다. 아이들은 그런 질문에 대해 "의무는 왜 지켜야 하나?"라고 대답하는 어른들의 냉소주의를 알지 못하기 때문이다.

| 44 |

아이들의 도움은 교사에게는 빼놓을 수 없는 요소다. 물론 지속적으로 통제하고 자주 교대한다는 조건에서 말이지만…. 그렇게 해서 어린 조력자가 자신을 대단한 존재로 만드는 것을 피해야 한다. 권력은 성격을 타락시킨다. 그 같은 당번 일이 결코 특권이 아니라 명예직이라는 것을 그들에게 끈기 있게 조심스럽게 주지시켜야 한다.

나는 식탁에서 음식 나누는 일을 돕는 아이를 날마다 바꾸었다. 그들이 더 많은 양을 차지하는 습관이 생겨났기 때문이었다. 아이들이 매일 바뀌면 가정부에게는 힘들겠지만, 나는 그것을 필수적이라고 생각했다.

한 줄에 한 사람씩 침실 정리를 위한 당번이 있다. 그리고 세숫대야를 나누어 주는 사람, 장난감을 모으는 사람, 수건이 침대 난간에 반듯하게 걸려 있는지를 살피는 사람이 있다. 깨진 유리 조각을 모아서 아이들이 돌아다니다가 발을 다치는 일이 없도록 하는 과제를 맡은 아이도 있다.

우리는 학과 수업보다는 작은 활동을 통해서 아이들을 더 잘 알 수 있게 된다. 학과 공부에서는 학생들의 능력과 준비 상태, 그리고 우연이 결정적 역할을 한다. 그러나 그 밖의 활동에서는 충동적이고 성격이 불안정한 아이, 공명심이 강한 아이, 공격적인 아이, 양심적이거나 성실하지 못한 아이를 금방 알게 된다.

| 45 |

처음 며칠 동안 아이들이 서로를 어떻게 사귀는지를 주의 깊게 관찰해 보면, 선량한 힘들은 도움과 지지가 필요하지만, 무엇보다 당신의 체계에 불편한 아이들 몇 명에 대한 조심스럽고 신중한 차단이 필요하다는 사실을 어렵지 않게 확인할 것이다.

해로운 인물들의 폭력적인 행동이나 무례함으로부터 사회를 보호하는 것이 국가의 의무라면, 교사의 의무란 아이들을 주먹질이나 위협, 모욕으로부터 지켜 주고, 그들의 재산을 빼앗으려는 시도로부터 보호해 주고(그것이 비록 돌멩이 하나나 나무토막 하나라 할지라도), 그들이 조직한 공동체(공놀이나 모래성 쌓기 등을 위한)를 지켜 주는 것이다.

이 커다란 과제를 완수하고 나면 이탈과 엇나가는 것을 막기는 쉽다.

우리는 아이들 도움 덕택에 절약한 시간과 수고의 많은 부분을 개별적이고 개인적으로 다루어야 하는 예외적인 사례를 위해 사용할 수 있다. 그것들은 특별히 가치 있거나 위험하고, 혹은 간단한 평균적인 규범으로 다룰 수 없기 때문에 별도의 관심이 반드시 필요하다.

예외적인 아이들뿐 아니라 많은 시간을 요구하는 예외적인 상황이 발생하기도 한다. 한 아이는 갑자기 병이 났고, 벌써 어둠이 깔리기 시작하는데 네 명의 아이가 아직 숲에서 돌아오지 않았다. 아이들이 거지에게 돌멩이나 솔방울을 던지고 도둑질을 했다는 고소가 들어왔다.

아이들 숫자가 많으면 많을수록 그들 사이에는 예외적인 상황과 특수한 경우도 많아진다. 여기서 화를 내는 것은 아무런 도움이 되지 않는다. 그럴 수밖에 없다. 그럼에도 불구하고 조직된 공동체의 전체적인 분별력은 모든 것이 궤도에 따라 움직이고, 작은 일들은 저절로 해결되고, 당신은 항상 "너 스스로 해 봐, 난 지금 바빠"라고 말할 수 있는 데 근거한다.

| 46 |

자기 확신이나 사려 깊은 예견은 밝고 온전한 관대함을 베풀게 하지만, 경험이 부족하면 불친절해지고 매사가 원만치 않게 된다.

3~4명 중에는 비정상적이거나 부도덕한 아이, 완전히 내팽개쳐진 아이, 악하고 반사회적인 아이, 참을 수 없고 사랑스럽지 않은 아이, 폭력적이고 거칠고 이상한 아이, 서투르거나 약한 아이가 있기 마련이다. 그건 그럴 수밖에 없다.

당신은 소풍을 계획한다. 그중에는 약한 아이가 있을 수 있고, 기분이 상한 아이, 다른 아이들이 모두 "이 소풍은 중요한 거야"라며 즐겁게 길을 나서기 때문에 기꺼이 같이 가려고 하지 않는 아이가 있다.

한 아이는 모자를 찾지 못할 것이고, 다른 아이는 흥분해서 다른 아이들을 마구 때릴 것이고, 세 번째 아이는 마지막 순간 화장실로 달려갈 것이며, 네 번째 아이는 어디 있는지 도무지 알 수가 없다.

도중에 한 아이는 머리나 발이 아프고, 한 아이는 상처를 입고, 다른 아이는 기분이 나빠지고, 다른 아이는 꼭 물을 마시려고 한다.

당신이 이야기하는데 반드시 한 아이는 당신의 말을 중단시킨다.

"그런데, 애벌레가 뭐예요?"

두 번째 아이는 "저 애는 짚으로 귀를 후벼요."

세 번째 아이는 "와, 저기 양떼가 나타났다!"

혈기에 찬 교사는 불쾌감을 느끼며 위협적으로 말한다. "다시 한번 내 말을 중단시키는 녀석은…."

경험 있는 교사는 관대한 미소를 지으며 기다린다.

예외적인 상황에 대해 화를 내는 교사는 그런 아이들이 없으면 자기가 하는 일이 활기를 잃고 단조롭고, 지루해진다는 것을 알고 있을까? 그리고 예외적인 아이들이야말로 성찰과 숙고를 위해 풍부한 자료를 제공하고, 그들이야말로 우리를 더 잘되도록 가르치고 계속 연구하도록 자극한다는 것을 알고 있을까? 그들이 아니라면 우리는 이상에 도달했다는 환상에 얼마나 쉽게 빠지게 될까? 그러나 완전하진 않지만 어떤 곳에 도달할 수 있다는 것이 상대적으로 좋은 것보다 더 낫다는 것을 모를 사람이 있겠는가?

| 47 |

사소하지만 가치 있는 언급.

당신이 교사로서 다른 동료들보다 더 성실하고 양심적이며, 더 능력이 많다면 그들을 관대하게 판단하라. 그들에게 자신의 열등함을 느끼게 하지 말라.

당신이 아이들을 위해 좋은 것을 바란다면 동료들과의 모든 충돌을 피해야 한다.

나는 여름학교캠프의 모든 교사 중에서 가장 열심이었다. 그것은 당연했다. 그들이 아이들에 대해 식상해 있었던 반면, 나는 아이들과의 작업을 갈망했다. 나는 시골 생활의 소박한 여건에 만족스럽게 적응한 반면, 그 아이들은 가득 채운 짚단에서도, 뻑뻑한 우유에서도 아무런 매력을 느끼지 못했다.

한번은 한 소년에게 민망한 일이 일어났고, 그 때문에 세탁부와 언쟁이 일어나서 나는 펌프 밑에서 더러워진 바지와 시트를 손수 빨았다. 나는 세탁부가 당황해하는 것을 보았고, 가정부가 당황스러워하고, 나의 동료들이 놀라는 걸 보았지만, 처음부터 그것을 예상했었다. 다른 사람이 그런 일을 했다면 그는 아마도 경멸 섞인 비웃음을 샀을 것이다. "꼴 좋군. 그것이 어떤 건지 직접 한번 해 봐야 해. 결국 그 아이도 당신 아이 중 하나니까."

우리는 단지 결과만을 계산하는 아름다운 몸짓 앞에서 스스로를 지켜야 한다. 겉보기에는 인정할 만한 일에 잘못이 숨겨져 있다면 그것은 말보다 더 자극적으로 작용한다. 그뿐만 아니라 처음 며칠이나 몇 주 동안 새로운 활동 영역에서 아이들의 태도가 약간 개선된 것을 누구의 업적으로 평가해서는 안 된다. 정반대로 새로 온 동료를 비난하는 말을 해서도 안 된다. 이를테면 "가장 열심이어야 하고, 지치고 습관화된 다른 사람들의 눈이 더 이상 알아보지 못하는 부족한 부분을 깨달아야 한다는 둥으로 말이다….

첫 부분에서 언급했지만, 나는 다시 한번 반복해서 강조하고 싶다. 교사는 간병인이 되어야 하고, 그 의무를 사소하게 여기거나 피해서는 안 된다. 밤에 오줌을 싸는 아이, 토하는 아이, 귀에서 고름이 나는 아이, 똥을 싸는 아이, 몸은 종기로, 머리는 부스럼으로 덮인 아이…. 교사는 그 아이를 변기에 앉혀야 하고, 씻겨 주고, 붕대를 감아 주어야 한다. 그는 이 모든 것을 싫은 내색하지 않고 해내야 한다.

그가 어떻게 그것을 해낼지는 그의 문제다. 그는 병원에서, 암 환자 병동에서, 신생아실에서 훈련해야 한다. 그리고 그는 구역질 나는 일에 무감각해져야 한다.

그 밖에도 가난한 아이들을 위한 교사는 신체적인 불결함에 대해서도 익숙해져야 한다. 패디쿨로사 Pediculosa('이' 때문에 생기는 질병)는 전 세계적으로 가난한 아이들에게는 풍토병과 같은 것이다. 교사는 이따금 자신의 옷에서 이를 발견할 것이다. 그는 그 때문에 화를 내거나 구역질 난다고 해서는 안 된다.

아이들의 부모나 형제들은 이 현상을 말없이 침착하게 견디고 있고, 교사도 마찬가지로 침착하고 사무적으로 아이들의 청결함을 보살펴야 한다.

아이의 더러운 발 때문에 구역질을 하는 교사, 불쾌한 냄새를 참지 못하고, 자기 외투에서 이 한 마리를 발견했다고 하루 종일 영혼의 평안을 잃어버리는 교사는 가능하면 직업을 바꾸어야 한다. 그는 상점이나 사무실에 들어가든지, 원하는 곳으로 갈 수 있겠지만, 초등학교나 기숙사 일은 그만두어야 한다. 억지로 빵을 버는 것보다 인생에서 더 비참한 일은 없기 때문이다.

"난 지저분한 건 싫어하지만, 훌륭한 교사다"라고 말하며 당신은 어깨를 으쓱할 것이다.

당신은 거짓말을 하고 있다. 아이들 냄새로 가득 찬 당신의 입과 허파와 피로 거짓말을 하는 것이다.

교사가 범할 수 있는 치명적인 잘못 가운데 하나를 나는 다행히 의사로서의 활동을 통해 단번에 해결할 수 있었다. 나는 "더럽다"는 것을 알지 못한다. 어쩌면 나의 학생들은 바로 그 때문에 청결함을 사랑할지 모른다.

| 49 |

천재적인 프랑스 곤충학자인 **파브르***는 한 마리의 곤충도 죽이지 않고 곤충에 관해 새로운 관찰을 했다고 자부한다. 그는 곤충들이 나는 모습과 그들의 습관과 염려와 기쁨을 연구했다. 그는 곤충들이 어떻게 태양 광선을 즐기는지, 어떻게 서로 싸우고 죽어 가는지, 어떻게 먹이를 찾고, 집을 짓고, 비축 식량을 마련하는지를 주의 깊게 살폈다. 그의 영리한 눈에는 거의 인지할 수 없는 곤충들의 미세한 움직임 속에서 막강한 자연의 법칙을 추적하는 것이 전혀 어렵지 않았다. 그는 초등학교 교사였고, 맨눈으로 연구했다. 교사들이여, **어린이 세계의 파브르**가 되시라!

---

* 장 앙리 파브르(Jean Henri Fabre, 1823~1915): 프랑스의 곤충학자. 주요 저서로 『회상』(1879~1889)이 있다.

4부
고아원

†

| 1 |

고아원을 운영하는 기술은 고아원이 들어서 있는 건물과 그 건물 주변의 사소하지만 결정적으로 중요한 세부 사항에 좌우된다.

건축기사의 잘못으로 얼마나 많은 비난이 아이들과 직원들에게 돌아가는지, 부적절한 건축 설계 때문에 얼마나 불필요한 힘과 노동, 불편함이 발생되는지…. 개조가 가능하다 하더라도, 이것을 찾아내거나 해당 부분을 개조할 필요성을 확신하기까지 얼마나 많은 수고가 요구되는지….

도무지 보수할 수 없는 결함들도 있다.

고아원 건물의 구조는 아이들과 직원에 대한 불신에서 기인한다. 모든 것을 보고, 모든 것을 예방하기 위한 것이다. 거대한 식당은 열린 장소이고 시장과 같은 곳으로, 감시하는 사람이 모든 것을 내려다볼 수 있다. 커다란 막사 같은 침실도 마찬가지다. 그런 건물들은 확실히 많은 장점이 있으며 한 아이를 재빨리 파악하도록 해 준다. 여름학교캠프나 아이들을 다른 기숙사로 보내기 전에 잠시 맡아 주는 본부로 어울리는 건물은 "조용한 구석"이 없다는 사실 때문에 이곳에서 거주하는 사람들을 힘들게 한다. 소음과 소란…. 아이들은 서로 부딪친다고 하소연한다. 그건 정당하다.

나중에 그 건물을 증축한다면 나는 호텔식으로 짓기를 주장한다. 복도와 양쪽으로 작은 방들이 들어서게 말이다.

병든 아이들을 위한 분리된 공간 외에도 자질구레한 문제들이 있는 아이들을 위한 공간이 필요하다. 한 아이는 발에 상처가 났고, 다른 아이는 머리가 아프고, 밤새 잠을 자지 못했으며, 세 번째 아이는 몹시 화가 나서 흥분해 있다. 그런 아이들을 위해서 혼자나 혹은 친구와 같이 얼마간 시간을 보낼 수 있는 '조용한 공간'이 있어야 한다. 즐거워하는 다른 아이들 사이에서 이리저리 부딪치면서 혼란스러워하는 아이들, 슬픔에 잠겼거나 고독한 아이는 동정심을 자아내지만, 종종 주변의 다른 아이들에게 화근이 되기도 한다.

야간 화장실과 변기는 침실 안에 있지 않다 하더라도 거대한 침실과 함께 건축물의 전체를 이룬다. 그것을 칸막이로 된 공간과 복도를 통해 분리시키는 것은 무의미하다. 화장실이 깊숙한 곳에 있으면 있을수록, 그곳은 더 불결해지기 마련이다.

아이들 숙소와 분리된 원장의 숙소는 그를 실제적인 교육 활동으로부터 차단시킨다. 그는 교무실과 경리과를 통제하고, 기관을 대표하고, 관계 당국에 출입하는 역할을 한다. 하지만 그는 낯선 사람이고, 손님이며, 기숙사의 주인이 아니다. 말하자면 기숙사란 "너무나 많은 작은 개별 사항"을 가졌다는 것을 잊어서는 안 된다. 건축기사는 원장실을 잘 배치해서, 원장 역시 동시에 교사로서 아이들을 자기 사무실로 부를 때만이 아니라 항시 그들을 보고 들을 수 있도록 해야 한다.

| 2 |

나는 어디선가 인류애란 비록 어떤 사회악도 제거할 수 없고 어떤 다급한 요구를 만족시킬 수도 없지마는, 두 가지 중요한 과제를 수행한다고 적힌 문장을 읽은 적이 있다.

인류애라는 과제란 국가가 아직 인지하지 못하거나 과소평가하고 있는 악을 찾아내는 것이다. 그것은 일을 시작하고 검토하며 자신들이 무력하다는 것을 알면 누군가의 지지를 요구한다. 그리고 마지막에는 이 문제를 제대로 도와줄 수 있는 단체나 국가에게 이 의무를 넘겨준다.

두 번째 과제는 혁신을 꾀하고, 국가가 형식적으로나 관습적으로, 그리고 값싼 방식으로 해결하는 계획에 대해 새로운 길을 찾는 것이다.

국가에서 운영하는 고아원 외에 흔히 그보다는 나은 사립 고아원이 도처에 있다. 건물은 볼 만하고, 음식은 더욱 풍부하고, 예산도 좀 더 여유가 있으며, 기본적인 노선도 보다 신축적이다. 그러나 그곳은 관료주의적인 규칙의 독재 대신, 힘 있는 자선사업가의 예측할 수 없는 기분에 좌우될 위험이 있다.

집단교육의 어려움이나 비밀을 전혀 알지 못하는 경험 없는 후원자의 취향에 전체 주도권과 관리 인원들의 수고가 좌우되는 것을 생각해 보면, 우리는 왜 자선 기관에서 일하고자 하는 사람 중에는 가치 있는 사람은 별로 없고, 저임금 인력과 낙오자들만이 몰려오는지를 이해할 수 있게 된다.

이런 기관에 어울리지 않는 동료가 전체에 얼마나 방해가 되는지를 안다면, 힘 있는 후원자는 이 일에 어울리지는 않지만 지원받을 "자격이 있는" 사람들을 강요하거나 추천하는 일을 포기할 것이다. 후원 제도는 불법이고 규칙 위반이다.

아이들 사이의 특별보호 대상자에 대해서도 "이 아이는 받아들여져야 해. 특수한 경우니까"라고 말한다.

하지만 적절하지 않다고 판단된 아이 자신도 그것으로부터 이익을 얻을 것은 전혀 없다. 그는 모든 사람에게 어려움을 가져다줄 뿐이다. 교사의 확신과는 상반되게, 한 아이를 받아들이라고 강요하는 권력자의 말은 고사하고라도 모든 종류의 압력은 신뢰성이 없다.

교사는 매달 일정한 금액을 지출할 수 있어야 한다. 불필요하게 보이는 물건도 있고, 겉보기에는 나중으로 미룰 수 있는 값비싼 지출도 있다. 하지만 그것은 교사에게는 꼭 필요한 것이고 미룰 수 없는 것이다. 다음 사항도 중요하다.

한 고아원에 여러 명의 후원자가 있을 때, 그들이 지적할 사항과 희망 사항 및 질문 사항을 기록할 수 있는 노트를 놓아 두어야 한다. 그러면 그런 것들은 더 이상 무수히 많아지지도 않고, 더욱 신중하게 표현될 것이다. 그리고 서로 모순되는 주문을 피할 수도 있게 된다.

명예교사에 관해 지적할 것이 몇 가지 있다. 그들은 많은 도움이 되고, 여러 가지 빈번한 마찰을 수반하는 일상 업무에 시달리는 직원들이 시간도 아이디어도 낼 수 없는 추가적인 보살핌을 베풀어 준다. 저기 누군가가 나타나 허튼소리를 하고, 다른 사람은 한 떼의 아이들을 데리고 산책을 가려고 한다. 다음 사람은 몇몇 아이들에게 보충수업을 한다. 그러나 그들은 자신의 존재로 인해 다른 직원들에게 부담을 주어서는 안 되고, 집안의 질서를 정확히 지키고, 자기 일을 스스로 해결할 줄 알아야 하며, 불필요한 질문을 하지도 말고 어떤 것도 요구해서는 안 된다.

| 3 |

고아원을 건축하던 해는 기억에 많이 남는다. 나로서는 이때처럼 노동의 기도와 사무적인 활동의 아름다움을 잘 이해한 적은 없었다. 오늘까지도 설계도 위의 작은 사각형으로 보이던 것이 내일은 강당과 방, 복도의 형태를 취한다. 관점과 원칙과 확신에 대한 논의를 계속하며 나는 여기서 한 건축물이 어떻게 세워지는지를 내 눈으로 보았다. 가볍게 내린 모든 결정은 오랜 기간 그것을 준비해 온 인부에게는 엄청난 지시가 된다. 모든 아이디어는 현실적으로 정확히 고려해야 하고, 필요한 비용을 계산해야 하며, 비용 조달의 가능성과 그것이 과연 목적에 부합하는지를 검토해야 한다. 나무와 양철, 합판과 밀짚, 철사를 다루는 일을 쉽거나 간단하게 해 주고, 값진 시간과 많은 고민을 풀어 주는 무수한 물건들이 만들어질 수 있다. 그것을 알지 못하는 교사는 자신의 직업을 위해 충분히 좋은 교육을 받지 못한 것 같다.

그 건물은 6월에 이미 완성되었어야 했는데, 10월에도 아직 끝나지 않았다.

그런 다음 어둑어둑하고 비 내리는 어느 오후에 엄청난 소동과 함께 감기에 걸리고, 흥분하고, 지치고, 나무 막대기와 몽둥이로 무장한 아이들이 인부들로 가득 찬 건물 안으로 몰려왔다. 아이들은 저녁 식사를 하고 잠을 자려고 누웠다. 그들은 이전에는 어울리지 않는 집에 세貰 들어 살고 있었다. 우연히 굴러 들어온 가구들로 갖추어진 셋집이었다. 아이들의 옷은 몹시 낡았고, 식사는 멍청한 가정부와 약아빠진 요리사 때문에 몹시 불충분했다. 나는 아이들이 이 새로운 숙소에서, 새로운 생활조건과 세심한 식사를 통해 공동생활의 새로운 규칙을 즉각 받아들이리라고 생각했다. 그러나 내가 상황을 미처 파악하기도 전에 아이들은 싸움이 벌어졌다고 알려왔다. 여름 거주지에서 했던 경험으로 인해 내가 어떤 일에도 놀라지 않으리라고 생각했지만, 그것은 착각이었다. 아이들은 또다시 내가 그 앞에서 완전히 무력하게 서 있을 수밖에 없는, 위협적인 무리로 다가왔다. 이번에도 다시금 고통스러운 경험을 통해 점차 확고하고 분명한 진실들이 생겨났다.

아이들은 나의 요구에 말로는 저지할 수 없는 무조건적인 반항으로 대응했다. 강요는 그들의 거부감을 더할 뿐이었다. 1년 동안 꿈꾸었던 새집은 그들에게 혐오스러웠다. 한참 후에야 나는 이전 생활에서 형성된 아이들의 감정을 이해할 수 있었다. 그들이 이전에 있던 곳에서는 부족한 질서 의식과 집시처럼 비참한 생활환경, 그리고 물질적인 궁핍함 때문에 활동 영역에 대한 주도권이 아이들에게 전적으로 주어졌다. 반면 짧은 기간이었지만 개별적인 노력에 따른 향상이 이루어졌고, 넘치는 의지의 상상력과 힘든 일을 할 용기, 동료애적인 행동의 필연성과 내일을 바라보는 눈에는 평안함이 있었다.

몇 안 되는 사람들이 발휘한 권위 덕택으로 짧은 기간 동안 겨우 질서를 잡을 수 있었다. 그러나 여기서는 개인적인 필요성에 의해서는 질서가 지속적으로 유지될 수 없었다. 그래서 내가 가장 기대했던 아이들의 도움은 마비되고 좌절되었다. 정돈되지 않은 상황과 보잘것없는 조건에서 일해야만 하는 교사는 질서와 편리함을 지나치게 원해서는 안 되는 것처럼 보인다. 바로 그 속에 커다란 어려움과 경미한 위험이 숨겨져 있기 때문이다.

| 4 |

아이들의 저항은 어디서 표현되는가? 그것은 단지 교사만 이해할 수 있는 사소한 일에서 나타난다. 그것은 알아보기 힘들 정도로 사소하지만, 그럴수록 더 큰 방해 요인이 된다. 사소하지만, 너무 많이 나타나기 때문이다.

당신은 식탁에서 빵을 가지고 나가는 것은 금지되었다고 말한다. 그러면 한 아이는 왜 그러냐고 묻는다. 몇몇 아이들은 빵을 숨기고, 한 아이는 일어서서 "저는 다 먹을 수 없어요"라고 시위하듯 말한다. 베개나 침대 밑에 아무것도 숨겨서는 안 된다. "하지만 상자 속에 넣어 두면 없어져 버려요." 당신은 베개 밑에서 책을 한 권 발견한다. 소년은 "책은 괜찮은 줄 알았어요"라고 말한다.

한 아이는 목욕실에 들어가 문을 잠근다. "빨리 열어." "금방 나갈게요"라고 그는 대답한다. "너는 왜 수건을 제대로 걸지 않지?" "몹시 서둘러야 했거든요." 한 아이가 기분이 나빠졌고, 다른 세 명의 아이들이 그 애를 따라 기분이 나빠졌다. 점심 식사 때는 수프에 구더기가 들어 있다는 소문이 퍼졌다. 당신은 모든 반항적인 일에 분명 주동자가 있다는 사실을 알아차릴 것이고, 여러 명의 비밀스러운 모반자가 있다는 것을 눈치챌 것이다. 이미 확고히 다져졌다고 생각했던 모든 것이 음험하게 무너지는 것을 볼 것이고, 모든 것은 시작 단계에서 당신이 예상치 못했던 어려움에 부딪칠 것이다. 결국 당신은 무엇이 우연한 현상인지 아니면 오해인지, 무엇이 나쁜 의지로 벌인 의식적인 행동인지를 더 이상 알 수 없게 된다. 그런 식으로 한번은 열쇠가 사라졌다. 그리고 잠시 후에 다시 나타났다. 당신은 조롱 섞인 말을 듣게 될 것이다.

"선생님은 분명 제가 그것을 숨겼다고 생각했지요?"

그렇다. 당신은 그렇게 생각했던 것이다.

"누가 그랬지?" 이 질문에 당신은 항상 똑같은 대답을 듣게 될 것이다. "우린 몰라요." 누가 쏟았지? 누가 깨뜨렸지? 누가 부쉈지? 당신은 그것이 그다지 나쁘지 않다고 타이른다. 당신은 그들 중 한 사람이 고백하기를 당부한다. 침묵. 그러나 두려움에서 나온 침묵이 아니라 모반의 침묵이다.

내가 그들 앞에서 어찌할 바를 몰라 눈물이 난다고 말했을 때 목이 막혀 소리가 나오지 않았다. 모든 젊은 교사 모든 새로운 교사들은 그같이 힘든 시간을 겪어야 한다. 그는 그런 다음에는 위축되어서는 안 되고, 섣불리 "난 할 수 없어"라고 말해서도 안 된다. 겉으로 보기에 말은 아무 효과도 없는 것처럼 보인다. 그러나 거의 눈치채지 못할 정도로 공동체의 양심은 움직이고, 교사의 선량한 의지와 사려 깊은 방향을 긍정하는 아이들의 숫자는 매일매일 많아진다. "새로운 코스"를 추종하는 아이들의 진영은 힘을 얻게 되는 것이다.

돌이켜 보면, 가장 심한 말썽꾸러기 중 한 명이 청소 시간에 정말로 비싼 파엔차 변기를 깨뜨렸다. 나는 화를 내지 않았다. 며칠 후에 바로 그 녀석이 5리터짜리 간유肝油 병을 깨뜨렸다. 이번에도 나는 그 아이에게 단지 부드럽게 나무라는 말을 했을 뿐이었다.

그것은 효과가 있었다. 그 아이는 나의 조력자가 되었다.

교사가 무리를 다룰 줄 알게 되면 특정한 방향을 지키는 것은 얼마나 간단한지. 교사가 어쩔 줄 모르고 우왕좌왕하면 모든 일이 지옥처럼 되어 버리는 것은 또 얼마나 간단한지. 작은 무리는 그것을 알고, 그것을 느끼고, 악의에 차서 모반을 부추긴다. 그 무리가 너무 위협적이 되면 교사는 자신의 안전을 위해 가장 잔인한 폭력이라는 제도를 도입한다.

이전의 숙소에서 우리 고아원으로 데리고 온 50명은 자신들 가운데 누가 공동의 체험과 희망을 통해 우리와 가까이 연결되어 있고, 누가 고아원의 여교사인 스테파니아 부인에게 이끌리고 있는지, 그리고 누가 조직에 반대하긴 하지만 함께할 수 있을지를 아주 정확히 알고 있었다. 얼마쯤 지나서 다른 아이 50명이 받아들여졌고, 새로운 문제들이 생겨났다. 우리 고아원에는 외부 아이들을 위한 학교가 설치되어 있었고, 그것은 '귀족 교사'와 '가난한 아이들의 교사'를 분리시키는 심연이 얼마나 큰 것인지 확인할 계기가 되었다. 양쪽의 힘겨루기 기간은 우리의 승리로 끝났다. 가정부, 여교사 한 명, 관리인, 그리고 10명의 아이를 위한 요리사. 우리는 X라는 임의의 인물과 그의 독재로부터 우리 자신을 독립시켰다. 이 집의 주인이자 동료, 그리고 책임자는 아이들이 되었다. 앞으로 계속 기록될 모든 것은 아이들의 몫이지, 우리들의 몫은 아니다.

〈게시판〉

눈에 잘 보이는 곳에, 그러나 너무 높지 않게 게시판이 걸려 있는데, 당신은 압침으로 모든 규정과 전달사항, 그리고 알림문을 붙여 두었다.

게시판이 없는 생활은 고통이다. 당신은 크고 분명한 목소리로 말해야 한다. "a, b, c, d 어린이는 가서 이것저것을 받고 이것저것을 해야 한다." e, f, g 아이들이 달려온다.

"저도요? 저는요? 쟤는요?"

당신은 반복하지만 아무 소용이 없다.

"그러면 저는요?"

당신은 말한다.

"가, 가라고. 곧 알게 될 거야"

다시금 질문, 소음, 혼란이 뒤따른다.

"언제요, 어디로요, 뭣 때문에요?"

많은 질문과 요구와 재촉은 고통스러우며 당신을 초조하게 만든다. 그러나 달리 방도가 없다. 모든 아이가 다 귀담아듣는 것은 아니고, 모두가 이해한 것은 아니다. 모든 아이가 자기가 제대로 알고 있는지, 무엇이 문제가 되는지에 확신이 없고, 결국은 교사도 이런 혼란 속에서 뭔가를 빠뜨리게 된다.

일상적인 사건들의 혼란 속에서 교사는 갑자기 제대로 생각할 수 없고, 철저하게 일할 수 없고, 그래서 잘못된 지시를 내리게 되고, 빨리 결정해 버린다. 따라서 그의 자질과 정신 집중도에 따라 마지막 순간에 항상 뭔가 예상치 못했던 것이 튀어나오게 된다.

게시판은 처음에는 억지로 생각하게 하지만, 나중에는 모든 일을 제때 생각하는 습관을 길러 준다. 많은 교사가 글로 적어 아이들과 의사소통하는 법을 이해하지 못한다. 그것은 큰 잘못이다. 대부분의 아이가 글씨를 읽지 못하는 곳에서도 나는 게시판을 걸어 둘 것이다. 글씨를 읽지 못해도 아이들은 자신의 이름은 알 것이고, 읽기를 배우고 싶은 욕구를 느낄 것이며, 이미 글자를 읽을 수 있는 아이들에게 의존하게 되는 것을 느낄 것이다.

〈알림〉
"누구 검은 끈에 달린 작은 열쇠를 본 사람 있니, 아니면 주웠거나?"
"세탁장 유리를 깨뜨린 사람은 신고할 것."

〈전달사항〉
"어제 남자 침실은 또다시 불결했음."
"아이들이 책을 망가뜨리고 펜을 내던졌다."
"그 이름은 요르트가 아니라 요드다."
"한 달 후면 부활절이다. 축제일을 즐겁게 보낼 수 있는 방법을 제안할 것."
"침실(혹은 식탁)에서 자리 바꾸기를 원하는 사람은 내일 11시에 알려 줄 것."

이제는 교사들뿐 아니라 아이들도 전달사항과 경고와 부탁을 내건다. 없는 것이 없다. 게시판은 살아 있다. 당신은 그것 없이 어떻게 지낼 수 있었는지 놀라게 된다.

"저는요? 저도요?"

"게시판 보렴."

"하지만 저는 글을 읽을 줄 몰라요."

"그러면 읽을 수 있는 아이에게 부탁하렴."

게시판은 교사와 아이들에게 그들의 주도권을 위한 공간을 만들어 준다. 일정표, 기온, 중요한 신문 기사, 그림, 철자 수수께끼, 싸움질 곡선, 분실물 목록, 아이들의 저축 상태, 그들의 체중, 키…. 쇼윈도 앞에서처럼 아이들은 시간이 나면 그 앞에 서서 쳐다보고, 또 쳐다본다. 주요 도시들과 도시의 주민 수, 식료품의 가격을 걸어 둘 수도 있다. 당신은 모든 가능성을 미리 내다볼 수 없을 정도다.

〈편지함〉

아이들과 문서로 소통하는 것이 유용하다는 사실을 인식한 교사는 곧 편지함의 필요성에 대해서도 확신하게 될 것이다.

게시판은 습관적으로, 그리고 특별히 힘들이지 않고 대답할 수 있게 해 준다. "그것 읽어 봐."

편지함은 그에게 모든 결정을 "그것을 적어 봐"라는 말로 연기할 수 있도록 해 준다.

뭔가를 말로 하는 것보다 적는 게 때로는 훨씬 쉽다. 질문과 부탁과 하소연과 사과, 그리고 고백을 담은 편지를 받지 않은 교사는 아마도 없을 것이다. 그것은 항상 있어 왔고, 우편함은 이 같은 습관을 상설 시설물로 만드는 것이다.

저녁마다 당신은 한 움큼의 메모지를, 서투르게 쓴 메모지를 끄집어내고, 편안하고 조용하게, 주의 깊게 읽을 수 있다. 그러고는 당신이 낮 동안, 시간이 없거나 충분히 생각하지 못해 소홀히 했던 것을 다시 생각해 볼 수 있다.

"저 내일 외출해도 좋을까요? 외삼촌이 오셨거든요."

"다른 아이들이 저한테 시비를 걸어요."

"선생님은 부당해요. 다른 아이들의 연필심은 깎아 주시면서 제 것은 안 해 주셨어요."

"저는 문간에서 자고 싶지 않아요. 밤이면 누가 들어오나 신경이 쓰이거든요.”

“전 선생님께 화가 났어요.”

“학교의 여선생님은 제 행동이 좋아졌대요.”

“저는 아주 중요한 문제로 당신과 상의하고 싶어요.”

종종 당신은 서명이 없는 한 편의 시를 발견하기도 한다. 한 아이에게 문득 시상이 떠올랐고 그 애는 이것을 적어 본 것이다. 그러고는 그것을 어떻게 해야 좋을지 몰라 그 종이를 편지함에 넣었다.

종종 당신은 기분 나쁜 욕설과 위협적인 글을 쓴 익명의 편지를 발견하기도 할 것이다.

일상적이고 습관적인 편지도 있고, 특별한 형식의 보기 드문 편지가 있을 때도 있다. 많은 것은 항상 반복되고, 오늘이 아니면 내일, 당신은 그 일을 어떻게 정리할지, 여기서는 어떤 충고를 해 줄 수 있을지를 숙고하게 될 것이다.

특별한 편지 내용에 대해서 당신은 오랫동안 곰곰이 생각할 것이다.

편지함은 아이들에게 다음과 같은 것을 가르쳐 주었다.

1. 즉각은 아니고, 불러서 듣지 않는 대답을 기다리는 것.
2. 사소하고 일시적인 걱정거리나 염려, 소망과 의심을 중요한 것과 구별하는 것. 앉아서 편지를 쓰는 것은 결단을 요구한다(그리고 그런 다음 아이들은 종종 이미 넣었던 편지를 도로 꺼내 가기도 한다).
3. 편지함은 생각하고 이유를 설명하는 법을 가르쳐 준다.
4. 편지함은 원하는 것과 그것을 할 수 있는 법을 가르쳐 준다.

“그것을 적어서 편지함에 넣어.”

“저는 글씨를 쓸 줄 몰라요.”

“그러면 쓸 줄 아는 아이에게 부탁해.”

처음에 나는 한 가지 오류를 범했는데, 그 점에 대해 경고하고 싶다. 만성적으로 지루해하는 아이들에게 나는 약간은 반어적으로 편지함에 대해 언급했다. 그들이 나의 계략을 알아차렸을 때, 그들은 나와 편지함에 대해서 정말로 화를 냈다.

"선생님과는 이제 아무 말도 할 수 없군요."

그 같은 비난을 나는 교사들에게서도 듣곤 한다. 아이들과 편지로 교환하는 것이 지나치게 형식적인 것이 아니냐고….

나는 편지함이 아이들과 말로 이해하는 것을 더욱 쉽게 하게 해 준다고 생각한다. 나는 좀 더 길고 신뢰감 있고 진심 어린 혹은 진지한 대화가 필요한 아이들을 알아낼 수 있고, 나 자신과 아이들을 위해 적절한 시간을 선택한다. 편지함은 내게 시간을 절약할 수 있도록 도와주고, 그렇게 해서 나의 하루는 길어진다.

편지 쓰기를 좋아하지 않는 아이들도 당연히 있다. 그러나 자신의 개인적인 영향과 미소의 효과, 입맞춤과 매력의 효과에 대해, 특별한 배려와 선택된 동기를 확실하게 계산하는 아이들도 종종 있다. 그들은 부탁하기를 원치 않고 강요하려 한다. 그에 비해 자기 자신에 대해 확신이 있는 사람은 자기 일의 정당성과 합법성에 대해서만 관여하고, 신청해 놓고 편안히 결정을 기다린다.

〈책꽂이〉

책꽂이는 우편함을 보완한다. 우리 고아원에는 책꽂이가 없지만 나는 그것이 꼭 필요하다고 본다. 책꽂이에는 사전, 속담집, 백과사전, 달력, 스포츠 관련 책(테니스와 축구 등을 위한 지침서), 모두가 사용할 수 있는 몇 개의 장난감, 물레방아와 장기판 등이 자리를 잡고 있다. 꼭 필요한 것은 참고 도서들이다. 정해진 날, 정해진 시간에 장난감을 내주면 훼손을 막을 수 있을 것이다. 그럼에도 불구하고 통제되지 않는 아이들의 사회적 충동을 위한 학습장이나 실험장은 있어야 한다. 그들은 손상을 입히고 많은 것을 망가뜨리지만, 우리는 그것을 감수해야 한다.

책꽂이에는 아이들이 기록하는 노트를 놓아 두는 자리가 있다. 어떤 아이는 예쁜 노래를 기록하고, 다른 아이는 우스개 질문을 적으며, 세 번째 아이는 수수께끼를, 네 번째 아이는 꿈을 적는다. 싸움질과 시비, 지각, 손상을 입힌 사실이나 분실물을 기록하는 노트도 있다. 아이들이 편집하는 '일일신문', 자연과학, 문학, 사회, 그리고 여행을 주제로 한 '월간신문' 등….

여기에 당번 업무의 비고와 일지를 적을 수도 있다. 그뿐만 아니라 교사의 일기를 놓아둘 수도 있다. 모든 일기를 반드시 감춰 둘 필요는 없다. 교사가 자신의 실망과 자신이 부딪치는 어려움과 실수, 유쾌하고 즐거운, 혹은 고통스러운 체험을 고백하는 일기는 중요한 역할을 하는 것 같다.

그곳은 누가, 언제, 어떤 목적으로 시내에 가고, 언제 돌아왔는지를 기록하는 외출기록부를 위한 자리이고, 물품교환 목록을 위한 자리이기도 하다. 아이들은 즐거이 자신들의 얼마 되지 않는 재산을 바꾸고, 줘 버리거나 팔기도 한다. 작은 주머니칼 혹은 끈을 가진 아이가 그것을 필통이나 자석, 혹은 돋보기와 바꿀 수 있지 않은가? 우리가 기만적인 교환행위나 싸움이나 시비를 두려워했다면 오용을 막을 수 있는 물품교환 목록을 도입했을 것이다. 아이들은 경박하고 경험이 없기 때문에 우리는 그들에게 필요한 경험을 쌓을 기회를 만들어 주려고 한다.

나는 '교사의 일기'를 중요하게 여기기 때문에 나의 일기 중 몇 편을 공개하려 한다.

"오늘 나는 부당하게도 한 아이에게 화를 냈다. 부당하다고 말하는 것은 그 아이가 다르게는 행동할 수 없었기 때문이다. 그러나 모든 아이가 똑같은 권리를 갖도록 지켜 주는 것이 나의 의무라면 나는 어떻게 해야 하나? 내가 어떤 아이에게는 처벌한 것을 다른 아이에게 허용한다면 사람들은 무어라 하겠는가?"

"나이 든 아이들이 어제저녁 내 방에 모였다. 우리는 그들의 미래에 대해 이야기했다. 그들은 왜 그렇게 서두를까? 그들은 왜 그렇게 빨리 어른이 되고 싶어 할까? 나이가 들면 원하는 것을 마음대로 할 수 있다고 생각하는 것은 얼마나 순진한 생각인지…. 그들은 우리의 성숙한 의지를 억누르는 족쇄를 깨닫지 못한다."

"다시 도둑질이 발생했다. 나는 100명 중에 정직하지 못한 한 아이가 틀림없이 있다는 것을 알고 있다(정말로 단 한 명뿐일까?). 그러나 그럼에도 불구하고 그 사실을 받아들일 수가 없다. 나는 모든 사람에 대해 실망감을 느낀다."

"이제 그 애는 많이 나아졌다. 나는 미리부터 그 사실을 믿으려 하지 않았다. 그러나 몇 주 전부터 그 애를 정확히 관찰했는데, 그 아이는 좋은 친구를 찾은 것 같다. 계속 그렇게 지낼 수 있다면…."

"나는 다시 특정한, 아주 혐오스러운 일을 알게 되었다. 나는 아무것도 모르는 것처럼 행동하고 있다. 계속해서 불평하고 누군가를 의심하고, 화를 내고, 뒷조사를 하는 것은 아주 불유쾌한 일이다."

"기이한 소년이다. 우리는 모두 그 아이를 아주 높이 평가한다. 그 아이는 커다란 영향력을 가질 수 있음에도 불구하고, 우리가 하는 모든 계획을 멀리한다. 기이하게 낯설고 자기 속에 갇혀 있다. 그것은 이기주의가 아니고, 나쁜 뜻도 아니다. 그 아이는 달리는 할 수 없고, 그래서 유감스럽다."

"아주 좋은 하루였다. 모두 건강하고, 활발하고 즐겁다. 모든 것이 잘 지나갔다. 조화롭고 거침없이. 이런 날이 많았으면…."

〈습득물 보관함〉

교사는 아이들의 바지 주머니와 서랍에서 나온 물건들을 심드렁한 눈빛으로 바라본다. 거기에는 없는 것이 없다. 복사한 그림, 우편엽서, 노끈, 작은 손톱, 돌멩이, 헝겊 조각, 유리구슬, 작은 상자, 유리병, 색유리 조각, 딱지, 새의 깃털, 솔방울, 밤송이, 리본, 말린 나뭇잎과 꽃잎, 종이 인형, 전차표, 한때 존재했던 물건들의 조각, 그리고 뭔가 새로운 것을 만들기 위한 재료들. 모든 사소한 물건들은 종종 얽힌 사연들과 서로 다른 출처와 때로는 정서적으로 아주 높은 가치를 담고 있다. 거기에는 지나간 것에 대한 기억과 미래를 향한 동경에 찬 갈망이 있다. 작은 조개껍데기는 바닷가로 여행하고 싶은 꿈이며, 나사와 몇 개의 철사는 비행기, 곧 비행사의 삶에 대한 비전을 의미한다. 오래전에 망가진 인형의 눈은 더 이상 존재하지 않고 앞으로도 존재하지 않을 사랑했던 대상에 대한 유일한 기억이다. 당신은 엄마의 사진과 분홍색 종이에 싸인 동전 두 닢을 발견할 것이다. 그것은 돌아가신 할아버지한테서 나온 것이다. 새로운 물건들이 나타나면, 이전 것들은 부분적으로 가치를 잃게 된다. 그래서 서로 바꾸고, 줘 버리기도 하고, 나중에 다시 후회하고 되돌려 달라고 요구하기도 한다.

나는 이런 물건에 대한 이해가 없는 잔인한 교사가 걱정스럽다. 그가 그것들을 전적으로 무시하고, 주머니칼로 흠집을 내고, 서랍이 꼼짝도 하지 않는다고 화를 내며, 싸움질과 소란에 흥분하고, 여기서는 물건이 사라지고, 저기서는 무질서하게 널려 있기 때문에 기분이 나빠져서 이 소중한 보물들을 모두 모아 송두리째 난로 속에 던져 버릴 수도 있기 때문이다. 그러면 그는 유례없는 물품 오용이란 잘못을 저지르는 셈이고, 야만적인 범죄를 행한 셈이다. 비인간적인 당신이 남의 재산을 왜 함부로 다루는가? 그렇다면 아이들이 뭔가를 소중히 여기고 누군가를 사랑하는 것을 어떻게 기대할 수 있겠는가? 당신은 종잇조각을 불태운 것이 아니라 전통에 대한 사랑과 아름다운 삶에 대한 꿈을 불태운 것이다.

모든 아이가 고아원의 주인 없는 재산이 아닌, 오로지 자기에게 속한 물건을 소유할 수 있도록 하는 것 그리고 그 아이가 자기 재산을 안전하게 보관할 장소를 가질 수 있도록 하는 것은 교사의 과제이다. 아이가 자기 서랍에 무엇을 넣어 두면 아무도 그것을 건드리지 않아야 한다. 두 개의 산호는 그의 값진 귀고리이고, 이 초콜릿 포장지는 수익성이 있는 담보 증권이고, 일기장은 문서실에 넣어 둔 비밀 서류이기 때문이다. 그러나 그것이 전부가 아니다. 아이들이 잃어버린 물건을 쉽게 다시 찾을 수 있도록 하는 것도 교사의 의무이다. 그래서 습득물을 위해 유리가 달린 장이 있어야 한다. 식탁 밑에 떨어져 있는 것이나 창틀에서 잃어버린 것, 혹은 마당의 모래 속에 반쯤 파묻혀 있던 것은 장 속으로 들어와야 한다. 기숙사 안에 주인 없는 물건이 적을수록 아이들의 얼마 되지 않는 재산은 점점 많아지고, 당신은 끊임없이 주운 물건을 꺼내 주고 받아 놓는 고통과, 잃어버렸다는 하소연을 듣는 고통을 점점 더 느끼게 될 것이다. 아이들이 주웠다고 내놓는 물건을 당신은 어떻게 간수할 것인가? 당신이 그것을 주머니 속에 넣는다면 그것은 정직하지 못한 태도의 본보기이다.

고아원에는 습득물을 위한 상자가 있다. 그것을 감독하는 사람은 그 내용물을 유리로 된 장 속에 넣어 두고 정해진 시간에 물건을 내주어야 한다. 내가 일정한 질서의 원칙을 세우기 위해 힘들게 싸우고 있을 때, 주인 없는 모자와 제자리에 걸리지 않은 앞치마, 그리고 책상 위에 그대로 내버려진 책은 습득물로 변했다.

〈판매대〉

아이들의 정당한 소망은 교사에게는 진지한 고통이다. 공책, 연필, 철필, 구두끈, 바늘, 골무, 단추, 비누, 이른 아침부터 저녁 늦게까지 이렇게 계속된다.

그들에게는 뭔가가 떨어졌고, 부서졌고, 닳았으며, 항상 뭔가가 필요하고, 한순간도 조용하지 않다.

그래서 판매대를 생각해 냈다. 방 하나 혹은 선반 하나, 심지어는 서랍 하나만으로도 충분하다. 그러나 배분은 매일 한 번씩 정해진 시간에 이루어진다.

너무 늦게 오거나 잊어버린 사람은 다음 날까지 기다려야 한다. 그 밖에도 그것을 설명해야만 하는가? 물건을 내줄 때는 누가, 무엇을, 언제 받았다는 것을 기록한다. 이런 방식이라면 당신이 한 아이를 철필을 부러뜨렸다는 이유로 나무랄 때 사실과 숫자로 증명하고, 다른 아이들과 비교하는 것이 가능해진다. 특별한 물건은 공짜로 내주지만 다른 것은 약간의 돈을 받고 준다.

〈빗자루를 걸어 두는 장치〉

여기서는 "당번"이란 제목이 어울릴 것이다. 나는 빗자루를 걸어 두는 장치라는 것을 더 좋아하는데, 당번 임무는 빗자루, 걸레, 물통과 쓰레받기에 대한 공동체의 주의를 환기시키는 데 성공하지 못하면 아무 가치도 없다는 것을 강조하기 위해서이다.

신체적인 작업에 필요한 도구는 이미 얼마간 주의를 끌었다. 그리고 책은 여전히 우선적인 자리를 차지하지만, 망치, 톱, 펜치는 어두운 구석이나 으슥한 곳, 침대 밑에 있는 상자에서 나오고, 심지어 재봉틀은 높은 골방에 들어가 있다.

우리 고아원에서는 빗자루와 걸레를 계단 밑에 있는 구석에서 꺼내어 단순히 잘 보이는 곳이 아니라 아주 명예로운 자리에 걸어 두었다. 말하자면 침실로 가는 중간 문 앞에 말이다. 밝은 햇빛 속에서 이 도구들이 고상하고 이지적인 모습으로, 미학적인 모습으로 시선을 즐겁게 하는 것은 얼마나 기적적인 일인지….

두 개의 침실에는 여섯 개의 빗자루가 있다. 그 수가 더 적다면 얼마나 많은 싸움과 시비와 폭행을 겪게 될까? 만일 잘 닦인 식탁이 조심스럽게 문지른 비누와 마찬가지로 많은 것을 의미한다는 생각을 가졌다면, 그리고 아이들의 노작활동이 직원들의 임금노동을 대신하는 것에 대해 걱정하지 않고, 교육적 요소로 아이들에게 도움이 된다는 입장을 취한다면, 우리는 모든 활동을 철저히 조사하고 검토하고, 모든 아이에게 나누어 주고, 바꾸어 주고, 항상 모든 것을 끊임없이 되풀이해서 숙고해 보아야 한다.

100명의 아이, 그들은 질서를 유지하고 살림살이를 같이 하는 100명의 동료, 100명의 상이한 인간적인 차원들, 100개의 서로 다른 육체적인 힘과 숙련도, 서로 다른 기질과 성격, 서로 다른 의지와 관심을 의미한다. 하루 일과를 조정하는 것은 처음만이 아니라 조직적인 일의 마지막에도 필요하다. 그것은 아이들과의 일회적인 "약속"이 아니라 여러 달 계속되는 손의 노동이며 주의 깊고 창조적인 배려이다.

무엇보다 우리는 일과 아이들을 알아야 한다. 기숙사에서 일의 분배를 엉망으로 한다면 일과를 부여하는 것 자체가 아이들을 부도덕하게 만들고, 고통으로 느끼게 하고, 아이들이 모든 종류의 돕는 일을 증오하게끔 한다는 것을 나는 이미 체험했다.

쉽게 할 수 있고, 매일 반복되는 일, 그래서 육체적인 힘이나 능숙함이나 도덕적인 특성도 요구하지 않고 단순히 보기만 하거나 도구가 없어도 할 수 있는 일과가 있다. 이를테면 의자를 바로 세우는 일이나 휴지 조각을 모으는 일 등이다. 먼지를 닦는 사람은 그런 용도의 특별한 걸레가 필요하다.

나흘마다 당번 일과를 하는 학급들에게는 개별 활동들 사이의 조화로운 협력이 필요하다.

오전 일과 오후 일이 있고, 매일 하는 일과 일주일마다 하는 일(세탁물 교부, 목욕, 머리 자르기), 일회적인 일(매트리스 먼지 털기)과 여름에 하는 일(정원에 있는 화장실 청소), 겨울에 하는 일(눈 치우기) 등이 있다.

그렇다면,

"나는 침실 당번을 하고 싶어요."

"저는 교실을 빗자루로 쓸고 욕실 바닥을 살필게요."

"저는 세탁장에서 일하든지 그곳이 아니면 옷장에서 할게요."

"전 하수구를 살피고 여덟 번째 식탁에 음식을 나눠 줄게요."

모든 일에는 벌써 빈자리를 알아 두고, 서로 의논하고, 미리 동의를 얻은 후보자가 있다. 무수한 동의가 이루어져야 한다. 평판 나쁜 당번은 자리를 확보할 때까지 뛰어다녀야 하고, 스스로를 굽혀야 하고, 무수한 약속을 해야 한다. "난 너와 같이 하기 싫어, 넌 항상 시비를 걸고, 너무 늦게 오고 게을러."

우리는 이 숱한 교육적인 일의 100분의 1도 다 알지 못한다. 모든 임무에는 좋은 면과 나쁜 면이 있고, 모든 일은 단합된 공동생활을 요구한다. 아이는 새로운 일에서 일련의 새롭고 유쾌한 감정의 움직임을 체험하지만, 예기치 않은 어려움에 부딪치기도 한다. 아이가 새로운 일을 한다는 것은 특별히 힘을 들이도록 자극하는 것이다. 그의 열성은 수그러들지 않고, 한번 선택한 자리에 대한 권리를 지키기 위해, 혹은 바라던 자리를 유지하기 위해 모든 힘을 다해야 할 필요성을 알게 된다.

여기서 나이와 성性의 완전한 평등에 이르게 된다. 나이가 적지만 사려 깊은 아이가 빨리 승진하고, 남자아이도 여자아이 말을 들어야 한다.

공동의 영역에 여러 명의 당번이 있으면 그들 중 한 명은 감독을 해야 한다.

모든 층에는 그 층을 책임지는 당번이 있어야 한다. 이 같은 분배는 아주 자연스럽다. 다른 사람의 일을 다루는 어려운 의무이고, 그 책임은 부담스럽다.

우리 조직에 속하지 않은 사람은 이 같은 차등화를 두고 우리를 비난했다. 물론 누구나 자기 자신을 스스로 통제해야 한다. 그럼에도 불구하고 인생에서는 항상, 그리고 모든 것이 마땅히 그래야 하는 대로 흘러가지 않는다. 아이들 사이에도 게으르고, 양심 없고, 경박한 아이를 일정한 비율로 만날 수 있다. 그 밖에도 통제만으로는 충분하지 않아서 지시하고 도와주는 누군가가 있어야만 한다. 교사가 몇몇 아이들과 더 긴 대화 시간을 원한다면, 여기서도 교사는 특별한 경우에는 각각의 아이들과 문서로 의견을 나누어야 한다. 각 층의 당번들과 집안 살림살이의 중요 분야에 대한 감독을 맡은 사람들은 저녁마다 자신들의 일과에 대해 보고서를 써야 한다.

고아원에서는 몇 가지 당번 일에 대해서만 대가를 지불하지만, 나는 모든 일에 대가를 지불해야 한다는 생각이다. 선량한 국민을 형성한다는 의도에서 우리는 이상주의자들만 길러 낼 필요는 없다. 고아원은 부모 없는 아이들을 받아들일 때 그 아이에게 지원금을 주지 않는다. 그리고 그 아이가 돌아가신 부모 대신, 자신의 모든 물질적인 문제를 해결해야 해도 아이는 지원금에 대해 요구할 권리는 없다. 왜 우리는 아이에게 가능한 한 일찍 돈이 무엇인지, 노동에 대한 대가가 무엇인지를 가르쳐서는 안 되는가? 그렇게 해서 번 돈이 가져다주는 독립의 가치를 느끼고, 소유의 좋은 점과 나쁜 점을 배우도록 말이다. 어떤 교사도 100명의 아이를 100명의 이상주의자로 만들 수는 없고, 몇몇 소수만이 자신의 힘으로 그렇게 된다. 그리고 그들이 계산하는 것을 깨우치지 못한다면 유감이다. 돈은 행복 외에는 모든 것을 주기 때문이다. 돈은 심지어 행복과 이성, 건강과 도덕성까지도 줄 수 있다. 돈이 불행과 질병도 가져오고, 사람에게서 이성을 빼앗을 수도 있다는 것을 아이에게 가르쳐야 한다. 아이는 자기 스스로 번 돈으로 아이스크림을, 그것도 원하는 만큼 사 먹을 수 있고, 그런 다음 배탈이 날 수도 있다. 아이는 10그로셴을 놓고 친구와 싸움을 할 수도 있다. 아이는 노름을 해서 돈을 잃을 수도 있고, 흘려 버리거나 도둑맞는 경험을 할 수도 있다. 산 물건이 마음에 들지 않을 수도 있다. 아이는 수업이 있는 당번을 원할 수도 있고, 자신이 보상받지 못했다고 믿을 수도 있다. 결국 아이는 손실에 대해서도 값을 치러야 한다.

〈돌봄〉

여기서 나는 설명 대신 우리를 늘 힘들게 하는 아이 중 하나가 쓴 일기를 소개하려 한다. 그 일기는 그 아이를 돌봐 주는 소녀에게 쓴 것이다. 그 소녀가 쓴 글도 함께 싣는다.

4월 16일.

"나는 목수가 되고 싶어. 그러면 여행 갈 때 쓸 상자를 만들 수 있고, 그 상자 속에 여러 가지 물건들, 옷과 먹을 것도 넣을 수 있으니까 말이지. 그리고 톱과 무기를 살 거야. 그러면 야생동물들이 나를 습격해도 방어할 수 있을 테니까. 난 헬가를 무척 사랑해. 하지만 고아원에 있는 어떤 여자아이와도 결혼하진 않을 거야."

돌보는 소녀의 답장: "헬가도 널 좋아해. 하지만 그렇게 많이 좋아하는 건 아냐. 네가 말썽꾸러기여서 말이지. 왜 너는 우리 고아원 아이와 결혼하지 않겠다는 거야?"

"난 우리 중에서는 아무와도 결혼하지 않을 거야. 그 애들과 결혼하면 몹시 창피할 거야. 세상의 일부를 발견하기 위한 여행을 준비한다면, 난 우선 제대로 수영하는 법을 배울 거야. 심지어 넓은 바다에서도 헤엄칠 수 있게 말이지. 나는 미국으로 가서, 열심히 일해서 돈을 번 다음 자동차를 사고 내 자동차로 아메리카 전역을 여행할 거야. 하지만 처음에는 밀림에 가서 거기서 3주 동안 머물 거야. 잘 자."

돌보는 소녀의 답장: "잘 자. 그리고 너 나한테 계속 편지 쓸 거니?"

"나와 R은 우리가 집에 있을 때 어떻게 지냈는지 서로 이야기했어. 내가 우리 아버지가 재단사였다고 말했더니, R의 아버지는 구두수선공이었다고 했어. 지금 우리는 마치 감옥에 있는 것 같아. 집에 갈 수 없기 때문이지. 그러나 아버지도 어머니도 없는 사람의 인생은 아무런 가치가 없어. 난 우리 아버지가 내게 단추를 사러 보내셨다고 얘기했어. R의 아버지는 R에게 신에 박는 못을 사 오게 하셨대. 그런 이야기들이었어. 나는 벌써 그 이야기들을 잊어버렸어."

돌보는 소녀의 답장: "글씨 좀 똑바로 써."

"여행에서 돌아오면 난 결혼할 거야. 내가 도라와 결혼하는 것이 좋은지, 아니면 헬가 혹은 마니아랑 결혼하는 것이 좋을지 말해 줘. 누구를 아내로 맞아야 좋을지 정말 모르겠어. 잘 자."

돌보는 소녀의 답장: "도라는 네가 딸기코라고 말했어. 마니아는 그 말에 반대했고, 헬가는 웃기만 했어."

"나는 네게 물어보라고 부탁한 게 아니라 단지 내가 누구를 사랑하는지 썼을 뿐이야. 지금 난 몹시 화가 나고 부끄러워. 내가 누구를 사랑하는지 썼을 뿐인데. 이제 어쩌지? 난 그 애들에게 가는 것이 부끄러워. 내가 잘 견딜 수 있으려면 어떤 테이블에 앉아야 할지 말해 줘. 또 긴 동화 하나를 적어 줘. 그리고 부탁인데, 내 일기장 아무에게도 보여 주지 마. 난 많이 쓰는 것이 두려워. 나는 오스트레일리아 사람은 어떻게 생겼는지, 그들은 어떻게 보이는

지 알고 싶어."

돌보는 소녀의 답장: "여자애들이 부끄러워하지 않으면 너도 부끄러워할 필요가 없어. 이렇게 작은 노트에는 동화를 적을 수가 없어. 다른 아이들이 너를 받아 준다면, 세 번째 테이블에 앉지, 그래? 너한테 오스트레일리아 사람을 보여 주기 위해 내가 노력해 볼게. 난 네 일기장을 아무한테도 보여 주지 않을 거야."

"내가 12살이 된다면 굉장한 행운일 거라고 생각 해. 내가 떠날 때면 모든 사람에게 작별 인사를 할 거야. 무슨 말을 계속 써야 할지 모르겠어."

돌보는 소녀의 답장: "자리가 충분할지 모를 정도로 쓸 말이 많다고 하더니, 지금은 더 이상 무슨 말을 써야 할지 모르겠다는 거야."

"나는 큰 걱정거리와 깨끗하지 못한 양심으로 시달리고 있으니까 충고를 부탁해. 내 걱정거리는 이런 거야. 수업 시간에－왜 그런지 모르겠어－ 난 항상 한 가지 일을 생각해. 난 잘못을 저지를까 봐 두려워. 도둑질 말이야. 그러나 모두에게 걱정을 끼치고 싶지는 않고, 나 자신을 고치려고 몹시 노력하고 있어. 내가 항상 이 문제를 생각하지 않기 위해서는 떠나는 것이 최선일 거라고 생각해. 잘 자."

돌보는 소녀의 답장: "네가 내게 그 말을 쓴 건 아주 잘한 일이야. 내가 너와 이야기하고 네게 충고해 줄게. 그러나 넌 내가 네게 하는 말을 기분 나쁘게 여겨서는 안 돼."

"나는 이미 많이 좋아졌고, G와 친해질 거야. 그 아인 내 행동을 많이 고쳐 주었어. 그리고 난 말이지 많이 노력할 거야. 하지만 왜 나만 매주 외출할 수 없는 거야? 나도 다른 아이와 마찬가진데, 어째서 그 아이들이 나보다 더 착하단 말이야? 그리고 그 애들은 매주 외출해. 하지만 나만 2주마다 하잖아. 나는 다른 아이들과 똑같이 하고 싶어. 할머니는 나에게 매주 찾아와 달라고 부탁하셨어. 그리고 나는 내가 그럴 수 없다고 말하는 것이 부끄러워."

돌보는 소녀의 답장: "너는 왜 네가 다른 아이들과 같이 외출할 수 없는지 알잖아. 내가 부탁해 보겠지만, 성과가 있을지는 잘 모르겠어."

"내가 학교에서 달아났을 때 다시 학교에서 받아 주지 않는다면, 고아원에서도 쫓겨날 거라는 걱정은 이미 충분히 했어. 하지만 나는 지금은 다시 학

교에 다녀. 벌써 35개의 민족을 알아. 나는 여행에 관한 책도 한 권 가지고
있어. 멋진 책이야. 상자를 갖고 싶어. 부탁인데 대답해 줘."

돌보는 소녀의 답장: "내가 너에게 상지를 찾아 주든지 아니면 내가 하나
를 얻을 수 있을지 알아볼게. 그걸 구하면 네게 줄게. 이 상자가 어디에 필요
한지 적어 줄 수 있겠니?

"난 그게 아주 필요해. 내 물건이 많기 때문이야. 편지와 책, 그리고 꼭 필
요한 다른 물건들 말이야. 이제 나는 누구와도 더 이상 친하지 않을 거야. 친
해질 수 있는 사람은 아무도 없어. 이 노트가 가득 차면 나는 새 공책을 얻
을 수 있을까? 나는 글씨를 예쁘게 쓰지 못해. 두 줄에 걸쳐서 쓰기 때문이
지. 나는 나쁜 짓 한 것, 내가 생각한 것, 나의 걱정 등을 모두 적을 거야. 여
러 가지 아주 흥미로운 일들도 적을 거야."

그 소년은 아홉 살이었고, 그 애를 돌보는 소녀는 열두 살이었다.

〈회의〉

아이는 어른보다 적게 생각하거나 초라하게, 혹은 더 못하게 생각하지 않
는다. 그는 단지 '다르게' 생각할 뿐이다. 우리의 생각 속에 있는 그림들은 빛
이 바래고 찢어졌으며, 감정은 무겁고 먼지가 쌓였다. 아이는 이성으로 생각
하는 것이 아니라 감정으로 생각한다. 그래서 아이들을 이해하는 것은 너무
나 어렵고, 그들에게 말을 거는 것보다 더 어려운 기술은 없다. 나는 오랫동
안 어른들은 아이에게 쉽게 이해할 수 있도록 입체적으로, 그리고 확신을 주
도록 말해야 한다고 생각했다. 이제 나는 오랫동안 어울리는 표현과 어법을
찾지 말고 간결하게 마음에서 우러나오는 말을 해야 한다고 생각한다. 간단
히 말해서 솔직하게 말이다. 나는 차라리 "나의 요구는 부당하고, 불리하고,
쉽게 행할 수 있는 것이 아니다. 하지만 나는 그것을 너희에게 요구해야 한
다"라고 말하고 싶다. 긴 설명을 붙이고 그 설명이 동의를 얻을 때까지 계속
하는 대신 말이다. 아이들을 불러 모아 놓고, 그들 앞에서 하소연하고, 그들
에게 훈계하고, 그런 다음 그들의 동의를 강요하는 것은 회의가 아니다.

아이들을 불러 모아 놓고, 그들에게 감동적인 말을 하고, 몇 명의 아이를
선택해서 그들에게 의무와 책임을 지게 하는 것, 그것은 회의가 아니다. 아

이들을 불러 모아 놓고 그들에게 나는 어떤 방법도 알지 못하니, 더욱 잘될 수 있도록 너희들이 생각해 보라고 말하는 것은 회의가 아니다. 소음과 소란-형식상으로 하는 투표는 회의의 왜곡된 모습이다. 잦은 훈화와 무수한 회의는 한 가지 일을 공략하거나 어려운 문제를 해결하기 위해 공동의 힘을 얻어내는 방법의 가치를 떨어뜨린다. 회의는 실무적이어야 하고, 아이들의 발언을 주의 깊고 성실하게 들어주어야 한다. 잘못된 톤이나 어떤 억압도 있어서는 안 된다. 결정은 교사가 자신의 행동 계획을 작성하는 마지막 순간까지 열어 두어야 한다. 교사가 뭔가를 알지 못하고 할 수 없다면, 아이들 역시 뭔가를 알지 못하고 할 수 없는 권리를 갖는다. 지킬 수 없는 어떤 약속도 해서는 안 된다. 어리석고, 생각 없는 아이들은 쉽게 뭔가를 약속하지만, 사려 깊고 성실한 아이들은 그것에 대해 화를 내거나 비웃는다.

아이들과 함께 의사소통하는 능력을 계발해야 한다. 그것은 저절로 되는 게 아니다. 아이들이 솔직하게 자기 의견을 말하도록 허용해야 하고, 그것이 가치 있는 일이며, 분노나 불쾌감을 유발하지 않으며, 이해받는다는 것을 알려 주어야 한다. 그러나 그것만으로는 아직 충분치 않다. 아이는 동료들로부터 비웃음을 받지 않아야 하며 아첨한다는 혐의도 받지 않는다고 확신할 수 있어야 한다. 회의는 투명하고 존엄한 도덕적 분위기를 요구한다. 교사에게 유리한 결과로 이끌어지는 선거와 투표보다 더 무의미한 놀음은 없다. 그 밖에도 아이들은 회의를 진행하는 방법을 배워야 한다. 전체 공동체에서 순서에 맞게 발언하는 것은 쉽지 않다.

또 한 가지는 회의나 투표에 참여하도록 강요하는 것이 옳지 않다는 것이다. 그 같은 논의에 관여하기를 원치 않는 아이들도 있다. 그들을 강요해야 하는가? "거기서는 온갖 말을 하고, 또 한다고 하지만 질서는 생기지 않는다."

"모든 것을 너희들이 원하는 대로 만들려면 왜 모이니?"

"다른 사람들이 웃거나 화를 낼까 봐 아무도 말을 할 수 없다면 그것이 무슨 회의란 말인가?"

우리는 이 같은 비판을 무시해서는 안 되고, 그것이 나쁜 뜻을 담고 있다고 생각해서도 안 된다.

비판적인 기질이 있는 아이들은 당연히 불만을 표하기 마련이다. 오늘 내가 회의에 대해 비판적인 평가를 내린다면, 그것은 내가 고아원 일을 시작할 때 회의의 가치를 지나치게 높이 평가하고, 이 말을 잘못 사용함으로써 잘못을 범했기 때문이다.

어떻든 간에 회의는 공동체의 집단적인 양심을 건드리고, 공동의 책임감을 강화하고, 그 흔적을 남긴다. 그럼에도 불구하고 여기서는 조심스럽게 판단하는 것이 중요하다.

아이들 사이에는 어떤 절대적인 동료애나 결속력도 존재하지 않고, 또한 있을 수도 없다. 머리 위 공동의 지붕은 나를 첫 번째 아이와 연결시켜 주고, 아침의 종소리는 두 번째 아이와 함께 일어나게 한다. 또 다른 아이와 같이 하는 학교생활, 그리고 세 번째 아이와는 비슷한 성향, 네 번째 아이와는 우정을 나누고, 다섯 번째 아이와는 사랑을 나눈다. 아이들은 자신의 노력과 생각에 따라 집단으로 혹은 혼자서 생활할 권리를 갖는다.

〈신문〉

신문이 없는 교육기관은 무질서하고 절망적인 공전空轉을 거듭하고, 직원들은 사방으로 소리를 지른다. 아이들은 방향이나 통제 없이 헛바퀴를 도는 것처럼 보인다. 아무런 전통도, 기억도, 미래의 발전을 위한 방향도 없이 산발적이고 우연한 것처럼 말이다.

신문은 한 주일을 다른 주일과 연결시켜 주고, 아이들과 직원들, 사원들을 뗄 수 없는 통일체로 연결시켜 주는 확고한 끈이다.

신문은 모든 아이가 있는 데서 읽혀야 한다. 모든 변화와 개선, 개혁과 모든 폐해, 그리고 모든 불만이 신문 속에 표현된다.

우리는 이 모든 것을 연대기와 같은 몇 줄의 짧은 기록으로, 혹은 짧은 기사나 사설에서 다룰 수 있다. 우리는 단지 "A와 B가 싸웠다"라고 기록하기만 하면 된다. 혹은 "싸움이 점점 더 자주 일어난다. 우리는 다시 A와 B가 주고받던 주먹질을 보고해야 한다. 우리는 그들이 왜 싸웠는지 알지 못한다. 하지만 모든 싸움은 반드시 치고받는 것으로 끝나야 하는가?" 혹은 "주먹은 치워라!" 혹은 "그것은 끝나야 한다"와 같은 눈길을 끄는 머리기사 밑에 사건이 다루어진다. 아이와 자기 자신을 이해해야 하는 교사에게 신문은 자신의 말과 행동을 위한 탁월한 조정 수단이다. 그것은 그의 일과 수고와 잘못과 그가 겪고 있는 어려움의 살아 있는 연대기이다. 또한 그의 능력을 합법화시켜 주고, 자신의 행동을 위한 증인이 되어 주며, 있을 수 있는 비난으로부터 방어해 주기도 한다. 신문은 무한한 가치를 가진 기록적인 교재이다.

어쩌면 여러 세미나에서 교육적인 신문에 관한 강의를 이미 시도하고 있을지도 모른다.

〈학우 재판〉

내가 이 법적 기관에 대해 무엇보다 많은 지면을 할애하려는 이유는 그것이 아이들의 동등한 권리를 위한 출발점이 될 수 있다는 점과, 문제를 법적으로 조정하도록 이끄는가 하면, 아이들의 권리 선언을 알리도록 압력을 행사할 수 있다는 확신 때문이다. 아이들에게는 그들의 관심사가 진지하게 다루어지고 정당하게 고려되어야 할 권리가 있다. 지금까지 모든 것은 교사의 선한 의지와 기분이 좋고 나쁨에 달려 있었다. 아이는 이의를 제기할 권리를 갖지 못했다. 이 같은 독재주의는 끝나야 한다.

〈학우 재판의 법전(法典)〉

누군가가 나쁜 일을 하면 그를 용서하는 것이 최선이다. 그가 잘 알지 못해서 그렇게 했다면, 이제는 이 과정을 통해서 잘 알게 될 것이다. 그가 무의식적으로 나쁜 일을 했다면, 앞으로는 더 조심하게 될 것이다. 누군가가 적응하기 힘들어 그렇게 했다면, 그는 이제 더 많이 노력할 것이다. 누군가가 나쁜 일을 하도록 시켜서 일어난 일이라면, 그는 앞으로는 그 사람 말을 따르지 않을 것이다.

누군가가 나쁜 일을 했다면 그를 용서하고, 그가 자신의 행동을 고칠 때까지 기다리는 것이 최선이다.

그러나 법정은 강자들이 말없는 사람들의 삶을 어렵게 만들지 않도록 그들을 보호해야 한다. 법정은 양심적이고 성실한 사람을 게으르고 나태한 자로부터 보호해야 한다. 법정은 질서를 돌보아야 한다. 제멋대로 하는 행동은 무엇보다 선량하고, 말없고, 양심적인 사람들에게 해를 미치기 때문이다.

법정은 정의 자체가 아니지만, 정의를 위해 노력해야 한다. 법정은 진리는 아니지만, 진리를 위해 애써야 한다.

재판관은 오류를 범할 수 있다. 재판관은 스스로 행한 행위를 처벌할 수 있고, 그들 스스로 행한 것이 나쁘다고 말할 수 있다.

그러나 재판관이 의식적으로 정직하지 않은 판단을 내린다면 그것은 수치스러운 일이다.

어떻게 법정에 고소하는가?

눈에 잘 띄는 장소에 게시판을 걸어 둔다. 모든 사람은 이 게시판에 자신의 사건을 기록할 권리가 있다. 자기 이름과 고소하려는 사람의 이름을 말이다. 사람들은 모든 아이와 교사들, 그리고 다른 어른들도 법정에 고소할 수 있다. 저녁마다 서기는 이 고소장을 기록하고, 그다음 날 그는 진술을 수집한다. 진술은 구두로 혹은 문서로 행해질 수 있다.

〈재판관〉

재판은 매주 한 번씩 열린다. 재판관들은 일주일 동안 어떤 분쟁에도 관련되지 않은 아이 중에서 추첨으로 결정한다. 각각 5건의 사건을 다루기 위해 다섯 명의 재판관이 추첨으로 선출된다.

120건의 고소 건이 재판을 받기 위해 제기될 수도 있다. 15명의 재판관이 필요하다. 그러나 일주일 동안 단 한 건의 사건에도 관련되지 않은 사람은 그렇게 많지 않다. 일이 그렇게 되면 전체 공동체에서 추첨이 이루어진다. 그러나 위원회는 어떤 사람도 자신과 관련된 사건에서는 재판석에 앉지 못하도록 구성되어야 한다.

판결은 법전에 따라 내려진다. 그때 서기는 재판관의 동의에 따라 여러 사건을 검토하기 위해 사법위원회나 혹은 공개재판으로 넘겨줄 권리를 갖는다. 모든 사람이 듣고 개별 사항을 알 수 있도록 말이다. 법정 서기는 교사가 맡는다. 판결은 책에 기록하고 모든 아이 앞에서 낭독한다. 판결에 불만을 가진 사람은 자신의 사건에 대한 재심을 청구할 수 있다. 그러나 그 기간은 한 달이 지나서는 안 된다.

〈사법위원회〉

3개월 임기의 사법위원회는 비밀투표에 의해 선출된 교사 한 명과 두 명의 판사로 이루어진다.

사법위원회는 판결 외에도 모든 사람에게 구속력이 있는 법률을 제정한다.

위원회의 판사들도 소송 건에 연루될 수 있기 때문에 사법위원회는 5명의 재판관이 선택되고, 그 중에 3명만이 재판을 주관한다.

〈서기〉

서기는 재판관으로 활동할 수 없고, 단지 진술을 수집하고 회의 동안 그것을 읽는다. 서기는 법정 게시판을 책임지고, 진술서와 판결문을 포함한 서류를 맡으며, 손해 사건을 게시하는 일을 책임진다. 그는 분실물을 관리하고, 판결 곡선을 그리고, 신문을 편집한다.

〈질서의 수호자로서의 법정〉

누가 너무 늦게 와서 소란을 피우고, 방해하고, 자기 물건을 제자리에 두지 않고, 순서를 지키지 않고, 모든 것을 더럽히고, 집을 지저분하게 만들고, 금지된 곳에 들어가고, 다른 사람에게 시비를 걸고 때렸다면, 그는 질서를 파괴한 것이다.

우리는 그것에 대해 어떻게 할 것인지 생각해야 한다.

법정은 그를 용서하고, 그에게 나쁜 행동을 했다고 선언하고, 한 달에 몇 번 원내 질서를 어기는 것을 허락해 주도록 사법위원회에 청원할 수 있다. 사법위원회는 그에게 생각할 시간을 줄 수 있다. 위원회는 다른 어떤 사람도 할 수 없는 것을 그 사람에게 허용할 수 있다. 조용히 예외를 만들 수 있는 것이다.

〈자연스러운 의무수행을 위한 보살핌〉

공부하거나 일하기를 원치 않는 사람, 모든 일을 태만하게 하는 사람은 스스로에게 손해를 입히고, 아무에게도 도움이 되지 않는다.

법정이 그것에 대해 아무 제재도 가할 수 없다면 우리는 위원회를 찾을 수 있다. 어쩌면 당사자가 병이 났을 수도 있고, 그가 익숙해지도록 그에게 시간을 주어야 할지도 모른다. 가능하다면 그의 일을 완전히 면해 주어야 할까?

〈사람들을 위한 배려〉

이곳에는 서로 다른 사람들이 함께 살고 있다. 이 사람은 키가 작고, 저 사람은 키가 크다. 한 사람은 힘이 세고, 다른 사람은 약하다. 이 사람은 똑똑하고, 저 사람은 덜 영리하다. 한 사람은 즐겁고, 다른 사람은 슬프다. 한 사람은 건강하고, 다른 사람은 어디가 아프다. 법정은 큰 사람이 작은 사람에게 아무 짓도 하지 않도록 감시해야 하고, 어린아이가 나이 든 아이들을 방해하지 않도록 감시해야 한다. 똑똑한 아이가 어리석은 아이를 이용하지 않고, 그를 비웃지 않도록 해야 한다. 시비 걸기 좋아하는 사람이 다른 사람들을 괴롭히지 못하게 하고, 그 역시 괴롭힘을 당해서는 안 된다. 즐거운 사람은 슬픈 사람에게 어리석은 농담을 하지 않아야 한다. 법정은 모두가 자기가 필요한 것을 얻도록, 불행한 사람과 화난 사람이 없도록 배려해야 한다.

법정은 용서할 수도 있지만, 어떤 사람에게 부당하게 행동했다고, 나쁘게, 심지어는 아주 나쁘게 행동했다고 선언할 수도 있다.

〈재산 보호〉

정원, 마당, 집, 벽, 문, 창문, 계단, 난로, 창문 유리, 식탁, 벤치, 옷장, 의자, 침대…. 조심스럽게 다루지 않으면 그것들은 망가지고, 파괴되고 더럽혀지거나 볼품없게 된다. 외투와 윗도리, 모자, 손수건, 접시와 컵, 숟가락, 칼… 아이들이 이런 것을 잃어버리고, 부수고, 망가뜨린다면 유감이다. 사람들은 책과 노트, 펜, 장난감을 소중히 여겨야 하고, 망가뜨려서는 안 된다. 손실은 종종 사소하지만, 때로는 더 크기도 하다. 걱정은 때로는 작지만, 때로는 크다. 손해를 입힌 사람은 법정에 신고하고, 법정은 그가 입힌 손해를 스스로 배상해야 할지 법정 재산에서 배상할 것인지를 판단한다. 그것은 아이들의 개인 재산에도 적용된다.

〈건강의 보호〉

질병, 죄악, 그리고 죽음—이것은 불행하지만 운명적인 사건들이다. 유리창은 새로 끼울 수 있고, 잃어버린 공은 다시 살 수 있다. 한 사람이 한쪽 눈을 잃었다면 어떻게 해야 할까? 불행이 일어나지 않았다 하더라도 사람들이 조심하는 것이 얼마나 필요한지를 생각해야 한다. 사법위원회는 한 가지 불행한 사건이나 부주의를 통해 야기된 질병에 대해 얼마나 오랫동안 법정 게시판에 고지해야 할지 결정한다.

〈누가 그랬는지 모른다〉

그 일을 한 사람이 누구인지 모른다. 아무도 고백하지 않는다. 애를 쓴다면 그것을 밝혀낼 수 있을 것이다. 하지만 수배하고, 뒷조사를 하고, 혐의를 두는 것은 얼마나 불유쾌한 일인가. 무슨 일이 일어났는데, 누가 그 일을 했는지 모른다면 법정에서는 모르는 사람에 대한 고소가 이루어지고, 재판 절차가 진행되고, 판사는 판결을 내리고, 그 결과는 법정 게시판에 공고된다. 고아원 전체에 수치가 되는 일이 일어났다면 위원회는 고아원 깃발 위에 애도를 표하기 위해 검은 천을 달기로 결정한다.

〈모든 사람들이 그렇게 한다〉

같은 일이 늘 반복되는데도 모든 사람을 법정에 세울 수 없다면 어떻게 할지 생각해야 한다.

"모두 늦게 온다. 아무도 자기 모자를 걸지 않는다."

아무도 걸지 않는다는 말은 맞지 않고, 많은 사람이 걸지 않는다. 한 사람은 일주일에 몇 번씩 그렇게 하고, 다른 사람은 한 달에 한 번 정도 그렇게 한다. 하지만 그것은 사실이고, 무질서가 지배한다.

위원회는 빈도수의 그래프를 공고하기로 결정하거나, 이 같은 방정치 못한 행동을 끝내기 위해 다른 계획을 세운다.

〈예외〉

어떤 사람은 도저히 적응하기 힘들어서 법과 정의의 바깥에 서 있다. 사람들은 모든 것을 시도해 보았지만 아무 소용이 없었다. 이제 무엇을 해야 하는가? 우리가 다른 사람에게 금지된 것을 이 사람에게는 허락하거나 혹은 모든 사람이 해야 하는 것을 그에게만 예외로 해 준다면, 그것은 나쁜 영향을 미치지 않을까?

사법위원회는 한 사람이 더 이상 원치 않는다고 스스로 부탁할 때까지 그를 예외적인 경우로 설정할 수 있다. 위원회는 이 예외적인 경우를 법정 게시판에 공고해야 할지에 대해 결정한다.

제1~99조

무죄판결을 내리거나 법정이 그 사건을 다루지 않는다는 것을 알리는 99개조가 있다. 이 조문들은 사건이 발생하지 않은 것으로 간주하거나, 혹은 한 가지 잘못이 피고인에게 그 일이 다시는 일어나지 않게 노력할 의무를 갖게 하는 모든 경우에 적용된다.

제100조

법정은 한 사람이 뭔가를 잘못했다고 선언하지 않고, 그에게 비난이나 화를 내지 않는다. 그러나 법정은 제100조를 (가장 가벼운) 처벌로 여기기 때문에 이것을 법정 판결의 그래프에 넣기로 한다.

제200조

"그는 부당하게 행동했다."

"그 일은 실제로 일어났다. 그것은 모든 사람에게 영향을 미칠 수 있다. 우리는 그런 일을 다시 하지 않도록 당부한다."

제300조

"그는 나쁜 행동을 했다."

법정은 그가 부당하다고 판결한다.

제100조와 제200조에서 법정이 한 가지 혹은 다른 일을 그만두도록 당부한다면, 여기서는 그 같은 일이 다시는 일어나지 않기를 요구하고 명령한다.

제400조 – 큰 잘못.

"그가 그 일을 한 것은 아주 나쁘다." 혹은 "너는 아주 나쁜 행동을 했다."

제400조는 잘못한 사람에게 수치를 줄여 주려는 마지막 시도이고, 그 같은 의지의 마지막 표현이고, 마지막 경고이다.

제500조

제500조는 다음과 같다.

"그 같은 행동을 하고, 우리의 부탁과 요구를 전혀 받아들이지 않는 사람은 자존심이 없거나 우리를 아무것도 아니라고 여기기 때문이다. 그렇다면 우리는 그를 보호할 수 없다."

이 판결은 이름을 명백히 거론하여 신문 제1면에 공고한다.

제600조

법정은 법정 게시판에 이 판결을 공고하고, 신문에 알린다.

한 사람이 계속해서 동일한 잘못을 저질렀기 때문에 제600조를 적용할 때는 그의 범죄 곡선을 오랫동안 공고할 수 있지만, 이름을 완전히 밝히는 대신 첫머리 두 글자만 밝힌다.

제700조

제600조에 해당하는 결과 외에 판결의 내용을 가족에게 알린다. 그것은 말하자면 피고가 고아원에서 쫓겨날 수도 있다는 것을 의미한다. 그렇다면 가족에게 사전에 보고해야 한다. "그를 다시 데려가시오"라는 말을 너무 촉박하게 알린다면, 가족은 더 일찍 말하지 않고 사건을 비밀에 부친 것을 나쁘게 여길 수 있다.

제800조

제800조는 다음과 같다.

"법정은 더 이상 할 수가 없다. 과거에 교육기관에서 사용되었던 처벌은 어쩌면 뭔가를 달성할 수도 있었다. 그러나 우리는 그런 처벌을 사용하지 않는다. 우리는 한 주일 동안 생각할 시간을 준다."

이 한 주일 동안에 그는 법정에 고소할 수 없고, 우리도 그를 고소할 수 없다. 우리는 그가 자신의 행동을 고치는지, 그리고 얼마 동안 고치는지를 볼 것이다. 판결은 신문에 보도하고, 게시판에 공고하며, 가족에게 알린다.

제900조

제900조는 다음과 같다.

"우리는 그가 자신의 주도 아래 개선할 수 있으리라는 모든 희망을 버린다."

이 판결은 "우리는 그를 더 이상 믿을 수 없다"는 것을 말한다.

혹은 "우리는 그에 대해 두려움을 갖는다."

결국 "우리는 그와 함께하는 것을 원치 않는다."

달리 말해서 제900조는 고아원에서 추방하는 것이다. 하지만 누군가가 그에 대해 책임을 지겠다면 그는 머무를 수 있다. 그리고 쫓겨난 자는 후원자를 찾는다면 되돌아올 수 있다.

후원자는 법정에서 그의 보호자로서 모든 행위를 책임진다. 후원자는 교사나 아이들 중 하나가 될 수 있다.

제1000조

제1000조는 다음과 같다.

"우리는 그를 고아원에서 추방한다."

이 처벌을 받은 사람은 3개월 후에 다시 수용되기를 청원할 수 있는 권리를 갖는다.

〈판결 그래프〉

병원에서 모든 환자가 체온 그래프, 다시 말해 병과 건강함을 보여 주는 체온 그래프를 가지는 것처럼, 법정 게시판은 고아원의 윤리적 건강함을 나타내는 그래프를 공고한다. 사람들은 그것으로 아이가 나쁜 상태에 있는지, 선한 상태에 있는지 알 수 있다.

법정이 한 재판에서 제100조에 따라 4번의 판결을 내리고(100×4=400), 제200조에 따라 6번의 판결을(200×6=1,200), 제400조에 따라 1번의 판결을 내렸다면, 400+1,200+400=2,000이라는 계산이 나오고, 그래프에서 우리는 그 주일의 유죄선고 수치가 2,000이라는 것을 알게 된다.

〈법전〉

법정은 이 사건에는 판결을 내리지 않는다.

제1조: 법정은 A가 자신의 고소를 취하했음을 알린다.

제2조: 법정은 이 고소를 무의미하다고 간주한다.

제3조: 법정은 이 일이 실제로 어떻게 이루어졌는지 알지 못하고, 그래서 그 분쟁에 대한 판결을 포기한다.

제4조: 법정은 이와 비슷한 일이 더 이상 일어나지 않을 것이라고 확신한다. 그럴 경우 법정은 이 사건에 판결을 내리지 않는다.

제5조: 이 문제에 관해 법정은 사건이 머지않아 저절로 중단될 것이라는 전제하에 판결을 포기한다.

제6조: 법정은 이 사건을 일주일 후로 연기한다.

제7조: 법정은 이 잘못에 대한 소식을 알고 있었다.

제8조: ….

제9조: ….

법정은 칭찬하고, 감사하고, 유감을 표한다.

제10조: 법정은 A의 사건에서 범죄가 아니라 시민의 미덕(근면함, 성실함, 정직함, 고상한 정신, 솔직함과 진심)의 사례를 본다.

제11조: 법정은 A가 자신의 잘못을 법정에 고지했다는 사실에 대해 고맙게 여긴다.

제12조: 법정은 소환장으로 귀찮게 한 사실에 대해 양해를 구한다.

제13조: 법정은 A가 잘못이 없었음에도 불구하고 그 같은 일이 일어난 것에 대해 유감을 표한다.

제14조: ….

제15조: ….

제16조: ….

제17조: ….

제18조: ….

제19조: ….

법정은 어떤 잘못도 확인할 수 없다.

제20조: 법정은 A가 자신의 의무를 다했다는 것(그는 사실 그대로 행동했다)을 인정한다.

제21조: 법정은 A가 그렇게 행동한 것(그렇게 표현한 것)이 옳았다고 인정한다.

제22조: 법정은 A가 옳았다고 생각한다.

제23조: 법정은 A가 B를 모욕하지 않았다고 생각한다.

제24조: 법정은 A가 진실을 말했다고 생각한다.

제25조: 법정은 A가 나쁜 짓을 하지 않았다고 생각한다.

제26조: ….

제27조: ….

제28조: ….

제29조: ….

법정은 외부 상황이나 우연에, 혹은 많은 사람에게 공동으로, 혹은 다른 사람에게 책임을 돌린다.

제30조: 법정은 A가 다르게 행동할 수 없었다는 것을 인정한다.

제31조: 법정은 일어난 일에 대해 A에게 책임을 추궁하는 대신 외부 상황이나 우연에 책임을 돌린다.

제32조: 많은 사람이 같은 일을 했기 때문에 한 사람에게 판결을 내리는 것은 부당하다.

제33조: 법정은 A가 행한 일에 대한 책임을 B에게 돌린다.

제34조: ….

제35조: ….

제36조: ….

제37조: ….

제38조: ….

제39조: ….

법정은 관대함을 구한다.

제40조: 법정은 B가 A에게 화를 내지 않았다고 생각한다.

제41조: 법정은 용서할 것을 당부한다.

제42조: ….

제43조: ….

제44조: ….

제45조: ….

제46조: ….

제47조: ….

제48조: ….

제49조: ….

법정은 나쁜 의도를 발견할 수 없기 때문에 용서한다.

제50조: 법정은 알지 못했거나 혹은 이해하지 못한 A를 용서하고, 그 같은 일이 다시는 일어나지 않을 것이라는 희망을 표한다.

제51조: 법정은 완전하게 이해하지 못한 A를 용서하고, 그런 일이 반복되지 않으리라는 희망을 표시한다.

제52조: 법정은 그 일이 그렇게 될 줄 몰랐던 A를 용서한다(당사자는 의도적으로가 아니라 부주의해서 그렇게 행동했다. 잊어버려서 착각을 했기 때문이다).

제53조: 법정은 A가 B에게 모욕을 줄 의도가 없었기 때문에(A는 B에게 불쾌감을 주었다) A를 용서한다.

제54조: 법정은 단순히 하나의 농담(어리석은 농담)이 문제가 되는 것을 용

서한다.

제55조: ….

제56조: ….

제57조: ….

제58조: ….

제59조: ….

법정은 잘못을 완화시키는 상황을 고려한 후에 용서한다.

제60조 : 법정은 A가 (그가 말한 것처럼) 화가 나서 행동했고, 과격한 성격을 가졌지만 자기 잘못을 고칠 것이므로 A를 용서한다.

제61조: 법정은 A가 고집 때문에 그런 일을 저질렀지만, 자기 잘못을 고칠 것이므로 A를 용서한다.

제62조: 법정은 A가 잘못된 공명심에서 그런 일을 저질렀지만, 자기 잘못을 고칠 것이므로 A를 용서한다.

제63조: 법정은 A가 시비를 잘 걸지만 앞으로는 고칠 것이므로 그를 용서한다.

제64조: 법정은 A가 겁이 나서 그렇게 했지만 용감해지기를 원하므로 그를 용서한다.

제65조: 법정은 A가 힘이 약하기 때문에 그를 용서한다.

제66조: 법정은 A가 압력을 받아서 그렇게 했으므로 그를 용서한다.

제67조: 법정은 A가 생각해 보지 않고 행동했으므로 그를 용서한다.

제68조: ….

제69조: ….

법정은 처벌이 이미 행해졌기 때문에 용서한다. 법정은 그것이 피고인에게 고통을 주었다는 것을 인정한다.

제70조: 법정은 A가 자신의 행동에 대해 이미 처벌을 받았으므로 용서한다.

제71조: 법정은 A가 자신이 그렇게 행동한 것에 대해 후회하고 있으므로

용서한다.

제72조: ….

제73조: ….

제74조: ….

제75조: ….

제76조: ….

제77조: ….

제78조: ….

제79조: ….

법정은 조건적으로 용서한다.

제80조: 법정은 선량함만이 그를 개선시킬 수 있다고 생각하므로 A를 용서한다.

제81조: 법정은 A가 자신을 고치리라는 희망을 버리지 않으므로 용서한다.

제82조: ….

제83조: ….

제84조: ….

제85조: ….

제86조: ….

제87조: ….

제88조: ….

제89조: ….

〈특별 사면〉

제90조: 법정은 A가 자신이 바라는 것에 심하게 좌우되고, 자신을 통제할 힘이 부족하다는 것을 고려한 후에 용서한다.

제91조: 법정은 A가 우리에게 온 지 얼마 되지 않았고, 질서를 이해하지 못했으므로 용서한다.

제92조: 법정은 A가 곧 우리를 떠날 것이므로 그를 용서하고, 그가 화가 난 채 나가는 것을 피하고자 한다.

제93조: 법정은 지나친 호의와 과도한 관대함이 그의 모든 행동을 해쳤다고 생각하기 때문에 A를 용서한다. 법정은 법정에서는 누구나 평등하다는 사실을 A에게 강조한다.

제94조: 법정은 친구들의(형제나 누나의) 끊임없는 청원을 고려해서 A를 용서한다.

제95조: 법정은 재판관들 사이에서 용서를 요구하는 목소리가 있어 A를 용서한다.

제96조: 법정은 A가 자기를 정당화시키기 위해 할 수 있는 말을 하려고 하지 않으므로 A를 용서한다.

제97조: ….

제98조: ….

제99조: ….

제100조: 법정은 용서하지 않고 A가 고소에서 비난받은 일을 했다는 사실을 확정한다.

제200조: 법정은 A가 부당하게 행동했다는 것을 확정한다.

제300조: 법정은 A가 잘못된 행동을 했다는 것을 확정한다.

제400조: 법정은 A가 아주 잘못했다는 것을 확정한다.

제500조: 법정은 A가 아주 잘못했다는 것을 확정한다. 이 판결은 신문에 보도할 수 있다.

제600조: 법정은 A가 아주 잘못했다는 것을 확정한다. 이 판결은 신문에 보도할 수 있다.

제700조: 법정은 A가 아주 잘못했다는 것을 확정한다. 판결은 신문에 보도하고, 게시판에 공고하며, 가족에게 알린다.

제800조: 법정은 A에게서 공동체의 권리를 일주일간 박탈하고, 가족에게 이해시키기 위해 가족을 소환한다. 이 판결은 신문과 법정 게시판에 알린다.

제900조: 법정은 A를 위한 후원자를 찾는다. 이틀이 지나도 후원자가 나

타나지 않으면 A는 고아원에서 쫓겨난다. 이 판결은 신문에 보도한다.

제1000조: 법정은 A를 고아원에서 쫓아낸다. 이 판결은 신문에 보도한다.

〈판결부칙〉

a) 법정은 진실에 맞는 진술에 대해 감사한다.

b) 법정은 A가 스스로 고소하지 않은 것에 대해 놀란다.

c) 법정은 그런 일이 다시는 일어나지 않도록 당부한다.

d) 법정은 위원회에 호소하고, 앞으로는 그 같은 일을 예방해 줄 것을 당부한다.

e) 법정은 판결시행 중단을 허가해 주도록 위원회에 당부한다.

f) 법정은 A가 언젠가 나쁜 사람이 될지도 모른다는 우려를 표시한다.

g) 법정은 A가 언젠가 성실한 사람이 되리라는 희망을 표시한다.

〈법정신문 제1호〉

〈학우 법정에 대해〉

어른들은 그들의 법적 기관을 가지고 있다. 어른들은 만일 그들의 법정이 좋지 않으면 몇 년 후 약간 수정한다. 어른들의 법정은 상이한 단계의 처벌을 규정하고 있다. 벌금형, 구속, 감금, 강제노동, 심지어는 사형까지도 말이다.

이 같은 법정이 항상 옳은 것은 아니다. 처벌은 때로는 지나치게 약하고, 때로는 지나치게 엄격하며, 많은 경우 착각하기도 한다. 그래서 한 사람은 자신이 무죄라고 주장하지만, 사람들은 그의 말을 믿지 않는다. 다른 사람은 죄가 있지만, 빠져나간다. 그리고 사람들은 법정이 실제로 정의를 행사하기 위해서 무엇을 할 수 있을지에 대해 심사숙고한다. 그러나 법정이 불필요하게 되도록, 사람들이 더 이상 나쁜 짓을 하지 않도록 하기 위해 무엇을 할 수 있을지 생각하는 사람들도 있다. 학교 교사들은 법정과 마찬가지로 처벌을 결정한다.

그는 한 아이를 구석에 세워 두고, 내쫓기도 하고, 한 아이를 가둬 두기도 한다. 때로 그는 소리를 지르고, 때리기도 한다. 여러 가지 벌이 있어서, 아이들은 점심 식사를 못 하기도 하고, 가족을 방문할 수 없게 되기도 한다. 여기서도 분노와 처벌이 항상 정당한 것은 아니다.

그래서 여기서도 사람들은 무엇을 할 수 있을지, 무엇을 바꾸어야 할지에 대해 생각한다. 이미 여러 시도가 있었고, 또 항상 새로운 노력들이 있다.

우리의 학우 법정 또한 그 같은 시도이다.

학우 법정은 문제가 된 그 사람이 옳은지 그른지를 판단하고, 법정은 그를 용서하거나, 용서하지 않고, 제100조, 혹은 제200조, 제300조, 제400조를 적용시킨다. 그것은 법정이 기분 나쁘다는 것을 의미한다.

법정은 흥분하지 않고, 소리를 지르거나 욕을 하지 않으며, 누구에게도 모욕을 주지 않는다. 그것은 사안을 아주 침착하게 밝힐 뿐이다.

"너는 옳지 않은 행동을 했어. 너는 나쁜, 아주 나쁜 행동을 했어."

법정은 때로는 한 사람에게 수치를 주기도 한다. 아마도 수치를 당한 사람은 더욱 주의할 것이다.

우리의 법정은 이미 다섯 번이나 열렸다. 매주 소집되고, 261건의 사건을 다루었다. 그리고 이 같은 시도가 성공적인지는 아직 말하기 어렵지만, 적어도 그것에 대해 몇 가지 사실을 보고할 수 있다. 첫 주에는 43건의 고소가 제기되었다. 모든 피고인은 자기 스스로 법정에 자신을 고소했다.

우리는 세 번에 걸쳐 알림장을 공고했다.

첫 번째 알림장에는 다음과 같이 적혀 있었다.

"어제 지각한 사람은 법정에 신고하기 바랍니다."

13명의 아이가 신고했다.

며칠 후 두 번째 알림장에서는 다음과 같은 내용을 읽을 수 있었다.

"알리지 않고 외출한 사람은 법정에 신고하기 바랍니다."

다시 며칠이 지난 후 세 번째 알림장에는 다음과 같은 요구사항이 적혀 있었다.

"어제 침실에서 시끄럽게 한 사람은 법정에 신고하기 바랍니다."

이번에는 15명의 아이가 신고했다.

이런 식으로 법정이 제1차 공판에서 다룰 34건이 수집되었다.

법정은 이들을 모두 용서했다.

학우 법정의 도입을 위한 안내 설명은 다음과 같다.

"누군가가 뭔가 나쁜 짓을 했을 때, 그를 용서하는 것이 최선이다."

그리고 법정은 용서했다.

법정은 단지 19번만 "유죄"를 선고했다.

법정은 단 2번만 "제100조"를 선고했다.

"제200조"를 선고한 것은 단 6회였다.

"제300조"를 선고한 것은 단 2회였다.

"제400조"를 선고한 것은 단 한 번뿐이었다.

우리는 법정이 너무 많은 것을 용서한다는 것에 대해 탐탁하게 여기지 않는 사람들이 있다는 것을 안다.

우리의 법령에는 제1조가 있다.

제1조는 다음과 같다.

"이 고소는 취하되었다."

모든 조항 중에서 이 조항이 가장 많이 나타난다. 한 사람이 다른 사람을 고소했던 건수는 120회였다. 여기서도 고소한 사람이 나중에 스스로 용서한 것은 62번이었다.

다음과 같이 말하는 사람이 몇 있었다.

"제100조 혹은 제200조가 무슨 벌이람?"

그것은 어떤 사람에게는 정말로 처벌이 되겠지만, 다른 사람에게는 되지 않는다.

누군가 어떤 사람에게 화를 냈지만 그것도 벌이 아니다.

"그게 뭐야? 당신은 내게 욕을 하고, 내게 화를 내지만, 그게 내게 무슨 상관이람?"

그렇게 말하는 사람이 몇 명 있다.

한 사람이 내쫓겨서, 교실에 감금되고, 심지어는 매를 맞아도 마찬가지로 말하는 사람도 종종 있다.

"그게 뭐야? 난 문 뒤에 서서 한 시간 동안 갇혀 있었어. 그런 건 내게 아무런 고통도 주지 않아."

"제100조가 처벌이 아니라고 주장하는 사람이 있다면, 그 자신은 법적 절차를 통해 제100조 혹은 제200조를 받기를 원하는지 솔직하게 말해야 한다. 제100조가 그다지 큰 불쾌감을 주지 않는다면 아무리 사소한 처벌이나 불쾌한 일이라도 피하려고 노력하는 가운데 모든 사람이 좋은 행동을 하기 바란다.

우리에게는 모든 사람이 두려움이나 화를 내지 않고, 법정이 없이도 흠잡을 데 없이 행동하는 것이 중요하다. 어쩌면 앞으로 언젠가는 그렇게 될 것이다.

제100조―그것은 정말로 하나의 벌이고, 모두는 그것을 이해하게 될 것이다. 그리고 다르게 말하는 사람은 제대로 생각해 보지 않았거나 진실을 말하지 않는 것이다.

법정이 오래 존속할수록 우리는 화를 내고, 욕하고, 처벌하는 행위로부터 멀어질 것이다. 제100조뿐만 아니라 용서를 보장하는 다른 조항들도 더 큰 의미를 가질 것이다."

"어리석기 때문에 곧장 법정에 고소를 제기한다"라고 말하는 사람이 있다. 그 말도 완전히 맞는 말은 아니다.

우리는 누군가가 자기 자신이나 다른 사람을 단지 재미로 고소하는지 어떤지 알지 못한다.

다음과 같은 내용을 담은 제2조가 있다.

"법정은 그 같은 것을 밝히려고 애쓰는 것은 소용없다고 생각한다."

법정이 261건의 사건 중에서 너무 사소한 문제여서 판결을 내리지 않는 것이 옳다고 결정한 것은 단지 4번뿐이다. 단 4번 말이다. 이 같은 경우에도 우리는 그것이 어리석은 장난이었는지 어떤지를 말할 수 없다.

사소한 사건들 역시 때로는 매우 고통스럽다. 사람들은 아주 다르다. 어떤 사람은 같은 일에 대해서 울고, 다른 사람은 웃음을 터뜨린다.

별명 때문에 일어난 소송, 그것은 사소한 일인가 아닌가? 겉으로 보아서는 그렇지만, 그래서 얼마나 많은 이들이 눈물을 흘렸을까? 우리는 40건의 사건에서 그 같은 문제를 다루었다. 별명 때문에 무척 고통받은 아이가 몇 명 있었다.

어떤 것이 무고한 별명인지, 아니면 어디서 간계나 혹은 더 나쁘게 괴롭힘이 시작되는지를 밝히기란 어렵다.

누군가가 다른 사람에게 장난으로 물을 끼얹었거나 그에게서 무엇을 빼앗고 약을 올리고 더 이상 내주지 않으려 한다면 그것은 사소한 일인가? 내가 기분이 좋을 때면 나도 함께 웃을 것이다. 그러나 내가 걱정이 있을 때는 그런 장난은 나를 화나게 하고, 나를 아프게 한다. 나는 별명 때문에 흥분하거나 모든 사람에게 화를 내지 않을 수 있는 권리를 갖는다.

법정이 존재한 지 한 달이 지났다. 모든 아이가 그 의미를 이해한 것은 아니다. 우리는 소송이 점점 더 줄어들 것이고, 법정은 존경심을 얻게 되리라는 확신이 있다.

다음과 같이 말하는 사람들이 있다.

"도대체 어떤 꼬마 녀석이 내 앞에서 재판석에 앉는단 말이야?"

우선 다섯 명의 재판관이 있고, 그중에는 항상 나이 든 아이도 있다. 그다음으로 모든 어린아이가 다 멍청한 것은 아니다. 셋째로 법을 말하기 위해서는 아이는 정직함이 필요하다. 그리고 나이 어린 아이도 정직할 수 있다. 만일 나이 어린 아이가 나이 든 아이에 대해 판결한다면 나이 든 아이는 불편할 수도 있다. 그러나 법정이 재미를 위해 존재하는 것은 아니다.

"재판관이 되는 것은 불편하다"라고 말하는 목소리들이 있다.

그럴 수 있다고 생각한다. 또 바로 그렇기 때문에 재판관은 추첨에 의해 결정된다. 이 방법은 투표보다 낫다.

한 사람이 자주, 그리고 오랫동안 재판을 하면 죄를 가볍게 생각할 수 있고, 그다음에는 마치 자신은 아무런 죄가 없는 것처럼 다른 사람의 잘못을 바라볼 수 있다. 그러나 누군가가 한번 재판관이 되면 많은 것을 배울 수 있다. 그는 정의로운 것이 얼마나 어려운지를 알게 되고, 정의가 생명만큼 중요하다는 것을 알게 된다.

우리가 법정을 연 지 5주밖에 안 되었다. 우리는 아주 많은 것을 말할 순 없지만, 법정은 벌써 많은 좋은 일을 행한 것처럼 보인다.

누군가가 어떤 다른 사람에게 "그만둬. 그렇지 않으면 법정에 고소할 거야"라고 말한다면, 그리고 그렇게 해서 그가 그 일을 중단시킬 수 있게 된다면, 법정은 자기도 알지 못하는 사이에 뭔가 유용한 것을 행한 셈이 된 것이다. 이를테면 보호와 안전 말이다.

우리는 아이들이 종종 웃으면서 "나는 법정에 고소할 거야"라고 말한다는 것을 안다. 농담과 진담을 구분할 줄 모를 만큼 어리석은 자가 어디 있겠는가? 누군가 웃으면서 "넌 나를 법정에 신고할 수 있어"라고 말하는 경우도 있다.

그것은 많은 경우 악의 없는 농담이지만, 법정에 대한 분노에 찬 반항일 수도 있다. 법정은 모든 사건을 진지하고, 침착하고, 나무랄 데 없이 검토하고, 도움을 청하는 사람은 누구든지 거부하지 않고, 항상 조사할 시간과 고소나 변호를 들어줄 시간을 가지고, 서두르지 않고, 아무리 사소한 사건이라도 근심과 분노가 숨겨져 있으면 농담으로 치부해 버리지 않기 때문이다. 그렇다. 법정은 사람들이 "아첨꾼"이라고 부르는 사람들에게는 불편한 것이고, "소리 없는 물!"(강변의 둑을 허무는)이라고 불리는 다른 사람들과, 아울러 나쁜 짓을 많이 저지르지만, 그때마다 경계심을 발휘하는 약삭빠른 사람들에게는 불편한 것이다. 아첨꾼은 자기가 사랑받는다는 것을 알기 때문에 X라는 혐오스러운 짓을 하지 않지만, 그는 더 많은 것을 꾀할 수 있다. 조용한 사람은 소리 지르면서 다른 사람을 두들겨 패는 사람보다 때로는 더 나쁜 영향을 미칠 수 있다. 그리고 약아빠진 사람은 좋지 않은 일에서는 교묘하게 빠져나간다. 그렇기 때문에 이들에게는 법정이 없는 것이 더 편하고, 따라서 법정을 우스꽝스럽게 만들거나 그 권위를 무너뜨리려 한다. 그러나 법정은 예민하게 반응하지 않고, 계속해서 조심스럽게 개선과 도움을 찾고, 그러는 사이 최선의 지식과 양심에 따라 자신의 과제를 다 한다.

그건 그렇고, 어떤 사람은 한 달에 10건의 소송에 연루되는가 하면, 다른 사람은 일 년에 단 한 번 법정에 소환되기도 한다. 그것에 대해서 어떻게 할 수 있는 것은 아니지만, 조치를 취할 필요는 전혀 없다. 법정과 어떤 관계를 갖기를 원하느냐에 따라 모든 사람은 자신의 행동을 맞출 수 있다. 법정이 너무 많은 소송 때문에 제대로 판단할 수 있을지에 대한 우려는 컸다. 이제 이 같은 의구심은 더는 존재하지 않는다. 법정은 한 시간 혹은 많으면 두 시간 동안 한 주일에 일어난 소송을 해결할 수 있다. 그것이 비록 100건 혹은 그보다 더 많다 하더라도 말이다. 그러나 알다시피 모든 시작은 어려운 법이다.

법정이 질서를 도입할 수 있어서 사람들이 더 이상 흥분하고 엄격한 통제를 할 필요 없이, 그리고 일주일에 한 번 한 시간 만에 지난 8일 동안의 모든 악을 해결하고 쓸어낸다면(마치 사람들이 아침저녁으로 방을 쓸듯이), 얼마나 편리하고 좋을까.

지난주에 다루었던 몇 가지 사건들을 검토해 보면, 어쩌면 우리는 이 같은 방법으로 법정의 유용함은 평화롭거나 좋거나 나쁜 기분에 좌우되는 것이 아니며, 아무도 좋아하거나 싫어하지 않고 침착하게 들어준다는 사실에 있음을 확신할 것이다.

사건번호 21.

침실에서는 시끄럽게 해서는 안 된다. 그러나 다른 아이들은 그 아이의 침구들을 마구 던졌고, 결국 그 아이가 화를 내고 큰 소리로 욕을 했다: 제5조.

사건번호 42.

그들은 장난으로 그 아이에게 물을 끼얹었다. 그 아이는 어떻게 해야 했나?

그 아이 역시 주전자를 붙잡고 때리고, 싸움을 해야 했을까? 그 아이는 관대하게 봐주고 용서해 줄 수 있을 것이다. 분명 그 아이는 그렇게 할 것이지만 지금은 아니고, 당장은 그렇게 하지 않을 것이다. 그는 용서할 것이지만, 사람들은 그에게 다시는 그런 짓을 해서는 안 된다.

사건번호 52.

한 여자아이가 목마를 타고 있었다. 한 남자아이가 다가왔다. "그 목마 이리 내놔. 그 아이는 내놓으려 하지 않았다. 남자아이는 그 여자아이의 목마를 빼앗고, 밀치며 얼굴을 때렸다. 즐겁게 놀던 그 여자아이는 울고, 슬퍼했을 것이다. 왜, 무엇 때문에? 그 여자아이는 그 남자아이를 법정에 고소했지만, 나중에 그 아이를 용서했다: 제1조.

사건번호 63.

모두가 그 아이를 비웃고 별명을 부른다. 처음에 그 아이는 아주 화가 났지만 나중에는 익숙해졌다. 그렇게 한들 어쩌랴? 모든 세상을 상대로 치고받고 싸울 수는 없는 것이다. 그런데 갑자기 법정이 존재하게 되었고, 더욱 새롭고 나은 질서를 알린다. 그래서 그 아이는 자기를 가장 자주 비열하게 조롱한 사람을 찾아내어 법정에 고소했다. 우리는 한 달이 지난 후 그를 다시 소환했다.

"그 애들이 이제는 더 이상 너를 괴롭히지 않느냐?" "놀려요. 하지만 더 이상 그렇게 심하게는 하지 않아요." 그 아이는 자기를 보호해 준 법정에 대해 고마워하는 미소를 띤다.

사건번호 67.

그 여자아이는 가족 방문을 하고 돌아올 때 지각을 했다. 왜 그랬나? 그 소녀에게는 아주머니 한 분밖에 없다. 그 애는 아주머니에게 가지 않았다. 그 애는 그 아주머니를 좋아하지 않기 때문이었다. 왜? 그것은 우리의 문제가 아니다. 그러나 결국 그녀는 갔고, 아주머니와 화해를 하고, 사촌과 함께 산책을 했던 것이다. 그들은 잔디밭에 앉아서 이야기를 나누다가 돌아와야 할 시간을 잊어버렸다. 법정은 그녀를 용서했다.

사건번호 82.

당번 소녀가 한 아이의 손톱을 깎아 주려고 했다. 그 아이는 소녀가 오지 않으면 식물을 돌보는 일에서 빠져나올 수 없다고 주장했다(그 아이는 정원사를 돕는 일을 한다). 나흘 후면 그 일이 끝나기 때문에 그때는 손톱 깎는 일에 반대할 이유가 없다. 옳은가?: 제61조.

사건번호 96.

이전에 침대 털기를 맡은 사람들의 명단은 기간이 지났는데, 새 명단은 아직도 나오지 않았다. 당번 소녀가 묻는다. "누가 침대 터는 일을 맡을래?" 아무도 원치 않는다. 그녀는 두 명의 남자아이들에게 말했다. "그렇다면 너희들이 해." 두 사람은 원치 않았다. 그들은 얼마 전에 그 일을 했던 것이다: 제1조.

사건번호 107.

그 소녀는 도서관의 책 한 권을 자기가 감자를 깎아야 하는 정원으로 가지고 나왔다. 그녀는 책을 잃어버렸고, 책은 벤치 위에 놓여 있었다. 그때 두 살짜리 아이가 와서 책을 찢었다: 제70조.

사건번호 120.

바퀴가 옆집 마당으로 날아갔다. 남자아이들이 그것을 찾으러 갔다. 어린 남자아이가 그 바퀴를 주워서는 돌려주려고 하지 않았다. 싸움이 벌어졌다. 이웃 사람들이 우리를 고소했다. 소년들이 유례없는 행동을 했기 때문이었다: 제3조.

사건번호 127.

그는 실수로 다른 사람의 웃옷을 입었다. 그 같은 실수로 옴이 옮았다: 제31조.

사건번호 144.

그 아이는 다른 아이의 허리띠를 빼앗고는 내놓으려 하지 않았다. 그는 장난으로 그것을 빼앗고는, 장난으로 내주려 하지 않았다. 그는 달아나면서 웃었다. "당장 내놔." 그는 달아나면서 다른 아이를 놀려 댔다. 분명 그렇게 중요한 사안은 아니다. 하지만 이 사건과 그와 유사한 사건들은 누구나 그 같은 장난을 좋아하지 않으며, 그것을 좋아하는 사람이라도 항상 그럴 기분은 아니라는 것, 모든 사람과 시비를 하거나 싸우기를 원치 않는다는 것을 알게

해 준다: 5조.

사건번호 153.

그 아이는 문을 쾅 소리 나게 닫고 스스로를 고소했다. 문을 소리 나게 닫은 사람 모두 그 사실을 법정 게시판에 알리지 않는 것을 어떻게 할까. 다른 사람들도 실제로 나쁜 일을 하고 그것을 비밀로 한다면 법정은 뭐라고 해야 하나. 이 사소한 일들은 양심이 깨어 있다는 표시이기 때문에 흥미롭다. 그 같은 사건들은 무수히 많고, 아직도 많이 일어나고 있으리라 짐작한다. 뭔가 나쁜 짓을 하면 그것에 대한 처벌을 받지 않고는 견디지 못하는 사람들이 있다: 제31조.

사건번호 160.

사람들은 특정한 시간에만 앞마당에 들어갈 수 있다. 나이 든 소녀가 들어가려 했고, 당번을 맡은 더 어린 소년은 그것을 금지시켰다. 그녀는 그게 마음에 들지 않아 소년의 말을 들으려 하지 않았다. 그 소년은 어떻게 해야 하나? 소년은 그녀를 법정에 고소했다. 법정은 그녀의 머리를 잡아당길 수는 없다. 법정은 용서했지만, 그 같은 일이 다시는 일어나지 않아야 한다는 희망을 표시했다. 법정의 이 같은 희망은 구속력을 갖는다.

사건번호 165.

부당한 의심에 대한 고소 건. 우리는 그 같은 사건들을 자주 갖는다. 부당하게 의심받는 것은 때로는 얻어맞는 것보다 더 고통스럽다. 한 소녀가 자기가 가진 동전을 세고 있었다. 한 소년이 다가왔다. "내놔 봐." 그 아이는 "싫어"라고 대답했다. "그걸 훔쳤기 때문에 보여 주지 않으려는 거지." 그 아이는 어제 동전 하나를 잃어버렸고, 그래서 그것을 찾는 중이었다. 그 소녀는 그 사실을 알지 못했고, 설사 알았다 할지라도, 그가 어떻게 자기 동전을 다시 알아볼 수 있을까? 그리고 그는 무슨 권리로 그 소녀에게 모욕을 줄 수 있는가?: 제1조.

사건번호 167.

한 소녀의 목걸이가 망가졌다. 그 소녀는 진주를 모아 실로 꿰면서 마음 아파했다. 그녀가 몸을 굽혔을 때, 아이들이 그녀의 목 위에 자두 씨를 놓았다. "그만둬." 그 소녀는 화가 나서 말했다. "그만두지 않으면 어떻게 할래?" "너를 법정에 고소할 거야." "해 보시지." 재판 날이 다가왔다. 그 사건은 취하되었다: 제1조.

우리는 이 같은 사건들이 50건 이상 명시되었다는 사실을 이미 언급했다. 어쩌면 우리의 착각인지도 모르지만, 아이들은 이 같은 방법으로 이웃에 대한 존중과 다른 사람에 대한 관대함을 배우는 것처럼 보인다.

사건번호 172.

그 아이는 친구에게 자기가 용감하다는 것을 보여 주려고 나무에 올라갔다. 그리고 그 아이는 자기 자신을 고소했다. 그는 그것이 금지되었다는 것을 알았기 때문이었다: 제51조.

사건번호 206.

그 아이는 금지되었다는 것도 모르고 자기 식기를 세탁장에서 씻었다. 그 아이는 그것을 알고는 법정에 기록했다: 제51조

사건번호 218.

누군가 그 애가 법정에 고소하도록 꼬드겼다. 그 아이는 그렇게 했고, 이제 자기가 어리석은 짓을 했음을 알게 되었다. 그 아이를 부추겨 고소하도록 한 그 사람이야말로 고소당해야 했을 것이다: 제1조.

사건번호 223.

네 명의 소년이 한 테이블에서 숙제를 하고 있었다. 그런 다음 테이블이 잉크 자국으로 더럽혀졌다. 법정은 심문했고, 한 명이 테이블 위에 "36:3"이라고 썼고, 한 사람의 잉크가 책상 위에 떨어졌다는 것을 밝혀냈다. 법정이 없었다면 사람들은 모두에게 화를 냈을 것이다: 제4조.

사건번호 237.

그들은 장난을 하며 서로를 붙잡았다. 그러다가 한 소년이 다른 소년을 막대기로 세게 때렸다. 손이 매우 아팠다. 그는 법정에 기록했고, 아픈 것은 나았다: 제1조.

사건번호 238.

이 사건은 아마도 모든 사람에게 우습게 보일 것이다. 두 명의 소년이 화장실에서 소변을 보았다. 한 명이 실수로, 의도하지 않게 다른 사람에게 오줌을 누게 되자, 다른 아이는 의도적으로 그를 겨냥했다: 제200조.

사건번호 252.

층 담당자는 그 아이에게 무척 화가 났다. 한번은 그 아이가 무엇을 잊어버렸고, 그다음에는 다시 사람들이 그 아이를 찾으러 다녀야 했다. 그렇지 않으면 그 아이는 조심하지 않고 비질을 한다. 그 여자는 그 아이에게 법정에 고소하겠다고 몇 번이나 경고했다. 마침내 그녀는 인내심을 잃고 그 아이를 고소했다. 그러나 나중에 그녀는 다시 그 아이를 용서했다. 아마 그 아이는 자신의 행동을 고칠 것이다.

사건번호 254.

당번은 저녁마다 마당을 빗자루로 쓴다. 그 가운데 한 명은 화장실 청소를 해야 한다. 두 사람은 잠자러 가기 전에 발을 씻어야 한다. 그때 사람들이 장난으로 문을 잠그고, 아무도 그들에게 문을 열어 주지 않았다: 제100조.

사건번호 258.

그 여자애는 항상 너무 늦게 온다. 당번은 그 소녀에게 세탁장에서 나갈 것을 요구했다. 그러나 그 애는 화를 내고 말을 들으려 하지 않고 소리쳤다.

"내가 나가려고 하는데, 넌 나에게 화만 냈어." 여기서도 며칠 후에 용서가 이루어졌고, 싸우는 대신 법정에 신고하게 되었다: 제1조.

사건번호 260.

그는 아침마다 일어날 때면 소란을 피웠고, 그 일로 자기 자신을 법정에 고소했다. 법정은 그 아이를 용서하고, 그 같은 일이 다시 일어나지 않도록 당부했다: 제32조.

〈법정신문 제9호〉

"난 겁나지 않아."

법정은 아무것도 할 수 없다. 아무도 법정에 대해 겁을 내지 않는다는 의견을 자주 듣게 된다.

그래서 어떤 사람은 더 이상 법정에 고소하지 않으려 하고, 원래는 법정에서 다루어야 할 사안을 숨긴다. 다른 사람들은 처음부터 제1조를 의식한다.

법정은 누구에게도 별도 주지 않기 때문이다. 세 번째 사람은 마침내 "신고해 봐. 난 겁나지 않아"라고 말한다.

그렇게 해서 점점 더 많은 사건이 법정에 전혀 알려지지 않게 된다. 마침내 당번인 H는 사건을 법정에 신고하는 것이 더 이상 필요하지 않다고 여기게 되었고, 그것을 알게 된 다른 한 아이도 마찬가지였다. H뿐만 아니라 나이 든 소녀와 소년들도 나중에는 자신들의 행동에 대해 전혀 고소를 하지 않는다. 더 흥미로운 것은 그럼에도 불구하고 마지막 순간까지 자기 자신을 고소하는 사람들이 있다는 것이다. 그 사실은 모든 사람들이 하는 대로 하지 않고, 자신의 양심과 이성을 따르는 사람들이 도처에 있다는 것을 증명한다. 법정은 아무것도 할 수 없다.

아무 소용이 없다고 말하는 것은 곰곰이 생각해 보는 것보다 항상 더 쉽다. 말을 내뱉기 위해서는 입으로 충분하지만, 생각하기 위해서는 머리를 힘들게 써야 한다.

그때 한 사람이 말했다. "법정은 아무것도 할 수 없어." 그리고 다른 사람들은 합창단 단원처럼 한목소리로 말한다. "아무것도 할 수 없어."

그러나 가장 큰 소리로 그렇게 말하는 사람은 자신들에게 법정이 불편하고, 어렵고, 위협적인 존재로 비치는 사람들이다. 법정은 사람들에게 고소할 권리를 보장하고, 그들의 정당성을 검토할 권리를 가지기 때문이다.

"그는 제4조 혹은 제54조를 적용받게 될 거야." 어떤 사람에게는 제1조나 제4조, 그리고 제54조로도 충분하지만, 다른 사람에게는 제800조도 아무 효과가 없다.

법정의 임무는 사람들 사이에 질서를 유지하는 것이지만, 그것은 기적을 일으킬 수도 없고, 그럴 의사도 없다.

한 게으름뱅이가 제100조에 따라 벌을 받고 갑자기 성실해졌다면 그것은 기적일 것이다. 혹은 시끄럽고 시비를 좋아하는 녀석이 조용해지고 잘 참는다면 그것도 기적이다. 학교에서도 마찬가지다. 어떤 사람도 심한 처벌을 받거나 혹은 한 번 좋은 점수를 받은 다음, 한순간에 열등한 학생에서 모범적인 학생으로 변하지 않는다.

그러나 법정은 모두에게 다음과 같이 말하도록 도울 수 있다.

"난 오늘부터 조심할 거야. 더 이상 그런 짓은 하지 않을 생각이야. 나는 나 자신에게 약속해."

누군가가 그렇게 하는 것을 방해한다면, 그는 법정에 이 누군가를 고소할 수 있다.

한 가지 예:

싸움을 좋아하는 아이가 더 이상 화를 내지 않기로 작정했다. 다른 아이들이 의도적으로 그를 자극한다. 왜냐하면 누군가가 행동을 고치려 할 때, 그것을 보아 넘기지 못하는 사람들이 있기 때문이다. 그는 자신에게 싸움을 건 사람들을 고소한다. 그들은 부당하게 고소했다는 이유로 역시 그를 고소한다.

법정은 이 일을 어떻게 처리해야 할지 알게 될 것이다.

법정은 기적을 일으킬 수 없지만, 그 같은 기적은 역시 부탁이나 위협을 통해서도, 억지로 하거나 매질을 통해서도 일어나지 않는다. 심하게 벌을 주는 곳에서도 "그래, 해 보라지. 난 하나도 안 아파"라고 말하는 아이들이 항상 몇 명은 있다.

그리하여 그들은 행동을 고치기는커녕 오히려 나빠지고, 더 야비해진다.

"법정은 아무 도움도 안 돼. 그렇다면 무엇을 할 수 있는가? 계속 법정에 가지고 가야 하는가?”

그러나 그렇지 않으면? 그것이 정말 그렇게 수고스러운가? Ch는 처음에는 항상, 모든 사람으로부터 공격을 받았다. 그는 그것을 고소했고, 그들이 그를 비웃고 자극하면 또다시 고소했다. 결국 그들은 그에 대한 공격을 중단하고, 그래서 그 역시 고소를 그만두었다.

만약 불성실한 당번이 2주 동안 하루에 세 번씩 고소당한다면 결국은 행동을 고칠 것이라고 나는 확신한다. 층 감독을 맡은 아이들은 문서로 알리는 일에 너무 나태했다. 그들에게는 흥분해서 욕하고, 한판 싸움질을 하는 것이 훨씬 편하다. 그들은 어떻게 할 줄 모르기 때문이다. 그들이 법정에 신고한다면, 그들 스스로가 권리를 얻지 못할 위험에 처하게 된다. 말하자면 스스로 잘못이 없다고 생각하고 친절하게 말하는 대신 싸움을 먼저 시작한 것이며, 며칠 동안 기다릴 인내심도 없기 때문이다.

아이들의 공동체에는 너무나 많은 사악함이 있고, 그래서 법정은 복수를 위한 도구가 되었다. 이 사악함은 신고당한 사람의 목을 당장이라도 베기를 요구한다. 그래서 제4조와 제100조는 누구에게도 충분치 않다.

우리가 여름에 분노에 대해 이야기했을 때, 한 남자아이가 다음과 같이 썼다.

“나는 화가 나면 누군가 때려죽일 거야!”

법정은 아무도 때려죽이지 않고, 그래서 사람들은 법정을 비난한다. 그러나 다른 하소연도 있다.

“법정은 한쪽 말만 듣고, 다른 쪽 말은 듣지 않는다”라는 것이다.

나이 어린 아이가 나이 든 아이를 고소하면 나이 든 아이는 소환을 당해도 나타나지 않는다. 이런 건 달리 어쩔 도리가 없다. 나이 든 아이들은 다른 사람들이 부탁해도 나타나지 않는다.

법정을 무시하는 것은 아이들이 법정의 임무를 전혀 이해하지 못했다는 증거이다. 더 나쁜 것은 아이들이 법정을 우습게 만든다는 것이다.

법정에 앉는 것은 어떤 사람에게는 장난이고, 다른 사람에게는 억지로 처리해야 하는 유쾌하지 않은 의무이다.

“나는 재판관이 되지 않기 위해 일부러 법정에 신고해.”

그 말은 맞지 않거나 혐오스러운 기만이다. 법정은 진리에 기여하는 대신 거짓말을 낳게 하고, 정직함 대신 속임수를 가르치고, 시민의 용기 대신 비겁함을 키우고, 아이들에게 생각할 동기를 주는 대신 그들을 태만하게 만들었다. 점점 더 많은 사실이 감추어졌다. 아무도 잘못을 고백하지 않는다. 왜? 그들이 이미 법정을 두려워하지 않는다면 그런 일을 비밀에 부치는 이유는 무언가? 한 사람이 다른 사람의 사물함을 뒤졌다. 그러나 그는 "내가 그랬어"라고 말할 용기가 없다. 한 사람은 펜을 빼앗았다. 그는 법정을 두려워하지 않고, "내가 그랬어"라고 인정하지 않는다.

더욱 나쁜 것은 그들은 뭔가 없어졌다고 말하는 사람에게 화를 내는 것이다. 이제는 누가 어떤 물건을 잃어버리면 자기가 잃어버렸다는 사실을 밝히기를 두려워할 정도까지 되었다. 그는 그 물건을 다시 찾지 못할 뿐 아니라 오히려 피할 수 없는 불쾌감만 맛보게 될 것임을 알고 있기 때문이다.

그래서 어떤 아이는 조사하는 대신에 모르는 아이를 고소하는가 하면, 다른 아이들과 예의 바른 아이들은 겁이 나서 아무것도 고소하지 않는다.

그리고 제1조는?

한 사람은 법정에 고소하고는 무엇이 문제였는지 잊어버렸다. 생각이 있는 사람이라면 다음과 같이 말할 것이다. "그 고소에서 무엇이 문제가 되었는지조차 알지 못하면 나는 제1조를 적용할 것이다. 무엇 때문에 다른 사람에게서 시간을 빼앗고, 그들에게 불필요한 수고를 하게 하는가?"

그들은 전혀 오지 않는다. 왜 그들은 제1조를 적용하지 않는가? 그들은 명령하고 통제하고 위협하는 자들이 아무도 없다는 것을 알지 못하기 때문이 아니라, 바로 그렇기 때문에 적용하지 않는 것이다.

그리고 법정에서의 진술은?

진술을 경청하고 그것을 기록해야 하는 것은 종종 수치스럽다. 그리고 간단하게 "제가 잘못했어요"라고 말하는 게 더 쉬울지도 모른다.

1,950번이나 되는 사건에서 그것은 단지 세 번 일어났다. 법정의 활동을 통해 어른들이 아이들의 존경을 얻게 되리라는 것은 겉모습에 불과하다. 정반대의 일이 나타났고, 존경심을 가진 아이들조차 그것을 잃어버렸다.

더 나쁜 일이 일어났다. 재판관은 전혀 판결을 하지 않거나 혹은 아주 가벼운 판결을 내리기로 의견일치를 보았다. 그것이 편하기 때문이다. 결국은 한 재판관이 다른 재판관을 때린 일이 벌어졌다. 그는 자신의 양심이 명한 대로 판결하려 했기 때문이었다.

우리는 더 이상 기다릴 수 없게 되었다. 법정은 이제 도움이 되지 않는다. 오히려 그것은 해를 미친다. 법정은 질서를 가져오는 게 아니라 오히려 혼란을 야기시킨다. 법정은 아무도 개선하지 못하고, 오히려 귀중한 사람들을 타락시킨다. 그 같은 법정은 단 하루도 더 존속할 필요가 없다.

반년 동안의 작업이 허사가 되었다. 누군가 앞으로 진지하게 이 일을 추구하려는 사람이 있다면, 그는 그것이 얼마나 고통스럽고 얼마나 슬프게 만드는지를 알게 될 것이다.

유감스럽게도 법정은 두려움의 대상이 되지 못했고, 그래서 존중을 받지 못했다. 아이들이 그것을 존중하지 않기 때문이었다. 그들은 법정에서 거짓말을 할 뿐 아니라 자기 자신에게도 거짓말을 한다. 그들은 깊이 생각해 보고 스스로를 판단하려 하지도, 자신의 행동을 고치려고 노력하지도 않는다. 그러나 나는 법정이 반드시 필요하다는 것을 안다. 50년 후에 법정이 없는 학교나 교육기관은 하나도 없을 것이다. 그러나 우리 고아원을 위해서는 법정은 단지 해가 될 뿐이다. 여기서는 아이들이 자유로운 인간이 아니라 노예가 되기를 원하기 때문이다.

H와 관련된 사건들 중에서 단지 몇 가지만 소개한다. 싸움질 때문에 제기된 20건의 소송. 그 아이는 제1조를 9건 적용받았다. 그는 9번 용서를 받았지만 그것은 아무 도움이 되지 않았다. 제60조 2건, 제4조, 제63조, 제82조 각각 2건, 제100조 3건, 제200조 1건, 제300조 1건.

여러 번의 공격과 욕설과 놀렸다는 이유로 제기된 11건의 소송. 제1조 2건, 제54조 4건, 제82조 2건, 제41조, 제100조, 제200조 각각 1건, 한번은 일하는 데 방해했다는 이유로 제300조.

싸움질 때문에 제기된 12건의 소송. 제1조 3건, 제54조, 제32조, 제60조, 제80조, 제81조 각각 2건씩, 제100조 2건, 제200조 1건.

당번 업무에서 여러 가지 잘못으로 제기된 10건의 소송. 제1조 2건, 제4조, 제32조, 제82조 각각 1건씩, 제100조, 제400조, 제500조, 제700조 각각

2건씩, 3건은 수업 시간 중 나쁜 태도 때문에 제80조, 제82조, 제200조를 받았다.

더러운 머리 때문에 3건, 제1조, 제54조, 제200조.

손을 씻지 않아서 제100조.

펜대를 부러뜨려서 제81조.

컵을 깨서 제31조.

음식물을 버려서 제4조.

정직하지 않게 놀아서 제100조.

나쁜 짓을 했다는 소문을 퍼뜨려서 제60조, 제200조.

너무 늦게 와서 제70조와 제82조.

간섭해서 제100조.

그렇다면 고칠 수 없는 아이다. 그럼에도 불구하고 그 아이에게 제800조를 적용하고, 그에게 법정을 이용할 권리를 감히 빼앗은 사람은 아무도 없었다.

〈법정신문 제19호〉

〈사법위원회〉

우리의 법정은 반년 정도 위원회가 없었다. 우리들은 우선 법정을 시험해 보고, 그런 다음 확대하고 개선해야 했다.

법정의 공간은 충분하지 않았다. 매주 100건의 사건을 놓고 법정은 시간이 부족해서 필요한 만큼 세심하게 중요한 사건들을 처리할 수 없었다.

사법위원회는 이미 9주 전부터 활동해 왔고, 70건의 사건을 다루거나 매주 7건의 사건을 다루었다.

다음과 같은 사건이 사법위원회에 넘겨졌다.

1. 가족 방문을 마치고 돌아올 때 지각하는 모든 사례들.

2. 각 조항을 적용시키는 것을 넘어 보편적인 법규정을 통과시킬 필요가 있는 문제들.

3. 금전적인 배상과 관련된 사건들(깨진 창문 등).

4. 판결이 제500조를 넘어설 위험이 있는 사건.

5. 어떤 사람이 한 주일에 너무 많은 소송을 당해서 모든 사건을 한꺼번에 다루어야 할 경우.

6. 누가 옳은지를 알기 위해 양쪽에 대한 정확하고 장기적인 조사가 필요한 어려운 사건들.

법정 서기는 다음과 같이 발표한다.

"우리는 이 사건을 위원회에 넘기려고 합니다.

재판관들은 대부분 동의한다. 몇몇 경우에 재판관들은 자기들 스스로 판단할 수 있다고 밝힌다.

고소당한 사람 편에서 자신의 사건이 위원회에서 다루어지기를 요구하는 일이 있다. 서기는 일반적으로 동의하지만 항상 그렇지는 않다.

때로는 그것에 대한 충분한 규정이 없어, 그것에 대해 깊이 생각해 봐야 한다.

첫 번째 사건

어린 소년 H는 이미 아주 많은 소송에 연루되었다. 그렇지만 모든 판결은 아무런 도움도 되지 않았다. 그는 공개적으로 법정을 비웃고, 심한 표현을 사용했으며, 그것으로 심지어 법정마저, 아니 법정만큼은 아무 의미도 없다는 것을 입증했다.

두 가지 방법이 제안되었다. 법정이 아무 가치가 없으니 폐쇄해야 한다는 것과 이 소년을 법정의 영향권에서 제외시키자는 것이었다. 다시 한번 고소를 당하자, 그는 아주 야비한 방법으로 법정을 모독했고, 법정을 모독한 이유로 위원회에 넘겨졌다.

H는 법정이 자신을 화나게 했고, 자신은 주위에서 끊임없이 법정에 고소하겠다는 위협에 쫓기고 있으며, 그가 몸을 움직이거나 무슨 말만 해도 사방에서 당장 "난 너를 법정에 고소하겠어"라는 말을 듣게 된다고 진술했다.

결국 그는 인내심을 잃고, A와 법정에 대해 심한 분노를 터뜨렸다.

"나는 법정을 원하지 않아. 차라리 따귀나 손바닥을 한 대 얻어맞고 말겠어."

그가 자신의 행동을 고치고 모두에게 의무가 되어 있는 규정을 지키기보다는, 차라리 처벌받지 않고 사방으로 돌아다니며 두들겨 패고, 백번 고소당하기보다는 한 번의 매를 맞고 싶다고 말하는 것은 아주 당연했다.

위원회의 재판관은 두 편으로 나뉘었다.

한쪽은 이번 한 번만 더 용서하자고 했고, 다른 한쪽은 제900조를 요구했다. 결국 H는 제800조를 적용받게 되었다. 그는 일주일 동안 법정에서 제외되었고, 이 기간에 그는 원하던 대로 되었다.

1. 토요일에 그는 양말을 얻어 신지 못했다. 양말 분배 때 너무 늦게 왔기 때문이다.

2. 일요일에는 손바닥을 맞았다. 빗자루질을 하지 않으려 했기 때문이었다.

3. 화요일에 그는 감자를 깎다가 싸워서 따귀를 몇 대 맞았다. 그는 법정에서 제외되었기 때문에, 전혀 소송을 걸 수 없었다.

그 밖에 H는 다른 사건에도 연루되었다. 그가 손님들 앞에서 나이 든 소녀를 큰 소리로, 그것도 아주 야비한 별명을 붙여 불렀기 때문이었다. 그는 이미 제800조를 받았기 때문에 법정은 그를 용서하고 제60조를 적용했다.

두 번째 사건

예의라곤 전혀 없고 싸움을 좋아하는 게으른 아이. 그의 확신에 따르면 자기는 항상 옳고, 다른 사람이 하는 모든 말은 기분이 나빴다. 믿을 수 없는 당번이자 양심이 없는 동료이다.

그 아이 때문에 수프는 붉어졌고, 감자는 20파운드나 부족했다: 제90조.

그는 이미 일자리가 있었다. 그러나 그가 게으르다는 비난이 벌써 들어왔다.

세 번째 사건

나이 든 소녀.

그 소녀는 허락을 받지도 않고 여교사의 사유물인 가위를 가지고 가서 아무 데나 놔두었고, 4주 동안 자신의 말을 정당화시킬 수 없었을뿐더러, 가위

를 찾지도 않았다: 제400조.

위원회는 첫 번째 모임에서 다른 세 가지 사건을 다루었다.

1. 당번 J는 쓰레기를 치우려고 하지 않았다: 제55조.
2. 아궁이에서 감자를 구웠다: 제51조.
3. 당번 임무를 넘겨받을 때 너무 늦게 왔다: 제30조.

두 번째 주

두 번째 주에 위원회는 단 한 가지 사건만 다루었다. 한 소년이 점심 식사 시간과 저녁 식사 시간에 책을 읽었다. 이런 식으로 허용되지 않는 자신의 태도에 대한 다른 사람의 말에 그는 전혀 반응하지 않았다.

사법위원회가 그에게 식사 시간 동안 책 읽는 것을 예외적으로 허락해 주기를 바라느냐고 질문하자 그는 원치 않는다고 대답했다: 제4조.

세 번째 주

아이들이 개인 사물함을 사용하는데 규칙이 없어 몇 건의 소송이 제기되었다. 그래서 서기는 다음과 같이 제안했다.

1. 사물함의 열쇠는 불필요하기 때문에 반환한다. 그 열쇠는 사물함 속에 있는 내용의 비밀을 충분히 보장해 주지 못하기 때문이다.
2. 아침부터 저녁까지 사물함 근처에 특별 책상을 두고, 책임자는 당번을 정한다.
3. 사물함을 잠그고, 하루에 몇 번, 한 시간씩 열어 준다.
4. 버릇없고 해를 끼치는 자를 찾아낸다.

위원회는 이 계획을 폐기했다. 누군지는 모르겠지만 그에게 제3조가 적용되었다. 왜냐하면,

1. 많은 아이들이 자기들이 없는 사이에 다른 아이들에게 자기 사물함을 사용하는 것을 허용하기 때문이다.
2. 아이들은 책을 공동으로 소유하고, 주인이 알지 못하는 사이에 책을 가져오기 때문이다.
3. 많은 경우 그들은 잘못으로 다른 사람의 사물함에 가기 때문이다. 사법

위원회가 없었다면 사람들은 아마도 사물함을 잠갔을 것이고, 그랬을 경우 아주 불편했을 것이다.

B와 관련하여. 혼자서 8건의 사건을 치렀다.

한 주일에 8건.

1. 한 소녀가 아주 조용히 서 있는데, 그 아이는 그 소녀를 밀치고 때리기 시작했다.

   "나는 널 법정에 고소할 거야."

   "해 봐."

   그 아이는 계속해서 밀치고 때렸다: 제63조.

2. 한 여자아이가 손에 편지를 들고 있으니까 B는 그것을 빼앗아서 찢을 거라고 위협했다: 제63조.

3. 한 남자아이가 앉아 있었다. B는 그를 이리저리 잡아당기고 부딪치고, 마구 흔들었다: 제63조.

4. 한 여자아이가 휴지통 옆에 서 있었다. B는 그 아이 머리 위에 휴지통을 뒤집어씌웠다: 63조.

5. 한 남자아이가 아침에는 그와 함께 놀았지만, 저녁에는 더 이상 그러지 않았다, B는 사방으로 그 아이를 따라다니며 공격하고, 가만히 두지 않았다. "난 그 녀석을 어찌해야 좋을지 알 수 없어요.": 제63조.

6. 그 아이는 한 여자아이에게 다가갔다.

   "난 널 때릴 거야."

   "때려 봐."

   그 아이는 계속 여자애를 때리고, 의자에서 내동댕이쳤다: 제63조.

7. 그 아이는 한 여자아이에게 다가갔다.

   "너 옴 있지?"

   그 아이는 그 여자아이의 발목 위에 앉아서 그 아이에게 옴이 있다고 말했다: 제63조.

   그 밖에도 어떤 아이가 일할 때 아주 형편없이 한다는 신고가 들어왔다. "그 아이는 일하기 전에는 항상 몸을 숨겨요. 그리고 아무리 주의를 줘도 수백 가지 변명을 늘어놓고, 모든 일에 간섭하고, 말을 듣지 않아요.": 제93조.

B는 비난받지 않고 소송에서 빠져나갔다. 고소한 사람이 다음과 같이 그를 위해 나섰기 때문이었다.

"B는 나쁜 아이는 아니에요. 정말 그렇지 않아요. 하지만 그 아이는 다른 사람에게 시비를 걸고, 성급하고, 명예심이 없어요. 아이들이 그에게 '네가 빠져나갈 수 있도록 해 봐'라고 말하면, 그 아이는 그 점에 대해 생각하지 않고 웃으면서 사라져요. 그 아이는 원래 바보가 아니에요. 때때로 그 아이와 이야기하면 아주 재미있어요. B는 정말로 자기를 좋아하는 사람이 하나도 없고, 자기가 달라지도록 도와주려는 사람도 없어 슬프다고 말해요. 가게에 있는 사람들이 그 아이에게 너무 잘해 주어서 버릇이 나빠졌어요. 하지만 그 아이는 벌써 많이 좋아졌어요."

다른 사건들

어린 소년 두 명에 관한 사건은 식탁에서 태도가 나빴기 때문이었다: 제81조.

두 명의 큰 아이들이 용감하게 수업 시간에 자리를 비웠다: 제41~50조.

층層 책임자인 한 소녀는 당번에 대해 부당한 증거를 제시했다. 위원회는 그에 대한 명예 회복을 결정했다.

네 번째 주

네 번째 주에는 단 세 가지 사건만 넘어왔다. 그 가운데 한 사건은 재단실에서 사라진 수건 때문이었다.

불에 탄 장화.

두 소년이 가정부의 지시에 따라 아궁이에서 나막신 두 짝과 장화 한 켤레를 불에 태웠다.

"그것은 옳지 않았어. 그걸 수리할 수도 있었을 텐데."

"그런 건 아무 가치도 없어."

"아무리 나쁜 장화라도 수리할 수 있어."

제33조. 소년들은 임무를 수행한 것이다. 그것은 그들 잘못이 아니다.

바느질 방

일요일에 소년들이 단추를 꿰매기 위해 바느질 방으로 갔다. 한 아이가 그 일을 위해 가져가서는 안 되는 목면을 가져갔고, 다른 소년은 충분한 안주머니가 있는데도 불구하고 주머니를 만들어 달려고 했다.

그는 거기서 나와야 했지만, "이봐. 내가 뭘 꿰매려 하는데 계집애가 내게 나오라고 명령하려고 해"라고 대답했다.

"네가 날 어떻게 할 셈인데?"

"그 계집애는 나를 개처럼 쫓아내려고 했어. 다른 아이들도 주머니를 2개씩 가지고 있단 말이야." 결국 첫 번째 아이는 제4조를, 두 번째 아이는 제200조를 받았다. 그리고 바느질 방이 아니라 식당에서 수선을 하도록 결정이 내려졌다. 바느질 방에서는 층 감독과 마찬가지로 가장 나이 많은 소녀가 일지를 기입해야 하고, 그 밖에도 나쁜 실보다 목면실로 깁는 것이 정말로 더 좋은지 검토해야 했다.

다섯 번째 주

다섯 건의 사건.

법정을 증오하는 사람이 있었다. G는 5건의 소송을 치렀다.

그는 침실에서 소란을 피우고, 옷을 벗으려 하지 않고, 여러 침대로 돌아다니며 큰 소리로 떠들었다. 사람들이 말려도 아무 소용이 없었다. 그는 세탁장에서 아이들이 "그만둬"라고 말해도 노래를 부르고 휘파람을 분다. 그런 다음 그 아이는 "나를 법정에 고소해"라고 말했다.

그 아이는 당번이 되면 자기가 원하는 일만 하고, 화를 내고, 빗자루를 쓸지 않는다. 설령 한다 해도 아주 대충 해 버린다. 그 아이는 자기 마음대로 행동한다. 그는 거짓말을 한다. 그 아이는 난로 밑의 먼지를 이미 쓸었다고 말하지만, 사실이 아니다.

법정에 고소해도 그 아이는 진술을 하러 오지 않는다. "적당한 때 올게."

한 남자아이가 아파서 침대에 누워 있었다.

"넌 왜 누워 있니? 무슨 일이야?"

그 아이가 아무 대답도 하지 않자 그 아이를 때렸다.

그 후 G는 자기가 그렇게 한 이유를 설명했다.

"나는 법정을 싫어해. 그것을 증오하고, 그것과 아무 관계도 갖고 싶지 않아. 난 말이나 문서로 사과하고 싶지 않아. 나는 내가 자주 부당하다는 것을 알기 때문이지. 모두가 내게 법정을 들먹이며 겁을 줘. 그것이 나를 제일 화나게 해. 나를 고소하면 그뿐이지 겁을 줘서는 안 돼: 제700조.

법정은 유쾌한 기관이 아니다. 그 말은 맞다. 그러나 그것은 재미를 위해 생겨난 것은 아니다. 그 과제는 법과 질서를 보장하고, 교사가 목동이나 마부처럼 몽둥이와 소리를 질러 복종을 강요하지 않고, 조용하고 이해심 있게, 아이들과 함께 생각하고, 충고하고 판단할 수 있도록 돌보아 주는 것이다. 종종 누가 옳은지, 그리고 어떤 사람이 어느 정도로 옳지 않은지 더 잘 알고 있는 아이들과 더불어 말이다. 법정의 과제는 거친 장면들을 생각하는 작업으로 대신하고, 분노를 폭발하는 대신 교육학적인 활동으로 변화시키는 것이다.

B의 사건, 다시 사법위원회로

부엌 당번으로 게으르고, 말 안 듣고, 나태했던 그 아이는 이제 새로운 임무에 대해서도 마찬가지로 행동한다. 당시 그 아이는 감자를 깎지 않았고, 지금은 계단을 쓸려고 하지 않는다. 모두 희멀건 수프를 앞에 놓고 있는 것이 그에겐 아무렇지도 않으며, 다른 아이들이 쓸지 않은 계단을 닦을 수 없어 걸레를 가지고 기다려도 소용이 없다.

"난 지금은 갈 수가 없어. 일할 기분이 아니거든."

아이들은 세 번이나 그 아이에게 요구했지만 아무 소용이 없었다.

"그 아이를 신고하려면 매일 해야 할 거야. 그 애는 쓰레받기를 제자리에 갖다 놓지 않고, 쓰레기를 창문으로 던져 버리거나 난로 밑에 쓸어 넣어 버려. 그 애는 삽을 가져오면 제자리에 놓지 않아. 빗자루와 걸레를 치우려 하지 않아. 사람들이 그 아이를 비난해도 항상 자기가 옳다고 주장해."

"그 아이는 좋은 녀석이지만 화를 잘 내. 쉽게 모욕감을 느끼고 화를 내며 대답해. 그 아이는 나중에 다시 생각해. 다른 사람들이 그 아이 일을 대신해야 해. 그 아이는 시간을 지키지 않아.": 제82조.

이 아이들은 고아원의 명예를 손상시키는 사람들이다. 좋은 일자리를 찾는 것이 우리 소년들에게 점점 더 어려워질 것이다.

우리가 이미 경험한 것과 같이 그의 직장에서 B에 대한 비난이 있었다.

거친 장면

부엌에서.

M이 들어와서 "내가 네 여동생을 만났는데, 너한테 안부 전해 달래"라고 말한다.

"그것 참 대단하군."

"네 여동생이 너한테 안부 전하라는데 알려고도 하지 않다니."

"난 벌써 들었어."

다른 아이가 웃기 시작한다.

M은 다른 여자아이를 향해 말을 건다.

"내가 네 여동생을 만났더라면 넌 그렇게 행동하겠니?"

웃음소리

D는 역기 하나를 들어서 한 소녀의 가슴팍에 던진다. D는 화가 나면 종종 그런 장면을 연출한다: 제200조.

도미노게임

사람들이 이전에 누군가를 "사기꾼"이라고 불렀다면, 우리는 왜 그런지 알지 못했다. 사탕과 돈을 건 게임을 하는 것이 허락된 지금은 정직하지 못한 게임 때문에 점점 더 자주 소송이 걸린다. 이전에는 몰래 행해지던 것이 지금은 공개적이고 법정의 통제 아래 행해진다. 왜 서너 명의 사기꾼만 있어도 모두에게 그것을 금지시켜야 하는가? 그리고 도미노나 장기를 단지 게임으로 하는 것인지 혹은 사탕을 걸고 하는지를 조사할 수 없다면, 금지가 무슨 소용이 있겠는가? 누군가가 돈을 주고 사야 하는 유리구슬을 잃든지 혹은 돈을 잃든지 그것은 마찬가지다. 어떤 사람은 이성적이기 때문에 자기 돈을 쓸모 있는 물건을 위해서 지출한다. 그는 좀처럼 노름을 하지 않고 조심하는 법을 배운다.

그러나 경박한 사람이나 어리석은 사람은 어리석은 방식으로 돈을 써 버리고, 어리석은 내기를 하고는 진다. 어떤 사기꾼과 함께 게임을 하다가 도장을 잃었다면, 그는 조심하는 법을 배울 것이고, 어른들 간에 종종 발생하는 것처럼 심지어 전 재산이나 다른 사람의 돈을 노름으로 날리지는 않을 것이다.

정직하지 못한 게임 때문에 일어난 첫 번째 재판은 어린 소년에게 한 달간 게임을 금지하는 것으로 끝났다. 그러나 그 기간이 너무 길었기 때문에 그 아이의 청원에 따라 금지 기간은 2주로 단축되었다: 제3조. 실제로 어떤 일이 있었는지는 밝혀지지 않았다. 이 사건들은 판단하기가 늘 매우 어렵다.

여섯 번째 주

두 가지 중요한 문제가 규정되었다. 그것은 빨래를 지붕 위에 너는 것과 장난감을 내주는 것이다. 그 일과 식사 기도 순서를 맞추기 위해 첫 번째 조치가 취해졌다.

부족한 호의

"빨래를 내놓을 때면 나는 항상 불유쾌한 일을 겪는다. 남자아이들은 정말로 원치 않거나 마지못해 그 일을 한다. 한 사람은 피곤해하고, 다른 사람은 시간이 없으며, 세 번째 사람은 나중에 하겠다고 말한다. 그래서 유감스럽지만 나는 다른 사람보다 더 자주 그런 태도를 보인 소년을 신고하게 되었다. 그럼에도 불구하고 항상 모든 것을 거절하는 아이들에게는 내가 더 이상 요구하지 않기 때문에 그 일이 발생했다. 그 아이가 피곤하다고 말한 것이 나를 화나게 했다. 나는 그 말이 맞지 않는다는 것을 잘 알고 있었다. 그 녀석은 이미 30분 전에 학교에서 돌아왔기 때문이다."

"왜 나는 사과해야 하는가? 그들은 내가 잘못했다고 말한다. 그 말을 믿는 사람은 늘 여자애들밖에 없다. 나는 지붕에 올라가는 것을 좋아하지 않는다. 책 읽는 것이나 놀던 것을 중단시켜야 하기 때문이고, 그러면 그들은 내게 화난 표정을 짓는다. 나는 빨래를 나르는 남자아이들을 불러 모으는 일을 맡을 것이고, 우리는 스스로 그 일을 할 것이다. 그 여자애가 법정에 고소했기 때문에 내가 그렇게 한다고 생각해서는 안 된다.": 제5조.

"그 애들은 도미노게임을 하고 있었어. 난 그 아이들에게 '우리 다른 놀이 하자'라고 말했어. 그 아이들은 하겠다고 했지만 한 아이는 너무 피곤해서 하지 않을 거라고 대답했어. 1분 좀 지나서 그가 왔어. 하지만 그때는 이미 너무 늦었어."

"나는 마프차가코프스카 99번지에 보내는 편지를 가지고 있었어. 나는 도미노게임을 하고 있었고, 그 판을 끝내려고 했어. 나는 게으름뱅이로 취급받지 않기 위해서 내가 할 일은 할 거야.": 제4조.

장난감에 관한 일

"나는 달리 어쩔 도리가 없었기 때문에 법정에 신고했다. 테이블 위에 놓아 둔 복권과 장기판에 필요한 돌이 사라졌다. 그래서 아주 불쾌했다."

"내가 놀려고 무엇을 가져오면, 곧 누군가가 나타나 그것을 가지려고 한다. 교실을 치우는 동안 나는 다른 사람에게 게임을 양보했다. 나는 그것이 없어질 줄은 전혀 몰랐다."

"내겐 그림 복권이 있었는데, 갑자기 목욕을 하라고 불렀다. 그래서 나는 그것을 사물함에 넣어 두어야 했다. 그것을 맡길 만한 사람이 아무도 없었기 때문이었다.": 제40조와 제50조.

사법위원회의 부탁으로 오락 게임을 위한 그룹은 다음과 같은 게임 규정을 세웠다.

1. 사탕, 우편엽서, 돈을 걸고 하는 복권과 도미노는 토요일과 금요일 4시 30분 이후부터만 할 수 있다.
2. 사람들은 30그로셴을 잃으면 게임을 중단할 수 있다.
3. 최고 50그로셴까지만 판돈을 잃는 것이 허용된다.
4. 게임에서 빚진 사람은 늦어도 일주일 안에 갚아야 한다.
5. 표시가 되어 있는 도미노 돌은 환수해야 한다.
6. 그림 복권을 가진 사람은 다음 사항을 염두에 두어야 한다.
   a) 낱장을 테이블 밑에 두지 말 것.

b) 복권 게임을 제때 되돌려 놓을 것.

c) 4 혹은 5를 놓고 게임을 할 것인지를 결정할 것.

d) 잃어버린 숫자판은 대체해 놓을 것.

주의 사항: 장기판은 6시 이후에 교부된다. 반납 시간 15분 전에는 새로운 게임을 시작해서는 안 된다. 반납은 식사 시간 5분 전에 한다.

식사 기도에 관한 일

"그 아이는 항상 식탁에서 어리석은 짓을 한다. 식사 기도를 하는 동안 이 상한 표정을 지어서 모든 사람이 웃을 수밖에 없다. 그 아이는 사랑스럽고 재미있는 아이지만, 기도할 때는 터무니없는 행동을 한다."

서기는 기이한 행동을 한 사람들을 일주일 동안 식사 기도 때 식당에서 내쫓기로 하는 규정을 통과시키자고 위원회에 제안했다.

위원회는 이 사건을 다른 소년이 식사 기도를 할 때까지 연기하기로 결정 했다. 피고는 4조를 적용받았다.

법정에서의 재판관

그 아이는 추첨에서 뽑혀서 재판관이 되었는데도 오지 않았다. 그 아이는 그 일을 맡을 생각이 없었다.

왜 그럴까?

1. 지나치게 엄격하거나 부당한 처벌이 내려졌을 때 나중에 비난 받을지도 모르기 때문이다.

2. 그 아이는 법정을 좋아하지 않고, 그것과 관계하고 싶지 않기 때문이다. 서기는 5조를 제안하고 추첨에서 3개월 동안 제외시킨다.

그 아이는 법정을 이해하지 못했다!

그 아이는 법정에 앉는 것이 유쾌한 일이 아니라 사회적이고, 심지어는 난 처한 의무라는 것을 이해하지 못했다.

그는 법정이란 재판관이 있어야만 존재할 수 있다는 것을 알지 못했다. 그 아이는 "나는 좋아하지 않아, 혹은 난 원치 않아"라는 것이 "나는 안 할 거 야"를 의미하지 않는다는 것을 이해하지 못했다. 사람들은 자기가 원치 않일이나 하고 싶지 않은 일도 때로는 해야 하는 것이다.

법정이 완전히 무의미하다면 아무도 법정을 찾지 않을 것이다. 그러나 사람들이 여전히 법정을 찾는다면 그것은 법정이 유익하다는 것을 의미한다. 그 때문에 법정 일을 도와주고 어렵게 만들지 않는 것은 모든 사람의 의무이다.

법정이 엄격하고 부당하다고 말하지만, 사람들은 자신의 사건을 두 번째로 제기하고 호소할 수 있다. 처음부터 다루어진 3,000건 중에서 항소는 단지 4번뿐이었다. 자기에게 방금 떠오른 말을 내뱉는 것이 아니라 판결의 정당성을 걱정하는 사람은 4주 후에 다시 자신의 사건을 가지고 법정을 찾을 수 있다.

나태한 사람이나 지혜롭지 못한 사람은 그렇게 하지 않고, 오히려 화를 낸다.

〈시행 첫해〉

나는 처음 일 년간 이 제도를 도입하여 시험해 보는 동안, 법정과 법전 이용이 주는 효과적인 측면을 알 수 있었다. 총 3,500건이 다루어졌고, 한 주에 적어도 50건, 많으면 1,130건이 접수되었다. 1년 만에 "법정신문" 25호가 나왔다.

여기에 전문을 실었던 제1호는 시행 첫 달에 나왔고, 제9호는 법정이 4주간 연기되었던 반년 후에 나왔다. 그 휴지 기간 동안 사법위원회가 도입되었고, 그 활동은 법정신문 제19호에 보고되었다.

그것이 어떠했는지를 여기서 간단히 이야기하는 것이 최선일 것 같다. 일주일이 지나자 나는 곧 아이들에게서 일어나는, 난처하고 질서를 방해하는 사소한 많은 일들을 교사들이 알지 못하거나 전혀 알 수 없음을 확신하게 되었다. 모든 것을 안다고 이야기하는 교사는 의식적으로 거짓말을 하는 것이다.

나는 지금도 아이들 세계에서 일어나는 문제들에 대해 교사는 충분히 알지 못한다고 확신한다. 그리고 교사의 권력이 그가 가진 능력보다 더 크다는 것과, 모든 아이가 자기보다 두 살 어린 아이들을 우습게 여기거나 전혀 고려하지 않는, 완전한 위계질서가 존재한다는 사실뿐만 아니라 나이에 따라 원생들에 의해 정확히 계산되는 고의성이 있다고 확신한다. 이 무법천지의 간수가 바로 교사이다.

교사가 때리지 않거나 아주 드문 경우에 옆구리를 한 대 치는 것조차 할수 없다면 무슨 소용이 있겠나? 처벌받지 않는다는 사실을 통해 기세가 오른 무례한 아이가 자기보다 어리고 힘없는 여자아이들의 얼굴을 때리고 목마를 빼앗을 때도 말이다.

13살 난 아이가 어린 아이들에게서 펜이나 메모지를 빌리는 것은 관습이고 전통이다. 그러나 나이 어린 아이가 되돌려 줄 것을 요구하면, 그 아이는 "꺼져 버려. 날 화나게 하지 마"라는 "친절한" 대답을 듣게 될 것이다.

이런 "작은" 일들은 무수히 나타난다. 사람들은 그것을 자세히 연구해야 하고, 그 뒤를 좇아 보고 그들을 이해해야 한다. 많은 사례들은 법정 밖에서 결정되기도 한다. 사소한 일 때문에 재판을 여는 수고 대신 차라리 말로 해야 한다는 확신은 아주 뿌리가 박혀서, 그것을 물리치려고 하는 것은 의미가 없었다. 그것은 법정의 권위를 떨어뜨렸다. 나이 든 아이들이 법정을 인정하지 않는다면, 일련의 중요한 사건들이 법정에 오르지 않는다면, 법정 자체가 장난이거나, 어떻게 조치할 수 없는 문제들을 거부함으로써 해결하는 것밖에 되지 않는다. 지금까지의 "나를 그냥 내버려 둬"라는 말 대신 "날 법정에 고소해"라는 새로운 용어가 생겼다.

사람들이 법정을 두려워하지 않고, 법정은 아무것도 할 수 없기 때문에, 그것이 아무런 영향도 미칠 수 없다는 비난은 사방으로 퍼졌고, 그 같은 비난은 압력이 되는 동시에 법정 자체의 존재를 부정하는 결과를 낳았다. 문제를 제대로 다루려면 공식적으로 처벌이 없는 기숙사에서는 상황이 어떠했는지 살펴보아야 한다.

처벌에 관해서 말할 때면 우리는 항상 매질, 감금, 화난 말을 퍼붓는 것 등을 생각한다. 그러나 고함을 치거나 화를 내는 것, 위협 혹은 지금까지 친절했던 내 태도의 변화가 아이에게 얼마나 심한 처벌이 되는지는 알지 못한다.

아주 어린 아이들의 "법정중독"은 법정을 위해서는 치명적이었다. 그들은 아주 사소한 일로 신고를 했다. 모든 사건들의 절반은 가장 어린 아이들 그룹에서 일어난 사소한 싸움에 관한 것이었다. 어린 X와 어린 Y가 법정의 확실한 단골이었다는 것에 대해 사람들은 웃을 수밖에 없었으며, 그 때문에 법정은 끊임없는 조롱의 분위기에 빠졌다. "나를 법정에 신고해"라는 말은 정당한 요구들에 대한 판에 박힌 대답이었다. 소송의 수를 제한하는 것은 분명히 필요한 것처럼 보였다.

그러나 어떻게?

법정에 "어리석은 일"을 신고하는 것은 허용되지 않는다고 말할 것인가? 나는 그렇게 해서는 안 된다고 아주 단호하게 주장했다. 재판관들이 처음에는 어린아이들의 모든 분쟁을 사소하게 여겼다는 것, 심지어는 사람들이 그들을 때리고 놀리고 방해하는 문제가 생겨도 그것을 사소하게 여겼다는 것은 놀라운 일이었다. 그러나 그들은 곧 한 사건의 중요성을 검토하는 시금석은 사람들 스스로 체험하는 반감과 피해자가 부당하다고 느끼는 감정의 정도라는 것을 알게 되었다.

어째서 유리창이 깨진 것은 중요한 사건이고, 한 아이의 개인 재산이 파괴된 것은 "어리석은 짓"인가? 밤송이를 놓고 하는 게임에서 속인 것은 처벌받을 만한 부정직함이 아니란 말인가? 그것이 돈이 아니라 밤송이에 해당하기 때문에?

밤송이 놀이는 수많은 재판과 무수한 싸움의 원인이었다. 교사는 그 같은 사건에서 어떻게 하는가? 그는 놀이를 금지시킨다. 그렇게 한다면 그는 폭력을 행하는 셈이며, 인생에서 훨씬 더 중요한 의미를 가진, 경박함, 욕심, 분노, 정직하지 못함 등등, 각자의 성격이 가장 쉽게 드러나는 행운의 놀이에서 아이들을 알게 될 기회를 잃어버린다. 내 생각으로는 놀이를 금지하는 것은 교사나 아이들 모두에게 커다란 손실이다. 작은 아이들에게 밤송이 놀이는 법질서를 위한 최초의 개념을 깨우쳐 준다. 처음에 기막힌 일이 벌어졌다.

한 아이는 100개의 밤송이를 잃었는데도 그것을 내놓지 않겠다고 단호하게 말했다. 왜? 이유는 아주 간단하다. 그것을 원치 않았기 때문이었다. 그들은 하나의 공동체를 이룬다. 그들은 밤송이를 공동으로 간직하고, 그런 다음 싸움을 하고, 그다음에는 "난 너한테는 한 개도 안 줄 거야"라고 말한다. 많은 진술들은 나를 놀라게 했다. 밝은 대낮에, 그리고 많은 증인들 앞에서 한 남자아이가 여자아이에게서 밤송이를 빼앗고 무례하게 그 아이를 놀려 댔다. "그래 날 놀려 봐. 네가 내게 뭘 할 수 있어?" 유일한 화풀이는 더 나이 많은 아이들에게 이르겠다는 것이지만, 어떻게 할지는 묻지 않았다. 그는 그 여자아이의 목덜미를 때리고, 머리카락을 잡아당기고, 땅바닥에 밀쳐 버렸다. 문명화된 나라의 대도시에서, 질서정연하게 유지되는 기숙사에서 행해지는 야만인과 같은 습성이다. 그리고 간단히 말하자면, 나는 그 아이에게 얼마간의 매력을 느끼고 있었기 때문에 그와 유사한 일에 동의했을 뿐 아니라, 이 일을 사소하게 여기는 쪽으로 기울어졌다. 그 나이 어린 유쾌한 말썽꾸러기가 약간 멍청한 여자아이보다 내게 더 가깝게 여겨졌기 때문이었다. 이 사랑스러운 녀석은 아이들의 특정 그룹에 독재를 행하는 동시에 나를 자기 편으로 만들려 했고, 나는 권리에 대한 이 아이의 이해 속에는 무정부 상태가 자라고 있다는 점을 눈치채지 못했던 것이다.

종종 단 한 번의 사건이 수개월간 함께 살았던 것보다 더 정확하게 한 아이의 성격에 대해 말해 주기도 했다. 나는 많은 경우를 통해 여러 달에 걸친 느슨한 관찰보다 한 집단에 대해 더 잘 알게 되었다.

나는 법정 서기의 기초 지식을 배웠고, 그런 다음 그 지식을 완성시키고, 나중에는 이 문제의 전문가가 되었다.

귀찮은 쓰레기더미, 말라비틀어지고 흠집투성이인 밤송이가 생명을 얻는다. 거기에는 중립적인 밤송이 놀이에 아주 잘 어울리는 밤송이, 생각하는 밤송이, 특별한 행운을 가져다주는 밤송이가 있다. "이 밤송이를 가지면 난 항상 이겨. 난 이 밤송이를 내놓지 않기로 했어."

나는 어떤 교사가 그 같은 질문에 대해 생각할 시간을 가지는지, 누가 그것을 관대한 미소로 무시해 버리지 않고, 법과 공정함이라는 관점에서 연구하는지 묻고 싶다.

아이들이 공동생활을 하는 데 얽힌 문제들을 곰곰이 생각하도록 만든 이 "사소한 일"에 나는 감사해야 할 것이다. 비사교적이고 반사회적인 유형, 자신의 습관과 성향을 정리하려고 하지 않는 개인들, 그들은 유례없을 정도로 강하게 질문에 대한 확실한 대답을 요구하고 나선다. 어떻게 해야 하는가? "나는 법정을 싫어해. 차라리 나는 손바닥을 한 대 맞거나 따귀를 맞고 말 거야. 나는 모든 것을 다 참을 수 있지만, 법정만은 못 참아. 나는 그것을 증오하고, 싫어해. 나 스스로 다른 사람을 고소하고 싶지도 않고 고소당하고 싶지도 않아."

그렇게 생각하는 아이들이 여럿 있다. 법정은 그들에게는 모든 것을 기록하고 공개적으로 밝히는, 달갑지 않고 아주 위협적인 적敵이다. 그 아이는 자신에 대해 설명하는 것을 원치 않고 자신에게 법과 공정함은 그다지 중요하지 않으며, 자신에게 어떠한 강제도 할 생각을 하지 않는다. 그 아이는 어떤 일에서 성공할 수도 있고, 못 할 수도 있다. 그리고 이 같은 도박에서 만족감을 얻게 되면, 우연은 그 아이를 흥분에 빠뜨리며, 이 모험에서 저 모험으로 옮겨 다니며 살아가게 한다. 그 아이를 조종하는 것은 순간의 분위기이고, 분노를 폭발하는 것은 그 아이의 취미이다.

법정의 교육학적 의미를 학문적으로 연구하는 행복한 사람이 있다면, 나는 바로 이런 아이들을 관찰하라고 힘주어 권하고 싶다.

이 작은 무리가 법정을 무너뜨렸다는 것은 아주 특별하다. 법정을 연기했을 때, 나는 몇 주간의 휴정 기간이 몇 가지 변화를 도입하고 보충하기 위한 것임을 의심하지 않았다. 그럼에도 불구하고 나는 이 휴정을 고통스러운 패배로 받아들였다. 나는 어떤 어려움 속에서도 이 법정이 다른 사람에 의해 운영되는 다른 교육기관에 선구적인 역할을 해야 한다고 생각했다. 나는 모든 자격 있는 교사들이 불평하고, 비웃고, 떠벌리고, 무의미하게 흥분해야 하는 상황에서 자유로워지고 싶어 하는 것을 안다. 독일 학교의 모범에 따라 흥분하지 않고, 상응하는 도구로 정해진 신체 부위를 엄숙하게 때리는 것을 좋아하지 않는다면 말이다. 그럼에도 불구하고 아이들이 성실한 사회를 형성해야 했을 때, 법정은 그들의 희망을 충족시키지 못했다. 아이들의 세계에서 나타나는 무수히 작은 위반과 실수와 충돌을 간단하고 근본적으로, 그리고 재빨리 해결해 주지 못했기 때문이다. 법정은 교사를 대치할 수 없고, 대신할 수조차 없지만, 그것은 교사의 적용 영역을 확대시키고, 어렵게 하고, 그의 일을 복잡하게 하며, 그것을 심화시키고, 체계 속에서 파악하게 한다.

사람들은 상이한 시간에 아이들에게 공책과 연필과 철필을 나누어 줄 수 있다. 그리고 그 사실을 단지 기억 속에 새겨 둔다. 그러면 무질서가 지배하게 된다. 나누어 주는 것을 특정한 날에 특정한 시간에 계획하고, 그 날짜를 기록한다면 질서와 심지어는 어떤 정의감이 생겨날 것이다. 그렇다. 정해진 식사 시간 없이 아이들이 원할 때 식사를 하고, 약삭빠른 아이들이 조용하고 순종적인 아이보다 더 많이, 그리고 더 자주 먹을 것을 얻는 기숙사도 나름대로 유지된다. 사람들은 법정이 없이도 처벌과 꾸지람과 경고와 비난을 할 수 있으며 감시할 수 있다. 무질서가 지배하지만 그것은 일반적인 규범에서 벗어나지 않는다. 교사는 어떻게든 해결책을 찾고, 아이들도 마찬가지다.

그런 곳의 교사는 모든 해결되지 않은 문제, 아마추어처럼 꿰어 맞춘 계명과 금지, 모든 실수가 법정이란 기관에서는 어떻게 나타나고 어떤 결과를 낳는지를 보고 놀란다. 저녁의 혼란, 침실에서의 소란 – 상이한 형태의 너무나 많은 귀찮은 사건들이 일 년 내내 끊임없이 경고를 울리고, 취침 시간이라는 해결되지 않는 문제는 그들의 규정을 기다린다. 법정은 효과적인 면에서는 아무런 힘이 없다. 이 경우에 막대기와 같은 폭력을 사용하거나 아니면 아이들의 신체나 심리적인 욕구와 일치하는 해결책을 찾아야 하기 때문이다. 그런 까닭에 실행될 수 없는, 저 사라지지 않는, "두드려라, 그러면 열릴 것이다"와 같은 서투른 교육학적 구호가 확산될 권리와 가능성을 얻게 되는 것이다.

일반적인 법칙을 적용시킬 수 없는 모든 아이는 법적으로 예외가 되어야 한다.

여기서도 교사의 의식적이고, 창조적이며, 희생적인 사고가 필요하다.

서투른 교사는 자기 학급을 어떻게 운영할지 모른다. 이제 법정이 존재한다. 그래서 학생들이 열심히 일하고 예의 바르게 행동한다면 그것은 기적일 것이다. 뿐만 아니라 교사에게는 아주 유용한 기적이지만, 아이들에게는 살인적일 것이다.

휴정하려 결심하기 전까지 나는 많은 어려운 시간을 겪었다. 아이들, 게다가 아주 많지는 않지만 성급한 아이들은 법정을 자신들의 목적을 위해 이용했다. 그들은 자기 마음에 들면 법정을 존중하고, 자기들에게 불리하면 비웃는다. 처음에는 단지 중요하지 않은 개별적인 일에서부터 시작하여 무질서가 확산된다. 그럼에도 아무런 처벌이 가해지지 않는다는 느낌이 지속적으로 이어진다면 어떻게 될까? 사람들은 모든 문제를 가지고 일주일 내내 기다릴 수는 없다. "나는 감자를 깎지 않을 거야. 나는 빗자루질을 하지 않을 거야." 그는 법정에 고소당했음에도 감자를 깎지 않는다. 어떻게 해야 하나?

더 나쁜 일이 일어나곤 했다. "법정에 고소당한 이상 나는 빗자루질을 할 필요가 없어. 이미 법정에 고소당한 이상 쓸지 않을 거야."

그리고 판결은 미온적이었다. 어떤 재판관들도 제400조를 넘어갈 생각을 하지 못했다. 반대파들은 온갖 수단을 동원해서 보다 높은 조항이 적용되지 않도록 방해 공작을 계속했다. 배심 법원과 재판관들 사이의 근본적인 차이는 재판관과 피고가 서로를 알고, 그들이 쌍방 간에 수천 가지 끈으로 연결되어 있으며, 더 심한 판결에 의해 불유쾌한 상황에 처하게 된다는 것이다. 우리는 명예 법정이 종종 어떤 난처한 일과 불투명한 일에 관련되는지를 안다. 더 높은 조항 또한 아무런 도움이 되지 않는다면 무엇 때문에 권력을 행사하고 불유쾌한 빈정거림을 받는단 말인가? 법정에 관한 견해는 나뉘었다. 얼마 안 되는 법정 반대자와 추종자가 있었고, 그 외에 법정은 유용하지만 개혁되어야 한다는 입장을 표명한 상당수의 아이가 있었다.

"법정은 반드시 있어야 하지만, 아무런 유익도 없다 — 일부 아이들에게 법정은 좋지만, 다른 아이들에게는 아무 소용이 없다 — 시간이 흐르면 우리 법정은 아주 유용하게 될 것이다 — 다른 형태라 하더라도 법정은 반드시 필요하다."

설문조사에서 나온 이 몇 안 되는 문장은 아이들과 이 새로운 기관의 관계를 잘 보여 준다. 법정을 실망스럽게 끝난 실험으로 처리하는 동안, 나는 여기에 나타난 사실들에 대한 엄청난 자료를 가급적 정확히 평가하려고 노력했다. 시간 부족으로 나는 모든 사건의 윤곽만을 기록했다. 통계수치와 판례, 일반적인 경우들과 예외적인 경우, 원고와 피고와 재판관 사이의 서로 간의 관계도 흥미로웠다. 앞으로는 주도하는 교사가 법정 서기가 되어야 한다는(단 교사와 행정관은 같은 사람이어서는 안 된다) 나의 견해는 확실해졌다. 법정은 반드시 필요하고, 다른 무엇으로도 대치할 수 없다.

법정은 교육에서 중요한 위치를 차지해야 한다. 우리는 유감스럽게도 이 같은 과제에 충분히 성숙하지 못했다. 아직 성숙하지 못했거나 우리의 영역에서는 아직 이른 단계였다.

법정은 우리 안으로 당당히 입성하지 못했다. 그것은 고상한 입법자적인 태도가 아니라 순종적으로, 두려워하면서 기어 들어왔다. 그러나 그럼에도 불구하고 나는 법정을 휴회할 때 쿠데타를 감행해야 한다는 것을 분명히 느꼈다. 어쩌면 내가 착각했을 수도 있지만, 아이들 역시 그렇게 느꼈다. 많은 아이가 안도의 숨을 내쉬었다. 감시하는 통제 기관을 떨쳐 냈기 때문이었다. 몇몇 사람들은 법정이 불필요하다는 것을 입증하기 위해 자신들의 행동을 고쳤다. 어떤 그룹은 법정이 언제 다시 문을 열 것인지를 묻곤 했다. 그 밖에도 법정에 대해 거의 관심이 없는 아이들도 있었다. 그들은 공동생활의 모든 문제에 대해서도 그다지 관심을 보이지 않는 아이들이다.

외부에서 법정에 대해 이론적으로 하는 비난 가운데 가장 자주 등장하는 것은 "법정이 아이들을 소송중독자로 키운다"는 것이었다.

나에게나 다른 교사들에게는 "아이들"이 아니라 개체들이 존재할 뿐이다. 그들은 매우 다르고, 너무나 극단적으로 다르며, 주변에 대한 반응 양식도 서로 다르고 독특해서 일반적인 비난조차도 단지 관대한 미소를 짓게 할 뿐이다. 법정이 소송중독자를 만드는 데 기여했다는 비난을 정당화시킬 만한 증거는 일 년 동안 하나도 존재하지 않았다. 그와 반대로 많은 사실들은 법정을 통해 소송중독이 얼마나 불편하고 해가 되며, 생각 없는 처사인지를 아이들이 배웠다고 알려왔다. 아이들의 공동체를 사소하게 여기지 않는 사람이나, 여기서는 "작은 세계"가 아니라 하나의 세계가 문제가 된다는 것을 이해한 사람에게 3,500건이라는 숫자는 개별 사항들을 포기할 수 없다는 사실을 확신시켜 줄 것이다. 이 작업은 두꺼운 책으로 여러 권에 해당할 것이기 때문이다. 한 가지만 강조하고 싶다. 100명의 아이 중에서 단 한 명의 남자아이만 소송중독에서 치료되지 않았고, 나머지 많은 아이들은 치료되었다.

휴정 후에 세 가지 중요한 사항이 법률조항에 추가 보완되었다.

1. 자신의 판결에 동의하지 않는 사람은 한 달 후에 항소할 권리를 갖는다.
2. 몇 가지 사건은 법정 절차에서 제외되어 사법위원회로 넘겨진다.
3. 아이들은 어른들과 교직원도 법정에 고소할 권리가 있다.

여기서 개별 사항을 다 열거할 수는 없다.

나 자신도 반년 동안 다섯 번 법정에 섰다.

한 번은 내가 한 남자아이의 따귀를 때렸기 때문에, 다른 한 번은 내가 한 남자아이를 침실에서 내쫓았기 때문에, 그리고 또 한 번은 내가 한 아이를 구석에 세워 두었기 때문이다. 그리고 또 한 번은 재판관을 모욕했다는 명목으로, 그리고 나머지 한 번은 내가 한 여자아이에게 도둑질을 했다는 혐의를 두었기 때문이었다. 처음 세 번의 사건에서 나는 제23조를, 네 번째 사건에서는 제71조를, 마지막 사건에서는 제7조를 적용받았다. 매번 나는 문서로 된 상세한 진술서를 제시했다.

나는 이 몇 안 되는 사건들이 나 자신을 새로운 "입헌적" 교육자로 성숙시키는 데 초석이 되었다고 단호히 주장했다. "입헌적" 교사란 아이들을 좋아하거나 사랑해서가 아니라 교사의 무법성과 고의, 그리고 독재 앞에서 그들을 지켜 주는 제도가 있기 때문에 아이들에게 부당하게 행동하지 않는 교사를 말한다.

〈고아원 의회("Sejm")〉

고아원에서 당번 제도는 7년의 역사를 가지고 있었고, 많은 기숙사에서도 엄격한 시험 기간을 이겨 냈다. 부엌과 세탁, 재고 물품 조사 집안 청소, 나이 어린 아이들 돌보기 등은 원생들에게 맡겨지고, 거기서 열 살짜리 당번들 중에서 14세 혹은 15세 아이가 원내 직원이 되었다. 원내 신문은 규칙적으로 나왔고, 법정은 2년 전부터 중단되지 않고 활동한다. "우리는 자율적인 행정을 시도할 정도로 성숙했다."

이렇게 해서 의회가 생겨났는데 그것에 대해서는 아직 특별한 것을 말할 수 없다. 의회에는 20명의 의원이 속해 있다. 5명의 아이가 하나의 선거구를 구성하고, 네 표를 얻은 사람은 의원이 된다. 모든 아이가 투표에 참여하고, 불성실이란 명목으로 단 한 건의 소송에도 관련되지 않은 사람만이 의원이 될 수 있다. 정직하지 못한 아이들(도둑질, 기만)은 명예 회복의 기회를 갖는다.

의회는 사법위원회에 의해 통과된 법을 승인하거나 거부한다. 의회는 특별한 일정을 결정하고, 기념 우편엽서에 대한 권리를 동의한다. 법정이 한 원생에게 강제 퇴거를 결정할 권리를 가졌다면, 의회는 새로운 아이들을 받아들이거나 나이 든 아이들을 탈퇴시킬 권리를 가지고, 직원들 또한 그들의 결정에 따르도록 한다. 물론 이 일에는 조심성이 요구된다. 그리고 의회의 권한은 점차 확대되어야 한다.

수많은 제약과 경고가 있을 수 있겠지만, 그것들은 명백하고 공개적으로 거론되어야 한다. 그렇지 않으면 우리는 어떤 선거도 시행할 수 없고, 자치 행정이라는 놀이도 연출할 수 없다. 우리 자신이나 아이들을 오도해서는 안 된다. 그 같은 놀이는 재미도 없거니와 유해하기 때문이다.

달력

나는 여기서 이 프로젝트 중 몇 가지 조항만 밝히려고 한다.

제6조. 의회는 종교적인 휴일을 넘어 의원의 제안이나 기념엽서 발급 승인과 관련하여 특별 공휴일을 정한다.

제9조. 12월 22일. 모토: "일어나는 것은 소용이 없다"(낮이 너무 짧기 때문이다). 원하는 사람은 계속 잘 수 있고 일어날 필요가 없다. 원하는 사람은 자기 이불을 정돈하지 않아도 된다. 개별 사항은 의회의 헌법위원회에 의해 작성된다.

제10조. 6월 2일. 모토: "누워 있는 것은 소용이 없다." 원하는 사람은 밤새도록 깨어 있을 수 있다. 날씨가 좋으면 시내로 야간 행진을 한다.

제12조. 첫눈 오는 날. 모토: "썰매 타는 날." 첫눈 오는 날은 1도 이하의 기온에서 눈이 내리는 날로 정한다. 눈싸움, 투표를 통해 선정된 아이들은 썰매를 타고 소풍을 간다.

제18조. 고인들의 날. 아침 기도 시간에 돌아가신 교사를 위해 묵념한다.

제19조. 35번째 점심 식사의 날. 가정부는 수고의 대가로 사탕을 얻고, 부엌 당번도 마찬가지다. 모토: "부엌의 영명 축일."** 참고: 세탁의 명예를 위한

---

* 가톨릭 교회의 축일. 영세와 견진성사 때 받은 세례명을 기념하는 날. 그 이름을 가진 복자나 성인들의 축일. 이 같은 상징을 통해서 부엌일에 커다란 중요성을 부여하자는 뜻으로 생각됨-역자.

제안이 아울러 요망된다.

제22조. 씻지 않는 날. 모토: "씻는 것 금지." 이날에 씻고 싶은 사람은 의회가 결정하는 요금을 내야 한다.

제24조. 시계의 날. 시간을 지키지 않는 구두수선공이 약속을 한 뒤로 자신의 행동을 고치고 일 년 내내 수리한 신발을 정해진 시간에 갖다주었다. 의회는 시간을 지킨 공로로 그에게 엽서를 수여한다. 그것을 기념하기 위해 아이들은 의회가 이것을 결정한 날에는 한 시간 더 시내에 머무를 수 있다.

제27조. 단정치 못한 아이의 날. 투표를 통해 외모가 가장 단정치 않다고 뽑힌 사람은 옷에 관계되는 것을 얻게 된다. 그 아이가 공휴일에는 좀 더 단정하게 보이도록 하기 위해서이다.

제28조. 솥의 날. 부엌에서 식당으로 연결해 주는 리프트가 고장 났을 때, 나이 든 소년 중 한 명이 솥을 운반하는 일을 도와 달라는 부탁을 교묘하게 거절했다. 그 때문에 이날에는 추첨으로 뽑힌 나이 든 소년 두 명이 아침 식사를 운반해야 한다. 리프트가 제대로 작동할 때도 마찬가지다.

제32조. 격려의 날. 법조문에 따라 일 년 동안 유죄판결을 가장 많이 받은 사람은 한 주일 동안 지은 죄를 면죄 받는 판결을 받는다. 원한다면 그는 재판관이 될 수 있다. 이날은 가장 말썽꾸러기 중 한 사람이 일주일 동안 단한 건의 소송에도 걸리지 않았다는 것을 기념하기 위해 제정된 것이다.

제40조. 의회는 해당되는 날을 얼마나 오랫동안 달력에 표기할 것인지를 결정한다.

기념엽서

의회에 의해 결정되지 않은 기념엽서에 관한 임시 정관은 무엇보다 다음 조항을 포함한다.

제3조. 그림 뒷면의 글씨는 다음과 같다. "…의 의회의 결정을 통해 …에 대한 기념엽서를 …에게 수여한다." 수여 날짜는 공휴일로 정해질 수 있고, 달력에 기록될 수 있다.

제4조. 기념엽서를 발급받기 원하는 사람은 구겨지지 않은 전지 한 장에

그간의 행적을 기록한다. 거기에 그는 자필로, 조심스럽고 읽을 수 있는 글씨로 자기가 주장하는 행동과 사건을 나열한다. 그것은 좋은 행동과 마찬가지로 나쁜 행동도 될 수 있으며, 유용하거나 해로운 행동도 관련된다. 그것은 칭찬받을 만한 것이나 비난받을 만한 것일 수 있다. 기념엽서는 사랑스러운, 하지만 불유쾌한 기억이 될 수도 있고, 용기가 되거나 경고가 될 수도 있다.

제5조. 의회가 어떤 사건을 기념할 가치가 있는 것으로 특별히 강조하기를 원할 때면 그것을 달력에 기록한다. 달력은 승리와 패배, 칭찬할 가치가 있는 노력이나 나태함, 강하거나 약한 의지를 확실하게 증명한다.

제7조. 엽서의 그림 내용은 엽서를 수여하려는 뜻과 일치해야 한다. 그것은 다음과 같이 나타낼 수 있다.

1. 기상 시간에 빨리 일어나는 경우에 대해서는 겨울철에는 겨울 풍경을, 봄철에는 봄철 풍경 등을 골라 준다.
2. 2,000파운드의 감자를 깎은 경우에 대해서는 "꽃 엽서"를 수여한다.
3. 싸움질, 시비, 규칙이나 결정에 반항하는 경우에 대해서는 "호랑이 우편 엽서"를 수여한다.
4. 어리고 새로 들어온 아이들을 돌보는 경우에 대해서는 보살핌의 모티브가 들어 있는 엽서를 수여한다.

제10조. 일 년 이상 같은 일을 양심적으로 한 사람은 바르샤바 풍경이 있는 엽서를 택할 권리가 있다.

의회는 고아원을 바르샤바의 일부로 간주하고, 앞으로 언젠가 고향 도시를 떠나야 할 사람들에게 특별히 값진 추억을 나누어 주고자 한다.

제12조. 의회는 기억에 남기기 위한 엽서 외에 기념일 엽서를 발부할 수 있을지를 결정한다. 예를 들어 항상 일찍 일어나는 아이가 이미 사계절의 엽서를 모두 가지고 있다면 "강한 의지" 엽서를 받을 수 있다.

제14조. "건강 엽서"도 점차 도입해야 한다(한 번도 아프지 않고 잘 자라고 운동을 열심히 하는 사람을 위해). 마찬가지로 연극 공연에 참여한 것, 즐거움, 신문과 법정에서 한 일을 기념하는 엽서도 도입할 수 있다.

제17조. 작별 엽서인 "나를 잊지 마세요"는 아이들과 교사들의 서명이 담

긴 마지막 카드다. 이 엽서는 보상이 아니라 기억의 일부다. 살아가면서 그것을 잃어버리는 아이들도 있지만, 오랫동안 간직하는 아이들도 있다.

『어떻게 어린이를 사랑해야 하는가』(1919~1920)는 저명한 소아과 의사이자 독창적 문필가요 전설적인 교육자로 알려진 야누쉬 코르착Janusz Korczak의 가장 뛰어난 걸작 중 하나이다.

코르착은 사회 초년기부터 어린이와 청소년 교육문제에 골몰했기에 당대 주요한 교육학 문헌들을 섭렵하였지만, 교육학자가 된다든지 혹은 그런 차원에서 강단교육학적 논리를 펴려는 뜻은 애초에 없었다. 그에게 무엇보다 중요했던 것은 교육 현실에 직면하는 것이었다. 교육에 관한 그의 방법과 사유와 언설은 이 현장에 대한 '경험'(실험실이 아니라)을 바탕으로 한다.

이런 시각은 그가 소아과 병원 근무 초기에 참여하게 된 여름학교캠프에서 노동자의 자녀들을 만났을 때, 그의 해박한 교육이론이 전혀 도움이 되지 않았을 뿐 아니라 오히려 실패와 좌절을 거듭하도록 했던 경험과도 관련이 있다. 그는 처음부터 다시 시작해야 했다. 현장 앞에서 스스로 생각하였고 스스로 그 길을 찾아내야 했다. 그리고 여기서 산출된 결과를 그가 가장 잘할 수 있는 문학적인 글쓰기 방식, 즉 이야기하는 방식으로 풀어내고자 했다. 그의 언설이 생기를 띠며 여러 해석의 여지를 보여 주는 까닭이다. 그런 뜻에서 이 책은, 그의 시도가 오늘날 '이야기 교육학'의 하나의 선구적 형태로 평가되는 것처럼, 소위 체계적 교육이론서와는 그 성격을 달리한다. 이렇게 하여 그는 이 책이 교사에 앞서 부모를 위한 책이 되도록 했다.

그가 본격적으로 몸담았던 두 개의 교육현장이 있었다. 바르샤바에서 그가 직접 구상하여 설립했던 유태인 '고아들을 위한 집'인 '돔 시에로트Dom Sierot'가 그 한 곳이요, 폴란드 어린이를 위해 설립한 '우리 집'이라는 뜻의 '나쉬 돔Nasz Dom'이 또 다른 한 곳이다.

이 책은 병원 의사 시절과 여름학교캠프 활동을 포함하여 이 두 곳에서의 경험을 토대로 한 독특한 사회교육학적 작품이다. 같은 방향에서 거론할 수 있는 문헌으로 그보다 이백여 년 전에 쓰인 페스탈로치Johann Heinrich Pestalozzi, 1746~1827의 『슈탄스 서신Stanser Brief』1799과 또 코르착의 이 책보다 십오 년 정도 후에 소련에서 사회주의 교육학적 시각으로 쓰인 마카렌코 Anton Semenovych Makarenko1888~1939의 『교육학적 시Pedagogical Poem』1933~1935 (The Road to Life라는 영역서로 널리 알려짐)를 들 수 있다.

표제어에서 사용된 "어떻게"라는 말은 코르착이 염두에 두었던 바가 무엇인지를 지시한다. 그것은 방법에 관한 물음이었다. 사랑은 '구체적 행동'으로 나타나야 한다는 것이다. 사랑에 관해 말하는 사람은 많다. 하지만 실상 "어떻게 해야 하는가?"

코르착이 교육 행위에 임하여 먼저 부모와 교사들에게 요구했던 것이 있었다. 주의 깊은 관찰과 진단 행위가 바로 그것이다. 이는 그가 의사이자 과학자였기 때문에 알 수 있었고 그래서 다른 이들에게도 명백히 요구할 수 있었던 태도였다. 이 과정 없이 정당한 의미의 교육 방법은 결코 있을 수 없다는 것이 코르착의 입장이었다. 이를 토대로 그는 교육의 기본적인 조건으로부터 시작해서 폭넓은 차원에서 어떻게 가르쳐야 할지에 관해 모색을 거듭했다.

그러한 사랑의 구체적 몸짓 중 가장 주목할 만한 것은 코르착이 자신을 '어린이의 변호자'로 자처한 것이다. 그는 아이들이 부당한 외적 권위에 노출되어 나락으로 떨어지는 숱한 상황들 앞에서―그것이 어떠한 것이든, 가정이나 학교나 교회나 국가를 막론하고 심지어는 무자비한 침략자들 앞에서도, 그에 대해 단호히 맞서고자 했다. 그는 이 책에서 자신의 그러한 의도를 '자유대헌장Magna Charta Libertatum'이라는 명제에 담아 제시했다. "나는 어린이를 위한 기본법으로 자유대헌장을 주장한다"1부 37항. 그가 얼마나 이 문제를 전심전력 추구했는지는 그의 삶의 족적 전반이 말해 주는바, 그 정점은 "유태인에 대한 최종적 해결책"이라는 나치의 기획으로 죽음의 행로에 접어든 아이들과 함께한 그의 숭고한 행위에 위치한다. 그 삶의 행적과 그 목소리는 사멸하기는커녕 오히려 끈질기게 살아남았고 더욱 강력하게 영향을 끼치며 성장해 갔다. 그 가장 위대한 결실 중 하나가 바로 그의 사후 오십여 년이 지난 시점인 1989년 국제연합United Nations이 제정한 「유엔아동인권협약Convention on the Rights of the Child』이다. 코르착을 전제하지 않고서는 결코 상상할 수 없는 역사적 성취라 할 것이다.

어린이 인권에 관한 또 하나의 본격적 논의는 이 책과 쌍벽을 이루는 『어린이의 존중받을 권리』(1928 혹은 1929)에도 개진되어 있다.

그는 고아원을 단지 부모가 없는 아이들을 수용하여 돌보는 시설로서가 아니라, 또 다른 차원의 특정한 교육기관인 일종의 '기숙공동체학교' 형태로 만들어 내고자 했다. 그는 일찍이 기존의 학교 형태에 대해 비판적이었으며 그 때문에 꿈꾸어 왔던 바가 있었다. 그의 방법은 이렇게 하여 독특한 학교론으로 전개되어 나간다. 이 책에서는 그 구조의 일면이 '어린이 공화국'(외부적 통제를 배제하고 어린이의 자율적인 사회정치적 의사소통과 의사결정에 따라 운영되는 교육공동체)이라는 형태로 표현되어 있다. 학교에 관한 좀 더 포괄적 구상은 위에서 말한 『어린이의 존중받을 권리』에서 자세히 찾아볼 수 있다.

하지만 이 책은 단지 방법론만을 위한 책은 아니다. 개개의 물음과 문제의 저변에는 그에 상응하는 철학적 물음이 늘 동반되어 나타나기 때문이다. 좀 더 정확히 말해서, 이 철학함은 그의 교육 행위 일체의 토대를 이루는 것이라 할 수 있다. 그는 독자에게 단순히 타인의 지식에서 배우거나 따라 할 것이 아니라 스스로 생각해 볼 것을 요구했다. 그 의도는 제1부(가정에서 자라는 어린이)의 벽두에서 소크라테스적 어법을 따른 다음과 같은 표현에 한마디로 함축되어 있다: "나는 모르겠다." 다시 말해서, "어떤 책이나 어떤 의사도 우리 자신의 깨어 있는 생각과 조심스러운 관찰을 대신할 수 없다는 점을 깨닫는 것이 중요하다"는 것이었다. 그리하여 그는 일상의 면면에서부터 심오한 이론에 이르기까지 대관절 교육을 한다는 것이 무엇인지, 그에 대한 근본적 성찰을 촉구하는가 하면, 소위 학문이라는 것이 내포한 기만이나 세간에 유행하는 담론들 역시 웃음거리로 만들어 버리고, 때로는 독자들을 괴이하고 충격적인 물음 앞에 불러 세우기도 했다.

이렇게 하여 그는 방법과 철학을 씨줄과 날줄을 하나로 꼬은 것처럼 만들어, 소위 교육 전문가인 교사뿐 아니라 부모와 일반 대중으로 하여금 교육이 무엇인지 또 어떻게 해야 하는지에 대해 스스로 눈뜨고 터득하도록 이끌고자 했던 것이다.

책은 모두 4부로 구성되어 있다. 1부(가정에서 자라는 어린이)에서는 출생부터 유년기를 거쳐 사춘기에 이르기까지 어린이가 나타내는 다양한 삶의 변화와 특징과 문제들을 철학적, 심리학적, 의학적, 교육학적 시각으로 파악해내고 있다. 이어서 2부, 3부, 4부는 기숙사와 여름학교캠프, 고아원 같은 특정한 사회공동체적 자리를 단위로 삼아 거기서 드러나는 어린이 삶과 교육의 다양한 양태들에 관해 차례로 다루고 있다. 교육자의 자기 탐구, 어린이와 공감하는 태도, 어린이와 어른의 관계 설정, 어린이의 심리, 건강, 어린이와 어린이 간의 혹은 어른과의 사회적 관계, 놀이, 인간학, 어린이 변호 등의 문제가 그것이다. 특히 4부(고아원)는 코르착이 고아원에 도입했던 '어린이 공화국'에 관한 기술로, 어린이들을 법적 기준에 따른 독특한 자치생활공동체 형태 안에서 살아가도록 했을 때 경험할 수 있었고 또 문제로 대두되었던 점들을 세세히 짚어내고 있다. 이 문제에 관한 한 선구적 시도 중 하나로서 오늘날의 정치교육 혹은 민주시민교육이라는 과제를 위해서 지니는 의미가 크다.

이 책은 안락한 서재가 아니라 전쟁의 참화와 죽음의 위협 속에서 쓰였다. 그러기에 그 경이로움과 전율은 필설을 불허한다.

문체가 이야기식으로 되어 있기에 관심이 있는 한 누구나 잘 읽을 수 있다. 하지만 쉽게 읽힐 수 있는 책은 아니다. 생각을 요구하며 따라서 자주 멈추어 서도록 하기 때문이다. 하지만 코르착의 어법을 따라갈 준비만 되어 있다면 이 책은 얼마든지 가슴을 열 것이다.

코르착이 태어나 성장하고 활동했던 시기(19세기 말엽에서 20세기 중엽까지), 유럽에서는 봉건제의 종식과 함께 다양한 정치 이데올로기와 체제들이 나타나 각축을 벌이고, 국가와 민족 간의 정치적 갈등으로 양차 세계대전과 러일 전쟁 그리고 소련-폴란드 전쟁 같은 참화가 발발하였는가 하면, 사상과 문화 전반에 걸쳐 새로운 모색과 위대한 실험 정신들이 출현하였다. 이러한 여러 흐름들과 맞물려 교육현장 도처에서는 일대 변혁이 시도되었는데, 후대를 위하여 끊임없는 영감의 원천이 된 개혁교육운동 혹은 진보주의 운동,* 즉 어린이와 그 삶의 전개에 초점을 맞추어 교육의 변화를 꾀하고자 한 운동이 개화하였다. 동구권은 여러모로 서구권에 비해 뒤처져 있었지만 부분적으로나마 변화하는 서구 사회의 흐름과 교섭 관계에 있기도 하였다. 여기서 코르착은 개척적이며 선두적 위치에 있었다.

1878년 코르착은 폴란드 바르샤바에서 유태계 가문의 저명한 변호사인 아버지 유제프 골드슈미트Jósef Goldszmit와 어머니 체칠리아 니 겜비츠카 Cecylia née Gębicka 사이에서 태어났다. 야누쉬 코르착이라는 이름은 필명으로, 본명은 헨릭 골드슈미트Henryk Goldszmit이다.

어릴 적 생활은 유복했지만, 아버지가 알코올 중독과 정신착란으로 입원하고 급기야 1896년 세상을 떠나자, 가족 전체의 생계는 어려움에 처했다. 어머니는 하숙집을 운영하고, 코르착도 학업에 가정교사 일을 병행해야 했다. 이러한 처지가 일찍이 그를 사회에서 나락으로 떨어진 아이들에 대해 특별한 관심을 가지도록 이끈 것으로 보인다.

---

* 서양의 주요 문화권 전역에 걸쳐 발흥하였고 같은 지향성 아래에서 전개되었지만 나라에 따라 각각 특징을 가지며 다른 개념이 사용되었다. 독일에서는 '개혁교육학(Reformpädagogik)', 스위스와 프랑스에서는 '신교육(éducation nouvelle)', 이탈리아에서는 '능동적 교육(attivismo)', 영미권에서는 '진보주의 교육(progressive education)'.

1898년 바르샤바대학교에서 의학 공부를 시작했다. 사회 명망가로 살기 위해서가 아니라, 버려진 아이들을 돕고 그들과 벗하기 위해서 택한 길이었다. 이 시절 '이동대학'이라는 학문 공동체에 참여하기도 했는데, 이것은 당시 대학생들이 첨단 학문을 습득하기 위해 유수한 학자들을 찾아다녔던 자발적 공부모임이었다.

대학 입학을 전후하여 그의 문학적 천분이 뚜렷이 드러나기 시작했다. 대학 입학 2년 전에는 첫 번째 작품 『고르디우스 왕의 매듭』을 펴냈고, 입학하던 해에 야누쉬 코르착이라는 필명으로 '길은 어디에'라는 4막으로 된 희곡 작품을 문학경연대회인 바르샤바 쿠리어Kurier Warszawaki에 출품하여 수상하였다. 1901년에는 그가 주도한 유머러스한 주간 화보 잡지 『가시Kolce(콜체)』에서 '하수인, 어느 탈선자의 일기'라는 제목으로 센세이셔널한 풍속 소설(여러 사람이 돌아가면서 쓰는 연작 소설)을 발표했다.

이 해에 최초의 소설 『거리의 아이들』(바르샤바 빈민가에서 나락에 떨어져 살아가는 아이들의 상태를 목격한 후 분노에 차서 쓴 소설)을 펴내면서 본격적으로 문단에 뛰어들게 된다. 그의 관심사는 사회에서 억압받는 혹은 권리와 소유가 박탈당한 계층의 아이들에 맞추어져 있었다. 학창 시절에는 한때 좌파와 애국단 같은 정치 활동에 참여하기도 했으며, 페스탈로치를 흠모하여 스위스 취리히시를 방문하기도 했다.

1904년 의학 공부를 마친 후, 바르샤바의 바우만-베르송 어린이 병원(유태인 아이들을 위한 시설)에서 소아과 의사 생활을 시작했다. 그 해에 바르샤바 복지회에서 일하고 있던 동료 의사 엘리아스베르크Dr. Eliasberg의 제안, 즉 노동자 자녀들을 위한 '여름학교캠프'를 함께 해 보자는 요청을 받아들여 그곳에서 함께 일하게 된다. 이때 그는 학식으로는 어찌해 볼 도리가 없는 현장의 수다한 문제들에 맞닥뜨리게 되었고, 그 비판적 성찰로 인해 그의 교육적 관점과 활동은 새 국면을 맞게 된다. 이 활동은 1908년까지 지속되었다. 이 시기에 또한 정치적, 문학적 성향을 띤 주간지 『목소리Głos(그외스)』 창간호에서 자신의 두 번째 소설인 "살롱의 아이"를 게재하기 시작했는데, 부모의 과잉보호로 자유롭게 살지 못하는 상류층 집 아이들 문제를 고발하기 위한 것이었다(살롱이란 과거 대저택의 응접실에서 열리던 사교장社交場을 뜻함). 아울러 소논문을 비롯하여 다양한 유형의 교육 이야기, 동화, 희곡 등의 작품들을 계속 발표하여 대중으로부터 주목할 만한 호응을 얻게 된다.

1905년(~1906년) 러일 전쟁이 발발하자 만주에 있는 한 야전군 병원에서 러시아의 군의관으로 복무한다.

1906년 그동안 연재해 오던 『살롱의 아이』를 책으로 출간했다. 이 책은 일약 '문학적 사건'으로 떠올랐으며, 이를 계기로 코르착이라는 이름이 폴란드 문단에서 확고한 위치를 가지게 된다.

아울러 바르샤바의 노동자 주거 지역에 있는 소아과 병원에서 소아과 과장 대리로 부임해 일하면서, 그 시기에 베를린의 한 병원에서 1년, 파리에서 반년, 런던에서 1개월 등 서구 주요 선진국들의 병원을 견학하고 실습 경험도 쌓았다. 이 일련의 경험을 계기로 바르샤바에서 명망 있는 소아과 의사로 인정받게 된다.

1908년 '고아구제협회'에 참가하여 평생의 동료가 될 스테파니아 빌친스카 Stefania Wilcznska를 만난다.

1909년, 1910년 각각 『모이쉐스, 요쉐크스와 다른 악동들』과 『요쉐크, 야쉐크와 프라넥스』를 출간했는데, 이 모두 여름학교캠프의 경험을 기초로 한 것으로, 이런 식으로 그의 문필과 교육활동은 차츰 그 경계를 넓혀 갔다.

1909년 엘리아스베르크로부터 한 고아원에서 유대인 어린이들을 정기적으로 돌봐 달라는 요청을 받는데, 이는 그의 삶에 결정적 계기를 뜻하는 것이었다. 이 요청을 받아들여 일을 시작하지만, 시설이 아주 열악했기에, 새집을 짓기로 하고 고아복지회와 함께 모금사업을 벌여 건축을 시작했다. 건물은 1911년 완공되었다. 이 건물이 바로 '고아들의 집'이라는 뜻의 '돔 시에로트Dom Sierot, Krochmala 街 92'로, 이렇게 하여 1912년을 기점으로 코르착은 의

사직을 접고 유태인 어린이들을 돌보는 일에 전념하게 된다. 그는 이곳에서 그동안 생각해 왔고 여러 작품에서 말해 왔던바 자신의 교육적 이상을 구현해 보고자 했다. 그는 이 집의 설계자인 동시에 운영자가 되었다.

같은 해인 1912년에 이야기 『영예』가, 1913년에는 이야기 『보보』가 출간되었다. 또 사춘기 시절 청소년의 일기장인 『나비의 고백』[1914]과 학교생활을 소재로 한 『불행한 일주일』[1914]이라는 이야기 작품도 출간되었다.

1914년 제1차 세계대전이 발발하자 러시아의 군의관으로 전장에 나갔고, 이후 다시 1919~1920년 소련-폴란드 전쟁 기간에는 폴란드 군의관으로 복무했다.

고아원의 원장으로서 코르착은 낮이면 과도한 일에 몸을 던졌지만, 밤이 되면 축축하게 젖은 솜 덩어리처럼 된 몸을 하고서 고아원 다락방에서 교육학 연구에 몰두했고, 이론과 실천이 하나가 되도록 모색하기를 그치지 않았다. 그것은 아동 연구에 관한 그의 폭넓은 구상에서 기인했다. 그의 이러한 노력과 추구의 배경에는 그가 유럽 여러 나라의 선진 의학의 현황을 둘러보던 중 특히 파리 도서관에서 아동 치료학에 관한 프랑스 고전을 접했던 경험이 결정적 단서로 자리하고 있었다. 이런 식으로 그는 아동에 관한 '종합적 명제'를 정립하고자 했다.

그 결실이 바로 그의 대표작 『어떻게 어린이를 사랑해야 하는가』이다. 이 작품은 독특한 가치를 담고 있다는 점에서뿐 아니라, 소련-폴란드 전쟁 기간 중 폴란드 군의관으로 복무하면서 집필한 작품이라는 점에서 경이로운 역사적 사건으로 평가된다.

코르착은 키예프Kiew의 군 병원에서 일하는 동안 동료 마리나 팔스카Maryna Falska가 데리고 온 폴란드 소년들을 위한 기숙사와 교류하면서 그녀를 돕는다. 1918년 말경 바르샤바로 다시 돌아와 그 이듬해인 1919년 바르샤바 근처의 프루쉬쿠프Pruszkow에 폴란드 아이들을 위한 새로운 공동체인 '나쉬 돔Nasz Dom'('우리 집'이라는 뜻)을 설립했다. 이 고아원을 설계한 것은 코르착이였지만 운영은 주로 마리나가 맡았고, 코르착은 일주일에 두 번 정도 그곳에서 함께 일했다.

1922년 『하느님과 함께 얼굴을 맞대고: 기도하지 않는 사람들의 기도』라는 기도서를 펴냈는데, 여기에는 18편의 기도문이 한 데 엮여 있었으며, 이후 1920년 4월 27일에 쓴 "한 교사의 기도"라는 글이 추가되었다. 이 책은 코르착이 얼마나 종교적인 사람이었는지를 잘 보여 준다. 여기에 실린 글들은 어머니와 사별한 후 겪어야 했던 극히 개인적인 고통을 배경으로 한 것으로, 어머니, 어린이, 소녀, 소년, 매춘부, 가난한 자, 노인, 학자, 예술가, 교사 등 여러 사람이 그들의 삶의 처지에서 토로할 수밖에 없는 내적 곤경을 드러내 이를 변호하고 저항하면서 하지만 겸비한 자세로 하느님과 마주 서 있는 코르착의 내면을 여실히 드러낸다. 그의 종교성은 그가 살았던 당시의 폴란드 가톨릭이나 유태교 중 어느 하나에 귀속되기보다는 오히려 그 사이에서 독자적 입지를 가지고 형성된 개별적 종교성으로 종종 평가된다.

1923년 그가 쓴 가장 훌륭한 작품 중 하나인 『마치우시 피에르프스키 왕』(우리말로 『마치우시 왕 1세』로 번역, 출간됨)이 발표되었는데, 이 작품은 불행히도 왕으로 태어나 세상을 바꾸어 보려던 감수성 풍부하고 영리한 소년의 비극을 다룬 것으로, 후에 세계적 베스트셀러가 된다.

그 이듬해인 1924년에 나온 작품으로 『꼬마 약크의 파산』이 있으며, 1925년에는 자기가 다시 어린아이로 돌아가 이전 어른이었을 때의 생활을 완전한 의식을 가지고 기록하는 환상적인 이야기 『내가 다시 어른이 된다면』을 발표했다. 이런 일련의 활동을 통해 코르착은 갈등하면서 성장하는 아이들의 생활과 심리에 관한 탁월한 전문가로 입증되었다.

1926년에 어린이·청소년과 함께 만든 어린이 잡지 『작은 평론Mały Przegląd (마위 프쉐글롱드)』을 편집, 발간했다. 아울러 바르샤바 지방법원에서 미성년자 문제를 위한 자문위원으로 임명되었다.

1928년(혹은 1929년) 『어떻게 어린이를 사랑해야 하는가』와 함께 또 하나의 중요한 작품인 『어린이의 존중받을 권리』가 출간되었다.

1930년 "미친 사람들의 의회"라는 희곡 작품이 바르샤바 아테네움 극장에서 초연되었다.

1933년 그동안의 활동을 높이 평가한 폴란드 정부로부터 '부흥은십자훈장'을 받는다.

1931~1939년 두 고아원에서 일하면서 틈틈이 바르샤바에 있는 두 군데 전문학교에서 강의를 맡았다. 이즈음 나온 중요한 작품으로 어린이들을 위한 교육학인『삶의 규칙』[1930], 동화『마술사 카이투스』(우리 말로『카이투스』로 번역, 출간됨)[1934 혹은 1935], 그리고 파스퇴르의 생애를 다룬 문학 전기인『고집스러운 소년: 루이 파스퇴르의 생애』[1938]가 있다. 같은 해에『성찰』이 출간되었다.

1934~1936년 두 차례에 걸쳐 팔레스타인 지역을 방문하여 키부츠에 머무르는 등 시오니즘에 관심을 가졌지만, 이주로까지는 이어지지 못했다. 폴란드에 있는 일을 더 중시했기 때문이었다.

1934~1935년 폴란드 방송국에서 일하면서 어린이 프로그램 〈노 의사老 醫師의 라디오 정담〉을 기획 방송하여 아이들은 물론 어른들의 마음까지 사로잡을 정도로 청중들로부터 열렬한 사랑을 받았지만, 1936년에 들어 폴란드 내 반유태주의 때문에 방송을 그만두었다. 대화 중 몇 편은 나중에『즐거운 교육학』[1939]이라는 책으로 출간되었다.

1937년 폴란드학술원(문학아카데미)은 그의 교육적 문예활동을 높이 평가하여 '금월계수상'을 수여했다.

1939년 제2차 세계대전이 발발하자 폴란드군 군의관에 지원했으나 나이가 많다는 이유로 거부당했다.

1939년 9월 바르샤바가 독일군에게 점령되자 이 도시는 상상할 수 없는 위험에 처하게 되었다. 노 의사는 라디오 방송을 재개했다. 그는 폴란드군 소령 군복을 벗지 않았으며, 독일군이 명령한 대로 유태인의 노란색 완장을 차지 않았기 때문에 형무소에 들어갔다. 이전에 그에게 배운 학생들이 갖은 노력을 다해 간신히 그를 구출해 냈지만, 그는 돔 시에로트로 돌아와, 독일군이 만든 유태인 게토 지역에 갇혔다.[1940] 그곳은 생존을 위협하는 끔찍한 것들, 기아와 경멸과 학살 같은 것들로 가득 차 있었다. 친구들은 코르착을 빼내기 위해 애를 썼지만, 그는 이 노력을 거부하고 돔 시에로트의 어린이들을 돌보기를 고집했다. 이때의 기억에 대한 기록이 폴란드어판 코르착 선집 4권 안에 담겨 있다.

오늘날 그를 아는 많은 사람들은 그의 삶의 마지막 순간으로부터 하나의 충격적인 인상을 받는다. 그의 죽음은 소위 "유태인에 대한 최종적 해결책"이라는 나치의 기획하에, 죽음의 벼랑 끝에 내몰린 어린이들을 끝까지 동행하려 했던 자발적인 행위에서 비롯된 것이었기 때문이다. 그는 당시 이미 유명해진 이름 덕분에 충분히 살아남을 수 있었음에도, 죽음의 수용소로 집단 이송되는 190여 명의 아이들 곁을 종내 떠나지 않았다. 코르착은 같이 일하던 스테파니 빌킨스카와 함께 가스실이 있는 트레블링카로 송치되었다. 1942년 8월 5일(혹은 6일)의 일이었다. 역사는 이를 실종으로 기록하고 있다.

활용한 자료

Wolfgang Pelzer의 *Janusz Korczak. Mit Selbstzeugnissen und Bilddokumenten* (Reinbeck bei Hamburg: Rowohlt, 1987)과 Elisabeth Heimpel & Hans Roos가 독일어로 옮기고 편집한 *Wie man ein Kind lieben soll*(Göttingen: Vandenhoeck & Ruprecht, ⁸1983) 중 Igor Newerly의 서문(Einleitung, S. VII-XXXIV) 및 연표(358-362)에 의거하여 주요 국면을 중심으로 제시했으며, 아울러 다음 자료도 일부 참조했다:

- 버딩, W. A. 주프, 『야누시 코르차크. 정의를 위한 교육』(이우진 역, 서울: 모시는사람들, 2023), 원제 Berding, Joop W. A., *Janusz Korczak: Education for Justice* (Springer Nature Customer Service Center GmbH, 2020), 170-173.
- Dauzenroth, Erich, *Ein Leben für Kinder, Janusz Korczak, Leben und Werk* (Gütersloh: Gütersloher Verlagshaus, 1981).
- Kirchner, Michael, "Vom Gebot und der Gnade des Augenblicks. Chassidische Einflüsse auf Korczaks Person und Werk", in: *Janusz Korczak: Pädagogik der Achtung*, hg. von Friedhelm Beiner(Heinsberg: Agentur Dieck, 1987), 219-231.
- Piziali, Patricia Anne, "A Historical Study of Origin and Current Status of Child Advocacy Concepts with Particular Attention to the Contributions of Janusz Korczak", Ed. D. Dissertation, George Washington University(1981), 237-238.

삶의 행복을 꿈꾸는 교육은
어디에서 오는가?

● **교육혁명을 앞당기는 배움책 이야기** 혁신교육의 철학과 잉걸진 미래를 만나다!

● 비고츠키 선집 발달과 협력의 교육학 어떻게 읽을 것인가?

● 경쟁과 차별을 넘어 평등과 협력으로 미래를 열어가는 교육 대전환! 혁신교육 현장 필독서

참된 삶과 교육에 관한
생각 줍기